丝绸之路
上的物质文化交流

武斌 著

西安地图出版社

图书在版编目（CIP）数据

丝绸之路上的物质文化交流/武斌著.-- 西安：
西安地图出版社．2024.6
ISBN 978-7-5556-0666-6

Ⅰ.①丝… Ⅱ.①武… Ⅲ.①丝绸之路—物质文化—
文化交流—文化史—研究—中国、国外 Ⅳ.① K203

中国版本图书馆 CIP 数据核字 (2020) 第 257804 号

著作人及著作方式：武　斌　著
责任编辑：杨　芸
书籍设计：袁樱子

书　　名	丝绸之路上的物质文化交流
	SICHOU ZHI LU SHANG DE WUZHI WENHUA JIAOLIU
出版发行	西安地图出版社
地址邮编	西安市友谊东路 334 号　710054
印　　刷	陕西龙山海天艺术印务有限公司
开　　本	787 mm × 1092 mm　1/16
印　　张	21.75
字　　数	369 千字
版　　次	2024 年 6 月第 1 版　2024 年 6 月第 1 次印刷
书　　号	ISBN 978-7-5556-0666-6
定　　价	168.00 元

版权所有　侵权必究

前言

我们居住的土地，是广袤的欧亚大陆。这片大陆，纵横数万里，高山峻岭，大漠荒原，大江大河，冰川雪山，将最初的人类活动分割成一个一个独立的区域。我们的先民，最初的人类祖先，点燃火种，敲打石器，在不同的自然环境中繁衍生息，分别创造了属于自己种族的生存方式，也迎来了最初的人类文明的曙光。

最初的先民是彼此隔绝的。各个民族都是在属于自己的环境中生存和发展的，也是在属于自己的环境中创造了文化。然而，他们也并不是没有一点儿交往，他们都有着互通声息的渴望。

不同民族、不同社会之间交往的前提就是交通。交通是人类生活的基本前提之一，也是文化交流得以实现的最根本的条件。有了路，有了交通，就有了物质和文化方面的交流，就有了你来我往，相互的认识和了解，就有了文化上的传播和交流，形成世界文化交流的大图景。

于是，生活在欧亚大陆的各民族，都在不断地扫除各种物质的和技术的障碍，为开拓欧亚大陆的各条交通路线作出了不懈努力。人们不断地发明和改进交通工具，探索交通路线。经过千百年，在欧亚大陆上的各个独立的区域之间，在各个国家和民族之间，从东往西，自西徂东，从陆地到海洋，穿过大漠荒原，跨越大江大河，踏过惊涛骇浪，走出了一条条路，形成了遍布各地的交通网络，形成了纵横大陆的大通道。这就是我们今天所说的"丝绸之路"。

"丝绸之路"不仅仅是"路"的地理学概念，还是文化和文明的概念。"丝绸之路"是整个欧亚大陆上的文化交流之路，是东方与西方各民族的相遇、相识、沟通与交流之路。正如联合国教科文组织下的定义那样，"丝绸之路是对话之路"。这是东西方文明的对话，是欧亚大陆各个民族文化的对话，是人类的对话。经过"丝绸之路"，在各民族之间，物质的生产、生活，精神的礼俗习尚，不断相互交流，相互补充，共同进步发展，历千百年之盛衰兴替，形成古典世界文化历史之灿烂辉煌。

丝绸之路上内容广泛的中外文化交流，首先而且是主要的，是物质文化的交流。这是整个文化交流最初和基本的方面。在各民族的接触中，首先容易了解和接受的，是物种、物产和技术。正是通过长距离的跨文化贸易，以及其他人员往来，各民族的发明创造，他们所培育的物种、所生产的商品和所发明的技术，传播到其他民族中，成为全人类的共同财富，推动着全人类文明的进步和发展。所以，物质文化的交流是人类文化交流的基础部分。事实上，物质文化、技术文化的传播更容易，传播的范围更广泛。在丝绸之路中外文化交流历史上，最先传播和输入输出的往往是各地的物种、物产和技术发明。

在早期的各民族交流中，物种的交流是一项十分重要的内容，很早便出现在欧亚大陆上了，并且这一过程似乎一直没有中断过。"一旦文明在世界各地出现，食物便成为它们之间的桥梁。食物贸易的路线成为国际交流的网络，促进商业交易之余，也促进文化和宗教的交流。"[1]

物种交流最早的例子可以举粮食作物，如中国是小米和水稻的发源地，大约7000年前小米就传播到了欧洲，水稻也是在很早的时候就传播到半岛、日本以及东南亚地区，在那里发展起来水稻文明。产于中亚的小麦，早在约5000年前就传入中国，并且成为中国人的主要粮食作物之一。此外，还有马、牛、羊这样原产于北方草原地区的家畜，也陆续进入中原地区。有了小麦，有了马、牛、羊，才有了中国人生活中的"五谷丰登""六畜兴旺"的社会理想。

还有大量蔬菜瓜果、奇花异草、奇异树木通过不同的途径在不同的时期陆续传入中国，丰富了中国人的饮食和日常生活。比如，以"胡"字命名的蔬菜水果，大多是在汉唐时期从西域输入的。再比如，我们生活中最常见的菠菜，是在唐太宗时期从尼泊尔输入的。西瓜的原产地在非洲，是在辽、宋时期从阿拉伯输入的。到了欧亚大陆与美洲大陆交通以后的大航海时代，实现了全球性的"哥伦布大交换"，原产

---

[1] ［美］斯坦迪奇：《舌尖上的历史——食物、世界大事件与人类文明的发展》，中信出版社2014年版，第Ⅵ页。

地为美洲的玉米、马铃薯、红薯、花生、西红柿、辣椒等等，都被成功地移植到中国，在更大的范围得到传播和推广，成为中国人的重要食物。

正是由于不断地从国外引入新的蔬菜物种，我们今天的蔬菜品种才这样丰富。英国汉学家吴芳思（Frances Wood）说："食品是经丝绸之路向中国进口的最重要的商品之一，因为它们大大丰富了中国人的餐桌。"[1]中原地区固有的果蔬品种大致有梨、枣、栗、桃、李、杏、梅、柑、橙、柿、葵、韭、姜、瓠等。我国学者孙机在《中国古代物质文化》中说，《诗经》里提到了132种植物，其中，只有20余种用作蔬菜。有现代学者统计，今天我们日常吃的蔬菜，大约有160多种。在比较常见的百余种蔬菜中，汉地原产和从域外引入的大约各占一半。

物种的交流，是人类历史上一个极为普遍的和持续的过程。但是，这个过程并不是物种的自然传播，而是人类不同族群、不同文化之间的相遇、交往与对话，是人类文化交流的一部分。物种的交流实质上是人的交流，物种交流的故事实际上就是人类逐渐开辟自己的生活空间、传播自己的文明故事。

不仅如此，进入人类文化传播和交流领域的物种，不单纯是一种自然的产品，而且包含着人类的文化活动，是人类主动参与、改造的产物。这些物种本身就是人类文化的产品，是人类文化的一部分。美国学者斯坦迪奇（Tom Standage）指出："支撑初期文明的主要农作物——近东的大麦和小麦、亚洲的粟米和稻米，以及美洲的玉米和马铃薯，并不只是碰巧被发现的。相反地，这些作物中一些优良的性状被早期农民挑选并繁殖，经历了复杂的共同进化过程而逐渐成形。事实上，这些主要农作物是人类的发明，那些精心施用的耕种技术，显示出人类介入的成果。实行农耕的故事，诉说着古代基因工程师如何发展出强有力的新工具，使文明本身成为可能。在此过程中，人类改变了植物，而植物反之也改变了人类。"[2]

因此，物种的传播也是文化的传播，是一种文化现象。法国历史

---

[1] ［英］吴芳思：《丝绸之路2000年》，山东画报出版社2008年版，第45页。
[2] ［美］斯坦迪奇：《舌尖上的历史——食物、世界大事件与人类文明的发展》，中信出版社2014年版，第Ⅵ页。

学家布罗代尔（Fernand Braudel，1902—1985）指出："被众人接受的主要作物虽然进入生活方式的领域，推动生活方式的形成，并对生活方式起着不可变更的影响，但生活方式何尝不反过来对主要作物施加影响：正是主要的文明确定着主要作物的地位，并使它能够兴旺发达。""我们所说的植物的机遇，在很大程度上也是一种文化的机遇。每当一种植物因这类机遇在社会上取得成功时，该社会的'骨干技术'必定曾参与其事。"[1]

所以，我们看到，一种物种从一种文化进入到另一种文化之中，就不单单是一种植物、一种动物，而是一种文化现象的进入，并且在新文化中产生了相应的影响，带来新的文化变异，并逐渐融入本土文化，成为本土文化的一部分。例如，马和狮子作为外来的动物，就在中国艺术领域产生了极大的影响，成为中国古代艺术的重要题材。再比如，葡萄及其栽培技术的引进，以及葡萄酒制作技术的引进，甘蔗以及蔗糖制作技术的引进和进一步发展。而蚕及养蚕制丝技术在世界的传播，茶及饮茶习俗在世界的传播，都对许多国家和民族的生活和文化产生了很大影响。"哥伦布大交换"之后，玉米、番薯、马铃薯等美洲作物在中国广泛推广种植，造成中国人口的爆炸式增长，并使清代社会生活发生巨大变化，更是学者经常谈到的话题。

物质文化交流的另一个重要方面是各民族之间物产的交流。历史学家万明指出："物产，是天然出产和人工制造的物品，可以称作物质文明的代表。人类文明史上最古老也是最普遍的文明对话与互动现象正是以此为起点而发生的。""自古以来，存在于东西方各民族之间的物产交流，是人类文明对话最重要的内容之一，人类交往的需求普遍存在，互通有无是产生交往的基本原因。几千年物流绵延不绝，以物流为中心，形成了极为繁复的人类文明对话的历史现象，就此而言，古代东西方交往通道的形成源远流长，肇源于斯，并形成了影响东西方的一系列连锁反应。"[2]

经济活动一向是人类交往最主要的动力和方式，贸易历来是文化

---

[1] [法]布罗代尔：《15至18世纪的物质文明、经济和资本主义》第1卷，生活·读书·新知三联书店1992年版，第200页。

[2] 万明：《明代中外关系史论稿》，中国社会科学出版社2011年版，第243页。

交流的最重要并且是最早的途径。如"丝绸之路"以"丝绸"命名，就是因为在早期的中西关系中，丝绸贸易占有极大的份额。丝绸之路最初就是为了国际性的丝绸贸易而由商人开辟的。千百年来丝绸之路上形成了欧亚大陆各民族创造的物产大流动。法国汉学家布尔努瓦（Lucette Boulnois）写道："在一个如此漫长的时代和一片如此辽阔的土地上，曾有过数百种物产被运输、交换、盗窃、掠夺。总而言之，是从一个国家传播到另一个国家。对于其中的某些产品来说，其原料的原产地和生产技术也有转移。"[1]

通过丝绸之路上持久的商贸交流，中国的物产源源不断地输出国外，给当地人民提供了丰富的物质生活产品。国外的"殊方异物"、奇珍异宝，也不断地输入中国。大航海时代以后，西欧各国建立东印度公司，展开了大规模的对华贸易，丰盈的中华物产如丝绸、瓷器、漆器、铁器、茶叶、中药材、工艺美术品，以及其他生产工具等等，大批地、源源不断地输往国外。而大量的来自其他民族的物产也通过这些渠道输入中国。

在中国输出的物产中，以丝绸、瓷器和茶叶为最大宗，号称"三大物产"或"三大贸易"。丝绸、瓷器和茶叶源源不断地输往各国，是近代世界贸易体系中的主要输出产品，在很长一个时期内主导了全球性的国际贸易，改变和丰富了各国人民的日常生活，成为最具有代表性的中国文化符号。

商业的沟通从来就是文化的交流。商品的形式无论是以自然形态出现的物产、原料，还是赋予劳动价值和文化要素的人工产品，都会对交易的双方产生文化方面的影响。自然产品，可以丰富和改善人们的生活，同时也造成了生活习惯的改变；人工产品，更是直接传递了不同文明的文化信息，不但会影响人们的生活方式，而且会在更深层次的领域对人们的理念、情感产生重要影响。通过贸易输入的外来商品，可以"刺激当地民族去模仿，采用和改变他们所羡慕的"文明，进而"创造他们自己的文明生活方式"。[2]

---

[1] ［法］布尔努瓦：《丝绸之路》，山东画报出版社2001年版，第256页。
[2] ［美］麦克尼尔：《西方的兴起——人类共同体史》，中信出版社2015年版，第174页。

在各民族之间的物质文化交流中，技术的交流是最重要的。在物产、物种的交流中，实际上已经包含了技术的交流。比如，发源于中国的水稻，传播到日本、朝鲜半岛和东南亚等地，其中就包含了水稻栽培技术的传播。中国的养蚕缫丝和丝织技术、种茶技术、制瓷技术，后来都传播到世界各地，在当地发展起来养蚕丝织业、制茶业和制瓷业，丰富了当地人们的物质生活，对人类文明的发展起到了重要的推动作用。

古代中国人发明的先进技术，源源不断地传播到世界各地。同时，中国也大量地吸收世界各民族的先进文明成果，学习和借鉴先进的科学技术。在汉唐时期，国外的三大技术传播到中国，对中国人的日常生活产生了极大的影响。这三大技术是玻璃制造技术、制糖技术和葡萄酒酿造技术。这三大技术的引进，丰富了中国人的生活，至今我们仍然在享受这些技术引进的成果。到了明清之际，大批欧洲商人和传教士带来了欧洲的科学技术，在当时最重要的是制镜技术、自鸣钟制造技术和火炮技术。这三项技术很快就在中国社会生活中普及，尤其是火炮技术，在明清鼎革之际，发挥了巨大的作用，也促进了中国军事的变革。

技术是改变世界的巨大物质力量。比如，造纸术、印刷术、火药和指南针这"四大发明"，在中国不同的历史时期被勤劳智慧的中国人发明出来，又在不同的历史时期先后被有心的中国人和有心的外国人"传出去"和"拿过来"。被世界各地接受和使用的"四大发明"，对当地的社会生活、对其历史文化、对人们的思想观念，都产生了一定的影响，引起了社会文化的变化。

"四大发明"改变了世界。关于"四大发明"的世界历史意义和贡献，马克思、恩格斯等许多思想家都有过充分的论述。实际上，不仅是"四大发明"，人类的历史正是由许许多多的科学技术发明而改变、发展。比如，冶铁技术和铁器的发明，就极大地改变了农业生产的工具，大幅度提高了农业生产力，并且促进了社会生活的发展。再比如，交通工具技术的发展，从最早的使用双轮马车，到大航海时代大帆船的四海航行，再到工业革命以后动力的变革，人们的交通方式因此而改变，这也为各民族的交往和交流提供了极大的便利，因而也促进了整个世界的变革。技术发明也随着各民族之间的交流、交往，相互传播，成为各民族共同享用的技术成果，因而实现了各民族共同进步和繁荣。例如，近代以来，西方的科学和工业生产技术，大规模地被引入中国，实现了历史上一次重大的技术转移，不仅促进了生存方式的变革，而且改变了中国人的认知方式，进而改变了中国的文化形态和社会形态，使中国社会从传统的农业社会和农耕文化，向现代的工业社会和工业文明变迁跃进。

科学技术是社会动力体系中的一种重要动力，是一种在历史上起推动作用的、革命的力量。科学技术通过促进人们的生产方式、生活方式和思维方式的变革来推动社会发展。在丝绸之路的历史上，科学技术的转移和交流是最激动人心的场景，是改变世界的重要的物质力量。

目录

第一章　农业的起源与中国粟、稻的培育和传播 / 001

一、农业的起源与原生性文明 / 002

二、粟与粟作文化及其传播 / 004
    1. 粟作文化的产生 / 004
    2. 粟作文化的传播 / 006

三、水稻与稻作文化及其传播 / 007
    1. 稻作文化的产生 / 007
    2. 稻作文化在朝鲜半岛的传播 / 009
    3. 稻作文化在日本的传播 / 010
    4. 稻作文化与日本弥生文化 / 014
    5. 稻作文化在东南亚的传播 / 015

第二章　小麦和马、牛、羊的引进与"五谷丰登"和"六畜兴旺"生活格局的形成 / 019

一、小麦的起源与东传 / 020
    1. 小麦的起源 / 020
    2. 小麦向中国的传播 / 020

二、马、牛、羊的引进与驯养 / 023

第三章　西域、南越生活植物的引进 / 029

一、丝绸之路与西域植物的引进 / 030
    1. 张骞名下引进的西域植物 / 030
    2. 葡萄的传入与移植 / 034

二、棉花、甘蔗与荔枝 / 037
    1. 印度棉花的传入与种植 / 037
    2. 甘蔗的引进与种植 / 039
    3. 来自南越的朝贡荔枝 / 039

三、唐宋时期引进的西域植物 / 041
    1. 金桃与菠菜 / 041
    2. 高粱与甘薯 / 043
    3. 西瓜的引进和种植 / 044

第四章　"哥伦布大交换"与美洲生活植物的引进　/ 047

一、改变世界的"哥伦布大交换"　/ 048
二、美洲生活植物的引进与种植　/ 050
　　1. 玉米的引进与大规模推广　/ 050
　　2. 番薯的引进与推广　/ 052
　　3. 马铃薯的引进与种植　/ 053
　　4. 花生的引进与种植　/ 054
　　5. 向日葵、辣椒和西红柿等的引进与种植　/ 055
　　6. 烟草的引进与种植　/ 056
三、美洲农作物引进对中国社会生活的影响　/ 057

第五章　上林苑与奇珍异兽　/ 061

一、汉代引进的西域动物　/ 062
　　1. 上林苑：古代最大的野生动植物园　/ 062
　　2. 来自西域的奇珍异兽　/ 063
　　3. 骆驼的引进与驯养　/ 065
　　4. 驴和骡的引进与驯养　/ 067
二、狮子及其艺术意象的传播　/ 068
　　1. 关于传入狮子的记载　/ 068
　　2. 狮子在中国的艺术形象　/ 070
三、拂菻狗与白鹦鹉　/ 073

第六章　中国丝、茶、瓷——主导丝绸之路的中国元素　/ 077

一、丝绸与养蚕、缫丝、织绸技术及其传播　/ 078
　　1. 丝绸的发明　/ 078
　　2. 丝绸和养蚕丝织技术在东亚的传播　/ 081
　　3. 丝绸传入希腊罗马　/ 083
　　4. 丝绸在近代欧洲的风行　/ 087
　　5. "东国公主传入蚕种"的故事　/ 088
　　6. 波斯与阿拉伯丝织业的形成与发展　/ 089
　　7. 养蚕制丝与丝织技术在拜占庭的传播　/ 091
二、茶文化及其传播　/ 093

1.茶的培育与茶文化 ／093
　　　2.茶文化在朝鲜半岛的传播 ／094
　　　3.茶文化在日本的传播与"茶道"的形成 ／096
　　　4.近代西方的茶叶贸易 ／099
　　　5.茶叶改变生活 ／100
　　　6.欧洲人的茶叶移植和生产 ／103
　　三、瓷器及制瓷技术的传播 ／104
　　　1.独步天下的瓷器 ／104
　　　2.外销瓷 ／107
　　　3.瓷器与制瓷技术在朝鲜半岛的传播 ／108
　　　4.瓷器与制瓷技术在日本的传播 ／111
　　　5.瓷器与制瓷技术在东南亚的传播 ／115
　　　6.瓷器与制瓷技术在伊朗的传播 ／117
　　　7.瓷器与制瓷技术在欧洲的传播 ／119
　　四、传播海外的其他中国物产 ／126
　　　1.历代输出的中国物产 ／126
　　　2.郑和带到西洋的物产 ／128
　　　3.明清之际传到西方的中国商品 ／129

第七章　香料、胡药与珠宝的输入 ／137

　　一、几份输入中国的海外物产清单 ／138
　　　1.汉代输入的西域物产 ／138
　　　2.汉唐输入的波斯物产 ／142
　　　3.输入中国的罗马物产清单 ／145
　　　4.汉唐输入的印度物产 ／148
　　　5.宋元输入的外国商品 ／149
　　　6.郑和船队带回的西洋物产 ／151
　　　7.明清之际输入中国的欧洲商品 ／153
　　二、香料 ／155
　　　1."商胡"与香料贸易 ／155
　　　2.宋代输入的外国香料 ／157
　　三、胡药 ／158
　　　1.唐代输入的胡药 ／158
　　　2.宋元输入的阿拉伯药物 ／160

3. 清宫廷中的西药 / 163
4. "药露"及其制法的传播 / 166

四、珠宝 / 167
1. 汉代时输入的"珍玉奇石" / 167
2. "商胡"与珠宝 / 169
3. 商胡与元代珠宝业 / 170

第八章　早期丝绸之路上的技术交流 / 173

一、青铜文化与中西交流 / 174
1. 中国青铜文化的起源与发展 / 174
2. 青铜文化体现的中西交流 / 176

二、造车技术的发展与中西交流 / 178
1. 中国造车技术的起源与发展 / 178
2. 造车技术与中西交流 / 181

三、冶铁技术的发展与铁器的使用及其传播 / 183
1. 冶铁技术的起源与传播 / 183
2. 中国的铁器时代 / 184
3. 中国冶铁与铁器技术的传播 / 186

四、马镫的发明与传播 / 188
1. 马镫的发明与使用 / 188
2. 马镫的传播 / 190

第九章　汉唐输入中国的三大技术 / 193

一、玻璃制造技术 / 194
1. 西方玻璃的传入 / 194
2. 玻璃制造技术的引进 / 195

二、制糖术的引进与发展 / 198
1. 蔗糖的传入 / 198
2. 制糖技术的引进 / 200
3. 制糖技术的发展 / 202

三、葡萄酒酿造技术的引进 / 204
1. 葡萄酒的传入 / 204
2. 葡萄酒酿造技术的引进 / 204

第十章　改变世界的中国"四大发明" /207

一、从世界文明的角度认识"四大发明" / 208
二、造纸技术的发明及其传播 / 209
　1.造纸技术的发明与发展 / 209
　2.纸与造纸术在朝鲜半岛和日本的传播 / 211
　3.怛逻斯战役与造纸术的西传 / 212
　4.纸与造纸术对世界文明的意义及影响 / 216
三、印刷术的发明及其传播 / 218
　1.印刷术的发明与发展 / 218
　2.印刷术在朝鲜半岛的传播 / 221
　3.印刷术在日本的传播 / 223
　4.纸币与纸牌：雕版印刷术在欧洲的传播 / 225
　5.欧洲活字印刷技术与中国的渊源 / 227
　6.印刷术对近代西方文明的影响 / 230
　7.造纸、印刷术：献给世界的古代"文化工业"系列 / 232
四、火药火器的发明、应用与发展 / 235
　1.火药的发明 / 235
　2.火器的创制、应用与发展 / 237
　3.火药与火器技术在朝鲜半岛的传播 / 240
　4.火药与火器技术在日本的传播 / 242
　5.火药与火器技术在阿拉伯的传播 / 243
　6.火药与火器知识在欧洲的传播及应用 / 245
　7.火药与火器对西方历史进程的影响 / 247
五、指南针的发明与航海罗盘的应用 / 249
　1.磁石的发现与指南针的发明 / 249
　2.罗盘在中国航海事业上的应用 / 251
　3.罗盘在阿拉伯的传播 / 252
　4.罗盘的应用与大航海时代 / 253
六、"四大发明"与文艺复兴 / 256

第十一章　望远镜、自鸣钟与"红夷大炮" /261

一、望远镜及其制造技术的传播 / 262
　1.望远镜的传入 / 262
　2.望远镜的仿制 / 263

3.《远镜说》/ 264

二、自鸣钟及其制造技术的传入 / 265
    1.自鸣钟的传入 / 265
    2.自鸣钟技术的传入与钟表制造业 / 268
    3.中国第一部钟表著作 / 270

三、西方火炮及其制作技术的引进 / 271
    1."佛郎机铳"的引进与仿制 / 271
    2."红夷大炮"的引进 / 273
    3."红夷大炮"的仿制 / 275
    4.汤若望铸炮与《火攻挈要》/ 277

四、机械技术的传播 / 278
    1.《泰西水法》与水利机械技术的传播 / 278
    2.南怀仁介绍的机械技术 / 279
    3.《远西奇器图说》/ 280

第十二章 近代工业的建立与技术引进 / 283

一、"借法于外洋" / 284

二、"坚船利炮"技术的引进 / 289
    1.军用工业的建立与技术引进 / 289
    2.江南制造局 / 292
    3.新造船技术的引进 / 296

三、民用工业技术的引进 / 301
    1.采矿技术的引进 / 301
    2.冶炼技术的引进 / 302
    3.纺织工业的发展与技术引进 / 305

四、通信、交通与电力 / 308
    1.电线电报业的创办与技术引进 / 308
    2.铁路技术的引进与铁路筹建 / 312
    3.电力工业的创办与发展 / 316

参考文献 / 319

第一章 农业的起源与中国粟、稻的培育和传播

一、农业的起源与原生性文明

现代人类文明的基础是在新石器时代奠定的。从旧石器时代过渡到新石器时代的标志性实践，就是由采集食物转变为"生产"食物，即开始人工驯化培育作物和动物，也就是农业的产生。"农业的发生是人类历史上划时代的重大事件"。[1]

这个重大事件几乎同时在世界各地发生，时间是在1万年前左右。人类在长期的采集狩猎生活中积累了有关动植物的丰富知识，生产手段也有很大的进步，为驯化野生动植物奠定了基础。根据国内外考古资料及学者新近的研究成果，在许多距今1.5万年至1万年的中石器时代遗址中，已经出现了农业萌芽，诸如块根作物的种植及谷物的采集和栽培。

当时，世界上出现了三大独立起源的农业文明中心区，即两河流域西亚农业起源中心区、中国农业起源中心区和中南美洲农业起源中心区。西亚独立起源的农作物代表主要是小麦、大麦和豆类，驯化出的动物包括山羊、绵羊和牛。在这一农业体系发展和传播的基础上，先后产生了美索不达米亚文明、尼罗河文明和印度河文明。中南美洲是首先栽培玉米和南瓜等农作物的地方，在它的基础上产生了玛雅文明和安第斯文明。在中国起源的农作物包括水稻、小米、大豆、荞麦等，驯化出的动物则是狗、猪、鸡等。农业文明的起源对以后的文明发展有极为重要的影响，"世界上第一批原生文明，毫无例外都是建立在原始农业发展的基础上的，而且是建立在以谷物种植为中心的农业发展的基础之上的。""原始农业不但为文明起源提供了物质基础，而且极大地影响以至规定着文明起源的途径和模式。"[2]

---

[1] 苏秉琦主编：《中国远古时代》，上海人民出版社2010年版，第4页。

[2] 游修龄主编：《中国农业通史》（原始社会卷），中国农业出版社2008年版，第425、432页。

第一章 农业的起源与中国粟、稻的培育与传播

明·壁画《耕获图》，山西新绛县稷益庙西壁

中国是世界上三大农业起源地之一，距今9000至7000年，是我国原始农业文化发展的重要时期。历史学家许倬云说："两河流域栽培作物与驯养家畜的历史，比目前中国考古学上最古老的农业遗存，早了至少1000年。但是，东亚栽培作物，迥然不同于两流域河的作物，两者之间应是各自独自发生了'农业革命'。"[1] 历史学家白寿彝指出："中国的农业以精耕细作为其特色，这在远古时代便已露其端倪。"[2]

20世纪初，苏联遗传学家瓦维洛夫（1887—1943）首创栽培植物起源多中心学说，把中国列为世界栽培植物"八大起源中心"的第一起源中心。我国农科专家卜慕华根据古籍记载，参考国外的资料，统计出中国有史以来的主要栽培作物共有236种。其中，禾谷、豆类、块根、块茎等类20种，蔬菜及调味类45种，果53种，纤维作物11种，经济作物25种，药用植物42种，竹藤类21种，主要观赏作物19种。[3]

我国考古学家把中国又分为黄河流域和长江流域两个农业起源中心，以淮河为界，大致分为南、北两大农耕系统。淮河以北以旱作农业为主，淮河以南以稻作农业为主。中国北方最古老的粮食作物是黍和粟，南方历史悠久的粮食作物则是水稻。

---

1 许倬云：《万古江河——中国历史文化的转折与开展》，上海文艺出版社2006年版，第37页。
2 白寿彝：《远古时代》，中国友谊出版公司2010年版，第48页。
3 卜慕华：《我国栽培植物来源问题》，《中国农业科学》1981年第4期。

黄河流域的粟作文化、长江流域的稻作文化各有独立的源头。中国新石器时代的粟作文化区和稻作文化区都包括了广阔的地域和不同的文化区系，其农业的发生发展都具有自身的特点和相对的独立性。这些地区所种植的粟和稻都未必只起源于一个地点，再由此向其他地方传播。不同区域间农业文化也存在相互传播和交流。典型的是长江流域的水稻在仰韶、龙山时期陆续传向黄河流域，粟也从北方向南方传播。

　　在早期人类的交往和交流中，动植物的交流是相当重要的内容。作为农作物的植物和作为家畜的动物，是早期人类在生活、生产的长期实践中，逐渐对野生物种驯化的结果。不同的民族面对不同的自然条件，所接触和驯化的动植物并不相同，但通过早期的交流，驯化的动植物逐渐成为各民族共同的财富，满足和丰富了不同民族的生活内容和生活条件。直到近代以前，世界性的物种交流一直在继续。

　　有学者认为，距今5000至4000年前，世界首先发生了一次食物的全球交流。这次大交流主要发生在欧亚大陆。而美洲的马铃薯、南瓜和玉米进入全球交流，则要待哥伦布发现新大陆之后才发生。在第一次大交流中，中国起源并独立培育的小米到达了欧洲，中国起源的水稻传播到日本、朝鲜半岛和东南亚；西亚起源的小麦到了中国。我国学者易华认为，前3千纪也是一个激动人心的时代，一个更早的类似于"哥伦布交换"的主食全球化过程在旧大陆展开。中国自古讲究"五谷丰登"和"六畜兴旺"。作为生活富足和社会繁荣的基本条件，"五谷丰登"和"六畜兴旺"是我们的先人与欧亚大陆其他民族交流的结果。《荀子·王制》说："万物皆得其宜，六畜皆得其长，群生皆得其命。"由于早期人类的交往和交流，"五谷丰登"和"六畜兴旺"，基本上奠定了中华民族生存和发展的生活基础。

敦煌23窟壁画《雨中耕作图》

二、粟与粟作文化及其传播

1. 粟作文化的产生

　　黄河流域是世界农业起源地之一。在黄河流域等北方地区，我国先民首先驯化栽培了粟、黍、菽和许多果树、蔬菜，成为世界上重要的栽培植物起源中心之一。

粟是欧亚大陆最古老的谷物之一，中国被公认为粟作起源中心。黄河流域是最早栽培粟和黍的地方，是"种植这两种作物的旱地农业起源的大温床"[1]。中国新石器时代遗址中出土有黍和粟的遗存的，据现有报道，共49处。[2] 学者将小米的起源地圈定在三大区域，即西辽河流域、太行山东麓和黄河中游。其中，西辽河流域属于红山文化的分布范围。

在新石器时代，粟不仅是北方人的主要食物，也是猪、狗的主要营养来源。粟作为东亚本土驯化的作物，不仅具有重要的实用价值，而且具有崇高的精神意义。粟又称"稷"。五谷神"稷"与土地神"社"合称"社稷"，社稷是国家的象征。《尔雅翼》说："稷为五谷之长，故陶唐之也，名农官为后稷。其祀五谷之神，与社相配，亦以稷为名。以五谷不可遍祭，祭其长以该之。"《孟子》说："社稷为重，君为轻。"社稷坛在中国具有神圣的象征意义。

中国北方主要新石器时代文化遗址中，河北磁山文化、内蒙古兴隆洼文化遗址都有出土粟作遗存。磁山遗址共发掘灰坑468个。其中，88个长方形的窖穴底部堆积有粟灰，层厚为0.3至2米，有10个窖穴的粮食堆积厚2米以上。磁山遗址出土炭化粟粒估计超过10万斤（1斤=500克），创造了考古遗址中粮食出土的奇迹。可见，当时农业生产的规模已经很可观，农业已经在当时居民的经济生活中占据主要地位。

在内蒙古赤峰市敖汉旗东部的兴隆沟遗址，考古专家采集并浮选了1200余份土样，出土了丰富的炭化植物遗存，从中发现了黍和粟两种炭化小米遗存，共计1400余粒，其中以炭化黍粒居多。该遗址出土的小米是目前欧亚大陆上所发现的具有直接测年数据的最早的小米遗存。由此可以说，在距今8000年前后的兴隆洼文化时代，小米已经成为当地人的食物之一。考古学家还通过对兴隆沟遗址内的植物遗存进行筛选，发现了人工栽培的距今7600年的糜子，就是现在蒙古族还常吃的"炒米"。

鱼化寨遗址位于陕西西安市，是一处仰韶文化村落遗址，文化堆积的

---

[1] 严文明：《黄河与长江：东方文明的摇篮》，苏秉琦主编：《中国远古时代》，上海人民出版社2010年版，第484页。

[2] 游修龄：《中国农业通史》（原始社会卷），中国农业出版社2008年版，第163页。

年代跨度约在7000年至5500年前。研究团队从遗址浮选出土了5万多粒炭化粟粒和黍粒。经过测量和统计，鱼化寨遗址出土的不同时期的小米在形态特征和尺寸大小上明显不同，表现出了从残留野生特性向完全栽培形态的逐渐转变。这说明，小米的驯化是一个经历了数千年的缓慢的进化过程。

根据最新研究结果，在距今8000年前后的兴隆洼文化时代，小米已经成为当地人日常食用的谷物。在不晚于距今6500年的仰韶文化时代，小米成为中国北方人的主粮。

2. 粟作文化的传播

粟在北方被驯化后，即向中国南方等各个地方传播，是对中华文明历史进程有深远影响的重要农作物之一。

粟从我国北方向南传播，最迟在距今4000年时便到了南亚和东南亚地区。粟在中国华南地区及东南亚的传播主要分为两大块，一块是从中国西北到西南，进而延伸至东南亚地区的西部块，另一块是从中国东南沿海延伸至东南亚地区的东部块。西部地区史前族群生产活动频繁，史前民族文化具有多样性，粟在这一时期、这一地区的传播，也被大多数学者视为族群不断迁徙的结果。

有学者研究认为，早期粟作在向华南、西南及东南亚传播的过程中，对于当地生产方式的变化发挥了重要作用。"伴随着这一时期农业科技文化交流的进一步密切和深入，粟类作物在东南亚的种植，无论在技术环节还是使用农具上都有了质的发展。""这一历史时期东南亚粟等干旱作物的种植，也在某种程度上是中国传统农业思想观念的反映，从东南亚一些稻作农业遗址中，除发现水稻遗迹外，还有种类颇多的旱地作物，如粟、黍、薏、芋、大麻等等的残骸。文献资料中也反映出交趾、日南各郡人民有'种谷必杂五谷'的传统。这就说明，这一历史时期的粟类作物种植，不再是一种原始意义上杂谷类型的表现，而在一定程度上是着眼于救灾备荒，实质上是中国传统荒政思想的一种微渐，即'种谷必杂五种，以备灾害'观念的反映。"[1]

早期黍粟也向西传播。中国、英国和美国的学者通过合作研究，揭示

---

[1] 张波、樊志民主编：《中国农业通史》（战国秦汉卷），中国农业出版社2007年版，第363页。

出黍和粟起源于中国北部的旱作农业，后向外传播，在史前时期便已到达欧洲和印度。学者认为，我国的小米主要是从草原通道，经过畜牧民族世世代代的接力传播，进而到达欧洲。考古人员在哈萨克斯坦东部地区发现了距今4500年的黍子。也就是说，黍传播到中亚地区之后，继续向西传播到了高加索地区和欧洲。从黑海西岸到东欧和中欧的20多个不同地点，都发现了小米的遗迹。考古界最终确认，欧洲遗址点出土的早期小米年份，多在距今4000年至3500年之间。

黍、粟经山东半岛或辽东半岛传入朝鲜半岛和日本。《诗经》中提到的"貊"，又称"貉"，指"三韩之地"，即朝鲜半岛。在《孟子·告子下》中提到朝鲜半岛的农作物："夫貉，五谷不生，唯黍生之。"这是朝鲜半岛2500年前种黍的最早文字记载。在朝鲜半岛和日本新石器时代文化遗址中，亦发现了以粟、黍为作物的"杂谷"农业文化遗存。朝鲜半岛新石器时代的农耕化过程可以分成两个类型，即旱作杂谷和水田稻米农业。东山洞贝丘中发现了粟与黍和锄形石器等，表明四五千年前朝鲜半岛已有了旱作农业。

日本在绳纹文化末期、弥生前期已经栽培粟，粟是当时主要的粮食作物。水稻传入后，粟的地位开始下降。据日本弥生时期193个遗址出土的谷物种子分析，水稻占64.4%，麦占16.8%，稗子占5.6%，粟为4.6%，黍为1.5%。从朝鲜半岛、日本的黍、粟出土的时间来看，同中国的云南、台湾属同一时间序列。[1] 日本西部的旱地农耕与中国的旱地农耕有着密切的联系，大分县大石绳纹文化遗址所发现的石磨盘、石磨棒之类粮食加工工具与中国东北等地区所见者形制相似。

三、水稻与稻作文化及其传播

1. 稻作文化的产生

中国长江流域下游地区是亚洲稻作农业的发源地。"长江下游及其附近是我国史前栽培稻的一个重要的传播中心。中国史前的稻作农业，正是从那里像波浪一样呈扇面展开，其传播所及，几乎包括了我国稻作农业的

1　游修龄主编：《中国农业通史》（原始社会卷），中国农业出版社2008年版，第167页。

全部地区。"[1]

20世纪70年代，在浙江余姚河姆渡发现了距今近7000年的丰富的稻作遗存，完全可以和同时代黄河流域以裴李岗—磁山文化为代表的粟作文化相媲美。河姆渡遗址出土了大量陶器、木器以及骨木工具，发现了干栏式建筑遗迹和大量的动植物遗存。在河姆渡第四文化层，共发现400多平方米的稻谷、稻壳和稻草堆积物，其厚度在10～40厘米，最厚的达70厘米。这是谷物腐烂后长期自然积淀的结果，原初厚度当在1米以上。如果其中的四分之一为稻谷，则在120吨以上。

大量稻作遗存的出土，引起了国内外考古学、农学、历史学等诸多学科学者的关注。基于河姆渡遗址稻作遗存的发现和研究，农学史家游修龄认为，稻作起源于长江流域，河姆渡遗址出土的稻谷属于栽培稻的籼亚种中晚稻型，在向北传播的过程中籼稻分化出粳稻。[2]考古学家严文明综合分析了各地发现的稻作遗址年代数据和

清·无款《雍正耕织图·收割》（故宫博物院藏）　　明·马轼《归去来兮辞·农人告余以春及图卷》（局部）（辽宁博物院藏）

---

[1] 严文明：《中国稻作农业的起源》，《农业考古》1982年第1期。
[2] 游修龄：《对河姆渡遗址第四文化层出土稻谷和骨耜的几点看法》，《文物》1976年第8期。游修龄：《从河姆渡遗址出土稻谷试论我国栽培稻的起源、分化与传播》，《作物学报》第5卷（1979年）第3期。

出土稻谷（米）形态特征变化，提出栽培稻起源于长江下游，在向北、向南传播的过程中，分化出粳稻和籼稻。[1]

1988年，在湖南澧县彭头山出土了9000年至7800年前的栽培稻。与此同时，河南舞阳贾湖遗址也出土了9000年至7000年前的稻谷。

进入21世纪后，浙江省相继发现了数量较多的新石器时代早、中期遗址，年代在距今1.1万年至8000年，代表遗址有浦江上山遗址、嵊州小黄山遗址、萧山跨湖桥。这些遗址中都发现稻遗存。[2] 2004年12月17日《科技日报》报道，湖南道县玉蟾岩出土了1.2万年前的5粒炭化稻谷，它们被誉为世界上最古老的稻谷，将人类的稻作文明又向前推进了3000年。

在这些遗址中还出土了许多生产工具。河姆渡出土了相当多用大型哺乳类肩胛骨制作的骨耜，被认为是稻作的工具。跨湖桥的石器磨制较好，主要是锛、斧和凿等加工木头的工具。良渚时期，不仅石器的数量增多，而且出现了石犁、耘田器和石镰等功能确凿的农耕工具。一般来说，功能专一的器物只有当其使用频率非常高时才会出现。石犁的使用，一方面说明土地的利用开始趋于精耕细作，以提高稻谷的产量；另一方面说明石犁是一种连续的翻土工具，一般用于大面积的耕耘，可以提高生产效率，并需要劳力的协作。

2. 稻作文化在朝鲜半岛的传播

水稻在我国推广种植后，很快传到了东亚近邻国家。

朝鲜半岛发现距今3000年以前的稻作地点20余处。早期稻作遗址在朝鲜半岛南北均有分布，如南京遗址（位于平壤市湖南洞）、欣岩里遗址、松菊里遗址等，但在南部的分布地点较北部为多。其中，年代测定最早的是京畿道骊州郡欣岩里遗址，约为前1260年。

学术界普遍认为，朝鲜半岛的水稻农业是中国水稻农业传播的结果，河姆渡可能是它的源头。传播路线应是自胶东半岛至辽东半岛，再东至朝半岛鲜。胶东半岛龙山文化时代栖霞杨家圈遗址和渤海湾青铜文化时代大嘴子、双坨子遗址出土的稻作遗存为传播提供了证据。

在稻作文化的称谓上，我国与朝鲜半岛也非常相近；在耕种技术上，双方所采用

1　严文明：《中国稻作农业的起源》，《农业考古》1982年第1期。
2　蒋乐平：《浙江浦江县上山新石器时代遗址——长江下游早期稻作文明的最新发现》，《中国社会科学院古代文明研究中心通讯》2005年第7期。

的"火耕水耨"、鸟田、踏耕耕种方式等也完全相同，而以拔河来祈求丰收的做法，两地也基本相同。

从年代上看，目前发现的朝鲜半岛的稻作遗存都在3000年前这个时段，估计和"箕子走之朝鲜"的故事有关。这个故事发生的年代在前11世纪，即距今3000多年前。箕子是商纣王的叔父，商朝末年的太师。箕子与比干、微子并称为商纣王时期的"三贤"，也就是孔子在《论语·微子》中称赞的"三仁"。商纣王是中国历史上著名的暴君，他残暴无道，而且不听任何劝谏。于是微子离他而去；比干坚持劝谏，却被剖心而死；箕子则装疯卖傻以求自保，结果还是被囚禁了起来。周武王灭商后，释放了箕子。根据汉初儒生伏生所传《尚书大传》的说法，箕子不忍心看殷商王朝灭亡的惨状，遂率5000人去了朝鲜半岛。周武王闻知箕子东走朝鲜半岛，因封箕子为朝鲜侯。箕子在朝鲜半岛建立国家，定都于王俭城（今平壤），因受周之封号，遂为周之藩属。

箕子率领5000人到达朝鲜半岛，实际上是一个庞大的移民集团。这个移民集团具有较高的文化水平，包括诗书礼乐、医巫阴阳、百工技艺等多方面的人才。移民集团到达朝鲜半岛后，把先进的生产技术带到朝鲜半岛，在生产技术和文物制度方面对当地社会生活有一定帮助，"教民以礼义、田蚕、织作"。从在朝鲜平壤城南发现的"箕田"，也可看出殷商农业文明对朝鲜半岛的影响。

在水稻传入朝鲜半岛的同时，伴随稻作文化而来的有段石锛、半月形石镰，它们的原型都出现在中国东南沿海的河姆渡文化遗址。中国的一些铁制农具，如铁镰、铁锹、铁制半月刀也传到了朝鲜半岛。

3. 稻作文化在日本的传播

考古资料表明，中国的水稻和稻作技术早在前6世纪春秋末期就传入了日本。这要比传入朝鲜半岛的年代晚了许多个世纪。

日本弥生文化的一个重要特点是从采集经济向农耕经济的转变，特别是水稻栽培的普遍推广。根据附着在陶器上的稻谷痕迹，以及从遗迹中出土的炭化米、各种农具、水田遗迹等丰富的考古材料，可以想见这一时期农耕经济已经比较发达。日本列岛的自然条件非常适宜水稻经营，温暖的气候、丰沛的雨量，以及到处都有可供开成水田的低湿的土地。

20世纪50年代以后，日本先后发掘了佐贺县宇木汲田遗址、熊本县上原遗址、大泽町遗址、长崎县井寺遗址、原山遗址、筏遗址、百花台遗址、砾石遗址、福冈县板付遗址、广岛县帝释名越岩阴遗址，出土了一些炭化谷米、稻谷、稻草及陶器上的稻谷压痕。这些遗址都在九州岛地区，同处远古时代中日海上通路的端点，显现出中国稻作传播的轨迹。

1977年发掘的福冈县板付水田遗址，整理出水田和灌溉设施。其中，有水渠、井堰、入水口和排水口等。水渠宽2米、深2米，断面呈"U"形，水渠的中途筑有堰。入水口有两排木桩和木板，用来调节水流量。水渠与水田之间筑有宽1米、高30厘米的堤，两侧都用细长的木板和木桩加固。水田中发现大量的稻谷压痕。

1978年，考古学家发掘北九州岛福冈市绳纹文化晚期遗址，在包含夜臼式粗陶的绳纹最晚期文化层中，发现大面积水田遗构，同时伴随有炭化稻谷、半成品木制农具、石镰等，其上层则是夜臼式粗陶和板付式粗陶的混合层。九州岛北部的绳纹晚期遗址，发现粗陶上印有稻谷压痕和炭化谷粒、收割稻子的石镰、蒸煮谷物的鬲形粗陶，绳纹晚期的夜臼式粗陶与弥生时代早期的板付式粗陶，在九州岛各地共存于同一文化层。

1981年，在佐贺县唐津市菜畑遗址中挖掘出4块水田遗址。经测定，属绳纹文化末期、弥生文化初期。这4块水田面积都在30平方米以上，田与田之间用田埂相隔，并用木板和木桩加固。1986年春，在九州岛北部的佐贺县吉野里，发现了环壕聚落遗址，被日本学者称为"弥生文化的缩影"。大量出土文物证实了弥生文化时期日本的水稻农耕技术已经进入新的发展时期。

日本考古学家森本六尔在《日本农耕文化的起源》中，根据日本考古学上的发现，说明水稻在日本普及的过程。据说，前2—1世纪前后，水稻伴随着弥生文化，先传入日本西部的九州岛，故而九州岛福冈县八女郡长峰村岩崎的竖穴居住遗址，曾多次发现不少烧焦的水稻米块，福冈市附近竹下驿遗址也有烧焦的水稻米块和弥生式土器残片一起出土。至前后，近畿地方和中部地方，才实行栽培水稻，奈良县丹波市附近的岩室、亩傍山附近的中曾司，以及吉野、三轮等地，曾发现有稻粒和稻茎痕迹的弥生式土器，高市郡新泽村遗址有谷粒层的发现。至后数世纪，水稻也传到了关东和东北地方，这从福岛县河沼郡八幡村、宫崎县宫城郡多贺城村等遗址中，曾发现有稻粒和稻壳痕迹的弥生土器，可以证明。

中国水稻栽培技术是怎样传到日本的呢？有的学者认为，是直接从中国江南一带横渡东海传入日本九州岛，进而扩大到近畿并遍及全日本各地的。

日本的绳纹文化与弥生文化之交，正值中国的春秋战国至秦朝初，有江南人口的大规模迁徙。此时，拥有大型海船的吴越人由海路出逃，携带稻种及农耕技术抵达日本，是很有可能的。中国和日本的一些文献中有关于泰伯后裔移民日本的记载，

日本桃山时代·《每月风俗屏风画·插秧图》(日本东京国立博物馆藏)

说的是在吴越地区发生过大规模族群迁徙运动。日本学者认为，日本与吴越故地隔海相望，春秋末越王勾践灭吴后，吴姓子孙纷纷逃往海外，或"散处吴楚、闽越间"。其中，也有王室幸存者逃亡到日本，此后便在日本定居扎根。他们给当时落后的日本带来文明的种子，旋即树立起崇高的威望，成为当地人的首领。楚灭越及秦亡后，又有吴越居民逃亡日本。可以推断，前3世纪前后，大举东渡的移民集团很可能是江南的"东海外越"。他们拥有强大的船队，既有避乱迁徙的动机，又有集团越海的能力。他们将渔业农耕技术、青铜武器、航海知识带到日本，而这也正是弥生文化的精华所在。

到秦代，又有徐福东渡的传说。这是一个高层次、高水平的文化移民集团的行动。徐福本人是当时齐地的方士，而方士是当时社会中掌握一定科学知识和生产技术的知识分子，以徐福为代表的方士，实际上是一个文化精英团体。在他的移民集团里，有所谓"百工"，即各方面的专业人士，掌握着农业、手工业和艺术、工艺等方面的专业知识。徐福东渡是在秦代末期，经过春秋战国几百年的发展，中国的生产技术、科学知识，以及学术文化和艺术文化已经发展到很高的水平。其中包括农耕技术、养蚕缫丝和纺织技术、冶炼技术、造船与航海技术等等，涉及人类生产、生活的各个方面。他们还带去了"百谷"，即各种农作物，尤其是水稻的种子和栽培技术。

另有一种观点认为，吴越地区的稻作文化可能是先由长江下游向北传播，到达江淮平原与山东半岛，然后北越黄河到达朝鲜半岛西南部，再南下到日本九州岛。

战国时期，苦于战乱兵祸的北方齐、燕、赵等国居民纷纷避居朝鲜，有些以朝鲜半岛为中介渡入日本，在那里定居繁衍，成为日本史学家所说的"铜铎民族""出云民族""天降民族"。在日本备后国（今广岛县）御调郡三原町和备前国（今冈山县东部）邑女郡山手村，都曾发现先秦时代燕、赵、齐、鲁等国的货币明刀。而在朝鲜半岛的一些地方，也先后发现这样的明刀。说明在我国春秋战国时代，中国古代文化已经通过朝鲜半岛传入日本。日本的水稻是一种适合中国北部、东北部和朝鲜地带栽培的品种，和金属文化一样，水稻品种及其栽培技术也是经过朝鲜传到北九州岛，再传到日本各地的。1920年，在韩国庆尚南道金海郡的金海贝冢第7B层发现了炭化米。它的年代推测为1世纪，正值日本弥生文化中期。可见，朝鲜水稻耕作在日本弥生时代就已经进行，因而水稻从朝鲜传入日本是有可能的。日本和韩国的部分学者极力主张"朝鲜间接传播说"，甚至认为朝鲜西南部是"弥生文化的故乡"。

4. 稻作文化与日本弥生文化

稻作文化出现在日本从绳纹文化到弥生文化的过渡时期，或者可以说，稻作文化是弥生文化的一个重要内容。

"绳纹文化"是日本新石器时代的文化，因这一时期陶器上的绳纹式花纹而得名。绳纹文化可能持续了很长的时期，有人认为延续了四五千年[1]，也有人认为经历了1万年上下非常漫长的岁月[2]。这一文化延至前3世纪，分布于北海道至冲绳的日本全境。

绳纹时代的日本原始居民以采集果实和渔猎为生，生产工具仍以石器为主。绳纹时代晚期，有些地方已经出现原始的农耕活动，以水稻种植为代表的高度发达的中国文明开始传入日本。

"弥生文化"是以1884年最早在东京本乡区的向冈弥生町发现的陶器而命名的。"这种弥生式文化，很明显是从一开始就伴有铁器，进行农耕，特别是栽培水稻，因此，不能将其看作是由绳纹式文化直接发展的结果，无疑是以某种形式受到外国文化的影响而发展起来的。""它是一种在长期闭锁的环境中，突然接受高度的外国文化时出现的异种文化的混合物，是文化发展的一种变形。"[3] 关于弥生文化是以中国文化为推动力的见解，大体得到学术界的确认。

考古学家指出，和水稻一起传入日本的，还有原始的农具。此种农具，一为石庖刀，一为片刃石斧。弥生文化遗址中，有很多石庖刀和片刃石斧出土。这两种原始农具，都是大陆系统的形态的输入。"在大陆先进文化的浸润下，这一时期日本的稻作技术有了相当程度的发展，诸如农具器质及器形的演替、农田水利技术的发展、农田区划以及水稻移栽技术的出现等等，标志着其已形成了颇为体系化，甚至具有某些精耕细作的技术体系。"[4]

在弥生文化时代，传入日本的不仅有水稻及稻作技术，还有其他农作物。源自中国的黍、粟、豆类等都曾经在日本局部引种过。从弥生文化时期遗址发掘来看，当时关东等丘陵地带豆类和杂谷的种植非常普遍。此外，杂谷之外的其他栽培植物，如桃、杏、柑橘、葫芦、甜瓜、构树、芋头、菱角、白苏等等，可能也是在这一时期前

1　[日]坂本太郎：《日本史概说》，商务印书馆1992年版，第16、20页。
2　[日]家永三郎：《日本文化史》，商务印书馆1992年版，第8、13页。
3　[日]坂本太郎：《日本史概说》，商务印书馆1992年版，第16、20页。
4　张波、樊志民主编：《中国农业通史》（战国秦汉卷），中国农业出版社2007年版，第351页。

后传入日本的。[1] 这一时期从中国传入日本的栽培植物大约有40余种，被日本学者称为是"太古大陆渡来"的植物。[2]

按照美国学者魏特夫（Karl A.Wittfogel）的"东方主义"理论，稻米文明隐含着的是一种"人工"灌溉制度，这种制度反过来又要求实行严格的民事、社会和政治纪律。法国历史学家布罗代尔也说道："对这些地区来说，接受稻米种植是获得文明证书的一个方式。"[3] 水稻的输入，使日本原始社会有了划时代的变革。金属工具的使用和农耕经济的发展，使日本的生产力有了大幅度的发展，社会结构也发生了重大变化。有日本学者指出，水稻农业这种新文化要素预示着一场"农业革命"的到来，其意义可与近代的"工业革命"媲美。

美国学者康拉德·托特曼（Conrad Totman）在《日本史》一书中指出："从一开始，日本的农业社会就鲜明地受到大陆影响。那些引入了水稻种植的移民，也带来了铁和青铜工具及其他随身用具，另外则是各种程度的社群组合、社会阶层、军事技能和政治冲突，这些都远胜过绳纹社会本身所具有的。"[4]

起源于中国的稻作文化，对日本列岛（也包括朝鲜半岛）的民族生存和文明发展起到不可估量的巨大作用。水稻不仅仅是一种植物，农耕也不仅仅是一种技术。耕作水稻作为典型的生产经济方式，取代了以狩猎、捕捞、采拾为主要形式的自然经济，由此产生的结果不仅限于生产方式的革命，而且是从根本上改变了日本列岛的文化性质。有的学者认为，稻作、米的历史是与日本的历史共同开始的。稻作与米可以看作日本历史的象征，至少是日本历史形成的一个重要组成部分。

5. 稻作文化在东南亚的传播

东南亚水系纵横的地理环境，以及暖热多湿的气候特征，决定了在中国古代农作物文化体系中对东南亚农业发展影响最大、最为深远的是稻作文化。

以前，由于学术界在亚洲栽培稻起源问题上多持印度说，在探讨东南亚稻作农业源起时，也往往把目光更多地投注在探寻其与印度文化之间的联系交流中。近几十年来的研究，已经确认了中国尤其是长江中下游流域的稻作起源中心这一地位。[5] 新石

1　张建世：《日本学者对绳纹时代从中国传去农作物的追溯》，《农业考古》1982年第1期。
2　张波、樊志民主编：《中国农业通史》（战国秦汉卷），中国农业出版社2007年版，第352页。
3　[法]布罗代尔：《15—18世纪的物质文明、经济和资本主义》第1卷，三联书店1992年版，第168页。
4　[美]康拉德·托特曼：《日本史》，上海人民出版社2010年版，第38页。
5　严文明：《我国稻作起源研究的新进展》，《考古》1997年第9期。王象坤：《中国栽培稻起源研究的现状与展望》，《农业考古》1998年第1期。

器晚期，以植稻为中心并具有相同特征的文化，不仅已较普遍地分布于我国南方各处，而且以这一历史时期民族迁徙和民族文化交流为背景，稻作文化也渐次渗透东南亚地区，甚至南洋各岛屿也开始出现了水稻的种植。如越南红河三角洲及老挝、缅甸等几处较早的稻作农业遗址，其时段即在新石器晚期，距今约5000年。

有的学者还从亚洲各地栽培稻出土时间序列、稻语言系统的联系与差异、相关文字记述、农业神话传说等资料中，进一步确证了东南亚稻作农业发展与中国稻作文化之间的有机联系。[1] 英国东方学家霍尔（R.P.Hill）认为，外迁的汉人中，一部分向北，把水稻带到日本，更多的是向南、向西到达菲律宾的巴拉望岛、婆罗洲、苏门答腊、马来亚、泰国、越南和柬埔寨。[2]

稻作的传播是一种文化现象，关于东南亚稻作与中国百越稻作的渊源，内容相当广泛。例如，迄今为止，在东南亚诸多民族的农业礼仪文化中，仍不乏中国古稻作文化的因素；再如，与稻作农业文化相伴生的器物文化、饮食习俗等等，都可以从不同的角度佐证这一点。

"秦汉时期，伴随着南方农业技术的突破性发展，以及种谷与东南亚交通往来的进一步密切，种谷较为先进的稻作农业科学技术源源不断地传入东南亚地区，深刻影响了东南亚农业发展的历史进程，不仅使得水稻逐渐发展成为最主要的粮食作物，农业也开始在一些地区成为主导性产业。"[3]

秦汉时期，农业技术体系中对东南亚稻作农业发展影响最为深刻的是金属农具和牛耕的普及推广。战国、秦汉时期，随着金属农具及牛耕在全国范围内的推广，铁器、牛耕也逐渐进入南方稻作农业技术体系。此后，金属农具和牛耕的使用也逐渐渗入东南亚地区。这一技术体系首先在中南半岛北端生根发芽，尤其越南中北部地区，成为向周边地区逐渐辐射渗透的又一中心。秦汉时期铁器、牛耕在东南亚的推广，提高了当地人民利用和改造自然的能力，对稻作农业区域性的拓展和农业技术的提高，起到了重大的促进作用。另外，在东南亚各地农业遗址中，除金属农具外，还有大量的竹木农具的出土，其器形与金属农具颇为相似，可视为当地人民在汲取中国农具制作技术的基础上，依据本地资源的一种创造。

中国传统稻作技术体系中的农田水利技术、施肥改壤及稻作栽培技术，以及耕作制度等等，也在不同程度上促进了东南亚地区稻作农业的发展。由于稻作对水的依赖，我国南方人民在长期劳作的过程中，逐渐累积和总结出了较为先进的灌溉技术。

---

1 童恩正：《中国南方农业的起源及其特征》，《农业考古》1989年第2期。
2 游修龄主编：《中国农业通史》（原始社会卷），中国农业出版社2008年版，第187页。
3 张波、樊志民主编：《中国农业通史》（战国秦汉卷），中国农业出版社2007年版，第367页。

早在春秋战国时期，就已形成了相当完善的稻田灌溉系统。秦汉时期，随着人们对农田水利重要性的认识不断深化和国家统一后所提供的人力、物力基础，南方的农田水利技术又有了新的突破，出现了一大批水利工程。东南亚地区河流密布，水域面积广阔，农田水利的滞后往往是制约稻作农业发展的一个重要因素。因此，学习和引进较为先进的农田灌溉技术，尤为重要。从中南半岛北部的农田遗址发掘来看，即有类似陂塘的水利工程出现。

秦汉时期，"火耕水耨"是南方稻作最常见的一种耕作方式。它虽然还属一种较为粗放的经营方式，但相较于原始的水田耕作方式，则已经带有若干进步的因素。利用草莱的灰烬作为天然肥料，进行中耕除草；以粗具农田排灌设施为前提，等等[1]。从考古学和民族学材料来分析，"火耕水耨"在东南亚也是相当盛行的。

和在朝鲜半岛、日本的情况一样，稻作文化在东南亚地区的传播，也是通过移民实现的。水稻和稻作技术在东南亚的传播，要远比朝鲜半岛和日本为早。水稻传播到朝鲜半岛是在距今3000年，即商末周初，很可能与箕子出走朝鲜的移民集团有关。传播到日本是在前600年至300年，即中国的春秋战国时期，和这一时期以及稍后的秦代大批渡海移民包括徐福东渡有关。而水稻及其栽培技术传播到东南亚地区，应该在距今5000年左右，承担这一传播任务的是大批渡海南迁的早期大陆原始族群。

大约在距今5000年前，东亚大陆地区的一些原始族群开始向东南亚地区迁徙。而流经中国西南和中南半岛的伊洛瓦底江、萨尔温江、湄公河、红河等长江大河的河谷地带，成为原始族群沿江而下迁徙的天然走廊。从中国华南地区的广西、广东、福建，有陆路和海路可以进入中南半岛的越南和东南亚海岛地区。一次又一次的移民浪潮，正是通过这些陆、海线路，把大批原始族群的移民送到了东南亚。这些移民带着原居住地的文化，适应东南亚地区的环境，逐渐成为东南亚新石器文化的主角。其中一些移民与当地的原始居民结合，形成了新的族群，共同创造了当地的文化。在东南亚地区考古发现的丰富资料，有许多文化特质与中国新石器文化有着明显的关系。

中国的梯田文化也传到了东南亚地区。中国的梯田文化或是沿东线经由赣、浙、闽、台而随华南人传至菲律宾，或是沿西线经由中南半岛传至包括菲律宾在内的东南亚各岛屿。在古代菲律宾，梯田文化有了高度的发展。在吕宋高山省的山区，当地居民在山峦中开出层层梯田。每层梯田之间以石垒砌，高者达15.24米。梯田引山水灌溉，种植水稻，耕作方式与中国无异。在这些梯田中，以伊夫高族在巴纳韦地区所开辟的规模最大，面积近400平方千米，被称为世界最大工程之一。

---

[1] 梁家勉主编：《中国农业科学技术史稿》，中国农业出版社1989年版，第17页。

第二章

小麦和马、牛、羊的引进与『五谷丰登』和『六畜兴旺』生活格局的形成

一、小麦的起源与东传

1. 小麦的起源

中国原生的水稻和小米向外传播。起源于西亚的小麦大约在距今4500年传入中国黄河中下游地区。

小麦是重要粮食作物之一，被认为是"人类最古的粮食""神下凡的时候留给人间的粮食"。小麦起源于亚洲西部，在西亚和西南亚一带，至今还广泛分布有野生一粒小麦、野生二粒小麦及与普通小麦亲缘关系密切的节节麦。在肥沃的新月地带，特别是伊朗西南部、伊拉克西北部和土耳其东南部周围地区，是二粒小麦和提莫菲维小麦最早被驯化之地。以色列西北部、叙利亚西南部和黎巴嫩东南部是野生二粒小麦的分布中心和栽培二粒小麦的起源地。普通小麦的出现晚于一粒小麦和二粒小麦，通常认为起源于里海的西南部。

考古学研究表明，小麦是新石器时代人类对其祖先植物进行驯化的产物，栽培历史已有万年以上。中亚的广大地区曾在史前原始社会居民点上发掘出许多残留的实物。其中，包括野生和栽培的小麦干小穗、干籽粒、炭化麦粒，以及麦穗、麦粒在硬泥上的印痕。2004年，曾有研究人员报告，在以色列出土的一块具有2.3万年历史的磨石上发现了大麦和小麦的残渣。在6700年前的伊拉克遗址中发现了和现在小麦特性差不多的古代小麦，在埃及6000年至5000年前的几处遗址中，也发现了小麦。

其后，小麦即从西亚、中东一带向西传入欧洲和非洲，向东传入印度、阿富汗、中国。6000多年前出现于欧洲，4000多年前到达东亚地区。

2. 小麦向中国的传播

学者认为，小麦从西亚向东方的传播至少包括了三条路线：主体为北线的欧亚草原大通道，中线为河西走廊绿洲通道，南线是沿着南亚和东南亚海岸线的古代海路。美国历史学家麦克尼尔（William Hardy McNeill，1917—2016）描述说：当时半流动的农耕者"在前6500年以后从中东丘陵地带逐步向东移动，他们沿着大河两岸，顺林木茂盛的山坡越过中业，一路上开拓新地，在各个阶段还可能同当地居民混合。最后，走到最东边的那些开拓者把中东农业技术的基本要素带到了黄河流域。与此同时，中国新石器时代的遗物足以证明在黄河流域以南存在着原始社会的假设。最能说明这个问题的是水稻的发现。""在前第三世纪，起源于中东的粮食种植技术在华北地区同

第二章 小麦和马、牛、羊的引进与"五谷丰登"和"六畜兴旺"生活格局的形成

起源于亚洲季风带的另一种种植技术相会并融合在一起。"[1]

麦克尼尔还强调:"尽管有上述种种接触,中国文化却始终展示着它那浓厚的本土特色。中国人从来没有采用中东式的大面积粗放耕作,而是墨守他们自己的园圃式的精耕细作,这充分表现出他们根深蒂固的文化独立性。"[2]

中国发现最早的小麦遗址是在新疆的孔雀河流域,在楼兰的小河墓地发现了4000年前的炭化小麦。齐家文化是黄河上游地区铜石并用时代的文化,年代为前2000年至前1900年,属于新石器时代晚期文化。在甘肃临潭磨沟遗址的齐家文化墓葬群,研究者对墓葬中成人牙齿牙结石淀粉粒的检测结果表明,当时人类植物性食物具有多样化的特征,有小麦、大麦或青稞、粟、荞麦、豆类及坚果类等。其中,麦类植物、荞麦和粟占淀粉粒总量的70%。比临潭磨沟遗址更早的甘肃西山坪遗址出现了中国西北地区最古老的稻作农业遗存,当时人们种植粟、黍、水稻、小麦、燕麦、青稞、大豆和荞麦等8种粮食作物,囊括了东亚和西亚两个农业起源中心的主要作物类型。这处遗址证实了小麦和燕麦早在4000年前就已经传播到中国西北地区。1955年,在中国安徽省亳县(现亳州市)钓鱼台发掘的新石器时代遗址中,也发现有炭化小麦种子。

在古文献中,《夏小正》中已有"祈麦实""树麦"等记载。大概殷商时期,华北地区居民已经逐渐将麦子作为主食。殷墟出土的甲骨有"告麦"的文字记载,说明小麦很早就是河南北部的主要栽培作物。《诗经·周颂》中已有小麦、大麦的记载,说明西周时期黄河中下游已遍栽小麦。

大麦栽培已有很悠久的历史,中东、埃及一带发现了新石器时代早期的大麦遗物。通常认为,大麦原产于西亚美索不达米亚一带,后传至东亚、北非和欧洲。前

清·袁江《春畴麦浪》(湖北省博物馆藏)

---

[1] [美]麦克尼尔:《西方的兴起——人类共同体史》,中信出版社2015年版,第61页。
[2] [美]麦克尼尔:《西方的兴起——人类共同体史》,中信出版社2015年版,第257页。

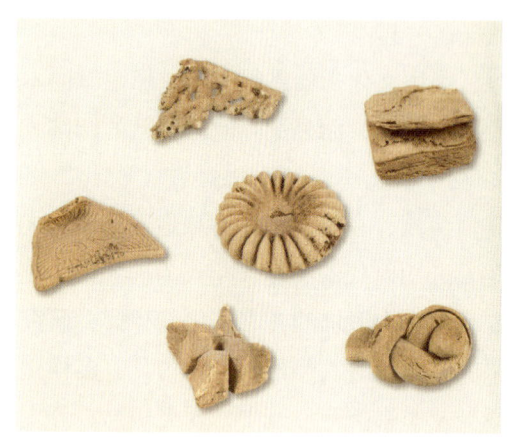

新疆吐鲁番阿斯塔那出土的唐代面制食品（新疆维吾尔自治区博物馆藏）

3000年，美索不达米亚和古埃及都有关于大麦的文字记载，中国殷代甲骨文中也有记载，说明大麦在这些地区已有广泛栽培。

虽然小麦传入中国很早，但是，推广并不普遍。据《诗经》的描述，麦类作物在今山东、河南、山西和陕西都有种植，不过，在作物中的比重并不大。根据对安阳殷墟遗址、偃师商城遗址、北京琉璃河西周遗址古人骨骼碳十三测定，粟仍是当时黄河流域居民最重要的食物。直到战国时期，小麦的产量还十分有限，只是北方贵族的精美食粮。

直到西汉中期，董仲舒鉴于"关中俗不好种麦""而损生民之具"，建议汉武帝令大司农"使关中益种宿麦，令毋后时"。其后，氾胜之又"督三辅种麦，而关中遂穰"，小麦尤其是冬小麦（宿麦）的种植在关中地区逐渐普及。西汉中期以后，宿麦种植在黄河和淮河流域日益推广。《后汉书·明帝纪》永平四年（61）二月诏说："京师冬无宿雪，春不燠沐，……而比再得时雨，宿麦润泽。"可见，西汉末和东汉前期冬小麦在关中地区作物中已有相当重要的位置，小麦产量在整个农业产量中比重的增加，小麦的地位与先秦时期黄河流域最重要的食物粟已逐渐并驾齐驱并呈后来居上之势。相应地，人们的食物结构也发生了变化，出现了"相谒而食麦饘"的风俗。

我们常用"五谷丰登"来形容农业的兴旺。所谓"五谷"，是指稻、麦、黍、稷、菽五种粮食作物。这既包括中国本土的稻子、小米、大豆，也包括从外部输入的小麦。后以"五谷"为谷物的通称，不一定限于五种，包括粟类、稻类、麦类、菽类、麻类等。如今，"五谷"泛指各种主食食粮，一般统称为粮食作物，或者称为"五谷杂粮"，包括谷类（如水稻、小麦、玉米等）、豆类（如大豆、蚕豆、豌豆、红豆等）、薯类（如红薯、马铃薯）以及其他杂粮。

"五谷丰登"是史前世界种植物交流的结果。上述对"五谷"的不同概括，都包含从域外引进的"麦"。如果没有麦子的引进和推广种植，就构不成"五谷"了。

二、马、牛、羊的引进与驯养

中国自古讲究"五谷丰登"和"六畜兴旺",作为生活富足和社会繁荣的基本条件。从上面的叙述中可知,"五谷丰登"是我们的先人与欧亚大陆其他民族交流的结果,而"六畜兴旺"也是史前文明交流的结果。

"六畜"概念始见于春秋战国时代文献,《周礼·天官·庖人》记载:"掌共六畜、六兽、六禽,辨其名物。"郑玄注说:"六畜,六牲也。始养之曰畜,将用之曰牲。"《周礼·地官·牧人》也说:"牧人,掌牧六牲而阜蕃其物,以共祭祀之牲牷。"此处"牧六牲"包含牛、马、羊、猪、犬、鸡,牧人是选定祭牲的礼官。后来,牲畜或畜牲联用,泛指家畜。

魏晋墓壁画《牧羊图》

宋王应麟《三字经》说:"马牛羊,鸡犬豕。此六畜,人所饲。"这里,把中国的六畜分为两组,即"鸡、狗、猪"和"马、牛、羊"。猪、狗、鸡是东亚本土起源,常见于新石器时代文化遗址,与定居农业

甘肃嘉峪关三国时代古墓畜牧壁画砖(甘肃省博物馆)

南宋·李迪《风雨归牧》（台北故宫博物院藏）

第二章 小麦和马、牛、羊的引进与"五谷丰登""六畜兴旺"生活格局的形成

生产方式相关。中国是世界上最早将野猪驯化为家猪的国家,也是世界上已知最早养鸡的国家,狗也是中国最早驯养的家畜。猪、狗、鸡和人一样是杂食动物,特别容易和人类建立亲密关系。有了这些畜禽,人类才逐渐放弃狩猎采集,进入养殖生产经济时代。

驯养的牛和羊在西亚出现早于东亚数千年,马的最早驯化地是中亚。牛、马、羊是草原游牧业的基础。这些动物与猪、狗、鸡不同,均可产奶,而奶和奶制品则为游牧生活提供了更加稳定的饮食保障。

南宋·《柳塘呼犊》(台北故宫博物院藏)

直到夏商周三代,中国的"六畜"才逐渐齐备。齐家文化畜牧业已经相当发达,从出土的动物骨骼得知,家畜以猪为主,还有羊、狗、牛、马等。遗址出土大量猪骨,还出土了不少完整的羊骨、牛骨和部分马骨,在考古图谱中,使东亚大地首次出现了"六畜"齐全的局面,表明东方定居农业文化与西来游牧文化的混合。

驯化地理学研究表明,绵羊和山羊不仅是最早的驯化动物,而且是分布最广的动物。山羊和绵羊的骨骼经常同时出现在西亚新石器时代遗址中。位于伊拉克和伊朗之间的扎格罗斯山脉及其附近地区,可能是山羊和绵羊的最早驯化地。大约在1万年前西亚已经放养山羊了,而东亚养羊与西亚相比,大约晚了5000年。生物学研究表明,山羊是所有主要家养动物中变异最少的动物。全世界所有的山羊形态都非常相似,基因差异很小。这不仅表明它们有共同的祖先,而且很少生殖隔离形成独具特色的地方品种。绵羊的地方品种较多,外形差异较大,但同样具有共同的祖先。

在我国发掘的数百处新石器时代遗址中,大约有40处出土过羊骨或陶羊头。目前中国最早的较完整的羊骨架出现于甘肃永靖大何庄齐家文化遗址,其次是偃师二里头文化遗址。考古研究表明,二里头绵羊的DNA(脱氧核糖核酸)来自中亚或西亚。由此可以推测,绵羊是由齐家文化传向二里头文化的。到了商代,西北羌人以养羊为业,并以此著称。羌人可能较早已从吐火罗人那里引入了源于西亚的羊的品种和牧羊业。"羌"的称谓直接与牧羊有关(甲骨文中是上羊下人)。牧羊业在中原的推广可能来自进入中原的羌人部落。到了周代,中原养羊蔚然成风。

水牛可能起源于东亚或南亚,而黄牛很可能来自西亚。从河姆渡到兴隆沟的新石器时代遗址中出土的牛骨,多为水牛骨骼。家养水牛很可能是前1千纪从南亚引进的。

到了夏商时期，黄牛才在中国大量出现，距今约4000年的甘肃大何庄遗址、秦魏家遗址齐家文化层中出土的黄牛骨骼是典型代表。用牛来耕作，不会晚于春秋时期。孔子有一名学生叫冉耕，字伯牛。"耕"和"牛"分别用作名和字，反映了春秋时已有人用牛来耕作。到战国时期，开始使用铁犁等铁制农具，耕地效率明显提高，而拖犁的耕畜就是牛，"犁"字也以"牛"为表意义的形旁。

安阳殷墟车马坑

家马的野生祖先主要分布于欧亚草原的西端。现代学者研究认为，马的驯化大约在5000年前。驯化马匹的历史源远流长，滥觞于自然野马的活动范围，如在哈萨克草原及丘陵发现早期驯马文化的痕迹。乌克兰和哈萨克草原的新石器时代和青铜时代遗址中曾出土大量马骨，这些马骨显示了马从野生到家养的驯化过程。骑马和马车技术可能源于西亚的骑驴和牛车制作技术。波台（Botai）位于哈萨克草原北部，是一处特殊的铜石并用时代（前35000—前3000年）遗址，出土动物骨骼30余万块，其中99.9%是马骨。研究表明，这些马主要是用于食用、祭祀（随葬）和骑乘，至少部分是家马。英国历史学家汤因比（Arnold Joseph Toynbee，1889—1975）在《人与大地母亲》中提到，马的驯化使原始印欧人（"那一批使用原始梵语的民族"）作为游牧人拥有了对南方农业和商业民族的优势。美国学者麦高文（William Montgomery McGovern）指出："人类能够豢养野兽，加以利用，对于人类文明，是重要因素之一。我们现在晓得，野马的最早豢养，实始于中亚草原；所谓'马的文化'，即以马供拉曳之用，较后更加以乘骑——就是从中亚渐传到世界他处去的。"[1]

但在我国中原地区缺少驯马的考古证据。在东亚数百处经科学发掘的早期人类遗址中从未发现马的骨架，只有零星的马齿或马骨出土，不能确定为家马。西北地区的齐家文化和四坝文化可能最早有驯化的马，它的来源可能与欧亚草原西部的文化交流有关。从目前的材料看，中原地区的家

---

[1] ［美］麦高文：《中亚古国史》，中华书局2004年版，第2页。

第二章 小麦和马、牛、羊的引进与"五谷丰登"和"六畜兴旺"生活格局的形成

马最早出现于商代晚期。家马和马车在商代晚期遗址中突然大量出现，在河南安阳殷墟、陕西西安老牛坡、山东滕州前掌大等商代晚期的遗址中，发现了很多用于殉葬和祭祀的马坑和车马坑，在墓室中也出现了马骨。殷墟车马坑和人马合葬墓的发现表明，马在商代已经非常重要了。良马来自西方，是商、周公认的珍宝。到周代养马则盛况空前，西周已有《司马法》管理养马、用马事宜。

《荀子·王制》说："万物皆得其宜，六畜皆得其长，群生皆得其命。"由于早期人类的交往和交流，中国在商周时代就实现了"六畜兴旺"。

"五谷丰登"和"六畜兴旺"，奠定了中华民族生存和发展的基本生活基础。

元·赵雍《骏马图》（台北故宫博物院藏）

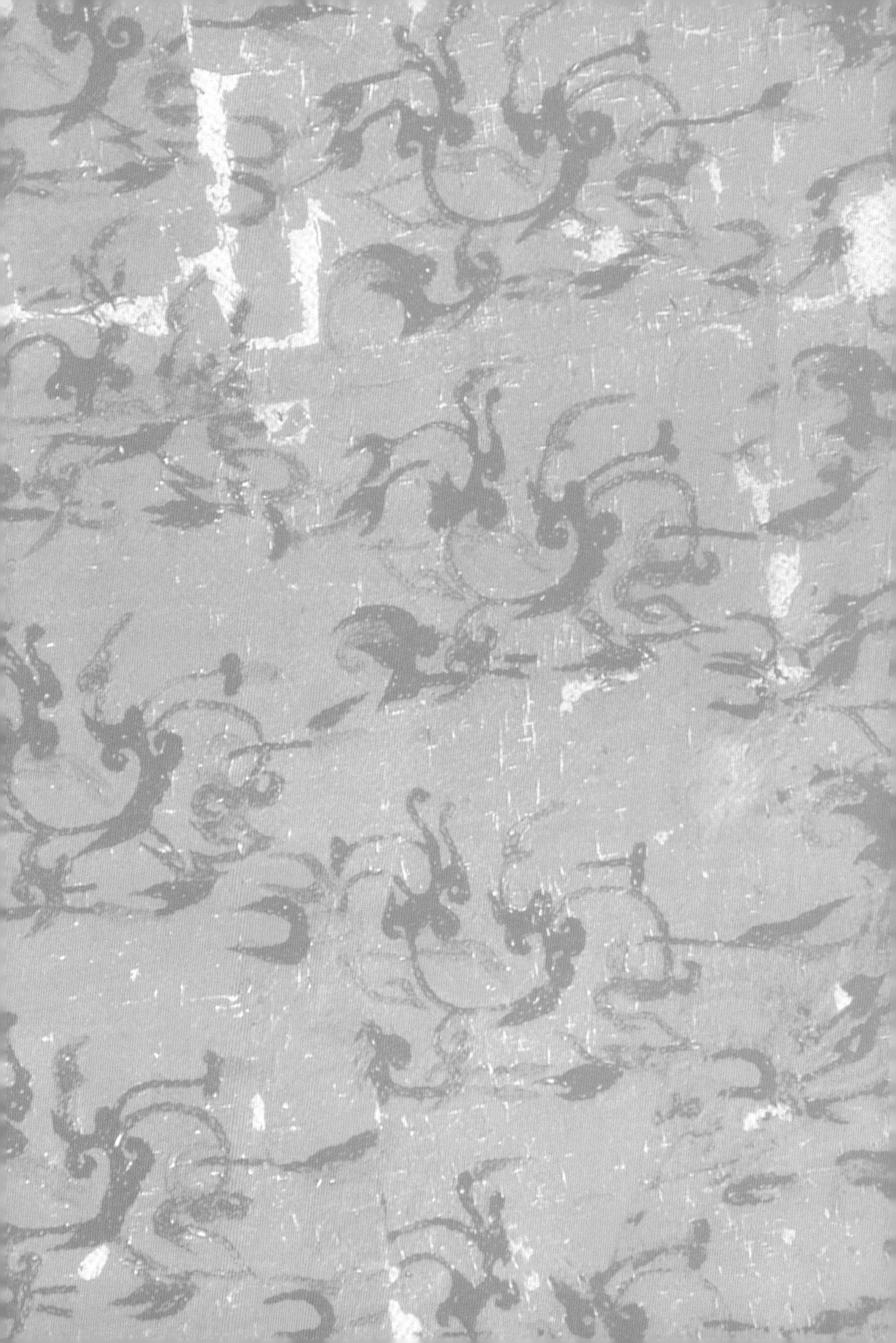

第三章 西域、南越生活植物的引进

一、丝绸之路与西域植物的引进

1. 张骞名下引进的西域植物

汉武帝时代,张骞出使西域,通往西域的"丝绸之路"大开,汉王朝与西域各国使节往来不断,民间商旅更是相望于道,贸易十分频繁活跃,中西文化交流进入了第一个高潮时期。

汉代是中国农业发展史上一个引种的高潮时期。"西域各种嘉种源源引入,丰富了中国的物种资源,促进了中原种植业、园艺业的发展以及食物结构的调整,对于中国传统农业的发展无疑发挥了重大作用。"[1]

历史学家范文澜说:"从西方传到中国来的,就物产方面说,家畜有汗血马,植物有苜蓿、葡萄、胡桃、蚕豆、石榴等十多种,这些物产的输入,给中国增加了新财富。"[2]

敦煌莫高窟323窟《张骞出使西域图》

[1] 张波、樊志民主编:《中国农业通史》(战国秦汉卷),中国农业出版社2007年版,第381页。

[2] 范文澜:《中国通史简编》修订本第2编,人民出版社1964年版,第87页。

第三章 西域、南越生活植物的引进

英国科学史家李约瑟（Joseph Terence Montgomery Nee-ham，1900—1995）也说："许多为中国人所不知的天然物产这时也输入了，例如改良的马种、西方来的紫花苜蓿、南方和西南方拉来的柑橘、柠檬、槟榔和荔枝。此外，还有来自和阗以及可能来自缅甸的翠玉。"[1]

从西域移植来的植物有安石榴、苜蓿、葡萄、玉门枣、胡桃（核桃），也有胡麻、胡豆、胡荽（芫荽，即香菜）、胡蒜、酒杯藤等。还有出自瀚海北、耐严寒的瀚海梨，"霜下可食"的霜桃等。汉武帝元鼎六年（前111）平定南越后，从南方引进了许多亚热带植物，种植于上林苑中。

到魏晋南北朝时，对于引进西域植物仍然很积极。十六国时的后赵武帝石虎为了引种这些中原本来没有的植物，围起苑囿，运来土壤，并引水浇灌，以期创造适宜珍贵果种的生长条件。在此苑囿中，栽种了不少中原本无的名果。他甚至还做了一辆大车，作为培植这些作物的试验田。

明·沈周《种蔬图》（台北故宫博物院藏）

---

[1] ［英］李约瑟：《中国科学技术史》第1卷，科学出版社和上海古籍出版社1990年版，第114页。和阗，1959年更名为和田。

综合各种史籍文献的记载，可知，汉代经丝绸之路传入中国的西域植物主要有以下种类：

（1）苜蓿。苜蓿是苜蓿属（Medicago）植物的通称，俗称"金花菜"，是一种多年生开花植物，其中最著名的是作为牧草的紫花苜蓿（Medicago sativa）。苜蓿以"牧草之王"著称，耐旱、耐盐碱，产量高，草质优良，各种畜禽均喜食。汉将军李广利从大宛带回苜蓿后，在长安宫殿旁栽培，并在中原推广，使其成为我国的主要牧草。据说，"金花菜"还有药用价值，陶弘景的《名医别录》就有收录。苜蓿的嫩芽或幼苗还可以佐餐，常作为菜蔬不足时的应急食物，诗文中多用来表示粗茶淡饭。

（2）胡麻。胡麻俗称芝麻、油麻，又称"巨胜"。有学者认为，胡麻原产非洲西部、北部及东南亚爪哇岛一带，因为那些地方有较多的芝麻野生种和考古发掘材料。[1] 实际上，胡麻传入中国的时间可能比张骞引进的时间要早。《神农本草经》就有记载。中国人很早就掌握了胡麻的种植时令和收藏方法。据北魏贾思勰所著《齐民要术》记载，胡麻已有大田栽培。胡麻还被方士视为长生食物，中医也多以胡麻入药。

（3）胡桃。即核桃，原产于波斯北部和俾路支，前10世纪传往亚洲西部、地中海沿岸国家及印度。因为此果有青皮肉，其形如桃，故称"胡桃"。此果果肉油润香美，十分珍稀名贵，仅做贡品供皇上食用，故古时称其为"万岁子"。

（4）胡豆，包括蚕豆、豌豆、野豌豆，都是从波斯和中亚传入的。

（5）胡瓜，即黄瓜。黄瓜原产于印度，江苏扬州西汉"妾莫书"墓中曾出土黄瓜籽，但当时的文献没有提到它。十六国时后赵皇帝石勒忌讳"胡"字，汉臣襄国郡守樊坦将其改为"黄瓜"。唐代时，黄瓜已经成为南北常见的蔬菜。

（6）胡荽，即香菜，为伞形科芫荽属一年生草本植物，原产地为地中海沿岸及中亚地区。《说文解字》记载："荽作莜，可以香口也。其茎柔叶细而根多须，绥绥然也。张骞使西域始得种归，故名胡荽。荽，乃茎叶布散貌。石勒讳胡，故晋地称为香荽。"

---

[1] 张波、樊志民主编：《中国农业通史》（战国秦汉卷），中国农业出版社2007年版，第161页。

第三章 西域、南越生活植物的引进

清·沈振麟《绘十二月花神·蜀葵石榴》（台北故宫博物院藏）

（7）胡蒜，即大蒜。《齐民要术》称其为张骞出使西域时所得。

（8）石榴，又名安石榴、丹若、若榴、阿那尔，原产于伊朗、阿富汗、印度北部及俄罗斯南部，已有5000年的栽培历史，其果实为鲜食佳品，石榴皮、石榴花、石榴根均可入药。最早记载石榴的是东汉中叶李尤《德阳殿赋》，赋中说，德阳殿的庭院中"葡萄安石，蔓延蒙笼"。晋张华《博物志》载："汉张骞出使西域，得涂林安石国榴种以归，故名安石榴。"

（9）红花，是原产于埃塞俄比亚的菊科一年生草本植物，具特异香气，味微苦，以花片长、色鲜红、质柔软者为佳。红花在前1500年引入埃及，埃及包裹木乃伊所用的指甲花中就掺入红花。红花是绘画颜料，也是染料，同时是妇女的化妆品色料。红花最初盛行于匈奴人之间，他们认为，妻妾如红花般可爱，因此称为阏氏。古时甘肃河西和宁夏一带多产红花，而以焉支山所产最为驰名，"焉支"就是"胭脂"的谐音。汉武帝时大将霍去病驱逐匈奴出河西，匈奴人因失此山以歌当哭："失我焉支山，令我妇女无颜色。失我祁连山，使我六畜不蕃息。"至2世纪时，红花已经引入黄河流域。南北朝时，红花在黄河中下游地区的栽培已经很广泛。红花引进不久，就被作为上等药物，用于活血、通经、产后瘀滞、跌打损伤、症瘕积聚及斑疹。

以上这些植物引入中国，都归到张骞的名下。实际上，可能是在那个时代或更早的时候，这些植物就已经传入中国。但这也说明了一些事实，即张骞通西域，确实为西域的物产包括动植物源源不断地传入中国创造了条件。

同时期传入中国的其他西域植物还有无花果、番红花（又称藏红花、西红花）、西王母枣、柰（俗称沙果、红果）、荞麦、茄子等。

这里说到的茄子原产于印度，在4—5世纪传入中国。南北朝栽培的茄子为圆形，与野生形状相似。茄子在浙江被称为六蔬，广东人称为矮瓜，晋代嵇含的《南方草木状》最早记载了茄子。到元代则培养出长形茄子。

以上所述的这些植物传入中国后，丰富了当时的作物种类，经过中国人民千百年来的种植、选育，成为中国蔬菜、水果、油料等农业作物的重要组成部分，对中国农业、畜牧业等产生了深远的影响，也改变了我国的饮食结构，极大地丰富了中国人的饮食文化。

2. 葡萄的传入与移植

在从境外引进的植物中，最令人瞩目的是葡萄。日本学者石田干之助说："在传入中国的外来植物中，葡萄可谓首屈一指。"[1] 葡萄是当今世界上许多国家人民最喜爱、最常吃的水果之一。葡萄酒也是世界上年代最长、产量最大、品质最优的果酒品种。

唐代诗人李颀有一首《古从军行》，其中写道："年年战骨埋荒处，空见蒲桃入汉家。"李颀的这首诗表达的意思是，不赞成汉武帝驱逐匈奴的功勋，只道年年西征，为的是有异域奇珍供帝王享用。在他说的汉武帝战果之中，就只列出"蒲桃"即葡萄一项，可见，在当时人们心目中，引入的西域物产中，葡萄具有极高的地位。或

---

1 ［日］石田干之助：《长安之春》，清华大学出版社2015年版，第129页。

者说，葡萄成为汉唐时代引进的西域植物的代表符号。

考古资料证实，世界上最早栽培葡萄的地区是小亚细亚的里海和黑海之间及其南岸地区，大约在7000年以前，南高加索、中亚、西亚等地区也开始了葡萄的栽培。波斯是最早用葡萄酿酒的国家之一。20世纪90年代中期，考古学家在伊朗北部扎格罗斯山脉的一处新石器时代晚期聚落遗址里发掘出一个罐子，其中有残余的葡萄酒和防止葡萄酒变成蜡的树脂。古埃及也是最早栽培葡萄和用葡萄酿酒的古国之一，在埃及最著名的phtah—Hotep古墓中，发现了一幅距今6000多年的壁画，上面清楚地描绘了当时古埃及人栽培、采收葡萄和酿造葡萄酒的情形。在古埃及第一、第二王朝的陵墓中曾发现有"王家葡萄园印章"和许多完整或破碎的酒具，有些酒具的黏土塞上的印记，还提到王家葡萄园的名称和管理葡萄园的官员的称号，说明在前3000年至前2700年时期，古埃及已经种植葡萄并用葡萄酿酒了。欧洲最早种植葡萄并进行葡萄酒酿造的国家是希腊。前1000年，希腊的葡萄种植已极为普遍，在古希腊著名诗人荷马所写的史诗巨著《伊利亚特》和《奥德赛》中，有许多章节讲到葡萄园和葡萄酒。前6世纪，希腊人把原产于小亚细亚的葡萄通过马赛港传入高卢，并将葡萄栽培和葡萄酒的酿造技术传给了高卢人。罗马人从希腊人那里学会葡萄栽培和葡萄酒酿造技术以后，很快在意大利半岛全面推广。1—2世纪，随着罗马帝国的侵略扩张，葡萄栽培和酿酒技术迅速传遍法国、西班牙、北非，以及德国莱茵河流域。

有学者认为，亚历山大东征把希腊文明带入中亚，从此种植葡萄、酿造葡萄酒和酒神崇拜开始在粟特人中流传。据我国学者罗念生考证，汉时"蒲萄"二字发音，直接源于希腊文"Botrytis"。美国东方学家劳费尔（Berthold Laufer，1874—1934）在《中国伊朗篇》里认为，葡萄一词是波斯语"Budawa"的对音，而中亚粟特语里的意思是"藤蔓"。

唐·海兽葡萄纹铜镜（故宫博物院藏）

西域栽培葡萄的历史可能更早一些。英国探险家斯坦因（Marc Aurel Stein，1862—1943）在《西域考古记》中提到了在尼雅古城（前3—前1世纪）发现民居院落外有整齐成片的葡萄园遗址。另外，1959年，新疆博物馆南疆考察队以及1988—1996年中日合作的尼雅遗址考察，在古墓出土的文物中都发现有成串葡萄花纹的饰物，以及容器内干缩了的葡萄。根据C—14技术测定，此墓地距今2295±75年。可以推断，在前3—前1世纪的古精绝国已经有相当规模的葡萄栽培。在2003年进行的新疆吐鲁番鄯善县洋海墓地的考古发掘中，考古人员从约2500年前的一座墓穴中发掘出一株葡萄标本。新疆考古所专家认定，它属于圆果紫葡萄的植株，其实物为葡萄藤，全长1.15米，每节长11厘米，扁宽2.3厘米，这是新疆考古中发现的最早的有关葡萄种植的实物标本。

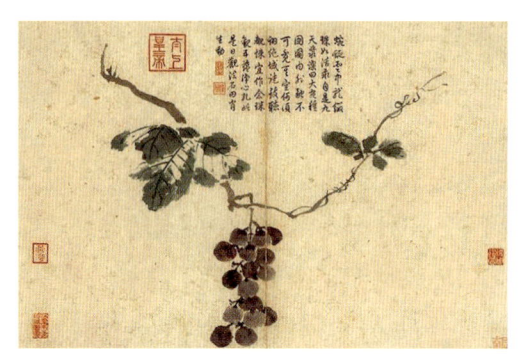

明·沈周《葡萄图》（台北故宫博物院藏）

《汉书·西域传》《魏书·西域》《隋书·西域》等文献，都有西域种植葡萄和用葡萄酿酒的记载。

在汉代之前已经有关于"葡萄"的记载。约成书于汉末的《名医别录》记载葡萄"逐水，利小便"。《神农本草经》记载，葡萄"益气倍力强志，令人肥健耐饥，忍风寒，久食轻身，不老延年"。

中国葡萄种植业的正式开始，通常认为是在汉武帝时期。《太平御览》据《汉书·西域传》记载说，汉武帝时期，"贰师将军"李广利征服大宛，携葡萄种归汉。"离宫别观旁尽种蒲萄"。可见，汉武帝对此事的重视，并且葡萄的种植达到了一定的规模。因此，可以把《汉书·西域传》中的记述视为关于葡萄正式传入汉土并被朝廷种植的最早记录。

葡萄被引进以后，就受到人们的喜爱。北朝时，葡萄在长安、洛阳和邺城这三个政治中心种植比较多。到唐朝时，葡萄开始在内地广泛种植。唐太宗在长安百亩禁苑中辟有两个葡萄园。著名园丁郭橐驼为种葡萄发明了"稻米液溉其根法"，记载在他的《种树书》里，一时风行。葡萄的品种，《广志》只从颜色上分为黄、白、黑三种，到了唐代，马乳葡萄频繁见于记载。另外，还有被称为"龙珠"的圆葡萄。杜甫的诗句"一县蒲萄熟"反映了葡萄种植已经十分普遍。刘禹锡、韩愈的《葡萄歌》对葡萄的栽种、管理、收获、加工都有细致的描写。

二、棉花、甘蔗与荔枝

1. 印度棉花的传入与种植

中国和印度的交通很早就已开辟。甚至在远古时代，可能就有了一定的文化联系。由印度传入中国的物种中比较重要的是棉花。印度的阿萨姆邦一带是木本亚洲棉花的发源地。棉花在印度半岛的栽培历史相当悠久，早在前1500年的《吠陀经典圣诗》中就有"织布机上的线"的诗句。可见，这一时期的棉花已经进入大规模生产，甚至可以用来织布。

亚洲棉花从印度传入中国有两条路线：

第一条路线是经由东南亚传入我国的海南岛及两广地区。战国时成书的《尚书·禹贡》中有"岛夷卉服，厥篚织贝"之载，古今不少学者认为"卉服"即棉布所制之衣，作为沿海地区向不出产棉花的中原的贡品。1978年，福建崇安船棺中发现的棉布残片，据考证大约有3000余年的历史。《后汉书·南蛮传》记载："武帝末，珠崖太守会稽孙幸调广幅布献之。"珠崖为今海南岛东北部，广幅布可能就是棉布。由此可知，秦汉时海南岛已经植棉并生产棉布了。

第二条路线是由印度经缅甸传入我国云南地区。《后汉书·西南夷传》记哀牢夷"有梧桐木华，绩以为布，幅广五尺"，左思《蜀都赋》说"布有橦华"，李善注引张揖："橦华者，树名橦，其花柔

清·余省《棉花图》扇面（故宫博物院藏）

毳，可绩为布也，出永昌。"这里的"梧桐木华""橦华"指的就是棉花。亚洲棉经南方丝绸之路从印度传入哀牢，再传到西蜀地区，经过蜀人运用中国的纺织技术，织成很高级的棉布，其质量远胜过原产地的印度布，于是棉布又由四川倒流至印度，并远达于大夏国。"从时间上看，四川开始植棉并织棉布可以上溯至前2世纪或更早。"[1]

从南方传入的印度棉原是多年生木本，最初是落叶乔木。传入我国之后，随着向北迁徙与不断选育，最后变为植株不高而一年生的"中棉"。因为棉花是由印度辗转传入，故而长期以梵文的称呼转译，称为"吉贝""白叠""桐""橦"（至今云南佤族仍称棉花为"戴"，称白棉布为"白戴"），佛经中又称为"劫波罗"。由于其初是乔木，故又称为"木绵"（古代的绵仅指丝绵），以后才称为"棉"或"木棉"，宋代以后才称"棉花"，这与我国南方的"木棉树"并非一物。

英国学者艾兹赫德（Adshead S.A.M）认为，棉花"在人工合成纤维出现之前，它是世界纺织品的首选原料"。而棉花走出印度的前几步是非常关键的。中国棉花引进，可以看作"是一种具有长远意义的缓慢发展"，它在全世界的扩展成为纺织工业的主要组成部分。[2]

棉花传入我国之后，长期停留在边疆地区，未能广泛传入中原。851年，阿拉伯旅行家苏莱曼（Sulayman）记述：在今天北京地区所见到的棉花还是在花园之中作为"花"来观赏的。唐宋时期的文学作品中，"白叠布""木棉裘"都还是珍贵之物。宋代之后，"关、陕、闽、广首得其利"，之后逐渐传入江南。北宋末年的《北征纪实》中还称棉布为"南货"。可见，当时棉布主要还是在岭南地区生产的。宋代福建沿海已种植棉花。周去非的《岭外代答》、赵汝适的《诸蕃志》、方勺的《泊宅编》等书，都有关于"南人""闽广之人"如何纺绩棉花的记载，证明中土之人对棉花已有相当清楚的认识。

元代棉花种植在中原得到迅速推广，棉花种植迅速发展并超过桑麻而成为我国纺织工业的主要原料。1289年，元世祖在浙东、江东、江西、湖广、福建设置"木棉提举司"，专门督课棉植，征收棉布实物，每年多达10万匹。虽然不久就撤销了这一机构，但后来又把棉布作为夏税（布、绢、丝、棉）之首。可见，棉布已成为主要纺织衣料之一。

1295年前后，黄道婆自海南崖州带回了纺织工具和棉纺织技术，并大胆改革、推

---

[1] 赵冈、陈钟毅：《中国棉纺织史》，中国农业出版社1997年版，第18页。
[2] ［英］艾兹赫德：《世界历史中的中国》，上海人民出版社2009年版，第98—99页。

陈出新，传授乡里，带动了整个江南地区的棉纺织业发展。自故乡乌泥泾开始，黄道婆的手工棉纺织技艺传至松江，辐射整个江南，后再向中原扩展，慢慢影响湖广两地，掀起了一场"棉花革命"。艾兹赫德指出：在13世纪，棉花"是一种重要的作物，对中国北部的复兴发挥了重要作用，成为元朝以后中国社会的一个特色"。[1]

明代是中国手工棉纺织业最兴盛的时期。当时棉布已十分普及，中国衣着原料舍丝麻而取于棉。明代棉布产量较多，尚有出口。明末时期，徐光启就发现松江府"壤地广袤不过百里而遥，农亩之入，非能有加于他郡邑也。所榷共百万之赋，三百年而尚存视息者，全赖此一机一杼而已"。不仅松江府，苏州、杭州、常州、镇江、嘉兴、湖州也都如此，"皆恃此女红末业，以上供赋税，下给俯仰"。

2. 甘蔗的引进与种植

甘蔗是温带和热带农作物，是制造蔗糖的原料，且可提炼乙醇作为能源替代品。甘蔗原产地可能是新几内亚或印度，后来传播到南洋群岛。

甘蔗大约在周宣王时传入中国南方。《齐民要术》卷十"五谷、果蓏、菜茹非中国物产者"中第二十一种为"甘蔗"。《楚辞》的《招魂》说："胹鳖炮羔，有柘浆些。"其中的"柘"就是甘蔗。这表明春秋战国时期，楚地已出现甘蔗。到了汉代才出现"蔗"字，"柘"和"蔗"的读音可能来自梵文"sakara"。司马相如《子虚赋》称其为"诸蔗"，刘向《杖铭》称其为"都蔗"。

中国蔗区主要分布在广西、广东、台湾、福建、四川、云南、江西、贵州、湖南、浙江、湖北等省区。甘蔗传到中国之后，经过长期栽培，品种繁多。陶弘景《名医别录》说："蔗出江东为胜，庐陵亦有好者。"《本草纲目》记载："蔗出江东为胜，庐陵亦有好者。广州一种数年生，皆大如竹，长丈余，取汁为沙糖，甚益人。又有荻蔗，节疏而细，亦可啖也。"

西汉时，中国人对甘蔗已经很熟悉，并且知道可以从甘蔗汁中提取各种甜料。比如《楚辞》记载，甘蔗糖浆可以用来蒸饴。另据《汉书》的记载，甘蔗汁还可以用来醒酒。

3. 来自南越的朝贡荔枝

越南在宋以前，一直是中原王朝的属地。在内地与越南的长期交往中，产于越南或产于东南亚的一些植物也从越南传入内地。

---

[1] ［英］艾兹赫德：《世界历史中的中国》，上海人民出版社2009年版，第166页。

产自交趾的水果——龙眼、荔枝曾在汉代大量输入中国。三国时张勃《吴录》记载："苍梧多荔枝，生山中，人家亦种之。"苍梧荔枝不仅栽种在山中，而且民居房前屋后或园子里也种植。西晋嵇含《南方草木状》记载："荔枝，树高五六丈余，如桂树，绿叶蓬蓬，冬夏荣茂。青华朱实，实大如鸡子。核黄黑似熟莲，实白如肪，甘而多汁，似安石榴。有甜酢者，至日将中，翕然俱赤，则可食也。一树下子百斛。"

南越王尉佗曾向汉高祖进贡荔枝。刘歆《西京杂记》载："尉陀献高祖鲛鱼、荔枝。帝报以蒲桃、锦四匹。"这是中国荔枝进贡最原始的记录。汉武帝时，还曾在长安移植荔枝百株。司马相如《上林赋》说到的"离支"即荔枝，说它从苍梧被移植到长安帝都宫廷的上林苑去栽培。

荔枝朝贡，自汉代起，历代不绝。东汉和帝时，桂阳郡临武令唐羌上书天子，称交趾七郡贡送龙眼和荔枝劳苦人民，请求罢除，和帝同意废止。《资治通鉴·汉纪》记载："岭南旧贡生龙眼、荔枝，十里一置，五里一候，昼夜传送。临武长汝南唐羌上书曰：'臣闻上不以滋味为德，下不以贡膳为功。伏见交趾七郡献生龙眼等，鸟惊风发，南州土地炎热，恶虫猛兽，不绝于路，至于触犯死亡之害。死者不可复生，来者犹可救也。此二物升殿，未必延年益寿。'帝下诏曰：'远国珍羞，本以荐奉宗庙，苟有伤害，岂爱民之本，其敕太官勿复受献！'"

两汉时，产于南方的龙眼和荔枝果实通过驿传系统运送至京师，成为宫廷珍品，并用以赏赐外国。此后三国魏晋，荔枝、龙眼等水果都是朝廷的贡品。《南方草木状》还记载，龙眼、荔枝、橄榄、柑之类都是贡品。

唐代诗人杜牧《过华清宫绝句三首》写道：

长安回望绣成堆，山顶千门次第开。

一骑红尘妃子笑，无人知是荔枝来。

这首诗写的是唐代荔枝进贡的事，杨贵妃爱吃荔枝，唐明皇派人到荔枝产地采摘新鲜荔枝后策马飞奔，传至长安。当时，四川涪陵可能已经有了荔枝的种植。白居易《荔枝图序》作于唐元和十五年（820）夏天，当时白居易任南宾太守。因为有很多人没有见过，更没有尝过荔枝的味道，所以白居易让人画了一幅《荔枝图》，并且写下："荔枝生巴峡间。树形团团如帷盖，叶如桂，冬青；华如橘，春荣；实如丹，夏熟。朵如葡萄，核如枇杷，壳如红缯，膜如紫绡，瓤肉莹白如冰雪，浆液甘酸如醴酪"。

还有原产于越南的其他一些植物也陆续传入中原。《南方草木状》记载："南越交趾植物，有四畲最为奇，周秦以前无称焉。自汉武帝开拓封疆，搜来珍异，取其尤者充贡。"实际上《南方草木状》所记载的，都是生长在我国广东、广西等地，以及越南的植物。《南方草木状》全书分3卷，上卷草类29种，中卷木类28种，下卷果类17种和竹类6种，共80种，是我国现存最早的植物志。明确标明来自越南地区的植物主要有刺桐、槟榔树、橘、柑、龙眼树等。

三、唐宋时期引进的西域植物

1. 金桃与菠菜

汉代及以后与西域的交往中，有许多原产地在西域的植物被引进中国，丰富了中国人的食物和精神文化生活。到了唐代，仍有许多植物传播到中国。西域一些国家在给唐朝的礼品中，都有奇花异草等植物。"唐朝的花园和果园从外国引进了大大小小许多植物品种。"[1]英国汉学家吴芳思指出，在唐代，"食物仍然是丝绸之路进口的重要物品。在唐朝，苤蓝经河西走廊来到了中国，甜菜（波斯名）可能是由阿拉伯人引进的。尼泊尔国王在647年（贞观二十一年）送来一组'奇特的外来植物'，它们并不是在尼泊尔土生土长的，其中包括一种叫韭葱的新品种，这是一种像莴苣一样的植物，另外还有'西芹'和菠菜。"[2]

唐代段成式在《酉阳杂俎》一书里，记录了大批唐代从阿拉伯等地引进、传入的农业新品种，在中国农业史上具有较高的科学价值。南宋时期，赵汝适在《诸蕃志》中，又记载了从西域传入的、数量更多的农业新品种。这些新品种种类繁多，在中国分布甚广，其中大部分作物后来成为我国农业经济品种中的重要组成部分。

唐朝引进的植物可分为树木、蔬菜和观赏性植物几大类。

（1）桃树。唐朝引进的果木中，最有名的应该就是从中亚康国移植的桃树。据载，康国出产一种灿黄的桃，"大如鹅卵，其色如金"，被称作"金桃"。《旧唐书》说，贞观十一年（637），康国遣使献金桃、银桃，太宗"诏令植之苑囿"。

（2）枣椰树，又称"波斯枣"或"千年枣"，唐朝人还知道它的波斯名"窟莽"或"鹘莽"，以及可能是古埃及语音译的"无漏"。原产地大约是北非的沙漠绿洲和波斯湾周围地区，以非洲栽培最多。椰枣树是人类最早进行驯化栽培的"四大果树"之一（其他三种为葡萄、无花果和油橄榄），埃及古铭文中已有椰枣树，种植极

---

[1] [美]谢弗：《唐代的外来文明》，中国社会科学出版社1995年版，第263页。
[2] [英]吴芳思：《丝绸之路2000年》，山东画报出版社2008年版，第65页。

为普遍。在晋代，椰枣已经引进中国。8世纪后，波斯商人再次将椰枣带入中国，所以又称为"波斯枣"。天宝五年（746），陀拔思单国曾向唐朝献"千年枣"。史书中没有明确记载这次贡献的千年枣是果实还是植株，但是昭宗时（889—904）人刘恂亲眼见到广州城内种植的枣椰树，他将广州枣椰树的果实与"番酋"带入唐朝的原产地的产品及北方的青枣进行了比较，并携回枣核，尝试在北方种植，但没有成功。椰枣营养丰富，富含果糖，含有多种维生素、蛋白质、矿物质元素及其他营养成分，自古以来被人们视为很好的滋补营养食品。唐代药物学家对枣椰子补中益气、止咳祛痰的性能，也已经有了比较详细的了解。

（3）菩提树，即荜钵罗树（Pippala）。根据佛教传说，佛祖释迦牟尼是在一棵荜钵罗树下得道觉悟的，所以又将荜钵罗树称作"菩提（Bodhi，意译为"觉"）树"或"觉树"。早在南朝时，菩提树就已引进中国。到了唐代，菩提树还继续保持着强烈的外来色彩和浓郁的宗教意义。贞观十五年（641）和二十一年（647），天竺国和摩揭陀国分别遣使向唐朝献菩提树。

（4）胡椒。波斯语"pilpil"和阿拉伯语"filfil"的汉译，主要产于波斯、阿拉伯、非洲、印度及东南亚一带，唐时传入中国。

（5）波棱菜。贞观二十年（646）王玄策第一次出使印度时，经过泥婆罗国，曾受到其国王那陵提婆的热情接待。次年，泥婆罗国遣使入献波棱、酢菜、浑提葱等物，泥婆罗国与唐朝通使，与王玄策的外交活动有密切关系。"波棱菜"就是今天的菠菜。菠菜在印度斯坦语的名称叫"palak"，汉语"波棱"应该是来自与这个字类似的某种印度方言的译音。菠菜最初可能起源于波斯，所以又称为"波斯草"。这种蔬菜色味俱佳，而且耐寒，从早春一直供应到夏秋。直到现在，菠菜仍是最常食用的蔬菜之一。

（6）莴苣，原产地在北非和地中海沿岸，前4500年时，莴苣在地中海沿岸栽培普遍。莴苣约在5世纪传入中国，在我国古文献中最早见于初唐孟诜《食疗本草》，后来杜甫也有《种莴苣》诗："堂下可以畦，呼童对经始。苣分蔬之常，随事艺其子。"

（7）酢菜，是莴苣属植物的一种西方品种。浑提葱"状如葱而白"，这种葱属植物的名称可能是中古波斯语"gandena"的译音。这种植物原产于地中海和亚洲西部，可能属于阿拉伯人传到唐朝的保留了波斯语名称的物产。唐人对这种蔬菜的性状已有了很透彻的了解，而且形成了特殊的食用方法。

（8）胡葱。原产于波斯和中亚地区，传入中国后，最早见于唐代孙思邈的《千金食治》，称为"胡葱"。宋代的《开宝本草》称"蒜葱"或"胡葱"。

（9）芦荟。阿拉伯语"alua"或"alwa"的汉译，为非洲特产，尤以索科特拉岛（socotra）最为著名，唐时由波斯人和阿拉伯人传入中国。

（10）胡萝卜，原产亚洲西南部，阿富汗为最早演化中心，栽培历史在2000年以上。胡萝卜营养价值很高，被称为"小人参"。胡萝卜传入中国比较晚，大概是在元代才传入中国的。

2. 高粱与甘薯

中国在与非洲的长期交往中，也有许多非洲的物产、动物和植物通过贸易和国家交往的渠道传入中国。传到中国的非洲植物品种很多，它们被引进到中国后，经过多年的栽培，丰富了中国的植物品种，有一些成为重要的粮食、蔬菜和药材，丰富了中国人的物质生活。历史学家沈福伟所著《中国与非洲——中非关系二千年》中，详细罗列了来自非洲的各种植物。其中，最重要的是蜀黍，即现在所说的高粱。

蜀黍，亦称高粱，是非洲原生植物。非洲人食用蜀黍的时间可能很早，加拿大考古学家马卡德（Julio Mercader）和同事在莫桑比克的一个洞穴中进行挖掘，在具有4.2万年到10.5万年历史的洞穴沉积层中发现了各种各样的石器。马卡德推测，在沉积层中埋藏最深的石器至少应有10万年的历史。马卡德在美国《科学》杂志上发表报告说，他们大约在80%的石器上发现了大量的淀粉痕迹。这些淀粉来自非洲酒椰子、香蕉、豌豆、柑橘和非洲马铃薯，但是有80%的淀粉来自甜高粱。马卡德指出，这一发现表明，生活在莫桑比克的早期人类经常会把包括甜高粱在内的淀粉植物带回他们的洞穴。他并没有确凿的证据证明古人类以这些植物为食，但他认为情况很可能就是这样。显然，原始人从洞穴外收集大量的高粱作物，然后在洞穴中用石器处理外壳后食用它们。这是迄今为止人类食用高粱的最早发现。

在前3000年，苏丹和埃塞俄比亚就已经开始栽培蜀黍。大约在前1500年，蜀黍随雅利安民族的迁徙传入印度。中国的蜀黍可能是从印度传入的，传入的时间很早。1955年在江苏北部出土的一些炭化的蜀黍茎、根和叶，属于晚商或早周时期，在前1000年左右。在山西万荣荆村、河南郑州大何庄、陕西长武碾子坡等地，也发现过新石器时代或先周的高粱。在河北、洛阳和辽宁等地也有发现，时间约为前400年到初年。在西安西郊西汉建筑遗址中，还发现土墙上印有高粱秆扎成的排架的痕迹。《周礼·考工记》所称"染羽以朱湛丹秫"，"丹秫"即高粱。3世纪末的《抱朴子》中已有蜀黍，称作"四川之稷"，《齐民要术》中将蜀黍列入西南地区的外来食物。至于"高粱"之名，则是在元代王祯《农书》中才出现的。

高粱是中国最早栽培的禾谷类作物之一。高粱在中国经过长期的栽培驯化，渐渐形成独特的中国高粱群，许多植物学形态与农艺性状均明显区别于起源于非洲的各种高粱。中国高粱叶脉白色，颖壳包被小，易脱粒，米质好，分蘖少，气生根发达，茎成熟后髓部干涸，糖分少或不含糖分等。另外，中国高粱与非洲高粱杂交，容易产生较强的杂种优势。

来自非洲的植物还有甘薯。甘薯是薯蓣属植物的块根。薯蓣自古以来便是西非最重要的食物，刚果是西非最早种植薯蓣的地方。薯蓣主要有6个品种。其中白薯又叫几内亚薯，黄薯又叫几内亚黄薯，中国甘薯也是由西非原生中心传播来的，俗称山薯、红山药。甘薯从东南亚海上引入越南和海南岛，海南岛居民将甘薯作为优质粮食款待北方来客。3—4世纪时已在南方交（趾）广（东）地区栽培。学术界对甘薯的来源有不少争论。实际上，争论的焦点是关于明代传入的美洲番薯。来自非洲的甘薯与美洲的番薯是不同的植物。

亚麻也是起源于非洲的植物。亚麻起源于地中海沿岸，早在5000多年前的新石器时代，古代埃及人已经栽培亚麻并用其纤维纺织衣料，埃及各地的"木乃伊"就是用亚麻布包盖的。亚麻是古老的韧皮纤维作物和油料作物，亚麻纤维是世界上最古老的纺织纤维。中国在前200多年已有关于亚麻的记载，叫作"胡麻"。张骞出使西域时带回的亚麻种子，在新疆、甘肃、宁夏、黑龙江、吉林、内蒙古、山西等地开始种植，初始亚麻籽主要做药用，直到16世纪才用其种子榨油。

其他起源于非洲并传入中国的还有前文介绍的芝麻、莴苣，以及蓖麻、草棉、胡荽、葫芦等。

3. 西瓜的引进和种植

西瓜的原产地也是在非洲。赤道非洲发现过西瓜的原生种，前经苏丹传播到埃及和西亚地区。古埃及古墓壁画的图像中可以见到西瓜。考古学家现已在埃及古墓中，发现有西瓜籽和叶片。在南非卡拉哈里半沙漠地区，迄今为止，仍有野生西瓜种。而且根据西瓜耐热、耐旱的特点，南非的气候环境和风土条件也非常有可能成为西瓜起源的自然摇篮。

西瓜的传播首先从埃及传到小亚细亚地区，经波斯向东传入印度，向北经阿富汗，越帕米尔高原，沿丝绸之路传入西域。西瓜引入中国北方地区，就是在辽与高昌回鹘交往的这一时期。

五代后晋时期华阳人胡峤，曾为同州郃阳县令，契丹会同十年（947），他作为宣武军节度使萧翰掌书记随入契丹，后萧翰被告发谋反而被杀，胡峤无所依，滞留契丹7年（后晋天福十二年至广顺三年），于周广顺三年（953）回到中原。根据在契丹7年的见闻，胡峤写成记述契丹地理风俗的《陷北记》。其中述其北行时曾见辽上京一带有西瓜种植。依其描述，此西瓜当为吐鲁番、哈密等地生产的哈密瓜之类。

1995年，在赤峰市敖汉旗羊山1号辽墓内发现了一幅"西瓜图"。图中，墓主人坐在木椅上，左右各有侍者，在墓主人前面的供台上，绘有两个大果盘，一盘盛放石榴、杏、桃等水果，另一盘里有三颗碧绿色的西瓜。据专家鉴定，这幅画是目前我国已知时代最早的"西瓜图"，对研究西瓜传入我国的历史具有重要资料价值。[1]

"西瓜"一名最早见于苏轼编著的《物类相感志》。南宋时期，南宋官员洪皓作为金国通问使，在金国住了十几年。返回故乡时，他带回了西瓜种苗，种植并逐渐在长江南、北推广开来。在洪皓著的《松漠记闻》中有关于此过程的记载。至金、南宋时期，西瓜在中原及江南地区推广开来。南宋诗人范成大《咏西瓜园》诗中所云："碧蔓凌霜卧软沙，年年处处食西瓜。"种西瓜已经成为普遍的农事活动了。

据现已发现的南宋施州郡守秦伯玉于咸淳六年（1270）所立的《西瓜碑》记载，推测淮西地区种植西瓜的时间开始于南宋绍熙元年（1190）前后。但当时所种的西瓜种可能并不是直接来自北方，因为碑中另外还提到了一种"胡瓜"，它是宋嘉熙四年（1240）"北游带过种来"，咸淳五年（1269）试种并取得成功的。

---

[1] 王大方：《敖汉旗羊山1号辽墓"西瓜图"——兼论契丹引种西瓜及我国出土古代"西瓜籽"等问题》，《内蒙古文物考古》1998年第1期。

第四章 "哥伦布大交换"与美洲生活植物的引进

一、改变世界的"哥伦布大交换"

1492年哥伦布首次航行到美洲大陆,是世纪性大规模航海的开始,也是旧大陆与新大陆之间联系的开始,引发各种生态上的巨大转变。哥伦布这一壮举的意义,不仅在于发现了一片土地,更在于激发了包括动物、植物甚至微生物在全球范围内的流动,让人类生存的这个星球发生了翻天覆地的变化。有的西方学者说,在改变地球这个方面,没有任何人的影响像哥伦布那样巨大。

美国历史学家艾弗瑞·克罗斯比(Alfred W. Crosby)在他1972年的著作《哥伦布大交换》中,首先提出了"哥伦布大交换"(Columbian Exchange)这个概念,指这是一场东半球与西半球之间生物、农作物、人种、文化、传染病,甚至思想观念的突发性交流。它是人类历史上跨越种族的一件重要事件。在人类史上,这是关于生态学、农业、文化等许多项目的一个重要历史事件。克罗斯比认为:"哥伦布航行带来的改变,最重大的一项,乃是属于生物式的改变。"[1] 哥伦布发现新大陆的重大结果之一是

哥伦布发现美洲

---

[1] [美]克罗斯比:《哥伦布大交换》,台北猫头鹰出版社2008年版,第32页。

旧大陆和新大陆的病菌、植物品种交流互换，极大地影响了此后的世界历史。

这次物种交换，改变了欧洲人、美洲人、非洲人及亚洲人的生活方式。烟草、马铃薯、火鸡从美洲大陆传入欧洲，欧洲人则带着小麦、马匹和麻疹来到美洲。这些"移民"，对整个世界的变化和发展产生了重大的影响。

"美洲对旧世界付出的真正正面的贡献，是它的植物大军。"[1] 地理大发现时代新旧大陆的相遇，其中最积极的后果之一就是玉米、南瓜、西红柿、马铃薯、番薯、花生等美洲粮食作物输入欧亚大陆。欧亚大陆以及非洲居民将外地引入的大量食物作为主食，并为种植更多农作物而开发新的种植区。当时的探险者回到了欧洲，带回来玉米、土豆和西红柿，成为当时欧洲重要的作物。这不但极大地改变了欧洲人的餐桌，也养活了更多人。从爱尔兰、东欧、俄国，直到中国，这些美洲食物都使人口增长有了基础性保障。同样，16世纪，葡萄牙人由美洲引进玉米及木薯进入非洲，取代原有农作物，成为非洲大陆最主要的主食农作物。

克罗斯比在《哥伦布大交换》中，详述了美洲物种的引进对世界各地的影响。他指出，苏联遗传学家瓦维洛夫曾列出640种最重要的人类栽培作物，约略而言，其中有500种属于旧世界，100种来自新世界。克罗斯比列举了美洲作物中最有价值的几项，包括玉米、南瓜、豆类（菜豆类及其他）、番木瓜、番石榴、花生、鳄梨、马铃薯、凤梨、甘薯、番茄、树薯（亦称木薯）、辣椒、美国南瓜、可可。克罗斯比认为："这些植物合起来，为旧世界增添了自有农业以来，一支最有价值的食用植物生力军。""这些作物之中，又以玉米、马铃薯、甘薯、豆类、树薯五项，在过去400年里最大量地栽植、食用。"[2] 克罗斯比还指出："由旧世界转植新世界作物一事，往往意味着粮食供应获得改善。而且这类改善不仅在于量的增加，常常也出现质的提升。""在旧世界许多不同地域，美洲作物成了重要的食物来源。"[3] 他认为，美洲作物的引入，对于世界文明的发展具有前所未有的重要影响，"要了解世界历史，就必须了解美洲食物向外大迁徙的故事。"[4]

---

1 ［美］克罗斯比：《哥伦布大交换》，台北猫头鹰出版社2008年版，第221页。
2 ［美］克罗斯比：《哥伦布大交换》，台北猫头鹰出版社2008年版，第181页。
3 ［美］克罗斯比：《哥伦布大交换》，台北猫头鹰出版社2008年版，第185、187页。
4 ［美］克罗斯比：《哥伦布大交换》，台北猫头鹰出版社2008年版，第201页。

二、美洲生活植物的引进与种植

1. 玉米的引进与大规模推广

"哥伦布大交换"对中国产生了重大影响。克罗斯比说:"旧世界内,再也没有比中国人更快接纳美洲作物的大群人口了。""美洲作物对中国的冲击影响……一言以蔽之就是其巨无比。"[1]

在"哥伦布大交换"发生之后不久,美洲的许多原生作物就被引进中国,其中包括玉米、番薯、豆薯、马铃薯、木薯、南瓜、花生、向日葵、辣椒、番茄、菜豆、菠萝、番荔枝、番石榴、烟草等20多种,形成我国作物国外引种史上第三高潮期。从目前的研究成果来看,玉米、烟草传入中国后不到100年就基本传遍全国,番薯、辣椒等用时不到200年,马铃薯因其生物学特性决定了它只能在高寒冷凉地区发展种植,传播稍慢一些,其他美洲作物引种到中国后传播都比较快。这些美洲物种的传入,对改变我国传统种植结构,大幅度地提高粮食产量,改善人们的生活水平、饮食结构等方面起了巨大作用。有人称这一时期是中国的"物种爆发"时期,还有学者称之为中国的"第二次农业革命"。

玉米属禾本科玉米属植物,原产于美洲大陆的墨西哥、秘鲁、智利等沿安第斯山麓狭长地带。当地的印第安人在前3500年就已经开始栽种和食用玉米。摩尔根《古代社会》中说,由栽培而来的淀粉性食物的获得是人类发展史上最伟大的事迹之一。印第安人的远古文化被形容为"玉米文明",玉米被誉为"印第安古文明之花"。克罗斯比指出:"若说美洲印第安人就只送给这世界一件礼物——玉米,他也就足以受世人永远感戴了,因为这个作物已成为人类及牲口最重要的粮食之一。"[2]

1492年哥伦布到达新大陆后,才开始有了关于玉米文字的历史。哥伦布本人可能在第一次到达美洲返航时,就带回了一些玉米到西班牙。可以肯定的是,他第二次远航带回了玉米。稍后,玉米被引种到北欧诸国,并从那里传播到非洲和亚洲以至世界大部分地区。

玉米约于16世纪初期传入中国。农史学界认为,玉米传入中国有三条途径。

第一条路径,先从北欧传至印度、缅甸等地,再由印度或缅甸最早引种到我国的西南地区。

---

[1] [美]克罗斯比:《哥伦布大交换》,台北猫头鹰出版社2008年版,第213、214页。
[2] [美]克罗斯比:《哥伦布大交换》,台北猫头鹰出版社2008年版,第181页。

第二条路径，先从西班牙传至麦加，再由麦加经中亚最早引种到我国西北地区。

第三条路径，先从欧洲传到菲律宾，尔后由葡萄牙人或在当地经商的中国人经海路引种到中国东南沿海地区。

我国最早记录玉米的文献是明正德六年（1511）安徽《颖州府志》，其名叫"珍珠林"，但这一年不会是引进的第一年，所以它引种我国的时间很可能在1500年前后。"哥伦布发现美洲是在1492年，玉米的传入距此只不过十年，快得惊人。"[1]

玉米在16世纪初传入我国之后，起初主要是在少数平原地区种植，由于与当时传统的粮食作物相比，玉米"最耗地力"，且没有单产优势，所以总的来说，在明代后期和清代前期的200多年的时间里，它的传播范围较小，种植规模不大。到明朝末年，全国已有半数以上省份引种了玉米。清初，玉米的种植区域继续扩大，一些过去未见有玉米记载的省区，也都先后出现。但是，直到康熙年间，全国除少数省份种植地域较广以外，大部分还很不普遍。

在内地各省中，引种玉米较为普遍的是河南省，其地区大致沿黄河两岸，以及淮河流域上游的尉氏、鄢陵、襄城和归德府等一些府县。河南古为中州，向来是东西南北的交会之地。上述种植玉米的府县，大多是交通较为便捷的区所。在东南沿海各省中，广东、福建可能是最早引种玉米的省份。浙江、江苏等省种植的玉米，多数由海路从闽、广传入。康熙《天台县志》称玉米为"广东芦"，如闽广一带常把玉米叫作"珍珠粟"，浙江、江苏一带也有此等称呼。

在当时，玉米常常被人们视作珍品。在《金瓶梅词话》中，玉米面是财主西门庆用来宴客，或与烧鹅肉、玫瑰果等一道上席的阔气食品。《古今图书集成》记载甘肃宁远和陕西安定出产玉麦，都注明这是一种特产。在关外辽东一带，康熙前期已有种植玉米的记载，但直到乾隆元年（1736）编的《盛京通志》，还说它是"内务府沤粉充贡"的皇家御用品。同样，雍正十一年（1733）编定的《广西通志》，谈到桂林府出产玉米，亦言其"品之最贵者"。

玉米具有耐旱、耐寒、喜沙质土壤等生物属性，是我国第一次有了适宜在高海拔山地种植的旱地粮食作物品种。经过两个多世纪的种植，人们逐渐认识了玉米的这些特性。在我国面积广大的山地丘陵地区，农业生产环境并不优越，但其水利、土壤和气候条件却比较适合种植玉米。清代玉米在长城以北的推广，使北方高寒地区有了耐寒高产作物，为塞北土地开发和移民的进入创造了物质条件。由于玉米的引进，南方也有了可供山区耕作的高产作物，促进了山区农业经济的开发。

---

[1] 孙机：《中国古代物质文化》，中华书局2014年版，第13页。

在乾隆以后的上百年中,我国的玉米引种史大大加速。发展最快的是四川、陕西、湖南、湖北等一些内地省份,而陕西的陕南、湖南的湘西、湖北的鄂西,都是外地流民迁居的山区。此外像贵州、广西以及皖南、浙南、赣南等山地,也发展迅速。特别是在一些山区,稻麦黍稷受到排挤,而玉米成为最主要的粮食作物。到了嘉庆、道光之际,玉米已可与传统的稻麦黍稷并列,是我国人民的一种主要食粮。

2. 番薯的引进与推广

番薯,又名甘薯、红薯、白薯、金薯、朱薯、玉枕薯、红苕、红芋、山芋、地瓜等,旋花科甘薯属栽培种,一年生或多年生藤本植物,原产于美洲的墨西哥和哥伦比亚。宋元以前中国文献中屡见"甘薯"的记载,但那时所说的甘薯是薯蓣科植物的一种(Dioscorea)。旋花科的番薯自明万历年间(1573—1620)引进中国后,因其形似原有薯蓣科的甘薯,人们也常常将其称为甘薯,久而久之,甘薯一词几为旋花科的番薯所独占。

一般认为,番薯最初引入中国的途径有三条。时间大体都在明嘉靖、万历年间。

一是从印度、缅甸引入云南,以云南的景东、顺宁为起点。万历四年(1576)李元阳编纂的《云南通志》记载,当时云南的临安、姚安、景东、顺宁四府已有番薯的种植。这是中国栽种番薯的最早记录。番薯在云南、贵州两省广泛传播后,向北发展,传播至四川西南部。

二是从越南引入广东,以广东的电白、广州为起点。光绪十四年(1888)的《电白县志》记载,明万历年间,吴川名医林怀兰将番薯从交趾引入该地。广东电白霞洞乡的"番薯林公庙",是为纪念林怀兰而建。

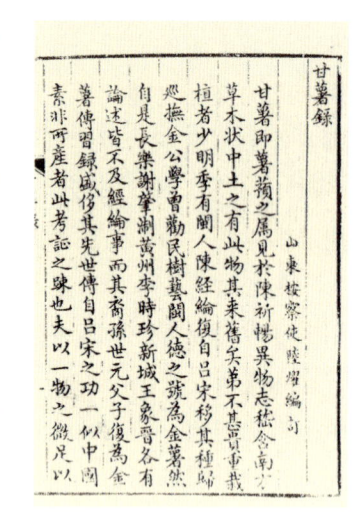

清·陆耀《甘薯录》

另据宣统三年(1911)的《东莞县志》引《凤冈陈氏族谱》记载说,东莞人陈益从越南将番薯引入,初在花坞里繁殖,后在祖茔处新购田地35亩(1亩≈666.67平方米),进行扩种,甘薯味道鲜美,深受百姓喜爱,很快在广东推广开来,成为人们的主要杂粮。因薯种来自番邦,故名"番薯"。据学者考证,陈益家乡北栅是我国最早种植番薯的地方。

中路番薯的传播又可分为三条支线。一条是从韶关东趋南雄过梅岭、大余,经江西赣州而达南昌高地；一条是从广州、韶关经坪石越南岭而达湖南郴县（今郴州市）、衡阳、长沙、岳阳、湖北武昌以及河南的南阳盆地；一条是从广州沿珠江西上，深入广西、贵州。

三是从吕宋（今菲律宾）引入福建，以福建的泉州、长乐为起点。陈世元《金薯传习录》说，闽县人陈振龙从吕宋引进番薯，初种于今福州南台。据有关资料载，陈振龙是福建长乐人，随众商人赴吕宋经商。在吕宋，振龙见当地朱薯遍野，并了解到此薯耐旱、高产、适应性强，生熟皆可食。遂学习种植法，出资购买薯种，于明万历二十一年（1593）五月，"密携薯藤"回国。当时，西班牙统治下的吕宋严禁薯种外传。陈振龙把薯藤秘密缠在缆绳上，表面涂以污泥，航行七日抵达福建，即在住宅附近纱帽池边隙地试种。为纪念陈振龙，后人还在福建乌石山海滨设立"先薯祠"。

番薯适应性很强，耐瘠、耐旱，在一般粮食作物难以生存的贫瘠土壤、深山干旱地区均可栽种，因此，番薯和玉米一样特别受到山区人民的青睐。番薯生长期短，薯藤易成活，农民常常将它在常规作物种植失败后种植，对抗灾救荒起着十分重要的作用。

番薯引入中国后传播很快，在明代后期数十年间，福建、广东就广为种植，江浙也开始发展。清雍正年至乾隆初，番薯已成为南方一些地方贫苦人家口粮的重要组成部分，除甘肃、青海、新疆、西藏、内蒙古及东北三省未见有关番薯的记载之外，其他各省都已种植。从嘉庆至道光年间，番薯的种植在各省区向纵深发展，逐渐成为中国主要粮食作物之一，在社会经济中占重要地位。

番薯对充实中国人的膳食结构、增强营养素的平衡、提高中国人的体质发挥了重要作用。番薯的引进增加了中国粮食作物的品种，使中国人的膳食结构更趋多元化，也更趋合理。番薯的种植大大改善了中国淀粉的供给状况，促使粉条、粉丝这类食品大量出现。番薯还广泛用于造酒、制糖等。

3. 马铃薯的引进与种植

马铃薯原产在秘鲁、厄瓜多尔、哥伦比亚热带高原地带和智利北部南回归线南北的高原地带。印第安人将马铃薯作为主要食物之一，人们把马铃薯与玉米一起称为两朵"并蒂开放的印第安古文明之花"。

马铃薯于1553年首先引至西班牙，1563—1565年引到英格兰、爱尔兰，很长一段时间都作为牲畜的饲料和奇花异草观赏。法国大革命前夕，皇室用薯花做饰品而不敢食用。到1800年为止，马铃薯已经成为欧洲重要的新食材，被誉为"土壤所生产的最大幸福""农业的奇迹"以及"最珍贵的根菜"，是人类大量种植的作物之一。

马铃薯大概也是在明万历年间被引入中国的。据史料记载和学者的考证,马铃薯可能由东南路、西北路、南路等路径传入中国。一是东南路,荷兰是世界上出产优质马铃薯种的国家之一,在盘踞台湾期间,荷兰人将马铃薯带到台湾种植,后经过台湾海峡,马铃薯传入广东、福建一带,并向江浙一带传播,在这里马铃薯又被称为"荷兰薯"。二是西北路,马铃薯由晋商自俄国或哈萨克汗国引入中国,并且由于气候适宜,种植面积扩大,"山西种之为田"。三是南路,马铃薯主要由爪哇传入广东、广西,在这些地方马铃薯又被称为爪哇薯,然后马铃薯自此又向云、贵、川传播。此外,马铃薯还有可能由海路传入中国。

马铃薯传入中国后,最初仅能供皇室、显贵盛馔。马铃薯的枝叶也能做成小菜。明代有上林苑嘉蔬署的专业菜户供应皇家蔬菜,当时北京紫禁城附近的隙地,从东华门至丽春门(南池子),皆种瓜蔬,注水负瓮,宛如村舍。明代上林苑嘉蔬署的皇家菜户筛选繁育出很多品种群,为华北提供了薯种源地。清朝取消了明代皇帝特供系统,皇家菜户成为普通农民,马铃薯也登上了百姓的餐桌。

乾隆年间,马铃薯开始引种到晋、冀、鲁、豫和关外的广袤地区。乾隆三十年(1765)后,马铃薯开始引入西南、西北山区,尤其陕南山区,四方来垦者百万,种植作物以马铃薯、玉米为主。

其他引进中国的美洲薯类植物还有豆薯和木薯。豆薯是豆科豆薯属中能形成块根的栽培种,一年生或多年生草质藤本植物,是一种既可当水果又能当蔬菜的作物。其原产中美洲,后由西班牙人传入菲律宾,后来可能经海道传入我国福建、西南、华南地区和台湾种植较多。木薯是大戟科木薯属栽培种,世界三大薯类之一。起源于美洲,广泛栽培于热带和部分亚热带地区,16世纪末传入非洲,18世纪传入亚洲。中国于19世纪20年代引种栽培,遍种于长江以南,其中以广东、广西、福建、台湾为最。

4. 花生的引进与种植

花生原产于美洲的巴西和秘鲁,在巴西曾发现十几种野生型的花生。美洲最早的古籍《巴西志》里有关于花生植株形态的描述。在秘鲁利马北部安孔镇的古墓里,发掘出距今2000年的炭化花生粒。古代印第安人叫花生为"安胡克"。

花生传入中国具有确定年份,1538年的《常熟县志》的物产之中已经列有落花生,说:"三月栽,引蔓不甚长,俗云花落在地,而生子土中,故名。"

经济学家何炳棣的研究认为,明正德十四年(1519)有担任葡萄牙人通事的马六甲华人火者亚三等人到南京,他们在南京逗留了8个月。落花生非常可能就是火者亚三等人带到江南一带的。只有这样解释，才能符合嘉定、常熟等成为最早种植的地区。他还认为，但这不等于说落花生在历史上仅仅向江南引进一次。葡萄牙人于1522年被驱逐出广州之后，便在漳州、泉州和宁波三港非法通商。既然可以交换物资，落花生也一定能够向漳、泉、宁波输入。因此，明末清初确有不少人相信落花生最早传入福建。

事实上，新作物的引进往往不止一次。16世纪前半期葡萄牙人一再把花生传进闽南，较后还有沿海华商主动从日本再引进花生的。

落花生首先在南方各省区传播。然后从南方逐步向北传播，在华北诸省的传播大抵都是在乾隆晚期以后。在18世纪末，落花生在北京仍是相当珍贵，尚未视同常产。19世纪，山东沿海沿河的沙地渐渐开始种植落花生。山东成为落花生生产和出口的最重要的省份之一，应该仅自20世纪初叶始。

5. 向日葵、辣椒和西红柿等的引进与种植

（1）向日葵是菊科向日葵属，一年生草本油料作物，亦称西番菊、迎阳花、葵花等，原产北美。1510年被西班牙探险队引入欧洲，种植在西班牙马德里的皇家植物园，作为观赏植物。16世纪末，向日葵已传遍欧洲。17世纪末，欧洲人才开始采摘向日葵花盘上的嫩花朵，加上佐料做凉拌菜吃，并采摘籽粒作为咖啡代用品和鸟饲料。1716年，英国人首次从向日葵种子中成功提取油脂。18世纪初，向日葵从荷兰传入俄国。

向日葵约在明代中期传入中国，并且在万历年间就在部分地区种植。在中国的最早记载见于1621年王象晋的《群芳谱》，称"西番菊"。"向日葵"之名首见于明朝的《长物志》（约1630）一书。浙江地区是最早种植向日葵的，是最主要的集中地，然后以浙江为起点，分别传入华北地区和湖广地区。

（2）辣椒是一年生或多年生草本植物。原产中南美热带地区，1493年，哥伦布第二次横渡美洲时，就发现了辣椒这种植物。船上的一位医生首次从墨西哥把辣椒带入西班牙，并在1494年论说了它的药用效果。辣椒也随着西班牙的贸易船队流入菲律宾，再流入中国、印度和日韩等国。

辣椒传入中国有两条途径：一是经由古丝绸之路传入甘肃、陕西等地；二是经海路引入广东、广西、云南等地。"辣椒"一名最早见于乾隆二十九年（1764）《柳州府志》。辣椒最早引进时也只是作为观赏植物，清中期以后，辣椒食用领域逐渐扩大。

（3）南瓜，一年生草本植物，葫芦科南瓜属，别名番瓜、饭瓜、倭瓜、胡瓜、金瓜等。南瓜起源于美洲大陆，包括两个起源中心地带，一个是墨西哥和中南美洲，其种类包括美洲南瓜、中国南瓜、墨西哥南瓜、黑籽南瓜等；另一个是南美洲，为印度南瓜的起源地。有学者认为，南瓜的产地和起源是多源性的，我国南瓜既有本国所产，也有从美洲品种引入的，到明代已经有美洲南瓜的引进和栽种。南瓜皮薄肉厚，组织细密，肉味甜美，被誉为"植物界最大的浆果"。我国的各个菜系都有美味南瓜佳肴。

（4）西葫芦，葫芦科南瓜属栽培种，别名美洲南瓜、茭瓜、白瓜、番瓜等，原产北美洲南部。17世纪后期已见于陕西、山西等方志。

（5）番茄，茄科茄属草本植物，亦称西红柿、番柿、六月柿、洋柿子等。原产南美洲安第斯山地带，传入我国是在明末。

（6）菜豆，豆科菜豆属栽培种，一年生草本植物，又称四季豆、时季豆、芸豆、四月豆、梅豆、联豆、架豆等，具有粮食、蔬菜、饲料等多种用途。原产中美洲，中国自明后期曾多次引种，南北皆有种植，栽培面积仅次于大豆。

（7）菠萝，凤梨科凤梨属多年生常绿草本果品栽培植物，别名凤梨、王梨、黄梨。原产南美巴西，很早就被印第安人驯化。16世纪初，热带各国相继引种。亚洲最早是由葡萄牙人引入印度（1550），后又传入菲律宾和印度尼西亚。中国在17世纪初（1605）由葡萄牙人将菠萝苗带入澳门，后经广东传入福建和台湾。约在18世纪末传入广西，19世纪初传入云南。

6. 烟草的引进与种植

烟草，茄科烟草属一年生作物。原产中南美洲，后经西班牙和葡萄牙人传至欧洲乃至世界各地。传入我国称"淡巴菰"，这是印第安语烟草的音译。吴晗在《谈烟草》中提出烟草传入中国的三条路线："在中国方面，最初将烟草传入中国的是17世纪初的福建水手，他们从吕宋带回烟草的种子，再从福建南传到广东，北传到江浙。明末名医张介宾（景岳）在他的著作中，第一次提到烟草的历史和故事……第二条路线是由南洋输入广东……第三条路线是由辽东传入，从日本到朝鲜到辽东。"[1]

烟草传入中国的时候，名称很多，如淡巴姑、相思草、烟酒、金丝烟、仁草、八角草等。史籍记载，大约是到清初才广泛叫烟草、烟丝的。

烟草自传入中国后发展迅速，烟草种植与加工技术也不断发展，18世纪中后期很

---

[1] 吴晗：《灯下集》，三联书店1960年版，第17—18页。

快形成了一些土特名产,如湖南的"衡烟"、北京的"油丝烟"、山西的"青烟"、云南的"兰花烟"、浙江的"奇品烟",等等。

崇祯十二年(1639)曾有禁烟的举措,但收效不大。乾隆时期,大臣们又曾多次在朝廷公议禁烟,乾隆都没有明确态度。后来,在晚年的一次奏折批复中说:"民间酿酒种烟等事,所在皆有,势难禁止。"

三、美洲农作物引进对中国社会生活的影响

16—18世纪,美洲的发现和大航海时代的来临,是全球物种大交流的时代。这种交流,主要是原产地美洲的植物大量传播到欧亚大陆,给人们提供了许多新的粮食和蔬菜的品种,丰富了人们的饮食,部分地改变了人们的饮食结构,进而改变了人们的饮食文化。而在这个物种大交流中,中国首受其惠,正如英国学者艾兹赫德(Samuel Adrian M.Adshead)所说的,这一时期"动植物之间的交流几乎总是朝一个方向,也就是从外部世界进入中国"。

这些来自美洲的新的农作物来到中国,正是恰逢其时。上有明清两朝政府大力鼓励和支持,下有各级地方官员的积极推动,广大农民热烈响应,使得玉米、番薯、马铃薯等粮食作物得到大面积推广,逐渐成为中国人的主要粮食作物。同时,也对中国社会经济产生了很大的影响。它们传入中国,不仅改变了中国的粮食结构,而且使中国人在其后几百年间度过了一次又一次的天灾人祸,也使中国的人口在几百年间不断翻番上升。何炳棣指出:"美洲作物传华四百余年来,对中国土地利用和粮食生产确实引起了一个长期的革命。""近千年来,我国粮食生产史上曾经有过两个长期的'革命'……我所认为近千年来,我国第二个长期粮食生产的革命……这个革命的开始是16世纪,比第一个革命要晚六百年。美洲四种农作物,花生、甘薯、玉蜀黍、马铃薯传华四百余年来,对沙地、瘠壤、不能灌溉的丘陵,甚至高寒山区的利用,做出很大的贡献力量。……这四种美洲作物长期间对我国农业生产的积累影响,不得不谓是'革命'性的。"[1]

明朝至清前中期,中国普遍出现人多地少的矛盾,人口增加给农业生产带来了持续压力。玉米、番薯和马铃薯都是耐旱、耐瘠的作物,一般粮食作物难以生存的贫瘠土壤、深山苦寒地区均可种植,而且产量高,如玉米较之大麦和高粱产量高5%~15%。玉米、番薯等美洲作物的传播,拓展了农业生产的空间,使原来还没有垦辟的生地、贫

---

[1] 何炳棣:《美洲作物的引进、传播及其对中国粮食生产的影响》,《世界农业》1979年第6期。

瘠的沙土、原始的森林，都因此得以开发耕植，提高农业集约经营的水平，增加了粮食生产的面积和产量，为满足日益增长的人口需求起到了至关重要的作用。

清入关后，顺治、康熙和雍正三朝先后掀起了四次垦荒高潮。经过几十年的努力，全国各地开垦的土地面积迅速扩大。到雍正年间，耕地面积大约比明万历八年（1580）增加近两亿亩，增长幅度为28.57%。据其他资料统计，乾隆三十一年（1766）达到7.8亿亩。大量荒地的垦种，使得清代的社会经济出现一个腾飞时期，康熙、雍正、乾隆三朝之"盛世"，农业经济的发展为其奠定了雄厚的基础。清代人口大幅度增长，与美洲作物的引进和广泛推广种植有直接关系。清代是中国人口爆炸式增长的一个时期。据学术界的有关研究，中国历史人口较多时在6000万人以内，只有明朝永乐年间在册的人口达到6700万口，有的研究者据此认为，明代实际人口已超过1亿。经明末大规模战乱，人口锐减，清入关时全国人口总数最多不超过1亿。康熙以降，国内人口猛增，康熙六十一年（1722）与顺治八年（1651）相比，人口增长近150%。乾隆时期，人口增长的速度十分惊人。乾隆六年（1741），全国人口为1.4亿万，到了乾隆五十六年（1791），达到3亿多。50年的时间，人口数翻了一番还多。至道光十四年（1834），人口总数突破4亿大关。从不足1亿到4亿多，时间不足200年。到咸丰元年（1851），人口逾4.31亿，这是清代人口的最高点。

美洲新大陆的许多作物被引进中国，对中国的农作物结构产生重大影响，多熟种植成为农业生产的主要方式，是清代粮食单产和总产大幅度提高的主要原因。汉代以前，我国主要粮食作物是粟和黍。汉以后，逐步演变为南方以稻米为主，北方以麦、粟和高粱为主，这种状况一直延续到明清时期。明清时期，玉米、番薯、马铃薯等美洲粮食作物的引进与推广，不仅使原来不适合耕种的边际土地得到了利用，也使得人力资源得到了充分的利用。近代以后，玉米、番薯等美洲作物的生产，无论是播种面积还是总产量都快速增长。中国六七种最重要的粮食作物中，美洲作物数量和产量占了近1/3，对中国粮食生产影响深远。

美洲作物的引进还丰富了我国蔬菜、瓜果的品种，增添了人们的食物营养和饮食情趣。"新世界的农产品改变了中国人的饮食。一些中国传统食品原料被加入红辣椒、甜椒和花生之后做成最受喜爱、最家常的中国菜品。"[1]南瓜、辣椒、番茄、菜豆等一些美洲原产蔬菜种类的引种，改变了我国夏季蔬菜不足的状况，成为今天餐桌上最常见的夏季蔬菜。同时增加了食用油原料的种类，丰富了我国食用油的口味。汉

---

[1] ［美］芮乐伟·韩森：《开放的帝国——1600年前的中国历史》，江苏人民出版社2009年版，第389页。

第四章 "哥伦布大交换"与美洲生活植物的引进

代以前,我国主要是利用动物脂。芝麻传入后,我国开始了植物油生产的历史。到了宋代,油菜和大豆作为油料的价值得到重视,明清时期美洲花生和向日葵传入,成为我国五大油料作物中的两种。

第五章 上林苑与奇珍异兽

一、汉代引进的西域动物

1. 上林苑：古代最大的野生动植物园

上林苑是中国秦汉时期的皇家园林，秦朝始建。汉武帝建元三年（前138）对上林苑加以扩建。《汉书·东方朔传》记载，汉武帝建元三年，武帝命太中大夫吾丘寿王在今三桥镇以南、终南山以北、周至以东、曲江池以西的范围内，开始扩建上林苑，并有偿征收这个范围内民间的全部耕地和草地，用以修建苑内的各种景观。后来，上林苑又进一步向东部和北部扩展：北部扩至渭河北，东部扩至浐、灞以东，形成了前所未有的规模，上林苑进入了它的鼎盛时期。

上林苑规模广大，地跨长安、咸阳、周至、户县（今鄠邑区）、蓝田五县境，纵横150千米，南部是从今蓝田的焦岱镇（鼎湖宫）开始，向西经长安的曲江池（宜春宫）、樊川（御宿宫），沿终南山北麓西至周至（五柞宫）；北部是兴平的渭河北岸（黄山宫），沿渭河之滨向东，有灞、浐、泾、渭、沣、镐、涝、潏八水出入其中。司马相如的《上林赋》说："终始灞浐，出入泾渭。沣镐涝潏，纡馀委蛇，经营乎其内。荡荡乎八川分流，相背而异态。东西南北，驰骛往来。"

上林苑外围以终南山北坡和九嵕山南坡、关中八条大河及附近天然湖泊为背景，重要池苑有昆明池、影娥池、琳池、太液池四处。昆明池位于汉长安城西南，约一百公顷，具有训练水军、水上游览、渔业生产、模拟天象、蓄水生活等功能。池中置动物石雕，附近亦开发自然风景，建置观、台建筑。影娥池和琳池为汉武帝赏月玩水的观景之处。太液池则在建章宫中，池中筑三岛模拟东海三山。

据《关中记》载，上林苑中有三十六苑、十二宫、三十五观。上林苑中有大型宫城建章宫，还有一些各有用途的宫、观建筑，如演奏音乐和唱曲的宣曲宫；观看赛狗、赛马和观赏鱼鸟的犬台宫、走狗观、走马观、鱼鸟观;饲养和观赏大象、白鹿的观象观、白鹿观;长杨宫中还有射熊馆,长安城东的灞、浐交汇处有虎圈,即秦虎园;建章宫西南有狮子圈,等等。上林苑中有熊罴、豪猪、虎豹、狐兔、麋鹿、牦牛、青兕、白鹦鹉、紫鸳鸯等,"奇兽珍禽",到处皆是。此外,还有引种西域葡萄的葡萄宫和养南方奇花异木(如菖蒲、山姜、桂、龙眼、荔枝、槟榔、橄榄、柑橘类等)的扶荔宫等。

汉武帝的上林苑聚集了天下的奇珍异宝,会集大量的花草树木和奇兽珍禽,是当时全国最大的皇家动物园和植物园。《三辅黄图》卷四记载,汉武帝修上林苑,"群臣远方,各献名果异卉三千余种植其中,亦有制其美名,以标奇异"。上林苑"名果异卉""数不胜数"。《西京杂记》载,上林苑栽植奇花异木2000余种。《三辅黄图》则说是3000余种。冯广平等在《秦汉上林苑植物图考》一书介绍,现存各种文献载有上林苑植物名称264个,从中释出61科94属116种植物,包括蕨类1科1属1种、裸子植物4科6属6种、被子植物56科87属109种。[1] 司马相如的《上林赋》中就提到大型动物40种。《西京赋》说:"其中乃有九真之麟,大宛之马,黄支之犀,条支之鸟。"

清·广彩瑞兽图碟

2. 来自西域的奇珍异兽

在汉代乃至魏晋南北朝时期,由于中西交通大开,交流扩大,有许多奇禽怪兽从西域传到中国,如封牛、象、大狗、沐猴、狮子、犀牛、安息雀等。《汉书·西域传》说:"钜(巨)象、师(狮)子、猛犬、大雀之群食于外囿。殊方异物,四面而至。"钱锺书的《管锥编》援引《太平广记》中《月支使者》,记载了月氏使者向汉武帝献怪兽的事情,说:月支国献"猛兽"一头,"形如五六十日犬子",汉武帝以付上林苑,"令虎食之,虎见兽,皆相聚屈迹如也"。钱锺书说,《博物志》卷三记汉武帝时,大宛之北,胡人有献一物,大如狗……曰"猛兽"帝见之,怪其细小。及出苑中,

---

[1] 冯广平等:《秦汉上林苑植物图考》,科学出版社2012年版。

欲使虎狼食之，虎见此兽辄低头云云，即此事。

（1）犀牛。犀牛是哺乳类犀科的总称，主要分布于非洲和东南亚，是最大的奇蹄目动物，也是仅次于大象体型的陆地动物。中国古代有犀牛，新石器时代遗址中已多次发现犀牛骨，殷商甲骨文中也有焚林猎犀的记载。春秋、战国时期用犀牛皮做成的犀甲是各国武士所艳羡的装备。有学者统计，在《山海经》中有11处提到"犀"，并说其"形如牛而黑"。但到汉代，犀牛已经属于珍稀动物，最迟到西汉晚期已经绝迹。汉代有外国献犀牛的记载，新莽时也曾有黄支国献犀牛的记载。黄支国献犀牛，在当时被视为祥瑞。1975年，西安市东郊白鹿原发现20座帝陵丛葬坑，其中发掘出马、牛、羊等三牲，还有犀牛和大熊猫等珍稀动物。据有关专家研究，这个丛葬坑的犀牛是东南亚爪哇岛的独角犀。

（2）符拔。又称桃拔、扶拔，一般认为是与"天禄""辟邪"有关的一种外来动物的名称。它的出名要比麒麟晚，主要是汉通西域以后，并且明显是与西域有关。据法国汉学家沙畹（Edouard Chavanne，1865—1918）研究，"符拔"一词来自希腊文"boubalis"，可能是羚羊之类的动物，即叉角羚，来自中亚希腊化国家。

（3）鸵鸟。两汉时期中国人已将其称为"大鸟""大爵""大雀""大马

东汉·青铜一角兽，甘肃武威雷台汉墓出土（甘肃武威市雷台汉墓文化博物馆藏）

汉·错金银云纹金铜犀尊（中国国家博物馆藏）

唐·唐三彩骆驼（洛阳博物馆藏）

雀",产地在"条支国"和"安息国",是大型走禽。汉以后,北魏至唐、元,典籍中不断出现这种被称作"驼鸟""骆驼鹤"走禽的记录,只不过其所栖息的地方分别作"波斯国""大食国""吐火罗国""富浪国""弼琶罗国"。1995年,中日尼雅遗址学术考察队在新疆塔克拉玛干大沙漠的古尼雅遗址中发现了一块长18.5厘米、宽12.5厘米的织锦,上面写有"五星出东方利中国"两行小篆汉字。此墓的年代大约为东汉末年至魏晋前凉时期,更可能是在魏晋前凉时期。"五星出东方利中国"是中国古代的天文星占用语,此物无疑是中国制造的。但是,就在这件织锦上,出现了鸵鸟的图案。这表明当时中国纺织工匠对鸵鸟这种西方动物已经比较熟悉。

此外,西域传入的珍禽异兽还有许多种。如封牛,是产于缅甸、印度的一种高背野牛。还有大象、孔雀、沐猴、大狗、长颈鹿、白雉、黑鹰、独峰驼、长鸣鸡等。

3. 骆驼的引进与驯养

骆驼是骆驼科骆驼属的动物,只有两种,单峰骆驼和双峰骆驼。单峰骆驼主要生活在非洲北部和亚洲西部、印度等热带地域,早在前4000年已开始在阿拉伯中部或南部被驯养。被驯养的单峰骆驼在北非被广泛使用,而直到后来,罗马帝国仍然使用骆驼队带着战士到沙漠边缘巡逻。在第4世纪,更强壮和耐久力更强的双峰骆驼首度传入非洲。骆驼虽不善于奔跑,但其腿长,步幅大而轻快,持久力强,其蹄部的特殊结构,使其适合作为沙漠中重要的交通工具。它们传入非洲后,开始有愈来愈多的人使用它们,这种骆驼较适合做穿越大沙漠的长途旅行之用,且可以装运更多更重的货物,使得跨越撒哈拉沙漠的贸易得以进行。

北朝·彩绘载物跪起骆驼(陕西历史博物馆藏)

至少在前4000年，我国北方游牧民族就已经把骆驼驯化。在远古岩画中，有许多双峰驼、单峰驼的形象。如在阴山山脉西段，尤其是阿拉善左旗和磴口县的群峦深涧中的石壁上，凿刻着许多骆驼岩画。

在商代之前，北方游牧民族就将骆驼视为珍稀动物向中原进献。商周时期，橐驼已经成为西北周边民族同中原人交换的主要牲畜之一，战国时代，骆驼已经在中原与北方草原交界的燕代之地养殖。汉代，随着与匈奴、西域的交往日盛，骆驼成为汉军队、官府的中原驮畜。汉中央政府设立"太仆"，饲养骆驼是其职责之一。汉景帝刘启时期在西北地区建立了36处牧场，饲养马驼。这时的内地人也越来越熟悉骆驼。2001年，陕西咸阳汉昭帝平陵2号从葬坑出土了骆驼、牛和驴的骨骸。其中，骆驼33具、牛11具、驴10具。在这里发现的大量骆驼骨架，是陕西乃至中原地区发现的最早的骆驼。到了北魏时代，养驼业得到空前发展，官府在河西地区养殖的骆驼数量达到近百万峰。

关于骆驼的产地，古代文献说法多有不同，更多的资料记载，骆驼的产地是在西域诸国。在很古老的时候，这里已经把骆驼作为家畜，使用于农业生产了。正是由于西域是骆驼的主要产地，所以，关于骆驼的一些神奇的传说，也就紧密地和这些地方联系了起来。

西汉昭君出塞时，匈奴首领和亲的队伍中，就有珍贵的白骆驼。到唐代，仍然有大批骆驼被引进。唐朝政府十分看重骆驼，和对待马匹一样。"骆驼作为献给皇帝的礼物，作为土贡，作为商品以及战利品，源源不断地进入了唐朝境内。""外来的骆驼大大丰富了唐朝巨大的驼群。"[1] 骆驼成为丝绸之路和两京联络时最常见的交通工具。安禄山攻陷两京后，"常以骆驼运两京御府珍宝于范阳，不知纪极"。张籍写有一首《凉州词》："无数铃声遥过碛，应驮白练到安西"，形象地反映了驼队的壮观和繁忙。

骆驼的引进和驯养对于发展远程交通和贸易具有重要作用，这在全世界许多地方都是一样的。英国学者约翰·霍布森（John M·Hobson）指出："在300年至500年间，骆驼运输的复兴尤为重要。骆驼被证明是比牛或马更有价值的'运输工具'，它们每天的运输路程远了两倍，更为廉价，更易于组织，并且不需要道路，这意味着能够相对容易地穿越中亚漫长的陆路通道。"[2]

---

1 ［美］谢弗：《唐代的外来文明》，中国社会科学出版社1995年版，第154页。
2 ［英］约翰·霍布森：《西方文明的东方起源》，山东画报出版社2009年版，第32页。

4. 驴和骡的引进与驯养

家驴也来自中亚或西亚，其源头在非洲。对驯养驴贡献最大的是一种努比亚驴，这是一种来自埃及的石板色、长耳，有特殊肩纹，无条纹腿的驴。另外一种来源是索马里驴，也就是条纹野驴。

中国的家驴，是数千年以前由亚洲野驴驯化而来。亚洲野驴存在几种类型，迄今仍有少量野驴生息在亚洲内陆，如阿拉伯、叙利亚、印度、中亚细亚和中国新疆、西藏、青海、内蒙古的偏僻沙漠和干旱草原。部分中国家驴仍保留着野生驴的某些毛色、外形特征和特性。前4000年左右，新疆莎车一带已开始驯养驴，并繁殖其杂交种。新疆产驴区与亚洲野驴驯化中心的伊朗、阿富汗等地接近，又与亚洲野驴产区的青海、西藏和内蒙古相连，故当地所养的驴可能起源于赛驴。驴体小而长，头短而宽，耳较小，耳缘呈黑色，耳内有白色长毛，鬣毛短而直立，尾粗毛长，尾基部无长毛，四肢粗短。嘴端被毛呈乳白色，毛色多为草黄色或淡褐色，四肢内侧及腹下呈乳白色，有褐色背线和肩纹。

在距今4000年前齐家文化时期的甘肃永靖秦魏家遗址，出土的驴的骨骼已经被鉴定为家养动物。至春秋末期，有少量的驴被引进内地，成为上层社会饲养的珍奇异兽。自秦代开始逐渐经西域丝绸之路进入内地，当作稀贵家畜。到汉初，陆贾在《新语》中，还将驴与"琥珀、珊瑚、翠玉、珠玉"并列为宝，可见当时其身价不凡。

汉代开始有大量的驴被引进中原，以后成为我国的主要家畜之一。前文曾提到汉昭帝平陵发现了驴的骨架，这是中国迄今为止最早的关于驴的文物资料。[1] 东汉时有的士大夫人家"喜驴鸣，常学之以娱乐"。汉灵帝在宫中"驾四白驴，躬自操辔，驱驰周旋，以为大乐"。到隋唐时，驴已经成为主要的驮运工具之一，用驴运输更加普遍。隋大业九年（613），炀帝下诏，命关中富人按家产的多寡出资买驴，到伊尹、河源等地运粮。最多的人家出资万钱，购驴数百头。

"家畜的远缘杂交是战国秦汉时畜牧科技的突出成就之一。"[2] 战国文献中，已有駃騠和骡的记载。駃騠为公马与母驴交配而生，骡是公驴与母马交配而生。战国时北方游牧民族已经注意到这种远缘杂交的优越性，有意识地加以繁育和利用。当时，这样的駃騠和骡被引入中原，被视为珍贵动物，只供王公贵戚玩赏用。

駃騠和骡作为役畜的出现，远晚于马和驴。"甚至到汉代时，骡子在某种程度上

---

[1] 王子今：《秦汉交通史新识》，中国社会科学出版社2015年版，第70页。
[2] 张波、樊志民主编：《中国农业通史》（战国秦汉卷），中国农业出版社2007年版，第242页。

还是一种罕见之物。但是在唐代时，骡子已经是一种很常见的家畜了。在缺少马匹的河南南部地区，甚至有骑着骡子作战的'骡子军'。"[1]《资治通鉴》记载，广明元年（880），黄巢起义军攻入长安，僖宗逃往成都。路上没有粮食，"汉阴令李康以骡负糗粮数百驮献之"。

二、狮子及其艺术意象的传播

1. 关于传入狮子的记载

狮子主要生活在非洲，在亚洲则主要分布在印度、伊朗等地。在古代，非洲要进入中国必须经过西亚，且海上交通又较晚，故狮子传入中国最早的通道是西域。

有中外学者认为，先秦时期，斯基泰人曾入居我国新疆地区，他们使用的是印欧语系中的一种古老方言，把狮子称为"sarvanai"（形容词）、"sarauna"（抽象名词），这些词语译成中文后就成了"狻猊"。所以，先秦文献中的"狻猊"就是指狮子。至于中文里的"狮子"或"师子"一词，最早出现于汉代，它是吐火罗A方言中表示狮子的音译。西汉时，"狻麑"一词也指狮子。

中国不产狮子，中国人看到的狮子都是从国外引进的。《穆天子传》记载周穆王驾八骏西游的故事，其中有"狻猊野马，走五百里"。穆王西行翻越帕米尔高原，抵达今之吉尔吉斯斯坦大草原等地，西行甚远，很可能真的见过狻猊（即狮子）。据此，有学者认为，有记载的第一位见到狮子的人应当为周穆王。

中国人真正得知狮子，始于汉通西域。西域狮子进入中原地区的途径是外国的朝贡，史书对此有多次记载。现在所知的有关

唐·葵口三足狮子纹鎏金银盘（中国国家博物馆藏）

---

[1]［美］谢弗：《唐代的外来文明》，中国社会科学出版社1995年版，第161页。

狮子传入中国的最早记载，见于《汉书·西域传》："乌弋国有师子，似虎，正黄，尾端毛大如斗。"《海内十洲记》记载，征和三年（前90），武帝幸安定，西胡月氏国献猛兽一头，"形如五六十日犬子，大似狸而色黄"，应该是狮子。《三辅黄图》卷三记载："奇华殿在建章宫旁，四海夷狄器服珍宝、火浣布、切玉刀、巨象、大雀、狮子、宫马，充塞其中。"说明汉武帝的建章宫旁，当时就陈列了狮子。

到东汉时期，仍有进贡狮子的记载。《后汉书》说，章和元年（87），"是岁西域长史班超击莎车大破之。月氏国遣使献扶拔、师子"。第二年，又有安息国"遣使献师子、符拔"。同年"初，月氏尝助汉击车师有功，是岁贡奉珍宝、符拔、师子，因求汉公主。超拒还其使，由是怨恨。""超久在绝域，年老思土……谨遣子勇随献物入塞"。《后汉书·顺帝纪》说，阳嘉二年（133）"六月末，疏勒国献师子、封牛"。

到魏晋南北朝时期，仍不时有狮子输入中国的记载。《魏书·西域传》说："悉万斤国，……其国南有山，名伽色那，山出师子。每使朝贡。"《册府元龟》卷九六九说："太平真君十一年（450），頞盾国献狮子。""孝庄永安元年（528）六月，嚈哒国献狮子。"

北魏时还发生了献狮子的波斯人因嫌狮子拖累自己而将狮子杀死的事情。《洛阳伽蓝记》记载，北魏孝明帝正光（520—525）末年，"波斯国胡王所献"的一头狮子在中国境内滞留6年，到"普泰元年（531），广陵王即位，诏曰：'禽兽囚之，则违其性，宜放还山林。'狮子亦令送归本国。送狮子者以波斯道远，不可送达，遂在路杀狮子而返"。

古代文献还记录了狮子其凶猛超过虎豹。《洛阳伽蓝记》记载："庄帝（汉明帝刘庄）谓侍中李彧曰：'朕闻虎见狮子必伏，可觅试之'。于是，诏近山郡县捕虎以送。巩县、山阳并送二虎一豹。帝在华林园观之。于是，虎豹见狮子，悉皆瞑目，不敢仰视。园中素有一盲熊，性甚驯。帝令取试之。虞人牵盲熊至，闻狮子气，惊怖跳踉，曳锁而走，帝大笑。"另外，史料还有："后魏武帝伐冒顿，得狮子一，还至洛阳，三千里鸡犬皆伏，无鸣吠。""狮为百兽之长"。三国时代的孟康在《汉书·西域传》的注释中，将"师（狮）"解释为"似虎，正黄，有髯（髥）髵，尾端茸毛大如斗"。

到了唐代，还有西域国家进献狮子。新旧《唐书》记载，唐太宗贞观九年（635），康居国进贡狮子，唐太宗命虞世南作《狮子赋》。唐高宗显庆二年（657），吐火罗国送狮子。唐玄宗开元七年（719）、十年（722）、十五年（727）、十七年（729），有康居国、波斯国、米国等献送狮子。皇家禁苑中也豢养过狮子。

唐代外国进献的狮子也都是经过驯化的。唐人牛上士在《狮子赋并序》中写道："逾乌城之积阻，献龙阙之崔嵬。资译人之纳贡，弭雄心以效能；何虞者之维縶，惊牙爪之可怖。顿金锁而长縻，闭铁牢而永固；悲此生之窘束。怀旧国而愁慕。"

这篇文章写狮子经过长途跋涉被送到中国，被关在铁笼子里锁着，处境十分"窘束"。武后万岁通天元年（696）三月，姚涛在《请却大石国献狮子疏》中提出不应接受贡狮子："狮子猛兽，唯止食肉，远从碎叶，以至神都，肉既难得，极为劳费。"说明这个时候仍然有外国来贡献狮子。

到明代时，仍不断有狮子从外国贡献。有学者统计，从《汉书》到《明史》，历代正史本纪记载的外国贡狮就有21次。其中，东汉4次，北魏2次，唐2次，宋2次，元5次，明6次。最后一次贡狮是在清康熙十七年（1678），葡萄牙使臣本笃携带非洲狮子朝觐。

2. 狮子在中国的艺术形象

随着狮子的传入，它逐渐成为中原地区的一个艺术题材。20世纪中期，在汉元帝渭陵遗址中发现了一批西汉玉雕，其中就有玉狮。在汉代画像石中也可见到狮子。例如，河南南阳画像石中的狮子鬃毛竖立，雄健有力。山东嘉祥县武氏墓群石刻中有一对石狮，东西相对，"东石狮高1.26米，身残长1.58米，右前爪下按一卷曲小兽，除尾巴和右后足残损外，其余保存基本完好。西石狮高1.28米、身残长1.48米，石狮残损较甚，尾部、左前足和右后足均残缺，嘴巴也略残"。这两头石狮子都昂首张目，粗壮威武。从武氏石阙铭中可知，这两头石狮是在东汉桓帝建和元年（147）建造的。

山东嘉祥东汉武氏墓石狮

在广州的汉墓中，也多次出土有关狮子的造型艺术形象。南越王墓东侧室出土的铜瑟枘上有狮形走兽，瑟枘完全是汉式的博山状。广州的西汉后期墓出土一件双狮形座陶质松软，由两狮合成，连尾背向，狮的头部及四肢清晰，俯首，张口露齿，俯伏于地。背上各有长方形凹穴，当是插物的器座。东汉前期墓出一铜温酒樽器，盖顶刻四叶纹，四叶之间布以青龙、白虎、朱雀、玄武，器下三足作狮形，体形雄健，鬣毛和尾巴均镂刻出。铜熏炉炉体的座足上面浮雕三兽,状若狮形,一人跪坐其上,双手叉腰,以头托炉身。炉腹上镂刻飞翔的翼兽。同墓中还出土一盏铜灯,只存灯座,浮雕式三只带翼的狮子。

有翼兽的雕刻起源于古代亚述,亚述的有翼兽的原型实际上就是狮子。这种有翼兽后来传入波斯和印度,再经犍陀罗地区传入中国,东汉时期在陕西、河南、山东、江苏、四川等地流行,广泛应用于各种雕塑题材。四川雅安的高颐墓,建造于209年,墓前的石狮胸旁有一对肥短的二叠飞翼。

这种有翼狮子的形象后来在中国又有变化,头上增加了独角或双角,称呼不一,比较通行的说法是将独角的称为麒麟,双角的称为天禄,无角的称为辟邪。南京东郊和丹阳的六朝陵墓前有不少这样的有翼兽,张口吐舌,造型十分古朴雄伟,其中最大的高达3米多,重达3万多斤,是六朝石刻的典型作品。此外,汉朝的铜镜也常用波斯的飞马和狮子图案作为装饰。

到了唐代武德、天宝之间,随着狮子或狮子皮的来献,人们获得了更多的关于狮子形貌、习性的信息,狮子成为人们歌咏描述的对象。唐太宗李世民见到康国所献的狮子很兴奋,命虞世南作《狮子赋》,还命阎立本对狮子作画。据称,玄宗朝以画兽类著称的韦无忝,曾画过一幅外国献狮子的画像,展开他画的狮子图,"百兽见之皆惧"。不仅如此,在唐人看来,一切与狮子有关的物事,都具有神秘的力量。以狮子筋作琴弦,"鼓之,众弦皆绝";以狮子尾作拂尘,"夏月,蚊蚋不敢集其上"。甚至狮子的粪便也可以杀百虫,点燃之后可以"去鬼气"。据称在开元末年,有西国献狮子,途中系于井侧树干上,"狮子哮吼,若不自安。俄顷风雷大至,果有龙出井而去"。

狮子进入中国后,逐渐成为中国艺术想象的原型,并不断地被加工改造,

东汉末高颐墓石狮(四川雅安)

宋·李公麟《维摩演教图》局部(故宫博物院藏)

唐乾陵石狮子（陕西咸阳）

成为中国传统文化的象征之一。

佛教以狮子为灵兽，狮子为佛座，又传文殊菩萨的坐骑就是狮子。佛教讲究"以像设教"，所以佛教石窟大多刻有金刚、力士与狮子护法。随着佛教的盛行，被佛教推崇的狮子在人们心目中成了高贵尊严的灵兽，与之相关的狮子信仰及狮子形象，也进入人们的日常生活之中。

狮子的形象进入中国之后，经历了以中国文化为背景的持续不断的文化改造。汉朝时的雕狮身上多生有双翼，古拙神奇。其后狮子形象则多呈昂扬威猛形态，如南京周围"六朝石刻"的石狮，线条简洁，高大威武，强劲有力。隋唐时期，雕狮渐趋写实，体魄雄伟，工艺精巧，狮子的造型艺术出神入化。唐代帝陵多以狮子作为象生，如乾陵朱雀门前的两尊石狮，底座四周均有精美的线刻蔓草、祥云、瑞兽图案。突出狮子威猛的特点，昂首挺胸，两足前伸，身躯饱满，胸部宽阔厚实，肌肉突出，筋骨强壮，前肢粗壮结实，支撑着前倾的躯体。石狮头部巨大，头部及颈项部毛发卷旋，似层层鳞披；双目圆大凸起，怒视前方，鼻子宽阔向上隆起，张开大口，露出利齿，似欲发出震撼山谷的巨吼。宋代以后，狮子造型渐趋秀丽、雅致。

在狮子形象发生变异的同时，狮子也被赋予了更多的文化意味。早期狮子是以镇物面目出现的，人们希望以狮子"百兽之王"的威猛吓阻四面八方的邪魔妖怪。此时的狮子更多出现在陵墓、庙宇之前，以发挥其驱祟辟邪的镇物作用。明代后，石狮子雕刻艺术在人们生活中使用的范围更加广泛。宫殿、府第、陵寝，甚至一般市民住宅，都用石狮子守门；在门楣檐角、石栏杆等建筑上，也雕上石狮作为装饰。狮子还被赋予诸如官阶、权力、等级等的文化象征意义。

三、拂菻狗与白鹦鹉

和汉朝时的情况一样，西域国家给唐朝的礼品和贡品中，有不少动物。在唐代的文献中，一再出现皇帝禁止引进外来动物的禁令。如唐高祖在称帝当年（武德元年，618）就下诏禁止贡献无用之物。他在武德四年（621）接受百济贡献的"果下马"。同时，又在历史上首次将叭儿狗引进了中国。唐太宗曾拒绝林邑国贡献的白鹦鹉和五色鹦鹉，但在后来却欣然接受了陀洹国贡献的白鹦鹉和五色鹦鹉。德宗在即位（780）后的第二个月，就下诏"禁令天下不得贡珍禽异兽"，并将代宗朝文单国贡献的32头驯象放归荆山之阳，但他又接受了环王国贡献的驯犀。所以，在唐朝，外来动物的引进屡禁不止，因为皇帝本人对外来物的强烈的好奇心，为动植物的引进和传播提供了动力。

唐朝输入的动物可分为兽类与禽类两种。兽类动物包括野兽与家畜。

在野兽中，有许多属于大型驯兽，最主要的就是驯象与驯犀。神龙元年（705），中宗李显幸洛阳城南门，观看斗象表演。玄宗时（712—755）宫廷每有宴乐，多以百戏杂乐助兴，此外有舞马百匹，衔杯上寿。又有五坊使引犀、象入场，或拜或舞，"动容鼓振，中于音律"。这些驯化的犀、象，大多是由南海诸国贡献的。

在唐人看来，大象与犀牛多少带有一些神秘的成分。例如，唐人认为，象胆的位置在腿部，"春在前左，夏在前右"，随四季的迁转而游移不定。犀牛厌恶自己的影子，所以常饮浊水，等等。这种神秘化的解读，是一种很有意思的想象。

此外，唐朝引进的野兽还有豹、鼠、羚羊、蛇，以及不能确知的"天铁熊""天狗"等。

赏玩家畜对唐人及后代生活影响较大的是所谓的"拂菻狗"。这种狗是由高昌转献给朝廷的。据载，武德七年（624），高昌王曲文泰"献狗雌雄各一，高六寸，长尺余，性甚慧，能曳马衔烛，云本出拂菻国。中国有拂菻狗，自此始也"。这种小狗属于尖嘴丝毛犬，曾经是罗马主妇的宠物。与罗马的情形类似，这种小狗引入唐朝以后，也备受贵妇的宠爱。唐人又将这种叭儿狗称作"猧儿"或"猧子"。有一则玄宗弈棋的故事说，杨贵妃在旁边观棋时，怀中抱着康国猧子，"上数子将输，贵妃放康国猧子于坐侧，猧子乃上局，局子乱，上大悦"。

唐朝引进的飞禽主要有白鹦鹉、五色鹦鹉和鸵鸟。高宗永徽元年（650）"吐火罗遣使献大鸟，如驼，食铜铁，上遣献于昭陵"。大概是因为鸵鸟极为罕见的缘故，高宗和睿宗的墓前都立有鸵鸟的雕像，以作为唐朝皇帝德被海外、四夷来朝的象征。

丝绸之路上的物质文化交流

·074·

唐·周昉《簪花仕女图》局部（辽宁博物馆藏）

据称杨贵妃在宫中养了一只白鹦鹉,可诵读诗篇,深得宠爱,被称为雪衣娘。玄宗每与贵妃及诸王博戏,"上稍不胜,左右呼雪衣娘,必飞入局中,以乱其行列",后来鹦鹉告诉贵妃,梦为鸷鸟搏杀,贵妃于是教雪衣娘诵《多心经》禳灾。雪衣娘死后,"上与贵妃叹息久之,遂命瘗于苑中,为立冢,呼为鹦鹉冢"。这个美丽凄楚的传说在唐代以文字和图画两种形式流传,玄宗时期宫廷画师张萱所作《写太真教鹦鹉图》,反映的就是这个故事。稍后,周昉也创作了《妃子教鹦鹉图》和《白鹦鹉践双陆图》。在内蒙古赤峰市发现的辽贵族墓壁画中,也发现了以此类唐代绘画为粉本的《杨贵妃教鹦鹉图》。

清·胡湄《鹦鹉戏蝶图》(上海博物馆藏)

第六章 中国丝、茶、瓷——主导丝绸之路的中国元素

一、丝绸与养蚕、缫丝、织绸技术及其传播

1. 丝绸的发明

丝绸以其绚丽的色彩和风情万种的姿韵,被称为"东方绚丽的朝霞",是飘扬在世界大地的"金丝带"。

蚕桑丝绸是中华文明的特征之一。中国是世界上最早饲养家蚕和缫丝制绢的国家,长期以来曾经是从事这种手工业的唯一的国家。或者可以认为,丝绸是中国对世界物质文化最大的一项贡献。历史学家和考古学家夏鼐曾说:"我们只有充分了解我国古代丝绸生产所达到的技术水平,才能认识当时我国丝绸在世界的影响,也才能认识古代横贯亚洲大陆的'丝绸之路'的重要意义。"

中国人养蚕、缫丝和织绸,可能在新石器时代就已经开始了。传说中黄帝的后妃嫘祖发现桑树上蚕吐的丝柔软细长,可以用来编成织物遮体御寒。于是,她教导人们把蚕养起来,缫丝织绸,以制衣裳。这个传说的意义在于,把丝绸的起源追溯到和中国文明起源一样遥远而古老的时代,是中华文化发生期所创造的文化成果之一。或者说,丝绸等起源实际上是与中华文明的起源同步的,丝绸的发明是中华文化形成期的一项重要内容,具有与青铜器、玉器同等重要的意义。钱穆在《中国文化史导论》中指出,铜器、陶器、丝织(衣)和木器(车)四项,"为中国古代工艺亦即美术上最重要的四项",也许我们不妨称为"远古的四大发明"。钱穆在指出蚕桑与丝织是"在中国工业上发明最早的"技术的同时,还申述了它的文化意义。他说:据古史传说,在很早的古代,中国人衣服上已有刺绣,分绘日、月、星、山、龙等物体,借以为政治上贵贱等级之分辨。此亦中国工艺美术,一切都自然归附到人生实用并寓有伦理教训方面的意味之一证。[1]

---

[1] 钱穆:《中国文化史导论》,三联书店1988年版,第64—65页。

第六章 中国丝、茶、瓷——主导丝绸之路的中国元素

明·《宫蚕图》（"宫蚕"指室内养蚕）

据现代考古发掘的结果，一般认为中国丝织物开始出现于中国东南地区的良渚文化时期。这时的中国先民已经成功地驯化了野生蚕桑，使其成为可以饲养的家蚕，并利用蚕所吐的丝作为原料，织造丝绸之物。1977年，浙江河姆渡新石器遗址考古发掘证明，距今7000年，河姆渡先民对生产蚕丝已有认识。4700年前，浙江吴兴钱山漾一带，已能生产丝绢。到商代，中国丝织物便已达到很高的水平。当时除了平织的绢以外，已经有了经线显花的单色绮和多彩的刺绣。夏鼐在《我国古代蚕桑、丝、绸的历史》一文中说，我国古代发明蚕丝生产技术的确切年代，虽然目前还无法确定，但至迟在殷商时代，我国劳动人民

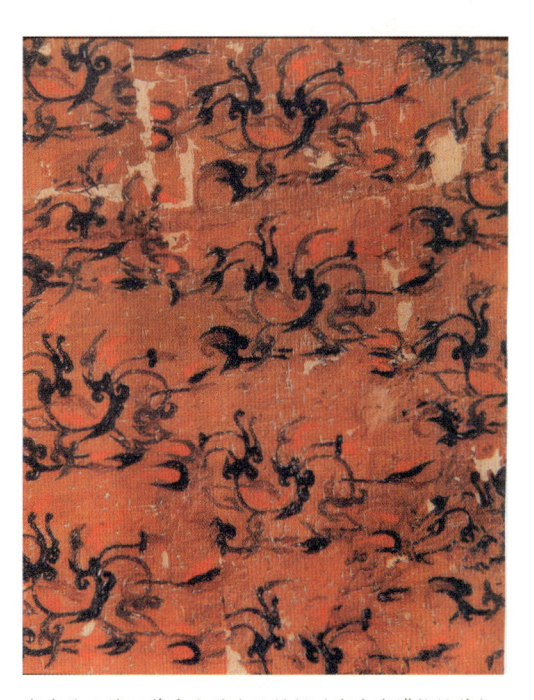

湖南马王堆汉墓出土的麦纹绣绢（湖南省博物馆藏）

已充分利用蚕丝的优点，并且改进了织机，发明了提花装置，能够用蚕丝织成精美的丝绸。《诗经》中有不少桑事织衣的诗篇，这是中国中原地区丝织发达、分布广泛的一个记录。

生产机具的改进和生产技术的进步，提高了生产效率，汉代丝织业有了相当大的发展，生产规模很大，花色品种繁多，产品数量也很大。汉朝在长安设少府，其下有东、西织室，设织室令，管理丝织生产。在地方也设有专门管理织造的机构，《汉书·禹贡传》说，仅齐地就有"作工各数千人，一岁费数巨万"。民间从事丝织生产的人也相当多。丝绸生产是人民生活的重要组成部分，凡宜蚕之地，每家每户均树桑养蚕，并以绢作为赋税。在长沙马王堆西汉古墓出土的素纱禅衣，长3尺7寸（约1.23米），重量不到1两（1两=0.05千克），其工艺之精巧，轰动世界。湖北江陵楚墓中出土的大量丝织品，更被誉为"世界丝绸宝库"。

到了唐代，丝织业有了更大规模的发展。无论官营或私营的丝织业都很发达，产品种类也非常多。少府监所属织染署所领织纴十作，内有八作：绢、绌、纱、绫、罗、锦、绮、绸（棉纹）。唐代的丝织品品种繁多，质地优良，产地遍布全国，尤以关东、巴蜀及吴越地区为盛。

唐·张萱《捣练图》局部（美国波士顿美术馆藏）

2. 丝绸和养蚕丝织技术在东亚的传播

丝绸是中国人对世界物质文化的一项伟大贡献。精美绝伦的各色丝绸，为人们提供了舒适的衣料和优美的装饰物，丰富了人们的日常生活。所以，中国丝绸传播到任何地方，都受到热烈的欢迎。丝绸是中国最早大宗出口的货物，而且直到明清时代，一直是向海外输出量最大的、最受欢迎的物产之一。在漫长的历史时期内，在经销的数量之大、范围之广、持续时间之长久和影响之深远方面，世界上没有任何一种能够与中国丝绸相比的产品。

中国的丝绸及养蚕制丝技术在中朝交通之初就已经传到了朝鲜。箕子到朝鲜时，就可能带去了养蚕制丝技术。比较确信的是，丝绸传入朝鲜的时间约在西周至战国之际，丝绸生产技术也几乎同时传入朝鲜。汉朝，在朝鲜北方设郡置县，大量中原移民到朝鲜，促进了朝鲜半岛的开发与发展，养蚕制丝业作为重要的经济门类也得到很大发展。而且，还传播到朝鲜半岛南方的三韩地区。《后汉书·东夷传》说，辰韩"土地肥美，宜五谷，知蚕桑，作缣布"，"马韩人知田蚕，作绵布"。

朝鲜的养蚕制丝和丝绸织造业的发展，是在8世纪新罗统一之后。新罗设置有官营的朝霞房（专织朝霞绸）、染宫、红典、苏芳典、攒（扎）染典、漂典、锦典、绮（缡）典、机概典等丝绸生产专业工厂，其生产的品种有朝霞绸、鱼牙绸、野草罗、乘天罗、小文绫、二色绫、纱、绁等。装饰手法有染撷、刺绣、金银泥、金银丝、孔雀羽等，染色色彩亦十分丰富，其中，如红花染、扎染和夹撷、锦绫织、金银泥等，均来自中国。[1]

在早期的中日交往中，丝绸就以各种不同的方式传入日本。以后历代不断有大量中国丝绸输入日本。特别是唐代，中日交通频繁，通过遣唐使、留学生、学问僧等人员携带回去的，以及中日之间的民间贸易，都有大量丝绸制品传入日本。当时，流传到日本的唐锦非常多，正仓院和法隆寺等一些地方至今还珍藏着大量唐代丝绸产品。据说，正仓院珍藏的染织珍宝，超过了10万件，如果再加上法隆寺收藏的丝织物，大概可以囊括古代的各类丝绸。

日本的养蚕制丝业和丝绸制造业是在中国移民的直接参与下发展起来的。早先徐福东渡携带"百工"，其中必然有养蚕制丝和织造丝绸的工匠。所以，中国的养蚕制丝技术早在徐福东渡时，应该就传入日本了。据日本史料记载，仲哀天皇八年（199），有一位名叫功满王的中国人，把蚕种从朝鲜半岛的百济传到日本。到3世

---

[1] 参见赵丰：《古代中朝丝绸文化的交流》，《海交史研究》1997年第2期。

纪的时候，有许多中原汉族人移民到日本，其中有一族称为"秦人"。养蚕和制丝业是秦人主要从事的职业之一。秦人抵达日本后，分驻畿内各地，从事养蚕制丝业。从此，中国的养蚕和制丝技术在日本广为传播，使日本的丝织业有了较快的发展。

日本雄略天皇七年（463），日本派人到百济招募汉人工匠（"新汉人"）。这次来日本的汉人中有专门从事丝织的"锦部"。日本雄略天皇十二年（468），天皇派人去南朝刘宋王朝请求支援技工，刘宋朝廷派遣了汉织、吴织、兄媛、弟媛等工匠赴日本。中国织、缝工匠的到来，促进了日本缝衣工艺的发展，日后飞鸟衣缝部、伊势衣缝部就是在此基础上形成的。大阪府池田市的"染殿井"和西宫市的"染殿池"，都是汉织、吴织来日本传授丝织技术的传授地。池田市还建有汉织姬、吴织姬的伊居太神社和吴服神社，秦山上还有一棵"晒绢松"。

宝花纹花毡（日本奈良正仓院藏）

由于历代不断有中国移民和技术工匠加入，日本丝织业自3世纪后半期开始不断发展，到了8世纪以后的飞鸟、奈良时代达到繁荣。绯襟、薄物、阿波绢、常陆绸、博多织、兜罗绒等优良特产陆续出现。现藏于正仓院中一些三重经平组织鸟兽联珠纹锦，是日本因循中国传统织法所制成的西域风格题材的纹锦。日本学者松本包夫《日本的美术——正仓院的染织》中，编入近百幅正仓院染织图，融合了中国的图纹精华，唯有色彩上相当日本化，色彩以赤地、紫地、缥地、绿地等色为主。《延喜式》中载有各种织物用料、染色配方，均可说明中国丝绸技术对其的启蒙影响。

到室町时代，日本还在引进先进的中国织锦技术，并在临近京都的一座寺院里设

第六章 中国丝、茶、瓷主导丝绸之路的中国元素

立缂丝织机生产，应用在和服腰带的织造上。其后在桃山时代，有中国织工到日本传入片金的织金锦技术，织品设计更为大胆丰富，仿刺绣效果的织锦大为风行。

中国文化对日本人的服饰和纺织技术的发展有着重大影响。在中日交通之初，日本人的服装还是很粗陋的，不知裁缝技艺。由于大量中国移民进入日本，如前文提到的秦人、汉人，以及汉织、吴织、兄媛、弟媛等，日本的养蚕、丝绸业很快发展起来，生产出丰富多彩的中国南方式样的美丽纺织品，使日本人的服装大为改进。同时，由于中国文化的刺激，大和朝廷也想要在日本实现汉人所说的"衣冠之邦"，以致雄略天皇在遗诏中把"朝野衣冠，未得鲜丽"作为未竟之理想而表示遗憾。

唐·四天王狩狮锦局部（日本奈良法隆寺藏）

3. 丝绸传入希腊罗马

丝绸的大量外销，不仅具有经济贸易交流的意义，而且具有重要的文化意义。在许多情况下，正是丝绸贸易促进了中外交通的开辟，促进了中华文化向海外的传播。如果没有丝绸和丝绸贸易，恐怕就很难说有那条横贯欧亚大陆的"丝绸之路"，中西文化交流、中华文化的西传，恐怕要向后推迟许多世纪。

早在商代就有丝织物成批地外销。到周代，穆王西征时，带有精美的丝织物作为礼品送给"西王母"。这是中国丝绸西传最早的有文字记载的事项。历史学家方豪指出："在前5世纪时，中国之缯或已越帕米尔，而至印度、波斯。及至亚历山大东征以后，乃又经叙

古希腊雅典陶壶人物丝服（日本平山郁夫美术馆藏）

利亚人手，输入欧洲。"¹这一判断不断被考古发现的资料所证实。在西域的广大区域内，包括现在新疆地区和帕米尔高原以西的区域内，陆续出土了大量春秋战国至汉晋时代的丝绸制品。

汉代以降，丝绸之路开辟，为中国丝绸的大量西传创造了便利的交通条件，中原王朝与西域诸国交聘不断，往来频繁，各民族商旅不绝于途，中国精美的丝绸制品源源不断地运往西域，并由那里再转运到以西更远的地方。

在汉代，中国丝绸的西传主要通过三种渠道，即中国朝廷作为礼品向西域各民族的赠赐、中国朝廷与西域各民族的以物易物贸易，以及奔走在丝绸之路上的商人的活动。汉代运丝的商队通常由政府官办，称为使节，实际上是官办的贸易队伍。汉朝每年都派出成批使团随带大量缯帛前去贸易。中国商队最远曾到达地中海东部地区。波斯和叙利亚的商队也由此东行，进入葱岭，至新疆境内交换货物，尤其是成批转运从内地向西方运过去的丝绸。

1世纪初堪培尼亚壁画上的罗马妇女，穿着丝绸服装

中国的丝绸最早是什么时候传到西方的呢？1993年3月，一则国际新闻说：奥地利考古学家和科学家对埃及第二十一王朝（前1070—前945）法老佣人墓中的一具女性木乃伊身上的织物进行研究之后指出，埃及在前1000年就已开始使用丝绸。那时候，埃及使用的丝绸无疑来自中国。

另据美国《全国地理》杂志1980年3月报道，德国考古学家在德国南部斯图加特的霍杜夫村，发掘出一座前500多年的古墓，发现墓中人体骨骼上有中国丝绸衣服的残片。²这一信息说明，中国的丝绸在那个时候已经到达了欧洲的腹地。此外，在卢森堡的前5—6世纪的墓葬中，人们也发现了几块丝绸的碎片。

前1000年或前500年，欧洲的历史上正处于古希腊时代。在古希腊时代，地中海边

1　方豪：《中西交通史》上卷，上海人民出版社2008年版，第48页。
2　杜石然等：《中国科学技术史稿》上册，科学出版社1982年版，第229页。

第六章 中国丝、茶、瓷——主导丝绸之路的中国元素

1世纪古罗马壁画《爱与美之女神维纳斯》，她的右手拈着透明的薄纱

上的希腊城邦与东方的中国，相距十分遥远，很难通达信息。所以，在那个时代，希腊人很少有可能获知远方中国的情况。我们也没有可靠的证据说明中国的丝绸已经运抵希腊各城邦。但是，我们在古希腊女神的雕像中，在绘画和其他雕塑艺术作品中，却看到了中国丝绸飘忽的影子。许多考古资料已经证明，早在前5世纪，中国的丝绸已经越过阿尔泰山，来到了中亚地区，那么，也有可能沿着那时已经开辟的草原之路，由被希腊人称为斯基泰人的商队将

中国的丝绸运抵希腊，成为素以爱美著称的希腊人所喜爱的一种珍贵的衣料。

有文献记载的罗马人第一次接触到丝绸，是在前53年。当时，罗马"三头政治"之一的执政官克拉苏（Marcus Licinius Crassus Dives，前115—前53），在就任叙利亚行省总督不久，就匆忙率军远征帕提亚（即安息）。在卡莱尔，罗马军团与安息人发生大战。天当正午，交战正酣，安息人突然展开鲜艳夺目、令人眼花缭乱的军旗。由于这些军旗耀眼刺目，再加上罗马人本来就疲惫不堪，所以他们很快就全线崩溃，安息人大获全胜。这就是历史上有名的卡莱尔战役。那些在关键时刻扰乱罗马军心的彩色军旗，就是用中国丝绸制作的。可见，丝绸在当时已为安息人广为应用。这是有记载的罗马人第一次见到中国的丝绸。

17世纪后期销往葡萄牙的中国锦缎

此后不久，丝绸很快就为罗马人所熟悉。据说，著名的罗马统治者、与克拉苏同为"三头政治"之一的恺撒（Gaius Julius Caesar，前100—前44）曾穿着绸袍出现在剧场，引起轰动，甚至被认为奢侈至极。据说，恺撒还曾用过丝质的遮阳伞。

汉代以后，中西交通大开，丝绸西运数量大增，其远达古罗马帝国。德国地理学家李希霍芬（Ferdinand von Richthofen，1833—1905）创造"丝绸之路"这个名词，就是为了强调这条路的开辟主要是为运输中国丝绸到罗马帝国去。罗马城中的多斯克斯区（Vicus Tuscus）有专售中国丝绸的市场。中国丝绸风行于罗马宫廷和上层社会，几百年中元老院的议员一向以能穿中国的丝袍为荣。

丝绸最初输入罗马时，"几乎是一种无价之宝"，[1] 还只是少数贵族享用的奢侈品，但过了不久，丝绸就在全帝国风行开了。意大利南部的巴布利（Publie）遗址曾出土过罗马时代的丝绸。在2世纪时，丝绸在罗马帝国极西的海岛伦敦，风行程度甚至"也不下于中国的洛阳"。5世纪以后，罗马境内出土的利用中国丝绸在叙利亚和埃及织造的丝织物，就更多了。

到东罗马帝国时期，这种奢靡之风有增无减。东罗马的拜占庭，"对丝绸的需求相对于其他奢侈品来说似乎还趋向于增加。拜占庭人在往日罗马的奢华传统之上，还对奢华服饰增添了一种新的、更具有明显的东方情趣"。"拜占庭—罗马时代需要丝

1　[法]布尔努瓦：《丝绸之路》，山东画报出版社2001年版，第28页。

第六章 中国丝、茶、瓷主导丝绸之路的中国元素

和田丹丹乌里克古城遗址中关于蚕种西传传说的壁画（英国伦敦大英博物馆藏）

绸，既是为了显示它对色彩的强烈和日新月异的热爱，也是为了服务于成为其社会形式特点的那种神圣的和繁文缛节的盛大辉煌。随着时间的推移，丝绸的使用越来越普及于社会下层"。[1] 这时的地中海沿岸居民对远东奢侈品所形成的嗜好，远甚于罗马时代。

中国丝绸的输入，给罗马世界带来了不可估量的影响。丝绸在罗马的风行，正好适应了当时罗马帝国席卷全社会的奢靡之风。或者还可以说，来自远方的中国丝绸，参与创造了罗马的浮华、奢侈、追求时髦的社会风尚。当时罗马人只知道丝绸来自遥远的"赛里斯"，但是，"赛里斯"在哪里？那里的人们又是什么样？就只有一些荒诞不经或道听途说的想象和传闻而已。这就更增强了丝绸的神秘性。在罗马人的心里，丝绸拥有一个神奇东方人的所有内涵。丝绸成了罗马人对于异邦想象的文化载体。

4. 丝绸在近代欧洲的风行

在罗马时代的中国丝绸风行之后，这种热潮并没有随着罗马帝国的崩溃而

青海都兰唐墓出土粟特锦服饰

烟消云散，恰恰相反，在漫长的中西贸易中，直到19世纪以前，中国丝绸一直是主要的出口商品。即使是在欧洲已经发展起来自己的养蚕制丝和丝绸织造产业以后，中国的丝绸在中西贸易中依然充当着不可替代的主角地位。

16世纪以后，由于葡萄牙、西班牙、荷兰的商船直航，中国丝绸直接销售到欧洲市场，不再通过陆路和海路的各种中间商环节。所以，从这个时期开始的一直持续了

---

[1] ［英］赫德逊：《欧洲和中国》，中华书局1995年版，第86、87页。

3个世纪的中欧直航贸易，输入欧洲的丝绸总量大大超过了以往的任何时期。到广州的外国商船，丝货是采购的大宗货物之一。

16—18世纪，丝绸在中西贸易中成为大宗货品，因而得以推广，成为社会的普遍需要。对欧洲人来说，中国丝织品因其明亮的色彩、异国情调的纹样和相对低廉的价格，受到欧洲上层社会妇女的欢迎，成为她们的主要服饰之一。特别是中国丝绸有一个独特的地方，即行走时衣裙摩擦会发出轻轻的丝鸣。在当时欧洲的社交场合，这种丝鸣声是上流社会妇女展示魅力的重要手段。在这个时期，"富人抛弃金银线挖花的呢绒织物，转而爱好丝绸。后者逐渐传播，在一定程度上得到普及，并成为某种社会身份的标志"。[1] 这个时代的欧洲对中国丝绸的需求远远超过以前的时代，各种丝织品，比如，服装、地毯、挂毯、窗帘、床罩等等，一起输入欧洲。

在路易十四时代的法国，宫廷男女服饰都以刺绣、褶裥、蝴蝶结装饰，贵妇人的高跟鞋面有些也是以中国丝绸、织锦为面料，上面绣有各种精美的图案。伦敦的贵妇人将中国丝绸服装视为时髦。这些服装往往绣着象征吉祥如意的麒麟、龙凤等图案，古典华贵，深得贵妇的欢心。有些妇女喜欢穿着中国刺绣的服装，披着中国刺绣的披肩、围巾，口袋里装着有中国刺绣的手帕，甚至请中国刺绣工匠绣制丝绸名片。

18世纪中期以后，中国的丝绸披肩风靡欧洲，色彩以白色和艳色为主，每年进口量高达8万多条。其中，法国就占了1/4的份额。

18世纪晚期，中国的手绘丝织品成为欧洲社会最为流行的样式。到1673年，中国花样渐趋"平民化"，已经有了印花丝织品，以代替高价的手绘丝织品。鉴于这种绘制或印花的丝织品的消费越来越广，法国的一些丝织厂纷纷仿效，专造各款绘花或印花的丝织品，再加上中国的商标，以满足人们的嗜好。

5. "东国公主传入蚕种"的故事

关于养蚕缫丝技术的西传，有一则蚕种传于阗的故事。汉代于阗（今新疆的和田）瞿萨旦那王欲至东方访求蚕桑种，东国王不许。瞿萨旦那王乃向东国公主求婚，并遣使告诉公主，说于阗"素无丝锦桑蚕之种"，不能以衣服馈送。公主知国法禁携桑蚕出境，便私藏桑种于帽中，带至于阗，于阗始有蚕丝。玄奘的《大唐西域记》卷十二"瞿萨旦那国"记载了这件事。

敦煌莫高窟藏经洞出土的吐蕃文《于阗国授记》也记载了类似的传说，别的情节

---

[1] [法]布罗代尔：《15—18世纪的物质文明、经济和资本主义》第2卷，三联书店1993年版，第174页。

差不多，只多了一段波折：当中国公主把蚕种带到于阗，并在当地培养了一些之后，中国大臣想从中破坏，便告诉于阗国王，说蚕会变成毒蛇。国王居然听信了这一谗言，放火烧了蚕室，幸亏公主抢出一些，以后又用此制出丝来，做成衣服，穿在身上。公主把详情告诉国王，国王方才大悔。此事还见于正史。《新唐书·西域传上》卷二二一上就有相似的记载。

这个故事还可以通过考古资料得到印证。英国探险家斯坦因曾在新疆丹丹乌里克遗址剥下并带走了几幅壁画，其中有一幅就是《东国公主传入蚕种》。这幅壁画约是8世纪时的作品，上面描绘着一位中国公主戴着一顶大帽子，一个侍女正用手指着它。研究者认为，这幅画所画的就是那位传播养蚕制丝方法的"丝绸女神"。

"东国公主传入蚕种"的故事，为中原的养蚕制丝技术传入西域提供了一条线索。上面说的"于阗"，研究者认为，可能是鄯善国。鄯善国在汉代时已有桑的栽培，鄯善王尤是汉朝的外甥，先有蚕桑极有可能。东汉明帝（58—75）时，匈奴大军兵临于阗，迫使于阗每年缴纳罽絮。絮即敝绵，说明1世纪初，于阗已经知道栽桑养蚕。比较谨慎的看法是认为，至迟在3世纪的汉晋时期，于阗出现蚕桑是有可能的。有学者估计，这个"丝绸公主"的故事应该发生在220年左右，由此扩及西域其他国家，再向西方扩展。[1]

养蚕制丝技术传到西域后，在各地都发展起丝绸织造业。5世纪时，天山以南的高昌、龟兹、疏勒都能纺织丝锦了。在中国史籍中，有高昌"宜蚕"的明确记载。在高昌出土的考古发掘中，有大量精美的丝织物。花色品种多样，有精美绝伦的织锦，有红地团花纹、彩条纹、龟背"王"字纹、对鸡对兽"同"字纹、棋纹，也有连珠天马骑士纹、鹿纹、双人、猪头、小连珠对鸭纹等图案。在织造技术上，不仅有经线显花，还有纬线显花。华丽的织锦，除了大量来自中原以外，不少是本地产品或西方的产品。

在中亚地区的粟特人生活的地区，也有丝绸的生产。丝织业是粟特地区的重要手工业，昭武九姓安国是丝绸的重要产区，撒马尔罕发展成为世界丝织品生产中心和最重要的丝绸集散地之一。在唐代，粟特织锦已经十分有名。粟特人的康国所产的赞丹尼奇锦运销范围北达挪威，南至拜占庭，西达波斯。

6. 波斯与阿拉伯丝织业的形成与发展

前文已有所述，在5—6世纪，塔里木盆地已普遍有蚕桑的生产，与中亚各地有着

---

[1] 侯家驹：《中国经济史》上册，新星出版社2010年版，第359页。

密切的交往，所以养蚕制丝技术很可能由此继续西传，直接传入中亚的费尔干纳和波斯。波斯以墨桑养蚕，取得成功，之后又纺织锦绮。

至少5世纪时，中国的养蚕缫丝技术就已经传入波斯。此时波斯已拥有自己的丝织业了。波斯语中的"Vāla"是一种丝织品，这个字出于汉语的"幡"，意为精细的罗纱。波斯语中的"nax"是一种双面绒，也指锦缎，当是汉语中的"缎"。还有研究古于阗文的学者介绍，波斯语中蚕茧的"茧"字，很可能源于于阗文。"波斯文里有"pile"一词，意作'茧'，维吾尔语中有"pile"或"pille"，意作'茧'，这些作"茧"字解的词，都可能和于阗语的"birā"有关，可能源于于阗语。"[1]这说明波斯开始有家蚕饲养，很可能是通过于阗传进蚕种的。

波斯是"继中国之后的世界第二大丝绸工业国"。[2]波斯在5—6世纪就以产绫锦而闻名，《魏书》《隋书》等多次提到波斯出产绫锦。玄奘《大唐西域记》里也说：波斯"工织大锦"。从出土实物看，还有纯丝或毛、麻混纺等，以织造精美、色彩绚丽著称。波斯锦主要有两个特点：一是织造技术上采用斜纹组织和纬线起花；二是其花纹图案独具风格，以联珠动物纹最为典型。萨珊王朝的艺术发展最精彩的就是丝织品，色彩和图样十分丰富。

中国的丝绸织造技术还传到了阿拉伯地区，西亚的报达、古尔只、毛夕里、忽鲁谟斯等，也都发展成为重要的丝绸产区或集散地。《马可·波罗游记》中记载西亚地区的丝织业发展情况，说"报达城纺织丝绸金锦，种类甚多"；古尔只"其地多城堡，产丝甚富。制种种金锦丝绸，极丽"；突厥蛮州（在小亚细亚）"制造世界极美极富之各色丝绸，所制甚多"；毛夕里国，"此地之一切金锦同丝绸名曰毛夕里纱，有许多名曰毛夕里商之商人，从此国输出香料、布匹、金锦丝绸无算"；帖必力思城"制作种种金丝织物，方法各别，价高而奇丽也"；耶恩德大城"居民制作丝物，名曰耶思的（yazdi），由商人运赴各地，贩卖牟利"。

大食"蕃锦"包括重锦、百花锦、碧黄锦、兜罗锦等，在唐代中期以后，颇为中原所瞩目。唐宋曾一再有大食人进献中原的记载。明代的《诸蕃志》还记载"芦眉国"，"有四万户织锦为业。地产绫绡、金字越诺布、间金间丝织锦绮"。说明当地丝织业的繁荣景象。

---

1 殷晴：《丝绸之路与西域经济——12世纪前新疆开发史稿》，中华书局2007年版，第174页。
2 [法]布尔努瓦：《丝绸之路》，山东画报出版社2001年版，第193页。

7. 养蚕制丝与丝织技术在拜占庭的传播

虽然丝绸在罗马流行了几百年，但罗马人还是不知道丝绸生产的秘密，而且也不知道它到底来自何方。罗马与中国的丝绸贸易一直被波斯人所控制和垄断。528年，东罗马与波斯之间发生战事，使中国丝绸运销欧洲暂时受阻。从经济的角度看，这场战争主要的原因就是争夺对丝绸贸易的控制权。这场战争使波斯中断了丝绸贸易，拜占庭丝织业陷入危机。

从此以后，东罗马决定努力寻求自己生产蚕丝的办法，以摆脱受制于波斯的被动地位。"面对城市里没有丝绸的可怕前景，拜占庭的天才们应运而出，解决了这个重大的经济难题。他们的办法是把蚕卵从喀什噶尔（指喀什噶尔古城）偷运出来，把养蚕技术引进欧洲"。[1]

养蚕制丝技术传入欧洲，源于一个波澜起伏的故事。据罗马历史学家普罗柯比（Procopius，约500—565）的《哥特战纪》记载，552年，有几位印度僧侣向东罗马皇帝查士丁尼一世（Iustinianus I，约482—565）建议，在他的国家里自行产丝，并把蚕种带到拜占庭，教会东罗马人饲养蚕。

查士丁尼皇帝的宫廷弥撒（意大利圣维塔莱教堂壁画）

另据8世纪拜占庭史学家泰奥法纳（Théophane de Byzance）所述，蚕卵是一位波斯人传入拜占庭的。这位波斯人来自赛里斯，他把蚕卵藏在竹杖中离开赛里斯，并将它一直携至拜占庭，在那里孵化成蚕。泰奥法纳还说，查士丁尼一世皇帝曾向突厥人传授过有关蚕虫的诞生和丝茧的工序问题，突厥人对此感到惊讶不已。

从上述普罗柯比和泰奥法纳的记载中可以得知，是印度人或波斯人在6世纪时将蚕卵和养蚕技术直接从中国传至拜占庭的。不管是印度人还是波斯人，英国汉学家赫德逊（G.F.Hudson）说，他们"正如同普罗米修斯从天上偷来了火种那样"。[2]于是，拜占庭继波斯之后也能养蚕缫丝，并且首次使用西方生长的蚕所吐的丝做纺织丝绸的原料了。

法国汉学家布尔努瓦指出："地中海沿岸的气候适宜养桑业，桑种在那里正常而

---

1 ［英］赫德逊：《欧洲和中国》，中华书局1995年版，第77页。
2 ［英］赫德逊：《欧洲和中国》，中华书局1995年版，第95页。

5—6世纪拜占庭丝织物残片

中国风格的欧洲织物

茁壮地成长。由于拜占庭政府有了桑蚕,各种能工巧匠也不乏其人,所以它手中就真正掌握了一张巨型王牌。从此,它既可以用自己的丝绸来争夺西方市场,还可以挫败波斯人的竞争,又可以为国库积累大量资金以支付讨伐蒙昧民族战争的费用。"[1] 而由于查士丁尼一世推动了东罗马帝国养蚕业的发展,所以他被称为"丝绸皇帝",人们认为是他把养蚕、种桑、缫丝机织绸技术引进拜占庭,并使东罗马帝国依靠丝绸生产发了财。中国的养蚕制丝技术从此传播到欧洲和阿拉伯地区。

在查士丁尼一世的推动下,拜占庭的养蚕业首先在叙利亚发展起来,那里长期以来便集中了许多原来加工来自中国的丝绸和生丝的纺织厂家,到了6世纪末,叙利亚本地生产的蚕丝似乎能够满足这些厂家对原料的需求了。9—10世纪,拜占庭的丝绸生产达到极盛。君士坦丁堡不仅是世界性的丝绸贸易市场,也是重要的丝织业重镇,其生产并出售猩红呢料、五色丝绒和各种高档丝绸。其后亚历山大城和迦太基纳

---

[1]〔法〕布尔努瓦:《丝绸之路》,山东画报出版社2001年版,第156页。

（Carthagéne）也都起而仿效，纷纷建立丝绸作坊。在埃及安蒂诺埃（Antinoë）的一座墓葬里发掘出了4世纪的一块丝绸残片，这是至今人们所知道的在罗马帝国领土上制造出来的最古老的丝绸。

到7世纪，当时的世界，东起日本，西到欧洲，西南到印度，均有丝绸生产，空间分布很广，基本上奠定了今天蚕丝产区的格局。而从中国开始发明养蚕制丝和织造丝绸开始，到这个时候，已经有了将近4000年的历史。

英国铜版画：染丝、络丝

二、茶文化及其传播

1. 茶的培育与茶文化

中国是世界上最早发现茶树和利用茶树的国家。中国是世界茶文化的发祥地。茶树是最早为中国人所发现、最早为中国人所利用、最早为中国人所栽培的，历史十分悠久。

中国的西南地区是茶树的原产地。古代文字记载表明，我们的祖先在3000年前已开始栽培和利用茶树，云南地区有世界上年龄最长的野生古茶树。茶的起源肯定还早得多。不过，在当时并没有把茶作为饮料，而是当作一种药材使用，如"神农尝百草，日遇七十二毒，得荼而解之"。这里的"荼"就是指"茶"。早期的"荼"泛指诸类苦味野生植物性食物原料。

人们在生活实践中逐渐认识到了茶叶独有的特性，色味清香，去暑解渴，兴奋减眠等。到西汉时，茶已作为一种商品在市场上出售。两晋时期，江南一带，"做席竟下饮"，文人士大夫间流行饮茶，民间亦有饮茶。南北朝时期，帝王公卿、文人道流，茶风较两晋更浓。到唐代，茶树的种植已遍及南方各省，并且已研制出20多个品种。今安徽省的祁门县和浙江省的湖州市，已成为当时著名的产茶地区。唐开元之前，饮茶仅限于南方，进入中唐以后，北方饮茶风起，在全国逐渐盛行起来。"滂时浸俗，盛于国朝"；"田闾之间，嗜好尤切"。举凡王公朝士、三教九流、士农工商，无不饮茶。茶于人，如同米、盐一样不可缺少，田间农家，尤其嗜好。

8世纪，唐代学者陆羽总结前人的经验，加上他的耳闻目睹，特著《茶经》一

元·赵原《陆羽烹茶图》（台北故宫博物院藏）　　　南宋·刘松年《撵茶图》（故宫博物院藏）

部，对茶树的栽培、加工方法及茶的源流、饮法乃至茶具等，均做了详尽的论述，是世界上最早关于茶的专著，是世界上第一部关于茶叶的百科全书。《茶经》的问世，推动了全国饮茶习俗的流行。

在饮茶史上，有"兴于唐而盛于宋"之说。自宋代始，茶就成为开门"七件事"之一。饮茶之风渗透到了百姓日常生活的每一个角落。全国茶叶产区又有所扩大，各地精制的名茶繁多，茶叶产量也有所增加。宋代的制茶方法也出现改变，给饮茶方式带来了深远的影响。

中国悠久的制茶历史和饮茶传统形成了灿烂的茶文化。在我国，茶被誉为"国饮"。"文人七件宝，琴棋书画诗酒茶""茶通六艺"，是我国传统文化艺术的载体。西晋文士杜毓为茶作赋，把茶、酒、瓷器相提并论，视为人们日常生活的用品。茶生于名山秀川之间，人们通过饮茶与山水自然结为一体，茶的自然属性与中国古老文化的精华渗透、融合，使得茶的精神内涵为众人接受，形成了系统而又完整的中国茶文化。

2. 茶文化在朝鲜半岛的传播

中国的饮茶习俗和茶叶种植技术很早就传到朝鲜半岛。在高句丽时已有饮茶习俗，并且作为招待客人的主要方式。在唐代，有许多新罗的留学生和学问僧在中国学习，他们都有可能接触和了解中国人的饮茶习俗，并在回国时将茶和茶籽带回新罗。《三国史记·新罗本纪》载："茶自善德王有之。"新罗善德女王于632—647年在位。由此可知，新罗开始有饮茶不会晚于7世纪中叶。

朝鲜半岛饮茶始兴于9世纪初的兴德王时期。据《三国史记》记载，新罗兴德王三年（828）新罗国遣唐使金大廉入唐期间，曾获得一些茶籽，并带回国内。这是茶叶传入朝鲜半岛的最早的记载。《三国史记·新罗本纪》说，新罗使者金大廉，于唐土得茶籽，植于地理山。地理山即今之庆尚南道的智异山，至今那里仍是韩国有名的茶园。韩国学者金在生认为，金大廉当年所获得的茶籽原产地是中国浙江天台山，栽种在朝鲜半岛智异山双溪寺附近，后广为栽种，使得今全罗南道、全罗北道和庆尚南道交接的智异山成为韩国优质的名茶产区。

这时的饮茶风气主要在上层社会和僧侣及文士之间传播。后来饮茶由上层社会、僧侣、文士逐渐向民间传播、发展。

高丽王朝时期是朝鲜半岛茶文化和陶瓷文化的兴盛时期。这一时期入华的高丽僧人也把中国的茶文化带回高丽。高丽王族高僧义天于神宗元丰八年（1085）自明州入宋，在华期间大量搜集经书，深受"茶禅一味"的影响，归国后成为高丽佛教天台宗与禅茶祖师。高丽的茶道——"茶礼"就是在这个时期形成，并普及于王室、官员、僧道、百姓中的。每年两大节日"燃灯会"和"八关会"必行茶礼，朝廷的其他各种仪式中也都行茶礼。

高丽以佛教为国教，佛教气氛隆盛。中国禅宗茶礼传入高丽后成为高丽佛教茶礼的主流。中国唐代怀海禅师制订的《百丈清规》，宋代的《禅苑清规》、元代的《敕修百丈清规》和《禅林备用清规》等传到高丽，高丽的僧人遂效仿中国禅门清规中的茶礼，建立了高丽的佛教茶礼。如流传至今的"八正禅茶礼"，它以茶礼为中心，以茶艺为辅助形式。

李朝时期，朝鲜茶文化吸收、消化中国茶文化之后，进入稳定的发展时期，饮茶之风更为盛行。始于新罗统一、兴于高丽时期的韩国茶礼，随着茶礼器具及技艺的发展，形式被固定下来，更趋完备。朝鲜王朝晚期，有丁若镛、崔怡、金正喜、草衣禅师等的热心维持，茶文化再度兴盛。

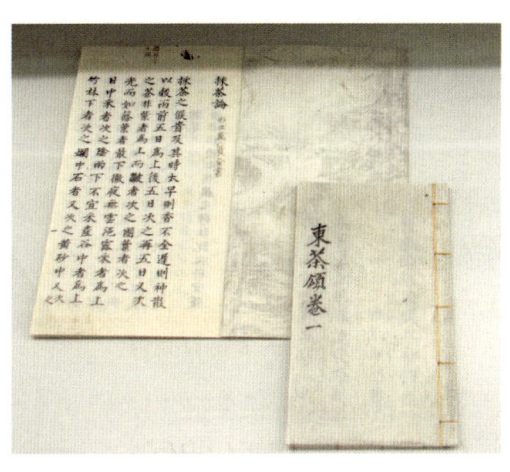

韩国有关茶的文献

草衣禅师张意恂（1786—1866）通过40年的茶生活，领悟了禅的玄妙和茶道的精神，著有《东茶颂》和《茶神传》，成为朝鲜茶道精神的总结者，被人们尊崇为朝鲜的"茶圣"。他还在山里建造了一座草屋名为"一枝庵"，专门用来招待客人喝茶品茗。"一枝庵"成了朝鲜近代茶礼的发祥地，受到后世茶人的景仰。后来朝鲜的茶礼归结为"清、敬、和、乐"四个字[1]。

3. 茶文化在日本的传播与"茶道"的形成

中国的饮茶之风是从唐代传入日本的。在这时，有许多日本的使臣、留学生和学问僧陆续来到中国，有的还在中国居留很长时间，与中国人朝夕相处，耳濡目染，也接触到茶叶和饮茶习俗。特别是在寺院里，饮茶已经成为一种很普遍的活动。所以，在中国寺院留学的日本学问僧们在回国时，就把中国的茶叶和茶文化也带了回去。

对发展日本种茶和饮茶风俗有重大贡献的，是入唐学问僧永忠、空海和最澄。经过他们的介绍，嵯峨天皇大力推广种茶、饮茶。在宫廷中，有专门的女官负责采茶、煎茶等事，程序十分考究。嵯峨天皇还写了好几首有关茶的汉诗，其中给空海的诗中说："香茶酌罢日云暮，稽首伤离望云烟。"他还在给皇太弟即后来的淳仁天皇的一首诗中写道："萧然幽兴处，院里满茶烟。"可见茶在当时已逐渐成为欣赏的对象。

由于嵯峨天皇和朝廷的提倡，在当时的日本宫廷贵族和寺院中，饮茶成风，为一时时尚。"9世纪初，茶作为一种先进的精神文化载体从中国传入日本，所以日本的上层人士一开始就以特别珍重的态度来对待茶。"[2]这一时期的茶文化，是以嵯峨天皇、永忠、最澄、空海为主体，以弘仁年间（810—824）为中心而展开的，这一时期成为日本古代茶文化的黄金时期，学术界称之为"弘仁茶风"。到平安时代晚期，饮茶的主要场所由皇亲贵族的殿堂移至寺院。寺院是文化的传播站，是贵族、文人交际聚会的场所。

宋时浙江的天台山饮茶之风盛行。天台山上的国清寺是中国佛教天台宗的发源地，也是日本天台宗的祖庭。寺中僧人崇尚饮茶，并且在寺院周围植茶极盛，国清寺内制订"茶礼"，并设"茶堂"，选派"茶头"，专承茶事活动，种茶、饮茶是僧人的必修课之一。日本入宋僧成寻、荣西、道元等人，都曾在天台山参禅学法，耳濡目染，所以也十分了解天台山的饮茶文化。

荣西曾两次到中国求法。他不仅拜师、参禅修行，还亲身体验了宋代吃茶风俗，对茶的药效深有感受。绍熙二年（1191），荣西归国时，带回一些茶种，他将茶籽播种在九州平户岛上的富春院后山上，至今那里仍留有一小块茶园，立有"荣西禅师遗迹之茶园"字样的石碑。同年，荣西又在离平户不远的东背振山的灵仙寺播种植茶，

---

[1] 一说和"和、敬、俭、真"四个字。
[2] 滕军：《中日茶文化交流史》，人民出版社2004年版，第38页。

不久繁衍了一山，出现了名为"石上苑"的茶园。至今，在其废墟上仍留有茶园，并有石碑注明，"日本最初之茶树栽培地"。1195年，荣西又在博多创建圣福寺，并在寺内植茶。至今，寺内仍留有茶园。

《吃茶养生记》为荣西晚年所作，该作得力于他在天台山万年寺获得的制茶、饮茶的体验。据《吾妻镜》记载，建保二年（1214），将军源实朝因昨夜饮酒过量感到周身不适，众人奔走操劳但无济于事。这时，正值荣西做法事来到将军府，得知这一消息后，立即派人从寿福寺取来茶，为将军点了一碗。将军饮后感到酒意驱散，精神爽快。将军问荣西："此为何物？"荣西答曰："茶。"同时向将军献上"所誉茶德之书"一卷。"所誉茶德之书"大概就是他撰写的《吃茶养生记》。

日本京都建仁寺为纪念荣西带回茶叶并推广的功绩而立的茶碑

荣西积极地宣传、推广种茶和吃茶，输入中国茶、茶具和点茶法，茶又风靡于僧界、贵族、武士阶级而及于平民，茶园不断扩充，名茶产地不断增加。荣西奠定了现今日本茶道的基础，因此被誉为"日本陆羽""日本茶祖"。而这位日本茶祖传播茶文化的根基，则是天台山及其寺院茶风。可以说，没有天台山的好茶，没有天台山庄严的寺院茶风和精深的佛教文化，就没有后来的日本茶道。

日本江户时代·《茶会图》

由于荣西等人的大力提倡，饮茶的风气先是流行于禅僧之间，后来，逐渐普及到民间。这个时期，日本的植茶也大大发展起来，兴起了以种茶和制瓷为主要内容的"茶业"。到镰仓后期，茶园的面积急剧增加，由寺院的茶园逐渐往四周拓展，从寺院的自给自足，进而作为商品广泛栽培，从而形成了许多有名的产茶区。

随着饮茶风习日盛，在日本禅僧和武士中逐渐形成和流行所谓"唐式茶会"。"唐式茶会"就是很多人会集喝茶，兼作种种余兴，也就是一种聚会、游乐和消遣的形式。

在茶会前冠以"唐式"二字，表示具有鲜明的中国趣味和禅宗风趣。"茶会的内容颇有中国趣味、禅宗风趣，因此，可能是最初由元僧从元朝传来日本，只流行在禅林中，不久便在与禅宗关系最深的武士社会中流行起来。"[1]而"唐式茶会"的流行，使得日本的食物的烹调、住宅的建筑、室内的装饰，乃至庭院的建筑艺术、戏剧等，都受到很大的影响。

唐式茶会的流行，对日本人的食物结构产生了很大影响。茶会中有一道程式是吃点心。"点心"原是禅家的用语，就是在两次饭食之间，为了安定心神所进的零星食品。茶会上用的点心品种十分丰富，主要包括各种羹汤、饼类、面类和水果。这些中国风味的食品，由去过中国的禅僧们传回日本，先是在禅林僧侣中普及，后来由僧侣传给武士，又从武士传到平民之中。由禅僧们传入日本的中国式食品和烹饪法，包括馒头、纳豆（即豆豉）、酱油、麸、豆腐、飞龙头（油炸豆腐块，中实切碎的胡萝卜等物）、汤叶（即豆腐皮）、蒟蒻（魔芋豆腐）、建长寺汁（读作"kenchan"，亦称纤卷汤）等等。日本人自古以大米及其他谷物为主食，从室町时代起才开始吃面食，这与禅宗文化和唐式茶会的影响有直接关系。

15世纪中叶，日本僧人村田珠光将来自中国的饮茶风习，发展成为"茶道"。村田珠光（1423—1502）是日本著名禅师一休大师的弟子。他取各种茶会之长，按照禅宗寺院简单朴实、沉稳寂静的饮茶方式，制订了"茶法"，并简化当时茶室的规划，改在小房间举行茶会，茶室陈设崇尚幽雅简朴，茶道所用茶具均为日本自造的陶瓷器。这个方式被称为"草庵茶道"。"草庵茶道"成为一种沏茶、品茶的庄重仪式，茶的民间化、茶与禅的结合、贵族茶与民间茶的结合，是茶道形成的三大关键性工作，通过村田珠光的一生实践得以完成，因而他被称为"茶道宗祖"。

后来，有"茶圣"之称的千利休（1522—1591）集茶道之大成，把茶道从单纯的风俗习惯，提高到艺术、哲理的境界，对茶道的发展作出了重大的贡献。他主张茶道是毕生修养的方法，规定了茶道的方式和要求，从而使茶道体现出日本民族的文化风格。茶道讲究"和、敬、清、寂"，是具有独特审美价值的日本文化精品，也可以说，是禅宗日本化之后开出的清香典雅的艺术奇葩。

这样，由中国传去的饮茶风习，就发展成为具有独特日本风格的一种生活艺术，成为日本传统文化的一个组成部分。

---

[1] ［日］木宫泰彦：《日中文化交流史》，商务印书馆1980年版，第503页。

4. 近代西方的茶叶贸易

　　大约在1606年，第一批茶叶运到荷兰，这被认为是茶叶第一次作为商品进口到欧洲。荷兰东印度公司的档案里有一封信，是该公司的职员威克汉（R.Wickham）于1615年6月27日在日本写给在澳门的同僚伊顿（Eaton）的，他在信中要"一包最醇正的茶叶"。这是荷兰有关茶的最早记录。到1637年的时候，茶叶已经被大规模地进口了。[1]

　　在整个17世纪和18世纪初，荷兰是欧洲国家中最大的茶叶贩运国和茶叶经销商，几乎独占长达80年之久的茶叶贸易。1651—1652年，阿姆斯特丹举办茶叶拍卖活动，使茶叶成为独立商品。阿姆斯特丹也因此成为欧洲的茶叶供应中心。

　　欧洲饮茶风在18世纪已很盛行，茶叶贸易的巨大利润吸引欧洲国家竞相加入茶叶贸易的行列。英国东印度公司是当时世界上最强大的跨国公司，从18世纪开始支配了世界的茶叶贸易。17世纪的时候，英国的茶叶进口量还不大。1664年，英国东印度公司下了第一笔关于茶叶的订单，从爪哇运回100磅（1磅≈0.45千克）中国茶叶。而到了1678年，增长到4713磅，以后逐年大幅度增长。在18世纪70年代，英国合法茶叶每年的消费量是400万~500万磅，每年走私茶叶的总量在400万~750万磅左右。在1790—1800年这10年间，英国东印度公司从中国进口的茶叶总量为288826616磅。到了19世纪，英国的茶叶进口量又有了惊人的增长。1830年是3000万磅，在1879年则上升到1.36亿磅。

　　英国东印度公司完全依靠茶叶得到迅速发展。在它的全盛时期，它掌握着中国茶叶贸易的专卖权，操纵着茶叶买卖，限制茶叶输入英国的数量，控制着茶叶的价格，垄断了茶叶的国际市场。英国东印度公司不仅造就了世界上最大的茶叶专卖制度，也是茶叶宣传最早的原动力。宣传的结果是促成了英国的饮料革命，使英国人放弃咖啡而变成嗜好饮茶。

　　通过茶叶贸易，东印度公司以及后来的各大商行赚取了巨额利润，英国政府也

清·外销画《中国的茶叶贸易》

---

[1] 参见[法]亨利·柯蒂埃：《18世纪法国视野里的中国》，上海书店出版社2006年版，第19—20页。

从中获得了巨额税收。茶叶进口税成为英国财政收入很重要的一部分。在东印度公司垄断的最后几年，茶叶带给英国国库的税收平均每年达到330万镑，占国库总收入的1/10左右。因此，茶叶被称为"绿色黄金"，茶叶贸易"开始了欧洲贸易史的新篇章"。

进口到各东印度公司所在国的茶叶，并非仅限于其本土的消费，还要流通到西北欧国家乃至它们在美洲的殖民地。因此，在有的城市里形成了一定规模的国际茶叶市场。伦敦是全世界最大的茶叶消费与专卖市场，从1679年开始举行茶叶拍卖，直到1998年6月29日举行最后一次拍卖，伦敦的茶叶拍卖市场共计存在了319年。

法国历史学家布罗代尔认为，在工业成为"资本主义"的理想活动场所之前，远程贸易以其不确定的高利润率和集中性等特点，成为资本主义"自己的家"。因此，正是香料、胡椒、咖啡、茶叶等在人类经济生活中显得微不足道的"小"东西，为欧洲资本主义、全球贸易和经济体系的早期发展奠定了基础。中国人发现和生产的茶叶，就这样参与了早期资本主义发展的进程，参与了近代西方文明发展的历史。

5. 茶叶改变生活

持续了3个多世纪的茶叶贸易，把数量巨大的中国茶叶运抵欧洲，为那些从事这种远程贸易的欧洲各国东印度公司以及其他商人创造了超额的巨大利润，积累了前所未有的财富。正如上面引证布罗代尔所说的那样，成为资本主义"自己的家"，为以后近代资本主义的发展奠定了雄厚的基础。

但是，从事这种远程贸易，首先是在中国有巨大的货源。同时，还要有广泛的市场需求，即茶叶要成为深入欧洲

约1727年·英国油画《喝茶的家庭》

人日常生活中一种普遍的消费需求。这就是说，近代西方大规模的茶叶贸易是以欧洲人普遍流行饮茶为基础的。饮茶，不仅是消费一种饮料，还是一种生活方式，成为一种普遍流行的民间文化。从这个意义上说，近代西方大规模的茶叶贸易，正是中华文化传播的一种特殊方式和渠道。但是，正如布罗代尔所说的："茶传入欧洲的过程既

第六章 中国丝、茶、瓷——主导丝绸之路的中国元素

漫长又艰难：必须输入茶叶、茶壶、瓷质茶杯，然后引入对这一异国饮料的嗜好。"[1]

在欧洲最早开始饮茶的是荷兰人，时间大约是在17世纪初。茶叶在欧洲最初不是被当作饮料，而是被视为药物放在药店出售，药师会在茶叶中加上珍贵药材。例如糖、姜、香料，使之成为当时的成药，茶的价格也相当昂贵。到17世纪后半期，茶叶已经成为荷兰食品杂货店中的商品，而且价格不贵，贫穷的人也可以随时买得到、买得起，因而流行起来了。很多人家专辟茶室品茗啜茶，将此当作一种高尚的消遣。

荷兰开始流行饮茶之后不久，这种饮料就传到了邻国。1650年，法国宫廷的首席大臣马扎林主教（Cardinal Mazarin）开始养成饮茶的习惯。于是，饮茶在法国流行起来。法国国王路易十四从1665年开始喝茶，他以为喝茶有助于缓解痛风的病情。更有趣的是，他听说中国人和日本人从来不曾罹患心脏病。

几经宣传和实践，激发了法国人对中国茶的向往和追求，使饮茶从法国皇室贵族逐渐普及民间，成为人们日常生活和社交不可或缺的一部分。有人评论说，中国茶叶在巴黎所受的欢迎程度，就好比西班牙人爱好巧克力的情况一样。

约1793年·英国油画《贫穷妇人在备茶》

在欧洲最流行饮茶的是英国。前文指出，从事茶叶贸易最突出的是英国的东印度公司。他们控制了全球茶叶贸易的形势，从中获取了空前的高额利润。也正是因为东印度公司的大力宣传和推广，饮茶习俗在英国广泛流行开来，创造了"下午茶"这种独特的英国茶文化。

英国流行饮茶与查理二世国王的凯瑟琳王妃有很大关系。凯瑟琳（Catherine of Braganza，1638—1705）是西班牙国王胡安四世的女儿。1662年，她嫁给了查理二世。在她的嫁妆中，有一箱茶叶。她使饮茶成为英国宫廷的时尚，时常在宫廷里举行茶会。不久，饮茶习惯从宫廷传播到整个英国上流社会。

17世纪后期以后，饮茶习俗已经在英国社会各阶层中普遍流行了。而到了18世

---

[1] [法]布罗代尔：《15至18世纪的物质文明、经济和资本主义》第1卷，三联书店1992年版，第291页。

纪，伦敦的咖啡馆实际上成了茶馆。据说，在1700年的时候，伦敦就有超过500家的咖啡店卖茶。而在18世纪上半叶，伦敦大约有2500家咖啡馆卖茶和提供饮茶服务，茶成为英国全民共饮的大众饮料。

饮茶习俗的形成也带动了中国瓷器的流行。当饮茶成为时尚的时候，饮茶所用的瓷器也就成了一种时尚的必需品。当时的一位英国作家描绘说，中国的瓷制茶具成了"每一位时髦女士的必须之收藏"。"下午茶"的出现更促进了人们在茶具上的追求和爱好。无论是穷人还是富人，他们都想要至少一套精美的瓷器茶具。

18世纪以后，在英国的任何家庭，"无论是在家里还是在家外，茶叶都已成为英国人生活方式的一部分"。[1] 饮茶成为英国社会最根深蒂固的一种生活习惯。饮茶已经不仅仅是上层社会的雅好，也是普通百姓日常生活的一部分。"全城的人都最喜爱喝红茶，不论人们穿的是衣衫褴褛还是光鲜艳丽，都喜欢这美味的饮品，不管他们的阶层差异，他们都会因为生活中有红茶而幸福快乐。"[2]

不仅如此，茶叶对于提高和改变人的身体素质还起到了重要的作用。很多学者指出，在17—18世纪生活和医疗水平有限的情况下，英国人的身体素质的提高和因传染病死亡人数的减少，与养成良好的饮茶习惯有莫大关系。甚至可以说，饮茶是一个至关重要的因素。有的学者研究指出，饮茶的普及还使英国的文明程度显著提升，甚至改变了英国人的民族性格。英国人在知道饮茶之前，少数上层人家可以享用咖啡、可可等饮料，多数人主要饮用杜松子酒、啤酒等，经常饮用这些带酒精的饮料，使许多男人养成了好斗的性格，举止粗鲁。习惯饮茶之后，英国人的性格气质逐渐从好战、寻衅转变为较为温和、较少的暴力倾向，"养成彬彬君子之风"，即"绅士风度"。

饮茶还改变了英国人的生活节奏和饮食结构。原来中上等人家的早餐要吃很多肉并伴之以啤酒，而今改变为吃少量的肉，伴之以面包、糕点和热饮，尤其是茶；以前

饮茶成为英国人日常生活中不可缺少的内容[3]

---

[1] [英]罗伊·莫克塞姆：《茶：嗜好、开拓与帝国》，三联书店2010年版，第189页。

[2] [英]简·佩蒂格鲁：《茶设计》，山东画报出版社2013年版，第122页。

[3] [英]休·昂纳：《中国风：遗失在西方800年的中国元素》，刘爱英、秦红译，北京大学出版社2017年版。

晚餐较早，而今加入了富有诗意和民族特色的"下午茶"（下午四五点钟），晚饭一般推迟到七八点钟。

英国贵族赋予茶以优雅的形象及丰富华美的品饮方式，下午茶更被视为社交的入门、时尚的象征，是英国人招待朋友、开办沙龙的最佳形式。特别是对于女士来说，更是她们日常生活中不可缺少的部分。

下午茶的发展也受到了英国传统文化的影响，在以严谨的礼仪要求著称的英国，下午茶逐渐形成了各式各样的礼节要求与习惯。并成为英国上流社会中每日必不可少的环节之一。英国学者艾伦·麦克法兰（Alan Macfarlane）在其专著《绿金：茶叶帝国》中指出，英国下午茶发展成为一种类似日本茶道的仪式，并成为本民族的生活习惯和文化的不可分割的一部分。他认为，对茶叶的礼赞怎么高也不过分，甚至可以说："茶叶改变了一切"。

6. 欧洲人的茶叶移植和生产

欧洲人在大量引进中国茶叶的同时，也开始考虑引进茶树和茶种，希望移植这种植物。但是，中国茶树的移植是一个历史漫长并且是由多数人参与的过程。据说，有一位修士从中国将茶树带到法国的马提尼克岛，待到发芽、开花，才知道它不是真正的茶树，而是与茶树同宗同类的山茶花。在17世纪的时候，荷兰人就从日本带了一些茶树到荷兰。但是，这些被带到欧洲的茶树好像没有栽培成功。

瑞典植物学家林奈（Carl von Linné，1707—1778）的学生奥斯贝克（Pehr Osbeck）于1750年作为瑞典东印度公司商船的随船牧师前往中国。在中国逗留期间，他广泛考察了中国的植物，其中包括对茶叶及茶树的考察研究。奥斯贝克在其所著《中国和东印度群岛旅行记》中，对中国的茶叶生产和制作做了比较详细的介绍。在此之前，已经有许多传教士及其他旅行者对中国的茶叶做过介绍，但都是集中在介绍中国人的饮茶习惯和喝茶的功效方面，还没有人注意到茶叶的采摘、制作乃至包装运输的全过程。奥斯贝克则更侧重在这些以前不为人所注意的方面。他说，茶叶根据不同的生长地有许多不同的名字，制作的方法也不尽相同。奥斯贝克在中国收集到一棵茶树，但却在回程的途中丢失了。

1763年，林奈最终获得了一棵茶树，这是欧洲的第一棵茶树。当时来华的欧洲传教士们也参与了引进茶树的过程，因为他们可以深入中国，直接从茶农手里购买茶种。传教士李明（Louis le Comte，1655—1728）、殷宏绪（Pierre d'Entrecolles）、利安国（Jean Laureati，1661—1727），都曾应邀向法国寄送过茶种。

1793年，英国使臣马嘎尔尼勋爵（George Macartney，1737—1806）访问北京，回国时，被允许带走一些茶树种子和茶树。1816年，阿美士德勋爵（William Pitt Amherst，1st Earl Amherst，1773—1857）带领一个使团到北京，也带回了一些茶树和茶树种子。

1827年，荷兰人雅各布松（Jacobson）移居雅加达，从中国携带回茶叶种苗和15名茶叶种植专家，在爪哇开辟了茶叶种植园。从1835年起，爪哇首次装200箱茶叶外销。

1834年，英国成立了一个茶叶委员会，负责调查引进中国茶树和茶树种子的可能性，并在印度选择适合种植中国茶树的地区，开展试验性种植。他们派委员会的一位成员戈登（C.J.Gordon）到中国收集茶树和茶树种子，招募茶叶种植和加工的专家。戈登则从中国送回8万颗种子，它们在加尔各答的植物园发了芽。戈登多次到中国来，在以后许多年，大量的中国茶树种子被戈登和其他人送往印度。一些中国的制茶工匠也来到印度加工茶叶。

1848年，英国东印度公司派遣植物标本采集专家罗伯特·福琼（Robert Fortune，1812—1890）到中国寻找优良的茶树品种。福琼的中国之行为把中国的植茶技术引入印度起到了重要的作用。福琼先后四次到中国，到了中国的很多地方，如徽州、婺源、余姚、宁波、金塘等地，考察茶叶生产，寻找最优良的茶树品种和各种植物。他对所到之处的气候、土壤、植物，以及茶叶的采摘和加工都做了详细的记录。1851年2月，他往印度送回了2万株茶树茶苗，17千克茶种，1.7万棵茶树幼苗，用四艘不同的船运送，以确保至少有一些能够安全到达。他还招募了八名有经验的茶叶专家，购买了大量的茶叶加工设备。这些茶树被成功地移栽在印度的种植园里，并由那些中国种茶专家生产出优质的茶叶。从此在印度种茶成功。

英国殖民者在印度建立茶园后，又在锡兰建立了茶园。1841年，莫里斯·沃尔姆（Maurice Worms）从中国引入茶树苗，将布塞拉瓦（Poussellawa）附近的庞大种植园改造为茶叶种植园，从而改变了锡兰的经济结构。

以后茶叶又陆续被移栽到其他地区，世界上的许多地方开始栽种茶树和生产茶叶。

三、瓷器及制瓷技术的传播

1. 独步天下的瓷器

瓷器是中国人的伟大发明，是中华文化发展历史进程中产生的最重要的物质文化成果之一。瓷器的发明及其千余年的发展进程，处处体现着由中华文化所孕育的中国

第六章 中国丝、茶、瓷——主导丝绸之路的中国元素

清·康熙缠枝牡丹纹瓜棱将军罐（德国德累斯顿茨温格尔宫博物馆藏）

人的创造智慧和开拓精神。

各民族在其文化产生的初期，都发展具有各自特色的陶器，但瓷器是在中国出现的特产，是中华民族的一个重要的创造。瓷器是由高岭土、长石和石英等作为原料，经过混合、成形和烧制等步骤而制成的成品。瓷器的发明，凝聚着中华民族的智慧和探索精神。瓷器的烧成需要较高的温度，需要有设计周密、保温条件好的窑炉，还要有燃烧强度很高的燃料，要善于拣选瓷土原料和掌握釉的配制技术。这些原理是由中国人首先发现和掌握的。

景德镇的瓷器窑场

瓷器的发展有一个由低到高、由简到繁的发展过程。原始瓷器是从陶器发展而来的，最早见于郑州二里岗商代遗址。到东汉时代，出现了完全意义上所说的瓷器，正式拉开了中国瓷器生产的"大幕"。据专家考证，青瓷最早产于浙江的绍兴、上虞一带；白瓷据现有资料证实，最早是北齐武平六年（575）范粹墓出土的一批白瓷。早期瓷器以青瓷为主，隋唐时代发展成青瓷、白瓷等以单色釉为主的两大瓷系。唐代瓷器的改进，标志着瓷器已从陶器中分化出来，成为独立的手工业部门。当时瓷窑几乎遍布全国各地，北起河北、陕

西，南至广东、福建、江西，到处都有瓷窑。五代时，瓷器制作工艺有很大提高，南瓷系统以越窑"秘色瓷器"著名，吴越国贡品秘色瓷成为当时的佳品。周世宗在北方郑州还特设了柴窑，传说世宗要求柴窑生产瓷器"薄如纸、明如镜、声如磬，雨过天青云破处，这般颜色做将来"。宋代瓷器以各色单彩釉为特长，釉面能作冰裂纹，并能烧制窑变色及两面彩、釉里青、釉里红等。宋代的瓷器可以说在形态、色彩、纹理乃至光亮的表现上，都达到了科学技术与工艺美术的高峰。宋代的"五大名窑"即定窑、汝窑、官窑、哥窑、钧窑，正是其中杰出的代表。而景德镇因宋真宗景德年间（1004—1007）为宫廷生产瓷器而得名，所制瓷器质尚薄，色白如玉，善做玲珑花，北宋乃至明代，景德镇瓷器成为瓷业的中心，各种釉色和彩绘瓷器不断创新。元代瓷器盛行印花瓷及五彩戗金。明代流行"白地青花瓷"，青瓷有"影青"，瓷质极薄，暗雕龙花，表里可以映见，花纹微现青色。又有"霁红瓷"，以瓷色如雨后霁色而得名。窑变色从一种彩发展为窑变红、窑变绿、窑变紫三种彩。清代生产"彩瓷"，图样新颖，瓷色华贵，以"珐琅瓷""粉彩"杰出，又有"天青釉"，仿拟五代柴窑瓷色，还有霁红瓷和霁青瓷等。

"碗礁一号"出水的景德镇青花瓷器

中国的瓷器独步天下。瓷器是一种综合表现中华文化的特殊物质形态，在历史上与中华文化有着千丝万缕的联系。作为一种物质文化成果，它是古代中国人贡献给人类的一项伟大发明，体现着中华民族的创造智慧和科技水平。同时，它又是一种综合的艺术，成为许多文化形式的物质载体，体现了中华文化的精神蕴涵和艺术意境，体现了中国人对美的感受、趣味和创意。

因此，当瓷器大量外销，传播到世界各地的时候，不仅给各国人民提供了一种方便适宜的生活用具，而且也向他们展示了中华文化的风采和光辉。正如美国学者罗伯特·芬雷（Robert Finlay）所指出的："一千多年之间，瓷器是全世界最受喜爱、歆羡，也是最被广泛模仿的产品。从7世纪瓷器发明问世以来，它始终居于文化交流的核心。在欧亚大陆，瓷器是一大物质媒介，跨越遥远的距离，促成艺术象征、主题、图案的同化与传布。"[1]

2. 外销瓷

瓷器的外销大约是在唐代开始的。至迟从9世纪下半期，我国的瓷器就已输出国外。起初也许还不是有意识地向海外开拓市场，也有可能是作为唐王朝赠送给各国的礼品。但却为以后中国瓷器的大量外销开拓了先路。

瓷器作为一种新型的生活日用品一经出现在世界上，即引起了各国人民的兴趣与惊异。唐代来华的各国使臣、游客和商人把它们作为极其珍贵的宝物带回去，从此唐代瓷器在国际上扩大了影响和市场。来往于东西方海路的各国商船和经过丝绸之路的陆上商队，都把瓷器作为一种珍稀商品运销各地。"唐代越窑青瓷、邢窑白瓷、唐三彩是最早销往海外的陶瓷器，晚唐、五代时湖南长沙窑为适应外销需求迅速崛起，北方定窑也随着邢窑的衰落而逐渐兴起。根据国外考古资料证实，越窑青瓷、定窑白瓷及长沙窑瓷器，是晚唐、五代时期我国瓷器外销的主要品种。从目前考古资料看，世界上许多国家和地区都发现过唐、五代时期的瓷器。"[2]

宋元时代是我国外销瓷最旺盛的时期之一。由于海外贸易的发达，瓷器在宋代大量外销，成为宋代中国出口物产中的大宗产品。有元一代，中外交通大开，海外贸易兴盛发达，元代瓷器的外销大大超过了宋代。元代输出的瓷器主要是东南沿海地区瓷窑烧制的，除浙江龙泉窑青瓷、江西景德镇的青白瓷外，浙江、福建地区大量瓷窑烧造的仿龙泉瓷与青白瓷器也占有很大比重。元代后期，景德镇青花瓷器也输往海外。这种新产品在14世纪已首先用来满足国外的需要，风行伊斯兰国家。

古陶瓷学家叶喆民指出："元代陶瓷器的大量输出，在沟通中外文化交流方面也起到了一定促进作用：不仅传播了我国的陶瓷装饰艺术，而且对外国的民俗习惯也有所影响。例如，在信奉伊斯兰教的中西亚地区，人们将青花瓷奉为神器。他们相信青花瓷有预防食物中毒的功能，若食物中放有毒药，青花瓷就会改变颜色。在西亚国王的宫殿内，成千上万件青花瓷堆放在地上，悬挂在墙上或摆存在柜里。在东南亚和非洲一些国家，甚至用青花瓷装饰城门、墓壁以及墓柱。在东南亚地区，青花瓷也是人们用来作为随葬的主要物品，在墓葬中常常成套出土。可见，国外人

---

[1] ［美］罗伯特·芬雷：《青花瓷的故事》，台湾猫头鹰出版社2011年版，第21页。
[2] 叶喆民：《中国陶瓷史》，三联书店2006年版，第215页。

对青花瓷的崇拜程度。"[1]

　　明代是中国瓷器对外输出的一个高潮时期。明代早期，瓷器大量输出与郑和下西洋的远航有很大的关系。郑和历次下西洋前采办的物资中，瓷器是不可缺少的出口货。其中，尤以青花瓷为重。据记载，郑和第七次出航时，宫廷向景德镇派烧44万多件瓷器，烧造工作多由宦官监领。据随同郑和出航的费信所著《星槎胜览》和马欢所著《瀛涯胜览》记载，当时，中国的青瓷和青花瓷器在国外很受欢迎，郑和船队与许多国家的贸易，都是以瓷器为主的交易。据现代考古发掘证明，凡是郑和船队所到国家，都有明初青花瓷或残片出土。中国瓷器随着郑和下西洋的舟楫所及，几乎行销到南亚、东南亚的广大地区。自郑和下西洋之后，海外陶瓷贸易达到了一个新的高度。

清道光广彩蟠桃盛宴图椭圆盘

　　明代中期以后，特别是成化（1465—1487）、正德（1506—1521）至嘉靖年间（1522—1566），我国民间的海外贸易有了很大发展，瓷器的外销数量也随之扩大。有不少外国商人到中国收购、订制中国瓷器，而且数量巨大。

　　清代前期，中国瓷器已风行世界各地，国外对中国瓷器的需求量巨大。当时外销瓷的主要市场有朝鲜、日本，以及东南亚诸国和欧洲，特别是欧洲市场。从16世纪初开始，欧洲各国掀起了大规模的远洋贸易，直到18世纪前期，欧洲的英国、法国、荷兰、丹麦、瑞典等国家，被允许在广州设置贸易机构，使中国瓷器在欧洲的销售量达到历史上的高峰。持续了三个世纪的欧洲各国东印度公司的瓷器贸易，把数以亿计的巨量中国瓷器源源不断地销往欧洲各国，对欧洲人的日常生活和艺术风格都产生了深远的影响。

3. 瓷器与制瓷技术在朝鲜半岛的传播

　　中国瓷器很早就传入了朝鲜半岛。目前，发现实物较早的是在韩国忠清南道出土的晋代天鸡壶、四系壶等越窑瓷器。[2] 在韩国还曾发现唐代长沙窑的青釉褐彩贴花壶，

1　叶喆民：《中国陶瓷史》，三联书店2006年版，第472—473页。
2　李毅华、陈定荣：《越窑青瓷与人类文明》，《中国古陶瓷研究》第3辑，紫禁城出版社1990年版，第31页。

壶上有"卞家小口,天下有名"字样,是典型的长沙窑器物。[1] 1973年,在庆州市朝阳洞野山麓出土了一件唐三彩三足罐。在庆州雁鸭池太子宫遗址,发掘出土了一些唐代越窑青瓷和邢窑白瓷玉璧底碗的残片。海州龙媒岛出土长沙窑贴花人物褐斑壶3件。其中,2件釉下彩于壶柄下右侧各有铭文8个字,一件书"郑家小口天下有名",一件书"卞家小口天下第一"。

宋代中朝之间的民间贸易十分发达,宋商到高丽进行贸易,多携带瓷器。在海州所属的龙媒岛、开城附近及江原道的春川邑等地区,都有宋代瓷器出土。其中,有不少名窑的瓷器精品,如磁州窑白地黑花瓶、耀州窑刻花注碗、临汝窑印花碗、龙泉窑碗、青釉刻花蓖划纹碗及景德镇青白瓷等窑瓷器。其中,以青白瓷数量较多。[2]

韩国新安沉船出水的元代龙泉青瓷

唐三彩传入朝鲜半岛后,对当地的制陶业产生了很大影响,因而出现了"新罗三彩"。"据传新罗三彩是被请到新罗首都的唐朝工匠指导新罗匠人制作的,因此在风格上更多地融入了本民族的特色"。[3]

韩国学者郑良谟指出:"到9世纪初,晚唐的陶瓷及其技术通过海路大量地传入韩国西海岸一带及南海岸的局部地区。""通过张保皋等人从中国浙江地区引进瓷器(以青瓷为主,也有一些黑瓷和白瓷)及其技术,最晚在9世纪后期左右,新罗开始生产瓷器,其窑址在西南海岸一带就有近10个。"[4]

此后,中国的制瓷技术大规模传入朝鲜,并在当地产生很大影响。从朝鲜半岛出土及传世瓷器中,可以看到越窑、汝窑、定窑、磁州窑都给高丽王朝以较大影响。正是在中国瓷器的直接影响下,朝鲜才发展起自己的制瓷业。9世纪后期到11世纪,是朝鲜模仿中国瓷器的时代,这一时期模仿的品种主要是越窑和邢窑的产品,之后又仿龙泉窑、耀州窑、磁州窑等。之后,高丽瓷全力模仿中国汝窑的天青色釉,并逐渐从

---

1 中国硅酸盐学会:《中国陶瓷史》,文物出版社1982年版,第224页。
2 中国硅酸盐学会:《中国古陶瓷论文集》,文物出版社1982年版,第208—209页。
3 叶喆民:《中国陶瓷史》,三联书店2006年版,第221页。
4 [韩]郑良谟:《高丽青瓷》,文物出版社2000年版,第11、12页。

韩国烧制瓷器的龙窑模型（韩国京畿道博物馆）

模仿过渡到本土化。传说最早的时候，高丽陶工是在中国陶工指导下，开始生产青瓷。这些中国陶工来自中国杭州的越窑，他们教给高丽陶工如何有效率地造窑，以及精准地控制窑火的技术。实际上，高丽青瓷窑炉为全盘移植越窑的龙窑结构，其装烧工艺、产品造型和花样纹饰等，都受到越窑的影响。

约在12世纪初，可能是受到镶嵌漆器的启发，出现了镶嵌青瓷。镶嵌青瓷纹饰的题材，多受佛教影响，有野趣浓厚的野菊、云鹤、蒲柳、水禽等。除纯青瓷、镶嵌青瓷外，还有堆花纹青瓷、画青瓷、辰砂青瓷、画金青瓷等，达到高丽青瓷最辉煌的时期。12世纪的青瓷铁绣花已经具有鲜明的高丽风格，装饰图案多是牡丹、菊花、花树、蔓草、杨柳等。这种装饰图样最初与宋代磁州窑铁绣花极为相似，后来逐渐变得线条简略，形成自己的民族特点，俗称"绘高丽"。"'绘高丽'与宋代广州西村古窑的青瓷铁绣花非常近似，也许是广州青瓷铁绣花的技术传至浙江，再传至高丽，从而产生'绘高丽'的形式。""'绘高丽'是在宋瓷基础上发展而成，

12世纪·高丽青瓷瓜棱花口瓶
（美国波士顿艺术博物馆藏）

第六章 中国丝、茶、瓷主导丝绸之路的中国元素

却有高丽的独特性。"[1] 到12世纪上半叶,"绘高丽"的造型和装饰已经变得极为规整精巧。

高丽青瓷传世的完整器皿不少,造型规整,设计奇巧,制作工艺高超,其中有仿汝窑形制的盏托、注碗与盘等器物。高丽青瓷的主要窑址在全罗南道的康津郡和全罗北道的扶安郡。在这两地曾发现成百的从初创期到末期的各种青瓷碎片的堆积层。朝鲜的峰泉圆山里窑址,与越窑的炉在长短、结构和宽度等方面都十分相似。

12世纪·高丽白瓷牡丹纹梅瓶

据目前所发现的文献资料,在朝鲜半岛出现的青花瓷应不晚于14世纪中期的李朝早期。李朝皇家用瓷中已有本国官窑烧造的青花瓷,但其制品全面模仿明初青花瓷的造型和装饰,所用青料也来自中国。李朝早期青花瓷的纹样中还有中国传统题材,如龙、鱼等寓意富贵吉祥的图案,由此可见,其受中国传统文化影响之深。15世纪后半叶,李朝官窑青花器逐渐表现出独特的风格,但松、竹、梅等中国传统题材仍然是这一时期青花瓷的主要表现对象。17—18世纪时的李朝青花瓷已表现出鲜明的民族情调,器物造型多带棱角,口沿薄巧,青花色调淡雅,绘画运笔轻盈,画面凝练集中,留有较多的空白,散发出一种朴素、飘逸的诗意,但其画面内容依然蕴含着浓郁的中华情结,梅兰菊竹、潇湘八景、高士、鱼隐等中国青花瓷上常见的题材,依然是这一时期李朝青花瓷画面的主题,并且经常采用中国陶瓷装饰中习见的"开窗"样式。

4. 瓷器与制瓷技术在日本的传播

在中日交往的初期,中国的陶器和制陶技术就传到了日本。日本雄略天

---

[1] 陈进海:《世界陶瓷——人类不同文明和多元文化在交融中延异的土与火的艺术》第2卷,万卷出版公司2006年版,第398页。

唐三彩钱纹鞍马
(日本天理大学附属天理参考馆藏)

丝绸之路上的物质文化交流

日本博多遗迹出土的南宋中期的龙泉青瓷

皇七年（463），日本派人到百济招募汉人工匠（"新汉人"）。这次来日本的汉人至少有8个"部"。其中陶部是制作陶器的手工业技术集团。他们带来新的制陶技术，生产一种灰色无釉陶器，被称为"须惠陶器"，后来，这种技术传播到日本各地。须惠陶器是百济和新罗的陶工向日本陶工传授的技术，所以器型、技法和制作风格与朝鲜三国时代的百济、新罗器物相似。在须惠陶器的发展过程中，也可见中国的灰陶及黑陶的影响。

唐代中日两国往来频繁，因而可能有许多陶瓷制品通过馈赠、往来人员携带，以及商贸等方式运往日本。在日本曾有大量唐代瓷器或瓷器碎片出土。福冈市博多津太宰府鸿胪馆遗址，是日本平安时代中国输入品登陆港口的贸易会馆，遗址出土的陶瓷残片2500余片。其中，有晚唐和五代的越窑、长沙窑、定窑、邢窑的产品。日本出土最多的唐代中国瓷器是越窑产品，全国有50余处遗址，均出土了越窑瓷器，碎片达3000余片，造型有碗、碟、盒子、唾盂、水注、盏托等。[1]

宋代中日之间的民间贸易十分发达，销往日本的中国瓷器数量颇大。日本学者木宫泰彦在《日中文化交流史》中说："当时宋商运来的贸易品是些什么虽不甚详，但主

唐三彩印花凤首壶
（日本兵库县白鹤美术馆藏）

---

[1] 中国硅酸盐学会：《中国陶瓷史》，文物出版社1982年版，第224—225页。杨静荣、杨永善：《中国的陶瓷》，人民出版社1990年版，第198—199页。

第六章 中国丝、茶、瓷——主导丝绸之路的中国元素

日本画《烧窑图》

要可能是锦、绫、香药、茶碗、文具等物。成寻入宋在应对宋神宗问到日本需要何种中国货物时,答称香药、茶碗、锦、苏芳。"[1] 由此可见,瓷器是宋代输往日本的主要物产之一。

元代瓷器也曾输往日本。明代输往日本的瓷器,数量更多。明末天启年间(1621—1627)和崇祯年间(1628—1644)日本向中国订货的"古染"等瓷器,至今留有大量传世品。到江户时代的长崎贸易,中国商船所载货物,瓷器仍然为大宗。

中国的制造陶瓷工艺和技术很早就传入日本。在唐代的时候,唐三彩传入日本后,奈良宫廷就研究唐三彩的制造方法,使用与唐三彩基本相同的工艺,烧造成了造型和釉色方面都酷似唐三彩的陶器,称为"奈良三彩"。三彩陶器藏品最丰富的是集中在奈良正仓院的57件作品,被称为"正仓院三彩"。根据考古资料,有学者推测,可能是在第七、第八次遣唐使之后,从长安、洛阳等地携回了唐三彩的器物和烧制技术,促使了奈良三彩的产生。据专家分析,很可能在唐三彩器物传到日本的时候,也有中国陶工去日本传授烧造三彩的工艺,或者是有日本工匠来中国学习技艺。

---

1 [日]木官泰彦:《日中文化交流史》,商务印书馆1980年版,第247页。

不过，虽然奈良三彩基本上是仿造唐三彩，但在胎质、釉色和造型等方面，仍然有差异，具有一些自己的特色。绚烂艳丽的唐三彩流露出不加掩饰的热烈奔放的大唐气度，而奈良三彩在追求高贵华美的同时，却又显得含蓄内敛，从而形成浓郁的日本风格，表现出日本陶工在模仿过程中的自主创新。

宋代是中国陶瓷技术发展的高峰时期，其技术和工艺也传到日本。1224年，日本人加藤四郎左卫门（加藤景正）因感到本国"土器"之"巧不如殊邦"，便随日僧道元入宋，到浙江天目山，道元从师于如净禅师习禅，加藤四郎则到当地的窑厂学习制造陶瓷技术。这个窑厂可能是兴盛于东晋和南朝初期，此后渐趋衰落的以黑瓷生产为特色的德清窑。6年后道元和加藤四郎回国，"道元带回日本茶道文化，加藤四郎则带回先进的陶瓷技艺。于是，茶道和茶陶一起传入日本本土。"[1] 加藤四郎在尾张的濑户开窑。他烧制的陶器，在茶褐色的底上施黄釉，创制了具有中国宋代风格的"濑户烧"，"为日本制陶技术开辟了新纪元"。[2] 加藤四郎左卫门因此被奉为日本"陶瓷之祖"。室町时代，除了濑户以外，信乐、常滑、丹波、备前、越前等地，也能制造陶器，被称作日本的"六大古窑"。

进入16世纪，随着饮茶习俗的普及，中国式陶瓷器日益为人喜爱，需求量大增，甚至在统治阶级中出现了以收藏名贵茶器为荣的风气。因此，日本一方面不断从中国大量输入瓷器，另一方面，也开始试制新瓷器，出现了大量日本自制的青花瓷器。中国的青花瓷对日本大规模自制青花瓷器有十分重要的影响。日本人伊滕五良大辅在明正德年间（1506—1521），随日本的僧人了庵、桂悟来到中国。伊滕五良大辅在景德镇学习制瓷技术，他在景德镇住了5年，学习了全套青花瓷的制瓷技术，并在景德镇亲手制作了上万件瓷品，于正德十年（1515）回国，同时带回去了大量瓷土和釉料。回国后，他在肥前的伊万里开窑，把中国的青花制瓷技术带到了日本，开始了日本青花瓷器的制作历史，被日本人尊称为"瓷圣"。

1616年，流寓日本的朝鲜陶工李参平在有田町的泉山发现瓷石，日本第一次成功烧制出胎质坚硬、洁白且有透明性的瓷器。从此，日本将制陶业改为制瓷业，开始生产日本最早的白瓷，称为"有田烧"，日本的陶瓷业由此发展起来。有田瓷器成为日本瓷器的鼻祖，李参平也被尊为"陶祖"。

到了江户初期的宽永年间（1624—1643），有田的柿右卫门和丰岛左卫门从经常

---

[1] 陈进海：《世界陶瓷——人类不同文明和多元文化在交融中延异的土与火的艺术》第3卷，万卷出版公司2006年版，第421页。

[2] ［日］木宫泰彦：《日中文化交流史》，商务印书馆1980年版，第387页。

出入长崎的商人那里得到了中国赤绘的调色法，在吸取中国制瓷经验的基础上，烧制成红、黄、绿三色花纹的瓷器。这种"赤绘技术"更加带动了"有田烧"的发展。由于"有田烧"瓷器从有田北面15千米的伊万里港装船运出，故通称为"伊万里烧"。江户中期以后，"伊万里烧"色彩更加绚丽，成为日本瓷器的代表作。[1]

5. 瓷器与制瓷技术在东南亚的传播

东南亚地区是中国古代外销瓷的主要传统市场之一。中国瓷器是从唐代末年开始输入东南亚地区的。宋、元两代，中国瓷器开始大量销往东南亚地区，至明清之际，连续不断，日益增多。在考古工作中，东南亚各国都有大量的中国各代瓷器被发现，即为中国瓷器在那里流传的历史物证。

中国的制瓷技术和工艺也随之传播到东南亚诸国，启发和促进了当地制瓷业的发展。大批福建、广东的陶工到南洋谋生，带去了中国的制瓷技术。在他们的影响下，东南亚各国的制瓷业也发展了起来。

相传在素可泰时代，暹罗国王腊马坎亨（敢木丁）曾于1294年和1300年两次来到中国。在第二次访问中国结束时，带回许多中国工匠，创办了著名的宋加

东南亚海域沉船打捞的青黄釉碗

洛制瓷业。这种说法还只是一个传说，但研究泰国陶瓷艺术的西方学者雷金纳德·李梅（R. Le May）认为，历史上有过一批中国制瓷工人来到暹罗，是可以肯定的。原因之一是素可泰瓷器的造型是崭新的，不同于早期暹罗人和吉蔑人的产品，却与中国河北省的磁州窑烧造的瓷器一致。二是素可泰生产瓷器的方式发生了很大变化，碗碟等瓷器烧制时，器底要支一个上有三锥或四锥（支丁）的托盘，或者成叠瓷器烧造时，器与器之间、上与下之间有锥承起来，使各器互不粘连，烧成后把支锥打断，所以，器底和器内都有疤痕。三是磁州窑瓷器不是外销瓷，如果当地瓷窑没有中国制瓷工匠的指导或协助，很难烧造出仿制的磁州窑瓷器。[2]

---

[1] 夏应元：《相互影响两千年的中日文化交流》，周一良主编：《中外文化交流史》，河南人民出版社1987年版，第334页。

[2] 葛治伦：《1949年以前的中泰文化交流》，周一良：《中外文化交流史》，河南人民出版社1987年版，第504—505页。

丝绸之路上的物质文化交流

漳州窑青花瓷（印度尼西亚雅加达博物藏）

随着明代郑和下西洋及贸易往来的发展，移居东南亚的华侨日益增多，广东潮州窑、石湾窑和福建德化窑的陶工，于此时也有不少去往东南亚各地，带去了当时先进的制瓷技术和工艺，启发和推动了当地的制瓷业。

中国瓷器大量地流传到东南亚各国，对当地的文化和社会生活产生了重要的影响。在东南亚各民族人民的社会生活中，中国瓷器具有特殊的地位和作用。

在中国的瓷器输入以前，东南亚地区许多民族"饮食不用器皿"。而瓷器餐具的出现，以其光洁、轻便、卫生、便于清洗等等优点，不仅在东南亚，甚至在欧洲乃至全世界各民族中，都很快取代了他们原来使用的餐具，成为大家普遍使用的餐具。

此外，正如古陶瓷专家陈万里所指出的："宋元明陶瓷，除了瓷器外，还有日用的大小水埕瓮罐之属的粗器，也远涉重洋送到东南亚各地去，以满足当地人民日用上的需要，这于改进当地人民的生活方面，有着极重要的作用。"[1] 东南亚各国人民"所交换的瓷器，随需要的不同而异。惟大多是大盘、大小碗、酒海、小罂、水瓶及储水用的陶瓮、缸等，尤以大盘最受重视。因为东南亚人宴会

北宋青白釉刻萱草纹花口瓶

---

[1] 陈万里：《宋末——清初中国对外贸易中的陶瓷》，《文物》1963年第1期。

第六章 中国丝、茶、瓷主导丝绸之路的中国元素

时，没有椅桌，用大盘盛黄羌饭放在地上的席中，看盘的大小来定食客的多少，4人或8人，席地而坐，以手撮团饭而食。不过，这种大盘多数在头人手里，平民宴会时借用，宴后归还，所以在东南亚各国出土的瓷器，以大盘小碗居多。"[1]

东南亚各国人民对中国瓷器十分珍爱，拥有中国瓷器的数量，往往成为衡量个人财产、社会地位、名誉声望的重要标志。另外，还可以用瓷器作为借贷的抵押品和缴纳法庭罚金的"货币"。例如，菲律宾内地的各部落就以拥有多少中国瓷器（多为宋、明瓷器）作为衡量财富的标准，并以中国瓷器作为世代相传的传家宝。部落之间、家族之间械斗，和解时以中国瓷器作为赔偿（一般是一个人头赔一个瓷瓮）。在菲律宾人的婚姻生活中，瓷器也具有十分重要的地位，新郎给新娘的聘礼全部或部分是瓷器。

印度尼西亚西爪哇省出土的中国青花瓷片

在社会交往中，瓷器也是一种珍贵的礼品。例如，1574年，菲律宾各酋长为了向西班牙国王表示忠诚，而赠送了"珍宝、黄金、丝绸、瓷器、贵重的大陶瓮及其他贵重的东西"[2]。印度尼西亚人把中国瓷器视为珍贵的物品和传家宝。在婚丧祭祀仪式中，中国青花瓷器具有特殊的地位。《瀛涯胜览》中说，爪哇"国人最喜中国青花瓷器"。《星槎胜览》记载，彭坑国"富家子女金圈四五饰于发，常人五色烧珠穿圈"。说明当地人普遍应用瓷珠进行装饰。婆罗洲一带对瓷珠尤其珍视，大多用瓷珠装饰项圈、手镯、腰带、剑匣、刀鞘之类。

在东南亚地区各国大量发现的中国古代瓷器，是中华文化持续不断地在那里传播的历史见证，是中国与东南亚各国悠久的经济文化交流的历史见证。中国历代生产的各种瓷器大量输往东南亚各国，给当地人民的日常生活带来了很大的方便。同时，也给他们的社会文化和艺术带来很大的影响。

6. 瓷器与制瓷技术在伊朗的传播

在唐代以及以后历代来到中国的波斯人，一定见过瓷器这种精美绝伦的器皿。例

---

1 邱新民：《东南亚文化交通史》，新加坡亚洲研究会文学书屋1984年版，第197页。
2 ［英］布赖尔和罗伯特森主编：《菲律宾群岛》。引自周南京：《中国和菲律宾文化交流的历史》，周一良主编：《中外文化交流史》，河南人民出版社1987年版，第450页。

如，9世纪到过中国的波斯商人苏莱曼在《中国印度见闻录》中，就把薄似玻璃的陶瓷作为中国的一大特产介绍给读者。他说："他们（中国人）有精美的陶器，其中陶碗晶莹得如同玻璃杯一样：尽管是陶碗，但隔着碗可以看得见碗里的水。"[1]

法国汉学家伯希和（Paul Pelliot，1878—1945）认为，苏莱曼这一简短的叙述是"西方关于瓷器的头一次描述"。

在古代中国与波斯的贸易关系中，瓷器历来是主要货品之一。沿着海陆两路通达顺畅的商道，伴随着浩瀚大漠中来往商队的驼铃声和茫茫大海中来往商船的风帆远影，古代中国瓷器源源不断地运到伊朗。直到今天，那些联结东方和西方的沙漠绿洲上的古老城镇和那些接受海运物资的波斯湾沿岸的旧港口，仍有很多古代的遗址。在这些遗址中发现了许多中国古瓷，证明了往昔那一段中外交流的盛况。

伊斯兰工笔画所绘中国瓷器运输过程

在伊朗东北部的大都市马什哈德的博物馆内，收藏着许多完整的中国瓷器，有元代的龙泉窑青瓷大碗、明代到清初的白瓷青花等等精品。其中，特别出色的有内侧碗底绘有矫健的贴花龙纹的明初青瓷和同期绘有独特的鱼藻纹的青花瓷器，以及16—17世纪的饰有灵兽卷草纹的青花大盘和满绘西洋花草纹的17世纪青花柏叶大盘。萨菲王朝历代帝王都大宗订购中国瓷器。至今在伊朗各博物馆保存的萨菲王朝收藏的中国明代瓷器，其数量之巨，品种之多，都是举世罕见的。

中国瓷器源源不断地流向波斯，波斯人民也很喜爱和珍视这些来自中国的珍品。至今伊朗人仍把瓷器称为"秦尼"（Chīnī，意为中国的或中国生产的）。中国瓷器的传入，也促使陶瓷业在波斯的兴起和发展。中国瓷器输入波斯不久，波斯就开始模仿中国瓷器的样式和花纹。阿拔斯大帝曾从中国招聘了300名陶工，在波斯仿照中国瓷器样式制作青花陶器。波斯人吸取了中国陶瓷的特点，结合波斯的具体情况加以发展，烧制出为波

14—15世纪波斯蓝彩束颈瓶

---

[1] 《中国印度见闻录》，中华书局1983年版，第15页。

斯人民喜爱的有自己民族风格特色的陶瓷器。

从8世纪开始，受中国唐三彩技术的影响，波斯烧出了带有伊斯兰色彩的铅釉陶，即"波斯三彩"。波斯三彩有捺纹彩釉陶和彩釉陶两种装饰手法。捺纹彩釉陶是在器壁上以细小的点线构成复杂纹样，然后再做彩釉敷饰。彩釉陶是先刷一层白色陶衣，再施以绿、黄、紫褐三色釉，釉彩透明，在烧制中互相交融，自然天成。9—10世纪，伊朗高原东部的呼罗珊一带，是伊斯兰陶器工艺的另一个中心。三彩釉陶和两河流域的产品在装饰风格上基本一致，另一种白底绿黄斑的彩陶器具有自己的特色。10—11世纪，伊朗的阿莫尔生产刻纹彩釉陶，在白色胎上刻以各种细纹装饰，有花瓣纹、缠枝纹和几何纹，线条流畅圆柔，再涂以绿、褐等釉彩，呈现瑰丽而潇洒的风格。这时的阿克孔多的陶器，则形成了一种以褐色、绿色和黄色为主的三彩装饰的风格。[1]

但当时波斯仿制的陶器，无论在技术上还是在工艺上，都与中国瓷器有很大差距。当时的波斯人对中国瓷器的生产原料和制作工艺还不甚了解，只是道听途说的一些传闻，并没有完全掌握瓷器的生产技术和工艺。但是，不可否认的是，中国瓷器的大量传入，对于波斯制陶业的发展，起到了很大的促进作用。

到了元代，中国瓷器更大量地输入波斯，又给当地的陶瓷制造业以新的启发和刺激。"据文献记载，当时波斯一带的画家多有模仿中国的作品，喜欢采用中国的龙、凤、麒麟等纹饰。元至元二年（1336），阿布萨伊特（Abu Saiyd）所建的法拉明（Faramin）大清真寺门面上即有龙的形象。对比现在仍保存在伊朗、土耳其等博物馆内的元代青花瓷中绘有龙、凤、麒麟的作品，以及这两个国家当时所仿制的青花瓷器，均可想见其影响之深远。"[2]

14世纪阿拉伯青釉盘
（土耳其托普卡比宫藏）

7. 瓷器与制瓷技术在欧洲的传播

中国瓷器大量销往欧洲，是从16世纪初由葡萄牙人开始的。由于在世界各地，瓷器都有着广泛的市场需求，因而具有巨大的利润空间，这种巨大的商业利润激发着人

---

1 朱裕平：《中国唐三彩》，山东美术出版社2006年版，第160页。
2 叶喆民：《中国陶瓷史》，三联书店2006年版，第473页。

乔凡尼·贝利尼和提香《诸神之宴》局部（美国国家艺术馆藏），位于后排的女神和男神手上和头上的是中国明朝样式的瓷器

们不辞劳苦、不畏风险，去从事贩运瓷器的远程贸易活动。在接下来的3个世纪中，中国瓷器销售到欧洲的数量达到3亿件之巨。另外，还有巨量的瓷器销往东亚及东南亚各地。300年间，中国瓷器外销欧亚每年合计高达300万件。"瓷器行销各地数量之巨，遍布之广，已足以首度并充分证明：一种世界级、永续性的文化接触已然形成，甚至可以说，所谓真正的'全球性文化'首次登场了。"[1]

葡萄牙从16世纪初开始从事中国和远东的殖民贸易。在这一时期，瓷器在中葡贸易中占有极其重要的地位，同时也成为欧洲社会最珍贵的礼物。叶喆民指出："1498年以后，西方一些国家到东方来寻找'黄金'的最好方法就是贩运瓷器。在此之前，中国瓷器输出最远不过波斯湾、地中海；而今，则经过大西洋遍及全欧洲了。"[2]

叶喆民说到的这个时间点"1498年"，正是葡萄牙航海家达·伽马绕过好望角，开辟了欧洲通往亚洲的航线，葡萄牙的商船就开始了通往东方的航行。

早在16世纪初抵达中国之前，葡萄牙人就已经固定在印度转口装船，一次运载瓷器就多达6万件。从那时起，中国瓷器就率先进入葡萄牙和西班牙的皇室宫廷，并成批地进入欧洲市场，很快欧洲各国掀起了追求中国瓷器的热潮。欧洲人狂热地赞美中国瓷器，把购买、搜集中国瓷器说成像是去"寻求黄金"一样。西班牙、荷兰、法国、英国、丹麦等国纷纷建立东方贸易公司，派出大型商船，来中国进行瓷器贸易。

---

[1] ［美］罗伯特·芬雷：《青花瓷的故事》，台湾猫头鹰出版社2011年版，第21页。
[2] 叶喆民：《中国陶瓷史》，三联书店2006年版，第525页。

荷兰皇宫可能在1584年通过葡萄牙或西班牙向中国订购了9.6万件瓷器。1602年，荷兰人掠获葡萄牙商船，把船上装载的中国瓷器运到米德伯奇拍卖。1604年，荷兰人又掳掠了一艘装载瓷器返欧的大帆船"圣卡特丽娜号"（Santa Caterina），将这批中国瓷器取名"克拉克瓷"（Kraaksporeleint），运到阿姆斯特丹拍卖。据说，这批瓷器重60吨。法国国王亨利四世在这次拍卖中购买了一套质量精良的餐具，英国国王詹姆士一世也买了一些瓷器。1602年，荷兰组织了由政府授予东方贸易专利权的"东印度公司"，凭借雄厚的资金，开始参加了远东贸易，定期从中国贩回瓷器。估计在1602—1682年这80年间，有1600万件中国瓷器由荷兰东印度公司的商舶运载到荷兰和世界各地。

1700年，有一艘英国商船首次驶入广州港装运瓷器。1710年，一艘英国商船装载了40吨，约合50万件瓷器。1715年，清政府允许英国在广州设立贸易机构。从此，英国开始大量输入中国瓷器，到1774年，英国就有52家专门从事与中国贸易的商号。

法国东印度公司于1698年在广州建立了分公司。同年3月6日，法国商船"安菲托里脱号"（Amphitirite）从法国西海岸的拉罗舍尔（Larochell）港启航，第二年初到广州，8月3日回到法国。船上装满了以江西景德镇为主的瓷器160箱。法国东印度公司为这次远航的成功在报纸上刊登了醒目的广告，说这批瓷器有

清·广州外销画《广州瓷器店》

咖啡壶、盛放调味品的盒、花瓶、水罐、各种大小的盘和碟、茶杯、酒杯以及理发师用的脸盆等"上等的瓷器"，估计有数万件之多。仅两个月内，这批瓷器便销售一空。1703年，"安菲托里脱号"再度远航广州，又运回瓷器140箱。这艘法国巨舶的两次远航，成为18世纪初世界文化史上中西文化交流的一件大事。除瓷器外，运到法国的还有中国的漆器、硬木家具、织锦等工艺品和生丝原料，乃至当时的中国漆器在法国被直接称为"安菲托里脱"。

瓷器传到欧洲后，受到人们狂热的追捧，特别是在宫廷王室贵族社会中，出现了一大批瓷器爱好者。作为非西方文化的艺术品，中国古陶瓷在世界上获得的广泛认同和青睐，是独一无二的。它的价值和品位已经可以比肩于西方任何一个门类的艺术品，以及西方历史上那些声名显赫的艺术大师的作品。特别是在17—18世纪，收藏和

展示东方瓷器,成为欧洲王室和贵族奢华生活的重要形式之一。

"在17世纪中,瓷器仍被视为一种新奇的珍玩之时,只有少数大宫廷才有比较大量的瓷器陈列,但等到快至新世纪之时,也许由于瓷器大量供给,也许由于个人趣味的要求,瓷器逐渐成为普通家庭用品,特别是在热饮(包括饮茶)成为社会流行风尚以后。"[1] 精美绝伦的各种瓷器,深入社会的各个阶层,走进人们的日常生活,给欧洲人的日常生活带来很大的方便。

18世纪销往欧洲的中国瓷器,瓷器上的绘画表现了当时欧洲商人在中国订购茶叶的情景

据说,在14世纪的法国上层社会,餐具还是金、木、陶制器皿并用。16世纪的时候,瓷器已经开始进入欧洲,但还是稀罕之物。1607年,法国王太子用一只瓷碗喝肉汤,已经是很了不起的事情,因为当时只有国王和贵族才买得起瓷器。到了18世纪,东印度公司向欧洲输入了大量的瓷器,欧洲人才开始以瓷器代替金银器为餐具。法国国王路易十五也大力提倡,命人将宫廷中所用的金银餐具熔化,充作他用,而以瓷器代替。大量瓷器的引进改变了人们的餐桌,餐具和饮具由贵重和笨重的银器变为精美轻便的瓷器,从而改变了人们的就餐方式乃至整个生活方式。美国学者罗伯特·芬雷指出:"各国东印度公司进口大量瓷器,从而促使1600年至1800年很大一部分欧洲人口的日常生活既改头又换面。更有甚者,中国瓷器并不只是一个徒供使用和欣赏的中性物件,它还对西方社会发挥重要的影响——也就是在消费者革命中扮演了领头作用。而消费者革命本身,正是11世纪高级都市文化复苏以来,一场发生于日常生活的同等重大改变。"[2]

瓷器对日常生活领域的广泛影响,不仅仅局限在餐桌,不仅仅改变了人们的餐具、茶具等日常使用品,还作为居室的陈设、装饰,美化了人们的生活环境。瓷器成为比较富裕人家的必需品,尤其是当饮茶的时候,非此不足以表示其为时髦人物。罗伯特·芬雷指出:"瓷器流行之所以遍及全欧,不仅在于进餐使用,也因为当时刮起了另一股新的消费时尚风,瓷器恰逢气盛,被纳为其中一大要素,这股时尚风亦

---

[1] [德]利奇温:《18世纪中国与欧洲文化的接触》,商务印书馆1962年版,第21页。
[2] [美]罗伯特·芬雷:《青花瓷的故事》,台湾猫头鹰出版社2011年版,第321页。

第六章 中国丝、茶、瓷主导丝绸之路的中国元素

葡萄牙里斯本桑托斯宫中"瓷室"的天花板。17世纪末，那里镶嵌着二百多件中国的盘子和碗。说明从那时起葡萄牙国王就开始收集中国瓷器

即室内布置的兴起，这个新趋势乃是因为精英阶级打造愈来愈多的宽敞宅邸而生。"[1]

当时欧洲上流社会，都以设置"瓷器室"（Porcelain room）、陈列中国瓷器为时尚。如法国国王路易十四有专门收藏瓷器的凡尔赛镜厅，还特地建筑了"瓷宫"。波兰国王约翰三世在维拉努哈宫侧殿有专门陈列瓷器的"中国厅"。德国大选帝侯（Grand Elector）的夫人露易丝·亨利埃蒂（Louise Henriette）在柏林南部的奥拉宁堡（Oranineburg）宫殿，设有带护壁板的大厅，专门陈列她在1652—1667年间收集的中国瓷器。他们的儿子腓特烈（Frederick，1701年为普鲁士国王）在夏洛滕堡（Charlottenburg）为其妻子索菲·夏洛特（Sophie Charlotte）建造的宫殿中，也设有瓷器厅，陈列了中国瓷器400余件。

到18世纪初，以瓷器装饰房间的风尚从上层社会传到了民间。许多普通家庭也把中国瓷器作为重要的家庭居室的陈设。18世纪英国经济学家亚当·斯密就曾提到，他在爱丁堡和巴黎的人家中看到大量炫目的白色中国瓷器。而瑞典人凭自己的想象在自己的家里布置了一个"中国厨房"，厨房的墙壁和餐桌都是用中国瓷器装饰的，他们称之为"瓷器厨房"。

中国瓷器在欧洲的销路随着社会经济的发展不断增长，与此同时，中国的制瓷工艺技术也传播到欧洲各国，从而刺激和推动了欧洲仿效中国瓷器发展自己的制瓷业。

欧洲最早开始试图揭开瓷器制造的奥秘，并进行制瓷试验的国家是意大利。据说早在1470年，威尼斯人安东尼奥（Antoin di San Simeone）就用波隆那（Bologna）的黏土制出了一批类似瓷器的东西。16世纪初，另一位威尼斯人伦纳德·佩灵格（Leonardo Peringer）试图用玻璃制造方法来制作瓷器。不过，这些实验只是仿制瓷器。佛罗伦萨在马里奥·德·美第奇（Fracesco Mario de Mwdici）大公爵统治时代（1574—1584），建立了一个陶器工厂，试行仿造中国硬胎瓷器，并生产了一些据说是在欧洲制成的第一批原始瓷器，这是一种有玻璃质的石胎瓷器，被称为"美提契"瓷。最后他们制成

---

[1] [美]罗伯特·芬雷：《青花瓷的故事》，台湾猫头鹰出版社2011年版，第337页。

一种类似威尼斯人制品的陶器，在素底或淡青底上涂以深蓝色。这种有色陶器与当时流行的中国瓷器颇为相似。

葡萄牙也很早就开始仿制中国瓷器。在16世纪末，葡萄牙已经仿制出一种彩陶器。到1619年，在里斯本已经建立了中国风格的瓷器仿制工业，而且已有数量充足的产品满足国内外市场。

1584年，荷兰的陶器匠师们通过东印度公司，直接从中国采购白色釉料和青花颜料，仿造中国青花瓷器生产，获得成功。在17世纪，德尔费特借鉴佛罗伦萨的有色陶器制法，以生产专门

18世纪英国生产的瓷器八方盘

模仿中国青花瓷器的白釉蓝彩陶器而闻名。中国瓷器的纹样，如龙、凤、麒麟、虎、蝴蝶、蝙蝠等动物纹样，梅兰竹菊、荷花池塘、岁寒三友、牡丹、芭蕉等植物纹样，山水园林、风俗故事、仕女婴戏、刀马人物等风景人物纹样，以及云纹、水波纹等，都出现在德尔费特的釉陶产品上。德尔费特生产的瓷器行销欧洲，受到热烈欢迎。当时，欧洲人把这种白釉蓝彩陶器直接称为"德尔费特"（Delft），一直沿袭至今。17世纪，当中国的壁纸在欧洲流行一时的时候，1630年，德尔费特开始生产模仿中国糊墙纸的建筑装饰陶砖，适应了欧洲各国帝王大兴土木、修建宏伟华丽宫殿的需要。这种建筑装饰陶砖大约也受了"南京瓷塔"的启发，把整个画面分割为36块（横行4块，竖行9块），上面绘有长尾鸟（中国凤凰的变形）、梅花、牡丹、狮子等图案，充满了中国艺术的情调，然后拼凑、组合为整体，粘贴在墙面上。此外，还描绘柳树、小桥流水、亭台楼阁等中国青花瓷器上的图画。[1]

在欧洲瓷器发展的历史上，德国的波特格尔（Johann Friedrich Bottger，1682—1719）是一位十分重要的人物。他在制瓷技术方面取得了决定性的成功。1708年，波特格尔制造出一种红色瓷器，1709年制成无釉的硬质瓷器和有釉的瓷器，烧制出欧洲第一件"真正的瓷器"，成为欧洲硬瓷生产的开端。1710年，皇室在迈森建立了一所瓷厂，任命波特格尔为瓷厂的"管理人"，出产彩瓷。1713年，迈森瓷场烧制出高品质的白瓷，再一次轰动欧洲。1714年，第一批迈森的瓷器在莱比锡博览会上展出，自此名声大噪，生意兴隆。到1733年，迈森的瓷器工场已经拥有700名员工，销售瓷器成为最丰富的收入来源之一。

1　朱培初：《明清陶瓷和世界文化的交流》，中国轻工业出版社1984年版，第55—56页。

波特格尔参与创办的迈森瓷厂在发展欧洲的陶瓷工艺中具有重要的作用，而且至今它仍然是世界上最著名的瓷厂之一。迈森瓷厂生产的瓷器，从器形来说，大多采用中国模式。例如，迈森瓷的"蒜头模式"同中国瓷的"石榴模式"多少存在着效仿的关系。至于花纹装饰，则效仿中国在白瓷上刻人物、花卉、鸟兽的浮雕，乃至用金色绘制中国人物，称为"金色的中国人"，颇为新奇有趣。瓷器上绘作龙形，也是中国的传统装饰。

此后，欧洲的制瓷业很快发展起来。在德国，除了迈森瓷厂外，慕尼黑附近的宁汾堡、柏林、福斯腾堡、路德维格斯堡等地的瓷厂都很著名。在欧洲的其他国家，如西班牙、荷兰、奥地利、法国、英国、意大利、俄罗斯等，也都纷纷建立瓷厂，生产瓷器。

这些欧洲的瓷器制造工厂无论是在工艺还是在造型艺术方面，都是以仿制中国瓷器为主。"从16世纪起，欧洲瓷器的发展史实际上就是一部既在装饰图案又在物质方面模仿中国瓷器而做出努力的历史。"[1]"这个时候，欧洲人制造品大量采用中国的饰纹，又进而仿效中国的款式。瓷器本被认为是中国所独创，其仿效中国画法，也是很自然的。"[2]有的时候还在未上釉的器物底部刻上假冒的中国标志"底款"，来冒充精美绝伦的中国上等瓷器。英国作家笛福（Daniel Defoe，1660—1731）在《伟大的英国之旅》也说到当时的仿制瓷器。他说："我们去的第一个村庄就是建立不久的大型瓷器制造厂——布欧，一些技术人员已经制造出大量的茶杯、茶托等。据说，只比中国原品稍微逊色一点。"[3]

对于欧洲制瓷业的发展，法国耶稣会传教士殷宏绪（Pere Francois Zavier D. Entrecolles）作出了重要贡献。殷宏绪在江西设立了一座教堂，于1699—1719年的20年间，一直在此传教。在此期间，他曾多次在景德镇了解瓷器生产情况。1712年，他写信给耶稣会中国和印度传教会巡阅使奥里（Orry），报告有关景德镇和瓷器生产的情况。除了到窑厂现场观察外，他还听取当地许多教友的介绍。其中，有从事瓷器生产的，也有做瓷器生意的人。此外，他还阅读了有关瓷器的中国古代文献。殷宏绪的报告书简《中国陶瓷见闻录》，登在该会出版的《耶稣会传教士写作的珍贵书简集》第12期上。殷宏绪生动、具体地介绍了景德镇有关人口、城镇、物价、地理、治安等情况，以及胎土、釉料、成形、彩绘、色料、匣钵制造、装器入窑、烧成等瓷器生产制作情

---

1 ［法］安田朴：《中国文化西传欧洲史》，商务印书馆2000年版，第523页。
2 ［德］利奇温：《18世纪中国与欧洲文化的接触》，商务印书馆1962年版，第23页。
3 ［美］简·佩蒂格鲁：《茶设计》，山东画报出版社2013年版，第38页。

况，使欧洲人第一次读到有关神秘的景德镇及其瓷器制作技术的真实的第一手材料。

殷宏绪的《中国陶瓷见闻录》发表后，在欧洲引起很大反响。同时，欧洲的瓷器制造商和匠师们纷纷托人来信询问更详细的技术细节。当时，欧洲各国仿造中国瓷器的工厂在生产中都遇到了一系列技术上的疑难问题。1720年，殷宏绪从江西升调到北京。为了回答欧洲制瓷业人士提出的问题，他于1721年底再度来到景德镇，对当地的瓷业生产情况做了为期一个多月的考察和研究。在深入调查的基础上，写成了《中国陶瓷见闻录补遗》，对景德镇制瓷技法做了更为具体的介绍。这篇报告刊登在《耶稣会传教士写作的珍贵书简集》第16期上。殷宏绪的这两篇关于中国瓷器生产技术的考察报告，为西方世界首度提供了瓷器及制瓷技术和生产的既正确又全面的报道，对当时欧洲正在蓬勃发展的陶瓷工厂来说，是极为宝贵的技术资料。[1]

四、传播海外的其他中国物产

1. 历代输出的中国物产

丝绸、茶叶和瓷器，都是历代输出的大宗商品，号称风靡世界的"三大贸易"。除此之外，还有许多其他中国物产源源不断地通过贸易的渠道，输往世界各地。

汉代输出的商品中，最主要的有两种。一种是体轻价贵的丝织品，属于奢侈品；另一种是体价皆重，不便携带，然而是四周各国各族人民所必需的铁与铁器。在对外贸易上，中国铁及铁器输出占有特殊重要的地位。西域各国的铁器都是从中国输入的。至于罗马，从2世纪末的亚历山大港课税科目来看，铁是输入品中的一大项。根据《爱脱利亚海周航记》中的记载，谓西方诸国所用之丝与铁，皆从中国

数千年来从东方获得的财富由骆驼和骡子沿丝绸之路送到等待在地中海东部的船只上

---

[1] 1986年，中国江西陶瓷公司派员访问法国瓷城里摩日时，法国库达美窑炉公司总经理特地赠送一本内有殷宏绪描述景德镇制瓷技艺信件摘要的法文版《里摩日瓷器史》给中国来访者，并说："270年前，殷宏绪把耶稣教传到景德镇，同时，又把景德镇的制瓷技艺带回到法国。他既是宗教的传播者，又是瓷器的传播者。"

第六章 中国丝、茶、瓷主导丝绸之路的中国元素

输来。[1]

古代印度一直与中国保持着密切的商贸交往。不仅有许多中国商品传入印度，而且由于印度处于中西交通的要冲，充当了中西贸易中转站的角色，所以也有许多中国商品通过印度再输往欧洲。例如，1世纪的希腊人写的《爱脱利亚海周航记》，对印度进出口物品有详细的记载。据该书记载，印度的铁和钢、棉布都被贩运到红海沿岸。

当时从埃及、阿拉伯运入印度河口Barbaricum地区的商品有：

细布（thin clothing）、华丽的亚麻布、黄玉（topaz）、珊瑚（coral）、苏合香（storax）、乳香（frankincense）、玻璃器皿（vessels of glass）、金银盘（silver and gold plate）、葡萄酒（wine）。由此出口的物品有香草（costus）、没药树脂（bdellium）、枸杞（lycium）、甘松香（nard）、绿松石（turquoise）、天青石（lapis lazuli）、中国皮革（Seric skins）、棉花布（cotton cloth）、丝线（silk yarn）、靛蓝色染料（indigo）。当时输入印度Barygaza港的外来物品包括葡萄酒、铜、锡、铅、珊瑚、黄玉、细布、腰带、苏合香、草木樨（sweet clover）、无色玻璃、雄黄、锑（antimony）、金银币、油膏。专卖国王的商品有银器、歌童（singingboys）、少女、美酒、精品服装、上等的油膏。此地的出口物则有甘松油、没药树脂、象牙、玛瑙、红玉髓、枸杞（lycium）、各种棉布、丝绸、麻布、纱（yarn）、长辣椒等。在印度西南端的Muziris、Nelcynda等城镇，出产胡椒、三条筋树叶（malabathrum）。进口物品有钱币、黄玉（topaz）、细布（thin clothing）、华丽的亚麻布（figured linens）、锑（antimony）、珊瑚（coral）、天然玻璃（crude glass）、铜、锡、铅、葡萄酒、雄黄（realgar）、雌黄（orpiment）、小麦。出口的有胡椒（pepper）、珍珠（pearls）、象牙（ivory）、丝绸，各种水晶、宝石、玳瑁（tortoise-shell）、甘松香等。

《爱脱利亚海周航记》的上述货物清单中提到的从印度出口的棉布、象牙、玛瑙等宝石、珍珠、甘松油、没药树脂、枸杞、玳瑁、胡椒、香草（姜）等出自印度本土，但像丝线、丝绸织品、皮革、玛瑙、水晶石、绿松石、天青石各种宝石的原产地显然并非印度，而是中国和中亚地区。进口的商品主要来自西方和海上，如苏合香、

敦煌莫高窟第296窟壁画《商旅图》

---

[1] 原随园：《印度文化与希腊及西南亚洲文化之交流》，引自姚宝猷：《中国丝绢西传考》，兰州大学出版社1989年版，第13—14页。

乳香等应该来自阿拉伯半岛，葡萄酒来自意大利半岛和叙利亚地区的劳狄凯亚（Laodiceia，今贝鲁特），钱币、粗玻璃、珊瑚、亚麻布等是从地中海地区、埃及等地运来。

《爱脱利亚海周航记》记述的是印度输往西方的商品。但是，正如方豪所说："上举东方运往西方之物品中，亦多有输入中国者。盖大部分物品皆产于南洋、印度及中亚各地，而分别向东西输出也。"[1]

唐三彩胡人牵骆驼俑（北京故宫博物院藏）

在相当长的历史时期内，中国的物产一直占据着国际远程贸易的主导地位。在马可·波罗那个时代，到东方寻求财富是欧洲商人的梦想，也是他们奋斗的目标。"这一阶段专门从事奢侈品、香料、美丽的纺织品、毛皮、制造业所需要的原料品等物的交易。"来自东方的商品主要有"香料、糖和甜酒；药材与颜料；珍珠与宝石；香水与瓷器；丝织与金银；线锦、薄棉纱布与棉布……"[2]他们的商业活动把丝绸、瓷器、香料等物品源源不断地运到波斯湾和红海一带，再经由中东与埃及进入地中海区域城市，由此极大地促成了地中海商业革命生机勃勃的景象。而那时候东方商品成了欧洲富人阶层重要的消费品，欧洲市场对东方商品存在"普遍的需求"。

2. 郑和带到西洋的物产

明永乐年间（1403—1424），出现了郑和七次下西洋这样重大的对外交往活动。郑和船队访问亚非各国，在与各国建立友好关系后，即与该国社会各阶层人民进行了广泛的贸易活动。郑和既是明王朝的国家使节，也是政府的通商代表。与所到各国进行通商贸易，是郑和船队的主要任务之一。郑和船队携带大量的中国货物在远航途中进行广泛的贸易活动。郑和船队的贸易形式主要有三种：①开读赏赐与方物贡献；②以货易货；③货币交易。当时有人称郑和为"贸易珍宝"之使者。中国的丝绸、瓷器、茶叶、金银器皿、铜钱、雨伞、烧珠、樟脑、麝香、水银等深受西洋

1　方豪：《中西交通史》上卷，上海人民出版社2008年版，第202页。
2　[法]布瓦松纳：《中世纪的生活和劳动》，商务印书馆1985年版，第165、178页。

各国的喜爱。

所以，郑和船队每次出航，都携带大批货物。史料记载，"宣德三年（1428）八月庚寅，命南京守备太监郑和、王景弘等，以内府见贮大绢十万匹，棉布二十三万匹，令户部遣官运赴北京。"调运的这些丝绸，都是朝廷为了赏赐外国使节所用。郑和船队运往各国的货物，包括红丝、刺绣、湖丝、雨伞、绸缎、瓷器、麝香、烧珠、青瓷盘、碗、书籍、樟脑、橘、金、银、铁鼎、米、谷、豆等。船队所携带的货物不但数量可观，更以产品的独特见长于世。中国特产的锦绮、纱罗、绫绢、纻丝，以及青花、釉里红瓷器，都是独步世界的产品。各种青瓷盘碗、烧珠、麝香、大黄、肉桂、铁鼎、铁姚、铜器等，也是大宗出口货物。其中，尤以丝绸、瓷器数量最多。船队所到各国，对中国的货物都非常喜爱和欢迎，都希望能够得到大范围的供应。

郑和船队停泊南洋岛国时的情景

郑和每次下西洋，都携带大量中国铜钱，或作为礼品馈赠，或作为贸易之用。在爪哇，"国人多富，买卖俱用中国铜钱"；在旧港，"市中交易亦使中国铜钱"；在泗水，"买卖交易行使中国历代铜钱"，"国人最喜中国青花瓷器，并麝香、锁金丝、烧珠之类，则用铜钱买卖"。使用中国铜钱，对促进印尼各岛农业、手工业和商业的发展，意义重大。中国的金融制度在东南亚通行了几个世纪，直到20世纪前半期，印尼巴厘岛等地，还在使用中国清代的铜钱。

3. 明清之际传到西方的中国商品

欧洲人致力于开辟新航路，就是要寻找通往东方的直通航线，直接与中国进行贸易。新航路开辟之后，葡萄牙人即利用此新航路，开展与东方的贸易。香料和东方各种物产，大宗流入欧洲。葡萄牙首都里斯本一时成为欧洲重要的商港之一。

从1513年葡萄牙人最初到中国沿海，一直到1553年的这40年间，葡萄牙人在广东、浙江、福建等地进行贸易，大多是在官府的巡船顾及不到的沿海偏僻港汊或岛屿上，与中国贩海私商在暗中进行的，属于中国政府明令禁止的走私贸易。嘉靖三十二年（1553），葡萄牙人得到准许入居澳门。葡萄牙殖民者在澳门立足以后，即把澳门当成同印度和日本贸易的中转站，并由此建立起庞大的东方贸易网络。17世纪上半叶，曾在澳门居住过的传教士奥伐罗·塞墨多（汉名曾德昭）这样记述当时澳门的贸易情况："（澳门）方圆足有15英里（约24.14千米），客商云集，因此它的人口则比许多其他城市多。中国大部分最好的商品都由此处运往各地，因为它是中国最开放和自由的交易地点。且不说6个邻国的土著和异邦人运走的各种货物，仅葡萄牙人运往印度、日本和马尼拉的货物，每年约有各类丝绸5300箱，每箱装100匹生丝，如天鹅绒花缎和缎子、轻料如半花缎、彩色单层线缎，还有250块金子，及每块重12盎司的2200块金锭；有7皮切（Pichi）麝香，重量超过35亚洛瓦（Arrova），每亚洛瓦重25磅，每6盎司合1磅。此外，还有小珍珠、糖、瓷盘、中国木、大黄，及几种奇特的镀金器皿，还有其他不太重要的东西，即使长篇开列也不能尽举其名。"

广州十三行码头搬运货物上船的情景（香港艺术馆藏）

由于当时的欧洲尚拿不出与中国相匹敌的货物，所以葡萄牙人自欧洲经印度和东南亚，沿途交换各地的土特产品，那是按照中国的需求购置的，以换取中国的丝绸等商品。到达澳门以后，葡萄牙商人到广州购买中国货物，在澳门装船。主要货物有生丝、各种颜色的细丝、绸缎、金、黄铜、麝香、水银、朱砂、糖、茯苓、黄铜手镯、金项链、樟脑、陶瓷、涂金床、墨砚盒、手工制被单、帷帐等。

葡萄牙人的海上扩张活动激起了欧洲各国的效仿。16世纪末17世纪初，继葡萄牙人东来之后，又有西班牙、荷兰、英国侵入东南亚海上诸国。1571年，西班牙占领菲律宾群岛，1595年荷兰人抵达爪哇，1598年在爪哇建立殖民政府。

西班牙人抵达菲律宾之初，便急欲打开与中国的商贸联系。西班牙的对华贸易，主要是依靠"中国—马尼拉—墨西哥"的"大帆船"贸易，再从墨西哥转运回至西班牙，从而形成了横跨太平洋和大西洋两大洋的海上贸易线路。中国通过大帆船贸易航路输往美洲的货物，包括中国特产、工艺品和日用品等，品种繁多。其中，尤其以生丝、棉布、纺织品、瓷器、漆器、珠宝、香料为大宗。此外，还有面粉、砂糖、饼干、奶油、橙、胡桃、栗子、菠萝、无花果、李子、梨、咸肉、火腿、陶罐、陶瓷、铁器、铝、硝石、火药、牛、马、药材、墨汁、纸张、家具等等。据1574年出版的有关马尼拉的文献记载："华商运来的货物有些是杂碎的零星日用品，其中有菲律宾摩尔人常用的中国大陶瓷，此外尚有粗瓷、铜铁杂器。另有精细瓷器以及丝织品，乃以供应官员者。"他们还"带来各种货样,俾便探知售价。例如,水银、火药、肉桂、丁香、糖、铁、锡、铜、生丝、丝织品、面粉等货品,都是别国商人未曾用过,而且也未运售过的。"¹ 1596—1598年,任马尼拉总督的西班牙史学家德·莫尔加(Antonio De Morga)在其著作《菲律宾群岛志》中,记载了一份中国商人携往马尼拉的货单,他感叹说:中国商人提供了"说不完也写不完的各种稀罕东西"。他的货单中开列了各种商品:

  大束生丝,精粗具备;素色和彩色精美小卷散丝;大量天鹅绒,有些是本色的,有些绣有各种图案与彩色花款,有些色泽艳丽和嵌绣金线;织有金银丝的浮花锦缎;大量金银线;缎子,绞罗,平纹绸和各色衣料;亚麻布制品;不同品种的白棉布匹。中国人还带来麝香、安息香、象牙;大量床上装饰品、帐帷、被单、天鹅绒挂毯;各色织锦和丝毛混织品;台布,椅垫和地毯;用同类材料制成的嵌有玻璃珠和小珍珠的马饰;珍珠和红宝石;青玉和水晶;金属盘、铜壶、铜锅和铸铁锅,……面粉、橘子;钉子、铁板、锡和铅;硝石和火药。中国人还供应桃子、梨、肉豆蔻、生姜和其他中国水果制成的蜜饯;腌猪肉和其他腌制品;良种家禽和上等阉鸡;大量新鲜水果和各种橘柑;美味的栗子、胡桃、柿子(干货和鲜货水果均同样可口);各式各样的线、针和小摆设;小箱子和文具盒;床、桌子、椅子、描金板凳。他们还带来水牛、形似天鹅的鹅、马、骡、驴;甚至还有会说话、唱歌及逗趣的提笼鸟。中国人还带来数不清的外表好看而不值钱的小玩意和小装饰品,这些东西很受西班牙人重视!各种精美的陶器,……黑色和蓝色长袍;各种念珠,红玉髓,五光十色的宝石;胡椒和其他香料;还有种种稀见之物,如果都要提到,我将永远写不完,也没有这么多纸张来写。²

  从上述货单可以看出,当时,中国运往菲律宾的货物品种繁多,大致可以分为八大类:①生丝和各种丝织品;②亚麻布、棉布等各类纺织品;③粮食、牲畜、腌肉、家禽、水果等农

外国商人在广州十三行购物的情景

---

1 [美]菲律乔治:《西班牙与漳州初期通商》,《南洋问题资料论丛》,1957年第4期。
2 [西班牙]德·莫尔加:《菲律宾群岛志》。引自周一良主编:《中外文化交流史》,河南人民出版社1957年版,第540—541页。

产品；④陶瓷制品；⑤铁、铜及其他金属制品；⑥珠宝饰物和各种工艺品、小玩意；⑦硝石与火药；⑧从中国转运的其他外国货物（如安息香、象牙、香料等）。

这份货单漏掉了茶叶和瓷器两项重要货物，可能是一次航程中运货品种不全。另外，在英国人写的一部《1740—1744年环球航海记》中也记载道："从此处（马尼拉）对中国和印度诸地进行的贸易，主要是来办那些供应墨西哥和秘鲁王国的货物，这些货物是香料、各种中国丝织品和中国制品，特别是丝袜。我听说每只船经常携带不少于五万双；大量的印度原料，如印花布和白洋布（这种布在美洲穿得很多）；还有其他一些很精致的器物如金匠饰品等。……所有这些货物均汇集于马尼拉，从此处运往墨西哥王国的阿卡普尔科港口。"[1]

荷兰人于17世纪初期来到东方。荷兰人在台湾期间，以台湾作为贸易据点，荷兰与中国的贸易绝大部分都是由台湾中转。据有关学者研究，当时台湾的对外贸易航线和经营的商品主要有：

（1）中国大陆至台湾航线：生丝、纱绫、缎子、棉布、麻布、衣服、砂糖、瓷器、黄金、白蜡、茯苓、茶叶、大米、小麦、面粉、酒、明矾、水银、锡、铁锅、木器等。

（2）中国台湾至大陆航线：白银、胡椒、苏木、丁香、白檀、豆蔻、红檀、沉香、犀牛角、象牙、琥珀、珊瑚等。

（3）日本至中国台湾航线：银锭、蜡、木材、大米等。

（4）中国台湾至日本航线：生丝、缎子、毛织品、麻布、棉布、砂糖、锡、珊瑚、胡椒等。

（5）巴达维亚至中国台湾航线：胡椒、红檀、沉香、豆蔻、椰子油、大米、琥珀、锡、棉纱、几内亚麻布。

（6）中国台湾至巴达维亚航线：生丝、绢、缎子、棉布、丝绵、砂糖、冰糖、人参、麝香、安息香、茯苓、草药、茶叶、大米、小麦、面粉、瓷器、硫磺、黄金、白蜡、黄铜、明矾、日本木材、杂货等。[2]

中国货物在瑞典交易的情景

---

1 ［英］华尔特：《1740—1744年环球航行记》。引自周一良主编：《中外文化交流史》，河南人民出版社1987年版，第842页。
2 李隆生：《晚明海外贸易数量研究——兼论江南丝绸产业与白银流入的影响》，台湾秀威资讯出版2005年版，第52—54页。

第六章 中国丝、茶、瓷主导丝绸之路的中国元素

英国是后起的海上国家。1600年英国成立东印度公司，取得对东方贸易的垄断权，欲与中国通商。随着葡萄牙、西班牙和荷兰海上霸权的衰落，英国迅速扩展，并很快在东方贸易中居于主要地位。其他国家，如法国、丹麦、瑞典等国，也有商船开来中国。当时运到欧洲的中国商品，不仅数量巨大，而且种类也很繁多，除了丝绸、瓷器、茶叶这"三大物产"之外，还有服装衣物、食品香料、家具漆器、珠宝首饰、生活日用品、工艺美术品、药品和中草药等等，几乎涵盖了日常生活领域的各个方面。这些商品都是具有古老传统的产品或手工艺品，不但是人们生活的必需品，而且凝聚着数千年的文化积淀，既体现了复杂的工艺技术，又具有丰富的文化内涵。法国学者亨利·柯蒂埃（Henri Cordier，1849—1925）说道："我们通过欧洲的旅行者认识了从广东出口的商品：除了绿茶、红茶和丝织物以外，充斥了外国人住宅的主要产品是南京的黄色丝织品（云锦）、瓷器、粉状糖和冰糖、樟脑、桂皮、中国红皮萝卜、中药、大黄、木制工艺品、烟火等等。还要加上广东的象牙、在宁波雕刻的工艺、福州的棕色和金色漆、北京的红色漆、滑石做成的小摆设、玉做成的花瓶和神像，以及其他的货物都装满了那些从广东到洛里昂（Lorient）的船只。"[1]

1592年，从葡属亚述岛出发的一艘西班牙大帆船"马德雷德迪奥斯号"（Madre de Dios），被英国舰队劫持到英国普利茅斯港。当时有人把他所看到从船上卸下来的东方货物记录下来：

船上装载的货品（珠宝除外，因为珠宝太贵重了，他们不会让我们看），主要有香料、药材、丝绸、白棉布、被褥、地毯和颜料等。香料有胡椒粉、丁香、肉豆蔻皮、肉豆蔻核仁、新鲜的生姜；药材有贝加明延令草、乳香、良姜、鞣用枫膏（mirabolans）、芦荟、zocotrina、指甲花等；丝绸有缎子、塔夫绸、里子绸、仿金线织物、半成品的中国丝绸、细丝绸、白色斜纹丝绸、卷曲的cypresse。棉布有白色宽幅的，有精细浆水的，有棕色的等等，也有带盖的和有菱形花纹的毛巾，薄绸和棉布的被褥，与土耳其毛毯类似的毯子，还有不知哪儿来的珍珠、麝香植物、麝香猫、龙涎香。其余货物数量较大但价值不高，如象牙、中国瓷器、可可核、兽皮、如黑玉般的黑檀木、床架、奇怪的树皮纤维的织物、手工艺品。[2]

1698年，法国安菲特利特号首航中国，1700年8月3日返回法国。1700年10月4日起，安菲特利特号上的商品在南特公开销售。据《优雅信使报》1700年9月出版的一期发表的销售公告说，其中的商品有：

---

1 ［法］亨利·柯蒂埃：《18世纪法国视野里的中国》，上海书店出版社2006年版，第107页。
2 袁宣萍：《17至18世纪欧洲的中国风设计》，文物出版社2006年版，第37页。

18世纪欧洲贵族生活的情景,集中展现了当时的"中国热",包括中国丝绸、瓷器、茶等

　　大批的红铜和黄铜器皿;共计8000匹的布帛,包括绢、绮、普通罗和皱纹罗、缎画、重皱织物、哔叽、平纹布、针织棉等;中国的漆、刺绣和绘画;17箱瓷器,包括瓷瓶、瓷碗、瓷盒、瓷壶、大小瓷盘、瓷杯或瓷茶具、瓷酒瓶、平底瓷杯、带把瓷杯、赐糖罐、瓷盐罐、壁炉瓷器配套物、其他各种细瓷产品;17箱漆器,其中4箱各自装有3件小漆匣和带堆金花卉图案的文房四宝,还有9箱装有各种各样的漆桌;14箱酒具;21箱漆画和人物花卉画等;还有30箱中国屏风;4箱叶状屏风;3箱尚未安装好的纸屏

风；455根手杖、大批纸张、广州和南京刺绣、12条挂毯、绣花缎、11条丝巾、6卷绘画、38件麻织品。

《优雅信使报》还告诉读者，人们可以在许多箱中发现其种类和质量相同，而数量各有所异的商品。

在这一时期大规模的国际贸易中，中国成为当时的"世界工厂"，源源不断地为"世界市场"——遥远的欧洲各国生产着他们翘首以待的精美的物质产品。由于中国社会生产力水平高于同一时代的欧洲，所以中国的商品在世界市场上表现出强劲的竞争力。由于社会生产力的发达，劳动生产率高，商品的价格就相对低廉。这些优势都是当时欧洲各国所不具备的。

从16世纪初开始，一直持续了3个多世纪的远东贸易，为西欧各国积累了大量的财富，为它们完成资本原始积累、开始现代工业化进程奠定了雄厚的物质基础。而作为这种贸易的另一端，主要是中国，之所以能够支撑这样持久和大量的贸易，首先在于中国强大的社会生产力。中国为这个时期的全球贸易贡献了巨大的物质财富。瓷器、丝绸和茶叶这三大中国物产，以及其他珍贵的中国工艺品和日用品，是这一时期全球贸易体系中的突出内容。

大量的中国商品涌进欧洲后，在当时的欧洲人看来，这些东西是先进的、高品质的、高档次的、精致的、充满异域风情的，因而也就是时髦的、时尚的、流行的。品种多样、制作精美、丰富多彩的中国商品走进了欧洲人的日常生活，丰富了他们的生活内容，提高了他们的生活品质，改变了他们的审美趣味，甚至在一定程度上改变了他们的生活方式和生活态度，使他们的日常生活丰富起来、精致起来。所以，在那个时候，拥有和享用来自中国的商品，是一种身份的标志，是跟上时代的象征。在当时的欧洲社会，人们以拥有中国物品为时尚和荣耀，中国物品是高雅与先进的象征。

关于中欧贸易对于文化传播的意义，我国学者张国刚教授指出："瓷器、丝绸、茶叶这些极具中国风味的物品经由中西贸易进入欧洲，通过给欧洲人造成的感官冲击而告诉他们，这就是传说中的丝国，是个泛滥着瓷器般优雅而炫目光泽的国度，是块薄雾轻纱般缥缈精致的土地，是个如碧绿的茶叶在水中舒展状的悠闲世界。随着中西贸易的扩大，这些商品经历了一个从高档奢侈品步入寻常百姓家的过程，逐渐成为欧洲人生活中的一部分，其中所蕴含的对中国的想象也随之成为欧洲人关于中国的普遍认识。"[1]

---

[1] 张国刚：《从中西初识到礼仪之争——明清传教士与中西文化交流》，人民出版社2003年版，第64—65页。

第七章 香料、胡药与珠宝的输入

一、几份输入中国的海外物产清单

1. 汉代输入的西域物产

丝绸之路首先是商贸之路。数千年来，各国商旅奔走在丝绸之路上，把中国丰饶的物产，尤其是丝绸、茶叶和瓷器这三大物产源源不断地输往世界各地，丰富了各国人民的生活；同时，也将各国的物产，特别是香料、药物和珠宝等奇珍异物输入中国，也同样丰富了中国人民的物质生活。体现各国人民智慧的物产的交流，是丝绸之路上物质文化交流的重要组成部分。

汉代对外交流的重点在西域。这时，汉地对西域的出口商品以丝绸、铁器为大宗。西域对中原出口的主要物品有金银器、宝石、玻璃器、香料、毛织品、珍稀动物等等。随着丝绸之路的开通，贸易范围进一步扩大，往来十分频繁。当时，"中国丝织品是各地最需要的，至少占中国出口商品的90%；剩下的10%，包括肉桂、大黄和优质铁。作为回报，中国也得到了各种物产，如来自中亚的毛皮、毛织品、玉和牲畜，来自波罗的海的琥珀，来自罗马诸行省的玻璃、珊瑚、珍珠、亚麻布、羊毛织品和黄金。其中，黄金占首位。"[1] 历史学家范文澜说，汉代的对外贸易，"用黄金及丝织品与匈奴交换马、骡、驴、骆驼、兽皮、毛织物，与西羌交换璧玉、珊瑚、琉璃，与南蛮交换珠玑、犀象、翡翠。《盐铁论》说，中国出一端（二丈）素帛，得匈奴值几万钱的货物，外国物产内流，中国利不外溢，是富国的良策。"[2]

在《史记·大宛列传》以及以后的中国史籍中，有不少关于西域诸国物产的记载。这些记载，有些是来自传

---

[1] ［美］斯塔夫里阿诺斯：《全球通史》，上海社科院出版社1988年版，第183—184页。

[2] 范文澜：《中国通史简编》修订本第2编，人民出版社1964年版，第69页。

第七章 香料、胡药与珠宝的输入

闻，但大多数都是已经传入中国的。所以，许多研究者都很注意这些中国史籍里国外物产的记载，甚至把它们视为国外输入中国物产的货物清单。

通过丝绸之路传入中国的货物有琉璃、地毯、毛织物、蓝宝石、宝石、象牙、金银器、玛瑙、琥珀、沉香，以及毛皮、良马、骆驼、狮子、鸵鸟等。汉乐府诗中说：

行胡从何方？

列国持何来？

氍毹、毾㲪、五木香，

迷迭、艾纳及都梁。

由于和境外的交通畅达，往来人员频繁，各种境外物产和珍禽异兽传入中国，"其结果在长安开始流行珍视外国式样商品的异国趣味"。[1] 在长安九市中，有专门经营西域商品的肆市店铺，埃及十色琉璃、罗马火浣布、印度琉璃马鞍、千涂的火齐屏风、琥珀、夜光杯、明月珠、珊瑚、琅玕、朱丹、青碧，以及奇禽异兽等，都有在九市交易，"环货方至，鸟集鳞萃"。

当时在输入中国的西域物产中，以毛皮和毛织品为大宗。横贯中亚北部和伏尔加河流域的北道，沿途出产兽皮、兽毛，因此日本学者白鸟库吉称之为"毛皮之路"。西伯利亚和乌拉尔地区的貂皮都集中在严国，严国成了毛皮的集散地。貂皮以外，里海附近还有白狐青翰，也大量输入中国。

还有大批产于西域的毛织品运到中国。最早培育驯化羊的草原民族还发展起对羊毛制品的开发和利用，羊毛是其重要的纺织或编织原料。大约前1000年，西亚发明了铁制羊毛剪，加速了对羊毛的开发利用。如巴比伦帝国就把羊毛作为与谷物、油并列的"三大物产"。毛织品是游牧民族的特产，西域各国都出产各种毛织物。月氏、安息和大秦的毛织物从汉代开始源源不断地输入中国，极受珍重。汉初未央宫"温室以椒涂壁，被之文绣，香桂为柱，设火齐屏风，鸿羽帐，规定以罽宾氍毹"。

在新疆的考古中陆续发现了许多毛织品。有学者在对这些毛织品进行研究后认为，其中的普通毛织品是当地土产的，而高档毛织品则来自葱岭以西地区。这些外来的高档毛织品都是在丝绸之路沿途的遗址中发现的，主要有两大

新疆民丰尼雅出土的棉布残片，1—2世纪

---

[1] [日] 长泽和俊：《丝绸之路史研究》，天津古籍出版社1990年版，第56页。

类。第一类是栽绒织物，其组织结构如地毯。按照栽绒织扣方法区分，此类毛织物可以分作三种，即结吉奥狄斯扣、结生纳扣、半环形结扣。吉奥狄斯扣起源于现在土耳其的西部，生纳扣起源于伊朗的西北部，半环形结扣的发源地则还不清楚。第二类是氀织物，其织造工艺为局部挖织花纹。这种氀织工艺的发祥地是小亚细亚，波斯语称其为"gilim"，汉代中文文献所说的毛织物"罽"很可能与此波斯语有关。新疆出土的外来毛织品并非来自一个产地，而是产自中亚、西亚，以及地中海周围的不同地区。从这些毛织品的题材及风格上来看，有的是两河流域风格的狮形图案，有的则是希腊风格的马人图案。[1]

在新疆，除了出土一些外来的毛织品外，还发现了一些外来的棉织品。1959年，在新疆民丰县古尼雅遗址中发现的一座东汉晚期（2世纪）的墓葬中，出土了两块蓝白印花棉布的残片，这是我国目前所知的最早的棉布。其中有一块棉布中心部分已经缺失，只能见到半只赤裸的脚，一段狮尾。在它的左下角有一个大约32厘米见方的方框，框内画有一个半身女神像。女神胸怀袒露，侧身斜视，神情安详恬静，身后有圆形光环。她的颈上及臂上都有装饰品，手中持有一个角状长筒容器，容器内盛满了果实。[2] 有学者认为，这幅图案的主题本应是中亚与西亚风格的狮子，只是已经残缺了，图中的女神应是波斯女神。也有学者通过与贵霜帝国金币上的图案进行对比，认为棉布上的女神应是中亚的丰收女神阿尔多克洒（Ardochsho）。这样说来，我国的棉织品最早应是东汉时期从贵霜帝国传入的。

火浣布是丝绸之路上进行交流的物产之一。火浣布即用石棉纺织的布。早在西周时，可能就有火浣布的输入。到汉代中西交通开辟，多有西域进献火浣布的记载。

唐代输入中原的西域物产，品种繁多，五花八门。美国学者谢弗（Edward H. Schafer，1913—1991）的专著《唐代的外来文明》一书，对唐代西域地区及西方各国输入唐朝的商品做了详尽的叙述。他将这些商品分

---

[1] 武敏：《新疆近年出土毛织品研究》，《西域研究》1994年第1期；《从出土文物看唐以前新疆纺织业的发展》，《西域研究》1996年第2期。

[2] 新疆维吾尔自治区博物馆：《新疆民丰县北大沙漠中古遗址墓葬区东汉合葬墓清理简报》，《文物》1960年第6期。

第七章 香料、胡药与珠宝的输入

为人、家畜、野兽、鸟、毛皮和羽毛、植物、木料、食品、香料、药品、织物、颜料、矿产、珠宝、金属，上流社会日用品、神器、书籍等18个大类。下面又细分为169种，如把"人"这一类又分为战俘、奴隶、侏儒、人质、乞丐、音乐家与舞蹈者；家畜分为马、骆驼、牛、绵羊、山羊、驴、骡、野驴和狗；野生动物分为象、犀牛、狮子、豹与猎豹、黑貂、银鼠、瞪羚、岩羚、古怪的有蹄类、猛禽、旱獭、蒙哥、伶鼬、黄鼠狼；珠宝则有碧石、水晶玻璃、光玉髓、孔雀石、青金石、玻璃、犀角、象牙、鱼齿、珍珠、玳瑁、珊瑚、琥珀等等，而且每一种都予以详细说明。这些物品的传入，大大丰富了中国人民的物质生活和精神文化生活。谢弗还引用法国作家普鲁斯特（Marcel Proust，1871—1922）的话说："历史隐藏在智力所能企及的范围以外的地方，隐藏在我们无法猜度的物质客体之中。"他指出："一只西里伯斯的白鹦，一条撒马尔罕的小狗，一本摩揭陀的奇书，一剂占城的烈性药等等——每一样东西都可能以不同的方式引发唐朝人的想象力，从而改变唐朝的生活模式，而这些东西归根结底则是通过诗歌或者法令，或者短篇传奇，或者是某一次即位仪式表现出来的。"[1]

三彩骆驼（陕西历史博物馆藏）

苏鄂编撰的《杜阳杂编》记载，"咸通九年（868），同昌公主出降，宅于广化里，赐钱五百万贯，仍罄内库宝货以实其宅。至于房栊户牖，无不以珍异饰之。"其中有许多来自国外的奇珍异物。如：

又赐金麦银米共数斛，此皆太宗庙条支国所献也。堂中设连珠之帐，却寒之帘，犀簟牙席，龙罽凤褥。连珠帐，续真珠为之也。却寒帘，类玳瑁班，有紫色，云却寒之鸟骨所为也，未知出自何国。又有鹧鸪枕、翡翠匣、神丝绣被。其枕以七宝合成，为鹧鸪之状。翡翠匣，积毛羽饰之。神丝绣被，绣三千鸳鸯，仍间以奇花异叶，

---

[1]［美］谢弗：《唐代的外来文明》，中国社会科学出版社1995年版，第4页。

其精巧华丽绝比。其上缀以灵粟之珠，珠如粟粒，五色辉焕。又带蠲忿犀、如意玉。其犀圆如弹丸，入土不朽烂，带之令人蠲忿怒。如意玉类桃实，上有七孔，云通明之象也。又有瑟瑟幕、纹布巾、火蚕绵、九玉钗。其幕色如瑟瑟，阔三丈，长一百尺，轻明虚薄，无以为比。向空张之，则疎（疏）朗之纹如碧丝之贯真珠，虽大雨暴降不能湿溺，云以鲛人瑞香膏傅之故也。纹布巾即手巾也，洁白如雪，光软特异，拭水不濡，用之弥年，不生垢腻。二物称得鬼谷国。火蚕绵云出炎洲，絮衣一袭用一两，稍过度则燔蒸之气不可近也。九玉钗上刻九鸾，皆九色，上有字曰"玉儿"。工巧妙丽，殆非人工所制。……公主乘七宝步辇，四面缀五色香囊，囊中贮辟寒香、辟邪香、瑞麟香、金凤香。此香异国所献也，仍杂以龙脑金屑。刻镂水精、马脑、辟尘犀为龙凤花，其上仍络以真珠玳瑁，又金丝为流苏，雕轻玉为浮动。……公主疾既甚，医者欲难其药饵，奏云得红蜜白猿膏，食之可愈。上令访内库，得红蜜数石，本兜离国所贡也。白猿脂数瓮，本南海所献也。

上文所述，描绘了同昌公主极尽奢华的生活。其中述说的物品，包括了珠宝、香料、医药等，有相当多的是从外国进献来的。可见，当时宫廷里的外国奇珍异宝数量、品种之多，用途也十分广泛。

2. 汉唐输入的波斯物产

"丝绸之路"开辟之后，中国和波斯之间可能就有了民间交往，有明确记载的两国之间的正式官方往来则始于张骞出使西域之时。嗣后在前1世纪双方使臣、商贾大约即不断往来。中国的锦绣丝绸等特产日益增多地运送到西方，通过安息商人之手而远达近东和罗马。同时，西方的产品，如珠玑、琉璃、象牙、犀角、诸珍奇异物，乃至红兰、葡萄、苜蓿种子等，也源源不断地输入中国。

5—6世纪新疆伊犁昭苏县出土的错金银瓶（新疆伊犁哈萨克自治州博物馆藏）

波斯萨珊王朝和中国北朝几代政权都有通使关系。《魏书·高宗记》记载，文成帝太安元年（455）"冬十月，波斯、疏勒国并遣使朝贡。"这一次是史料记载中波斯萨珊王朝遣使首次到达北魏。从这时开始，直到522年，《魏书·本纪》记载了10个波斯使团。这10个使团前5次应当是到了北魏都城平城，后5次到达的则是493年迁都后的洛阳。这些使节是否都为萨珊王朝所派遣，或有商人所冒充，现则无考。

第七章 香料、胡药与珠宝的输入

但无论如何,从中可知当时中国与波斯交通的繁盛。1981年,大同西郊北魏正始元年(504)封和突墓出土的波斯银盘,1970年,大同北魏城址出土的银多曲长杯、银碗,1988年,大同北魏墓葬出土的银碗,都是典型的萨珊式波斯银器,其中应当有波斯使者带来的波斯产品。

唐初,萨珊波斯被阿拉伯人灭国,整个王朝迁移到唐朝避难,形成了一个比较大的移民集团。除了这些上层贵族组成的移民集团外,还有相当数量的波斯商人活跃在唐朝,从事中西贸易活动,有许多波斯商人甚至常住在中国。实际上,波斯与中国的贸易一直没有中断,而且在隋唐时代有了更大的发展,有许多波斯的物产通过贸易渠道输入中国。

唐人杜佑记载:

(波斯)出象、师子(狮子),多良犬。有大鸟,形如橐驼,有两翼,飞而不能高,食草与肉,亦能啖火。有大鸟卵、真珠、颇梨、珊瑚、琉璃、玛瑙、水精、瑟瑟、金、银、鍮(鍮,tōu,黄铜)石、金刚、火齐、铜、锡、镔铁、朱砂、水银、锦、氍(叠)、细布、氍毹、毾、护那、越诺布(金缕织成)、赤麖皮、薰陆、郁金、苏合、青木等香、胡椒、荜拨、石蜜、千年枣、香附子、诃黎勒、无食子、盐绿、雌黄。又有优钵昙花,鲜华可爱。

宁夏固原出土的北周鎏金胡瓶(宁夏固原博物馆藏)

中国史籍中有关外国特产的记载,在一定程度上可以作为该国与中国的贸易清单来看。那么,从以上所引的资料可以认为,杜佑所列物品清单上,有许多都传入中国。此外,中国与西方的海上贸易,其中也有相当大的部分是通过波斯商船进行的。法国汉学家费琅(Gabriel Ferrand)指出:"从4世纪到7世纪初,中国历代王朝的史料把交趾半岛、锡兰、印度、大食以及非洲东海岸等地的产品统统称为'波斯货',说明这些物品是从波斯运到中国的。"

南北朝时,"波斯锦"及其织造技术就已经传入中国。到唐代,仍有波斯锦继续传入中国。波斯锦的输入一

广州南越王墓出土波斯银盒
（广州西汉南越王墓博物馆藏）

直持续到了8世纪中叶，突厥首领骨吐禄和罽宾国使者也都分别在开元十五年（727）和天宝四年（745）向唐朝廷贡献"波斯锦"。不仅如此，波斯锦还通过中国传到了日本。日本奈良法隆寺里现在还收藏有7世纪的萨珊图式织锦。

隋唐时期，中国的许多纺织品都受到"波斯锦"风格的影响。在新疆阿斯塔那6世纪末至7世纪初年的墓葬中，还发现了不少中国仿制的具有中亚、西亚织锦特征的实物，有以中国织法织成而用萨珊式花纹的产品，后来也有采用萨珊织法和萨珊式花纹的中国织锦产品。中国仿制的"波斯锦"甚至可以达到乱真的程度。

在双边的贸易中，有许多萨珊波斯金银器输入中国。"萨珊的金银器多是统治阶层用的盘、壶、杯、碗、罐等生活器皿和流通的金银币。这些金银器因其造型、雕刻工艺精湛，形成了当时流行的萨珊波斯风格，而且在工艺上常常出现圆雕、錾花、'敲花'等工艺。萨珊波斯金银器艺术从题材上讲，可以分为两类。一类是表现世俗题材的宫廷艺术，另一类是具有一定象征意义的宗教题材艺术。"[1] 唐代以前中国的金银器皿制造业并不发达，包括外国输入品在内，总共发现者也不过数十件而已。萨珊波斯金银器的输入，对唐朝金属制造业，特别是对中国金银器皿制造业的大发展产生了一定的影响。唐代金银器皿的数量骤然激增，已发表的出土和收藏品已近千件。

萨珊波斯银币

萨珊波斯的金银器受到中国上层社会的喜爱与欢迎。唐高祖李渊赐秦琼"黄金瓶"，唐太宗李世民赐李大亮"胡瓶"，即萨珊金瓶或银瓶。唐代金银器制作与使用之盛，不仅限于宫廷、官府，也盛行于民间的茶楼、酒肆，当时酒家多用胡瓶盛酒供

---

[1] 仲高：《丝绸之路艺术研究》，新疆人民出版社2008年版，第425页。

客。其酒也多为西域葡萄酒，或以波斯方法酿造的三勒浆等。日本正仓院所藏唐代的漆胡瓶，其形制显然受到了萨珊金银器皿风格的影响。中国传统的盛酒容器是与盆相近的樽。唐代前期，开始兼用酒樽与胡瓶。洛阳出土的高士饮宴纹螺钿镜和日本正仓院所藏唐金银平文琴上的图纹中，饮酒者面前，除酒樽外，都还摆着胡瓶。胡瓶实为中唐以后的酒具注子和偏提的借鉴，古代的酒注与偏提等物，又是近代酒壶的先型。

由于波斯与中国贸易的发展，从4世纪起，萨珊银币就已在中国各地出现。到了唐代，仍有萨珊波斯的银币流入中国。新疆、陕西、甘肃等地的唐代遗址中，多有萨珊波斯银币出土。

3. 输入中国的罗马物产清单

丝绸之路开辟以后，中国的丝绸和丝线大批量地、源源不断地输往西方各地，其中一大部分输入罗马。与此同时，也有许多的罗马物产输入中国，成为中国人所称的"奇珍异物"。

古书中称罗马为"大秦"。《后汉书·西域传·大秦》记载说，大秦"其地多海西珍奇异物焉"。又"土多金银奇宝，有夜光璧、明月珠、骇鸡犀、珊瑚、虎魄（即琥珀）、琉璃、琅玕、朱丹、青碧。刺金缕绣，织成金缕罽、杂色绫。作黄金涂、火浣布。又有细布，或言水羊毳，野蚕茧所作也。合会诸香，煎其汁以为苏合。凡外国诸珍异皆出焉。"

罗马金币，青海海西州大南湾出土，南北朝时期（甘肃省博物馆藏）

《三国志》卷三十引《魏略》，所记大秦物产：

国出细。作金银钱，金钱一当银钱十。有织成细布，言用水羊毳，名曰海西布。此国六畜皆出水，或云非独用羊毛也，亦用木皮或野茧丝作，织成氍毹、毾㲪、罽帐之属皆好，其色又鲜于海东诸国所作也。又常利得中国丝，解以为胡绫，故数与安息诸国交市于海中。海水苦不可食，故往来者希到其国中。山出九色次玉石，一曰青，二曰赤，三曰黄，四曰白，五曰黑，六曰绿，七曰紫，八曰红，九曰绀。今伊吾山中有九色石，即其类。阳嘉三年时，疏勒王臣盘献海西青石、金带各一。又今西域旧图云罽宾、条支诸国出琦石，即次玉石也。大秦多金、银、铜、铁、铅、锡、神龟、白马、朱髦、骇鸡犀、玳瑁、玄熊、赤螭、辟毒鼠、大贝、车渠、玛瑙、南金、翠爵、羽翮、象牙、符采玉、明月珠、夜光珠、真白珠、虎珀（琥珀）、珊瑚、赤白黑绿黄青绀缥红紫十种；流离（即琉璃）、璆琳、琅玕、水精、玫瑰、雄黄、雌黄、碧、五色玉、黄白黑绿紫红绛绀金黄缥留黄十种；氍毹、五色毹、五色九色首下毹、金缕绣、杂色绫、金涂布、绯持布、发陆布、绯持渠布、火浣布、阿罗得布、巴则布、度代布、温宿布、五色桃布、绛地金织帐、五色斗帐、一微木、二苏合、狄提、迷迭、兜纳、白附子、熏陆、郁金、芸胶、熏草木十二种香。

《后汉书·西域传》所记，以及《魏略》中记载的这些罗马的物产，琳琅满目，实际上，也可以视为罗马帝国向中国出口的货单，充分反映了两国商业往来的频繁和经济交流的活跃。学术界对这份清单十分重视。我国学者沈福伟指出：这份货单"所列货物琳琅满目，详细的程度在中国古籍上空前绝后。这种情况正好反映了罗马帝国在初3个世纪当中东方贸易繁荣时期，中罗两国之间商业往来的频繁，经济交流的空前活跃。"[1]

罗马时代，埃及玻璃制品享誉四方，特别是玻璃珠，由于色彩缤纷、晶莹剔透，加之大批量生产，更在罗马输往东方的船货中占据突出地位。汉代以来，中国人习惯将玻璃称为琉璃，埃及的十色琉璃，无论是器皿还是珠饰，在中国都大受欢迎。广州横枝岗西汉中期墓出土3件玻璃碗，广口，圆形，平底，唇下有凹形宽弦纹。深蓝色半透明。器内壁光滑，外壁经打磨，呈毛玻璃状。3件大小略同，口径10.6厘米，底径4厘米，壁厚0.3厘米。据同位素X光射线荧光分析，3件均为钠钙玻璃，估计是地中海南岸的罗马玻璃中心前1世纪的产品。横枝岗汉墓的时代约在西汉中期，相当于前1世纪，这批玻璃是目前我国境内发现的最早的罗马玻璃器。[2]

甘肃靖远县出土的东罗马镏金银盘，4—5世纪

毛织品和麻织品也是罗马向中国出口的大宗货物。"毛织品、麻织品甚至丝织品，也从叙利亚和埃及的作坊运到中国。""中国的文献还提到贵重的织物，'金色布'是'水羊毛'织成的细布，或是掺和着金屑和各色绫的亚麻毛。……绫是用中国丝重新纺织成的轻纱，其中有些似乎还曾向中国出口；它们和中国丝绸很不一样，以致人们长时间不知道它的原产地，中国人则相信它是罗马人自己制作的某种丝织品。"[3]

---

1 沈福伟：《中西文化交流史》（第2版），上海人民出版社2006年版，第52页。
2 广州市文物管理委员会、广州市博物馆：《广州汉墓》上册，文物出版社1981年版，第239页。
3 ［英］赫德逊：《欧洲与中国》，中华书局1995年版，第70页。

第七章 香料、胡药与珠宝的输入

双人托绿琉璃方戒面金戒指，东罗马帝国

亚历山大等地的织工，善于用金线织绣毛织品、丝织品，运到中国被称为金缕罽、金缕绣，华美瑰丽，列为上品。中国人长于丝织，西方罗马帝国人则长于棉、麻、毛织。上引《魏略》中就列举了8种棉麻织品。如"发陆布"，就是一种优质棉布，得名于著名的亚历山大港灯塔所坐落的法鲁斯岛。毛织品，中国古籍上称为"氍毹""毹"。《魏略》上记载大秦有"黄、白、黑、绿、紫、红绛、绀、金黄、缥、留黄十种氍毹、五色毹、五色九色首下毹"。另一部中国古籍中介绍了埃及毛毯，说毛毯上面织着鸟兽、人物、草木、云气，十分生动；那织着的鹦鹉，竟"远望轩轩若飞"。

广州南越王墓西耳室发现怀疑是乳香的物质，重21.22克，经测定为树脂类，成分已有分解。象牙经鉴定是非洲象。前3世纪中叶，通过布匿战争，罗马战胜迦太基争得西部地中海的霸权，当时罗马商人又频繁活动于红海海域，他们可以轻易地得到主要产于红海沿岸的乳香和非洲象牙，并用这些物品与汉人互易。所以，这些乳香和象牙完全可能是经罗马商人之手传入广州的。

罗马运来中国的珠宝类船货，大多产自埃及和地中海、红海地区。古代西方文献中记载，早在初年，珊瑚就成为罗马帝国运往印度的重要输出物。我国文献中"珊瑚"一词最早出现在先秦时代。多数学者考证认为，"珊瑚"二字并非汉语，而是外来词汇。一说出自古波斯文"sanga"，意为"石头"。《太平御览》等书中也有"大秦珊瑚""珊瑚出大秦西海中""珊瑚出大秦国，有洲在涨海中"等记载。李约瑟指出："红海的珊瑚和珍珠以及波罗的海或西西里岛的琥珀，当然都成为叙利亚商人想贩卖的货品。可是中国人善于从某些叙利亚宝石中鉴别出人造赝品。这一点，是很有意思的。"[1] 能够鉴别赝品，说明这些珍宝的进口量是比较大的，人们已经有了鉴赏和鉴别的丰富经验。

运抵中国的珊瑚多数并非直接取自大秦，而是通过沿海路的西亚、中亚、南亚、东南亚诸国的转口贸易获得。中国史书中，还记录了印度、波斯和阿拉伯等国出产珊瑚。这是由于它们与中国商人间广泛的珊瑚转口贸易及其贡使来朝时所献珊瑚方物，被史籍误载为珊瑚出产国。

---

[1] [英]李约瑟：《中国科学技术史》第1卷《导论》，科学出版社和上海古籍出版社1990年版，第206页。

4. 汉唐输入的印度物产

中国和印度的交通很早就已开辟。季羡林认为："印度物品传入中国在汉代以前就已经有了。"[1] 进入汉代以后，这种物质交流就更多了。《汉书·西域传》说："（罽宾）有金银铜锡，以为器。市列，以金银为钱，文为骑马，幕为人面。出封牛、水牛、象、大狗、沐猴、孔爵、珠玑、珊瑚、虎魄（即琥珀）、璧流离（即璧琉璃）。它畜与诸国同。"《后汉书·西域传》介绍天竺的出产与对外贸易："土出象、犀、玳瑁、金、银、铜、铁、铅、锡，西与大秦通，有大秦珍物。又有细布、好毾、诸香、石蜜、胡椒、姜、黑盐。"

敦煌莫高窟103窟《法华经变》之《往城喻品》，所绘为印度商队通过陆路前往中国的情景

这些物产可能有许多都是传入中国的。《汉书·地理志》还记载：黄支国"户口多，多异物。自武帝以来皆献见。有译长，属黄门，与应募者俱入海，市明珠、璧流离（即璧琉璃）、奇石异物，赍黄金杂缯而往。"从这些记载来看，印度在汉代传入中国的物品，品种繁多，数量也不在少数。

古代印度与中西方的贸易都很发达。在这个过程中，不仅有印度的物产输入中国，还充当了西方物产输入中国的媒介。所以，上述货物清单中所列物产，有印度本地出产的，也有外来"珍物"，即从西方进口然后转运到中国的。在中国汉代及以后有许多波斯、阿拉伯，以及地中海地区的奇珍异物（如钱币、玻璃器和其他艺术品等）被发现，大概很多都与印度的转口贸易有关。

唐代，中印之间贸易比以往更为繁荣，有更多的出产于印度或者经过印度转运的西方商品输入中国。杜佑曾记载印度的物产：

有火齐，如云母而色紫，裂之则薄如蝉翼，积之则如纱縠之重沓。有金刚，似紫

1　季羡林：《中印文化交流史》，中国社会科学出版社2008年版，第16页。

石英，百炼不销，可以切玉，玫瑰、金、铜、铁、铅、锡。金缕织成金罽，白叠、毦。又有旃檀、郁金香等，甘蔗诸果，石蜜、胡椒、姜、黑盐。

杜佑还说，印度"西与大秦、安息交市海中，或至扶南、交趾贸易。多珊瑚、珠玑、琅玕。俗无簿籍。以齿贝为货。"印度的这些物产，以及通过它转运的大秦、安息的货物，都可能通过商业的渠道输入中国。

5. 宋元输入的外国商品

中国历代海外贸易的繁盛，首先是因为中国在商品上、技术上具有很大的优势，长期领先于世界先进水平，因而在国际贸易中发挥着主导作用。中国丰饶的物产，如丝绸、茶叶、瓷器等等，在很长一段历史时期内，一直是各国需求的大宗货物，各国商旅长途跋涉，不辞劳苦，主要是从贩运这些先进的、精美的和实用的中国货物中获取更多的商业利润。

宋代，延续了以往海外贸易的态势，继续进行大规模的海外贸易，把各种精美和精致的商品如丝绸、瓷器等大量销往海外，同时，也把世界各地的物产运销中国。据统计，宋代从海外进口的货物在410种以上。[1]

根据外来物品的用途和种类，宋代外来物品主要可以分为珍奇异宝、纺织品、动物、文化用品和香料等几大类。其中，珍奇异宝主要存在于宋朝的贡赐贸易中，包括犀角、象牙、玫瑰、真珠、北珠等。动物分为珍禽异兽和役畜两大类。其中，珍禽异兽包括驯象、驯犀、红鹦鹉等，主要来自占城、交趾，以及大食等南海诸国。役畜则包括马、牛、骆驼等，主要来自北方少数民族政权。纺织品主要来自高丽和大食诸国，主要有高丽纻布、大食锦和火浣布等；文化用品则主要来自高丽和日本，分别以高丽扇、高丽纸和日本扇为代表；香药是外来物品中种类最多，数量最大，使用最为广泛的品种，以沉檀龙麝"四大香"为主要代表。有学者概括宋代有"五大进口商品"，分别是香药、犀牛角、珠宝、木材、棉布。

《宋史》卷一八六《食货下八》简略记述了开宝四年（971）置市舶司的情况之后称：

凡大食、古逻、阇婆、占城、勃泥、麻逸、三佛齐诸蕃，并通货易，以金、银、缗钱、铅、锡、杂色帛、瓷器，市香药、犀象、珊瑚、琥珀、珠琲、镔铁、鼊皮、玳瑁（玫瑰）、玛瑙、车渠、水精、蕃布、乌樠、苏木等物。

关于宋代进口的外国商品，史籍中有很多记载。在宋代的朝贡贸易中，所贡之物

---

[1] 陈高华、吴泰：《宋元时期的海外贸易》，天津人民出版社1981年版，第47页。

包括国王贡物、王室成员贡物、贡使及随行人员贡物等几部分，主要是本国土特产，如高丽贡金银器、绢、布、马、刀剑、人参、硫黄；交趾、占城、三佛齐等东南亚国家贡象牙、犀角、玳瑁、珍珠、驯象，以及各种香料、香木；大食贡玻璃器、水晶、织锦、香料；于阗、龟兹贡骆驼、马、玉器、乳香等。

《宋会要·辑稿·职官》四四之一八、一九记载，绍兴三年（1133）进口品总计212种。其中，香药177种，珍宝11种，手工业品14种，其他资源性商品10种，资源性商品超过90%。

学术界最常引证的是南宋《宝庆四明志》所列举的外国货物清单。四明即宁波，宋元时代是主要的对外港口之一。除了通往日本、高丽的商船络绎不绝外，还发展了与东南亚、南洋及阿拉伯各国的通商贸易。《宝庆四明志》始撰于宝庆二年（1226），成书于绍定元年（1228）。其中，详细记录了当时进出明州港口的货物品种及名称。其中有202种，除去重复的，实际上是163种。其中细色占有绝大部分，有上百种之多，粗色为60种。

宋代进口的货物品种繁多，可谓琳琅满目。外商将货物运到广州等港口后，有一部分被挑选出来运到都城汴梁。到了南宋，由于政治中心的南移，杭州人口增多，成为大消费中心。因此，商人多把由广州进口的外货运往杭州出卖。由广州等港口上岸的外货不仅运销汴梁或杭州，还运往全国的许多地方。苏过《斜川集》卷六《志隐》说，广州的犀、象、珠、玉，走于四方。可见，由广州进口的外货分配到国内各地。然后还有将中国的商品由汴梁、杭州贩往辽、夏、金等国的情况。

中国古代对外贸易的结构性特点是，进口的商品以资源性产品为主，主要是满足上层贵族社会的奢侈品消费。到了宋代，这种情况有所改变，许多进口商品的消费并不局限于上层社会，也深入到普通民众的生活，特别是京城和大都市居民，也已经开始大量消费进口商品。对大量进口商品的消费，催生了弥漫于全社会的奢侈之风。珠宝业的发展，香药的流行，成为那个时代流行时尚的文化符号。唐代人所惊之华丽器物，在宋代已是百姓寻常之物。因此宋人嘲笑唐人贫眼没见过世面。明王鏊在《震泽长语摘抄》中写道："宋民间器物传至今者，皆极精巧。今人鲁莽特甚，非特古今之性殊也。盖亦坐贫故耳。观宋人《梦华录》《武林旧事》，民间如此之奢，虽南渡犹然。"明郎瑛在《七修类稿》中亦感慨："今读《梦华录》《梦梁录》《武林旧事》，则宋之富盛，过今远矣。"

元代，海外贸易有了更大的发展。以明州港的进口舶货为例，《宝庆四明志》记载的进口货物为160余种，元代《至正四明续志》记载的舶货为220余种，比宋代增加了60余种。

元代主要进口的商品，汪大渊《岛夷志略》记载有100多种。除香料外，还有衣料类、食品类、宝货类、杂货类，都比宋代多，无论是我国对各种番布的进口，还是将其转输其他国家和地区，都尤为频繁。主要进口商品有：

象牙、犀角、珍珠、琥珀、片脑、梅花片脑、肉豆蔻、白豆蔻、米脑、硼砂、肉桂、苏木、降真香、安息香、丁息、打白香、木香、罗斛香、龙涎香、上等沉速香、黄熟香头、栀子花、百合、萝蔔、琼花、蔷薇水、波罗蜜、大枫子、红檀、苏木勃、盈山、龟筒、腽肭脐、鸭咀胆、芎蕉、苇粟、甸子、檀木、椰心簟、生金、黑小斯、小丁皮、鸦忽石、青蒙石、鹤顶、驼毛、张叶、软棉、木棉、丝布、皮桑布、芯布、高你布、兜罗布、花布、打布、棉布、竹布、大手巾布、八丹布、白布、玳瑁、猫儿眼睛、琉璃瓶、白银、沙金、铜、铅、锡、鸦鹘石、青琅玕、珊瑚树、红石、蚌珠、琉璜蜡、红紫、茄蓝木、乌梨木、贝八子、白藤、浮留藤、藤杖、万年枣、胡椒、孩儿茶、椰子、槟榔、石榴、波萝、甜瓜、单皮、西瓜、马乳葡萄、黄豆、黍子、紫蔗、米、麦、盐、蔗酒、酒、鱼干、孔雀、仙鹤、鹦鹉、骆驼、西马、骏马、牛、大羊、绵羊、鸡、鸭、绿毛狗、熊、鹿、豹、麂皮、麝檀、翠羽等。

《大德南海志》记录了元代广州上岸的外国货物的清单。

宝物：象牙，犀角，鹤顶，真珠，珊瑚，碧甸子，翠毛，龟筒，玳瑁。

布疋（四）：白番布，花番布，草布，剪绒单，剪毛单。

香货：沉香，速香，黄熟香，打拍香，暗八香，占城，麂熟，乌香，奇楠木，降香，檀香，戎香，蔷薇水，乳香，金颜香。

药物：脑子，阿魏，没药，胡椒，丁香，肉子豆蔻，白豆蔻，豆蔻花，乌爹泥，茴香，硫黄，血竭，木香，荜拨，木兰皮，番白芷，雄黄，苏合油，荜澄茄。

诸木：苏木，射木，乌木，红柴。

皮货：沙鱼皮，皮席，皮枕头，七鳞皮。

牛蹄角：白牛蹄，白牛角。

杂物：黄蜡，风油子，紫梗，磨末，草珠，花白纸，藤席，藤棒，虵子，孔雀毛，大青，鹦鹉螺壳，巴淡子。

6. 郑和船队带回的西洋物产

郑和船队在所经各地进行贸易，收购的当地物品，有乳香、血竭、芦荟、没药、安息香、苏合油、木别子，有宝石，珍珠，香货之类等等。

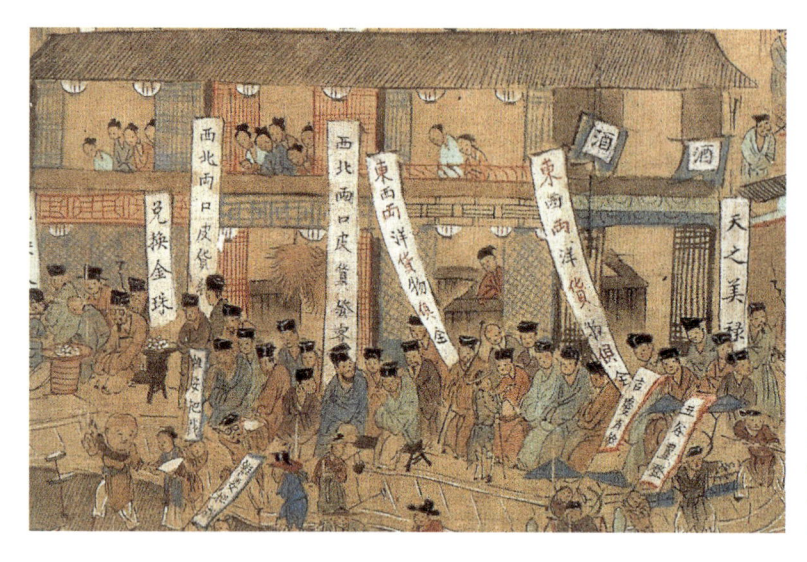

明·《南都繁会图卷》局部，描绘了明代南京盛况。图中的大标语"东西两洋货物俱全"，反映了当时中国与西洋各国的贸易交往（中国国家博物馆藏）

马欢的《瀛涯胜览》对各国的物产均有详细记录。按照历史学家万明的研究，这些物产大致可分为七大类：①宝物类，如珍珠、宝石、金子等。②香药类，如乳香、胡椒、苏木等。③果品类，如石榴、葡萄、波罗蜜等。④粮食类，如米、麦等。⑤蔬菜类，如黄瓜、葱、蒜等。⑥动物类，如狮子、麒麟等。⑦织品类，如西洋布、丝嵌手巾等。[1]

万明根据对《瀛涯胜览》的研究，得出这些海外物产进入交流的主要有：

犀角、象牙、伽蓝香、金子、宝石、红马厮肯的石、苏木、降真香、绵布、乳酪、胡椒、野犀牛、珊瑚、锡、珍珠、香货、西洋布、花巾、海鱼、宝石与珍珠厢宝带、丝嵌手巾、织金方帕、龙涎香、椰子、乳香、血竭、芦荟、没药、安息香、苏合油、木鳖子、骆驼、猫睛石、各色雅姑、金珀、蔷薇露、狮子、花福鹿、金钱豹、驼鸡、白鸠、金银生活、熟食、彩帛、书籍、金厢宝带、蛇角、苹布、姜黄布、布罗、布纱、纱塌儿、兜罗锦、绢、刺石、祖把碧、祖母喇、金刚钻、金珀珠、神珀、蜡珀、黑珀、美玉器皿、水晶器皿、十样锦剪绒花毯、各色梭幅、撒哈刺、莫罗、莫纱。[2]

历史学家方豪据有关资料统计，郑和船队进口货物主要有下列诸种：①五金类17种。②香类29种。③珍宝类23种。④动物类21种。⑤布类51种。⑥用品类8种（金属品不在内）。⑦药品类22种（香类不在内）。⑧颜料类8种。⑨食品类3种（番盐、糖

---

[1] 万明：《明代中外关系史论稿》，中国社会科学出版社2011年版，第248页。
[2] 万明：《明代中外关系史论稿》，中国社会科学出版社2011年版，第252页。

霜、胡椒）。⑩木料类3种。[1]

在历史上，东南亚地区一直与中国有比较密切的商贸往来，中国的许多外来物产，包括植物、香料、药物等，都是来自这一地区。永乐、宣德年间的郑和下西洋活动，在很大程度上促进了中国与南洋、西洋各国的贸易。

王世贞《弇山堂别集》卷一《成祖功德》称：

各国贡物，自金、银、犀、象、香药、珊瑚、玳瑁、鹤顶、龟筒诸器皿外，鸟则有孔雀、火鸡、红白鹦鹉、倒挂驼鸟，兽则有麒麟、白鹿、白象、红猴、黑熊、黑猿、白鹿、福禄、马哈剌、六足龟、白獭，而中国亦自两进驺虞，人则有金衣、银衣人、黑小厮，香则各色龙脑、奇南、苏合油，布则兜罗绵、红撒哈剌、八者蓝觊木、黑芜蔓、番沙红绞、节智杜花头乍莲花织人、象之类、珍珠、宝石、奇怪之物，充牣天府。

明代与东南亚地区的贸易往来比前代大为发展、扩大，海上交通更为发达，往来的贸易品数量大为增加，货物的种类也比以前更多。据明人申时行《万历明会典》所记，明代前期从东南亚各国进口的商品，有160多种，大致可分为七大类，即香料类、珍禽异兽类、奇珍类、药材类、军事用品类、手工业原料、手工业制品类。

还有学者统计，在17世纪以前，从东南亚经由海道输入中国的货物多达300余种。其中，尤以名目繁多的香料和药材为最，象牙、犀角、珍珠、袄帽等宝物，以及各种布匹和皮货次之，还有少量工艺品、食品和手工业原料。

7. 明清之际输入中国的欧洲商品

晚明和清前期，欧洲对中国的贸易，由于大航海时代的来临，出现了高

清·《万国来朝图》局部（故宫博物院藏）

[1] 方豪：《中西交通史》下卷，上海人民出版社2008年版，第441页。

广州明墓出土的威尼斯银币

速增长的态势。明中叶以后，是我国商品货币经济发展较快的时期。由于社会生产力的不断提高，无论是丝织品、棉布、糖、瓷器、铁器，还是粮食、药材等产品，在国际市场上都具有很强的竞争力。而在15—16世纪中叶，西欧国家没有什么民生产品可以打进中国市场。因而欧洲商船的输入品主要是白银。

不过，除了大量白银输入我国之外，也输入了许多欧洲的商品，商品种类、数量也很多。主要有香料、药材、鱼翅、紫檀、黑铅、棉花、沙藤、檀香、苏合香、乳香、西谷米、丁香、降香、胡椒、藤子、白藤、黄蜡、哔叽缎、哆啰呢、羽毛布、自鸣钟、小玻璃器皿、玻璃镜、哆啰绒哔叽、银圆、珊瑚、玛瑙、洋参等数十种。[1]美国输入的商品有皮货、粗棉、铅、人参、水银、檀香水等。

18世纪末以后，由于英国工业革命的结果，英国纺织工业生产力空前提高，棉布、棉纱生产突增，棉布、棉纱输入中国的数量骤然增加。至鸦片战争前夕，西欧国家输入中国的商品中棉花占首位，每年平均输入棉花达50万担，价值500万元；棉布占第二位，每年进口53万匹，价值138万元；呢绒占第三位，每年输入价值103万元；棉纱棉线占第四位，每年进口价值为62.5万元。

在欧洲国家与中国的交往中，也有一些国家使臣向中国朝廷进献礼品，成为欧洲物产进入中国的一个渠道。清人王士禛《池北偶谈》收录一篇杂文《荷兰贡物》，其中记载了荷兰使臣向清朝廷进献的礼品。

荷兰国自康熙六年（1667）入贡，今二十五年。台湾平，设郡县，其王耀汉连氏甘勃氏遣陪臣宾先吧芝复奉表进贡，表词有云：外邦之泥丸尺土，乃是中国飞埃；异域之勺水蹄涔，原属天家滴露云云。贡物大珊瑚珠一串，照身大镜二面，奇秀琥珀二十四块，大多罗绒十五匹，中多罗绒十匹，织金大绒毯四领，鸟羽缎四匹，绿倭缎一匹，新机哔叽缎八匹，中哔叽缎十二匹，织金花缎五匹，白色杂样细软布二百一十九匹，文采细织布一十五匹，大细布三十匹，白毛裹布三十匹，大自鸣钟一座，大琉璃灯一圆，聚耀烛台一悬，琉璃盏异式五百八十一块，丁香三十担，冰片三十二斤，甜肉豆蔻四甕（瓮），厢金小箱一只（内丁香油、蔷薇花油、檀香油、桂花油各一罐）葡萄酒二桶，大象牙五支，厢金鸟铳二十把，厢金马铳二十把，精细马铳十把，彩色皮带二十佩，厢金马铳中用绣彩皮带十佩，精细马铳中用精细小马铳二十把，精细马

---

1 ［英］格林堡：《鸦片战争前中英通商史》，商务印书馆1964年版，第71页。

铳十把，厢金佩刀十把，起花佩刀二十把，厢金双利剑十把，双利阔刃十把，起金花单利刃六把，照星月水镜一执，江河照水镜二执，雕制夹板三只。

外国的贡品主要是进入宫廷，同时通过商业渠道进来的欧洲商品，则在中国社会中流行起来。可以说，晚明至清前期，大量进口的外国商品，包括来自欧美的商品，已经进入人们的日常生活。

二、香料

1. "商胡"与香料贸易

古代通过朝贡和贸易渠道输入中国的海外物产，数量巨大，品种繁多，极大地丰富了中国人的生活。其中，持续时间最长、影响最大的进口商品，主要有香料、胡药和珠宝等几大项。

在传统中外贸易中，香料、胡药、珠宝是中国最大宗的进口商品。自汉代以后，域外的香料大举进入中国，对中国人生活的影响是很深刻的。它不仅成为人们生活的一项内容，改变了人们的卫生、起居习惯，并且与中国传统文化相结合，影响到人们的审美情趣、生活态度，促进了中国人日常生活的精致化，特别是贵族阶层和文化人的生活精致化。因而，由于域外香料大举进入中国而形成的中国香料文化，成为中国传统文化的一个组成部分。

香料是热带芬芳类植物和动物分泌的香胶，产于东非和阿拉伯地区，以及印度、中南半岛、马来群岛诸地，有止痒杀菌、祛腥除臭、清洁环境的作用，其药用功效更多。当时，东西海上国际贸易为阿拉伯人所控制，故经营香料、胡药买卖的多是大食和波斯商人。海南大盗冯若芳曾在南海"波斯舶"上掠取大量香材或香料，并以此致富。长庆四年（824），波斯大商李苏沙向朝廷进贡沉香亭子材，此"波斯大商"是以兴贩香材为业的胡商。又据记载，番禺牙侩徐审与"舶主何罗吉"是朋友，这位何罗吉是从事香料贸易的胡商。他们临别时，何罗吉赠三枚鹰嘴香给

广州汉墓出土的平盖方柱豆形熏炉

明·陈洪绶《斜倚薰笼图》
（上海博物馆藏）

北宋·张择端《清明上河图》（故宫博物院）里的香铺

徐审，据称可避时疫。后来番禺遭遇大疫，徐审全家焚香得以幸免，后来这种香就被称为"罗吉香"。

武后永昌元年（689），洛阳北市"香行社"造像记中，记录了社官、录事及社人等20余人的姓名，其中有安僧达、史玄策、康惠登、何难迪、康静智等。这些人的姓氏都为粟特胡姓，很可能就是来自中亚的商胡或他们的后裔。

广州是唐代最大的香料、胡药集散地之一，鉴真在广州见到江中有婆罗门、昆仑等地来的海舶，装满了香料、胡药、珍宝，积载如山。

唐代扬州香料、胡药市场十分兴隆。鉴真由扬州东渡日本时，曾在扬州采购了麝香、沉香、甲香、甘松香、龙脑香、胆唐香、安息香、栈香、零陵香、青水香、熏陆香、毕钵、诃梨勒、胡椒、阿魏等近千斤香料。而此类由"波斯舶"贩运而来的香料、胡药，又多在这里的"胡店"出售。唐时日本多次派人来中国求香料、胡药，在正仓院珍藏的香料、胡药物品中，有相当大的部分产自阿拉伯地区，有从扬州购买去的，或经由扬州转运到日本的。唐代诗人皎然在《买药送杨山人》中有"江南药少淮南有""扬州喧喧卖药市"之句，描述了当时扬州香料、胡药市场的繁荣。

唐代的魏郡也有同样的香料、胡药市场，据《太平广记》记载，当时贩卖香料、胡药者，在"其药有难求未备者，日日于市邸谒胡商觅之"。香药是当时非常名贵的药物，"龙涎香每两与金等"。《新纂香谱》有一则记载："海贾鬻真龙涎二钱，云三十万贯可售，鬻时明节皇后许酬以二十万贯，不售。"可见，香料、胡药属物贵价昂之物，以至连皇后欲买都不予削价。

香料或香材也是外国政府向唐朝进贡的重要物品。据史书不完全统计，天竺、乌苌、糠陀洹、伽毗、林邑、诃陵等国都曾向唐朝"贡献"香料，涉及的种类主要有郁金香、龙脑香、婆律膏、沉香、黑沉香等等。有时将外国贡献的香料统称为"异香"，即在唐朝境内稀见的香料，而外来的香料也被赋予了种种神秘的特性。

2. 宋代输入的外国香料

到了宋代，中国的香文化更加成熟和精致，对人们日常生活的影响也更全面、更深入。用香成为普通百姓日常生活的一部分，与"品茗""观画""插花"一起成为中国文人生活的四大雅事。而在进口商品规模快速增长以后，香料、胡药成为最大宗的商品。

绍兴十一年（1141）十一月，户部"重行裁定市舶香药名色"，共有330余种。其中，绝大部分是香料和药材，主要从大食诸国、真腊、占城、阇婆等国输入。另有学者据南宋泉州市舶官员叶廷珪写的《香录》和赵汝适写的《诸蕃志》及《宋会要辑稿》等史料所载统计，当时，由国外进口的香料种类达330多种，除原有的阿魏、木香、降真香、丁香、没药、胡椒、豆蔻、苏木等外，还新添了龙涎香、速香、黄熟香、生香、断白香、黑塌香等几十种之多。即使同一种药，也比唐代多了不少亚种，仅龙脑香就有9种之多（熟脑、梅花脑、米脑、白苍脑、油脑、赤苍脑、脑泥、鹿速脑、木札脑）。药物的形态各异，除生药、成药（膏药）外，还出现了前所未有的瓶装药露（如蔷薇露、大风油等多种花露）。

宋代香料的贸易数量巨大，大食蕃客罗辛一次就"贩乳香值三十万络"。仅宋神宗熙宁十年（1077），广州市舶输入的乳香一种就多达34万余斤。由广州进口的乳香约占全中国的98%，故乳香又称为"广东香"。南宋建炎四年（1130），泉州仅采买乳香一项就达86780斤。《宋会要辑稿》记载：南宋绍兴二十五年（1155），从占城一地输入泉州的香料有沉香等七种，共计63334斤。1974年在泉州后渚港发掘的宋代沉船上，就发现有大量的香料木（有降夏香、檀香和沉香等），还有胡椒、槟榔、乳香等。其中，有一种经炒制过的乳香，它属于索马里原乳香一类，说明当时输入泉州的香料来源很广，远至东非诸国。

由于香料风靡社会，通过转手贸易，香料（特别是那些真正的外来货）的价格一路上升，以至宋代蔡绦在《铁围山丛谈》中说，"多海南真水沉，一星直一万"。除大食、波斯等外商输入外，北宋政府还派遣内侍出国"博买香药、犀牙、真（珍）珠、龙脑"，或者"说喻番商"，优惠采购。

三、胡药

1. 唐代输入的胡药

唐代，中国与西域的贸易中，药物的进口是大宗。西域药物的主要进口国以天竺、波斯、大食、大秦等为主，还包括南海诸国甚至拜占庭等更远的地方。

外国药物进入中国，一个渠道是政府间的交往，外国政府使臣将药物作为礼品或贡品进献给中国政府。这样的事例在史籍上多有记载。如在759年，西域龟兹叶护贡赠唐朝的礼品中，有200多种贵重药材和许多香料味品。

另一个渠道是作为商品销售到中国的，这是更大宗、品种更多的渠道。义净《南海寄归内法传》卷三第二十七条"先体病源"提到："西方则多足诃黎勒，北道则时有郁金香，西边乃阿魏丰饶，南海则少出龙脑。三种豆蔻，皆在杜和罗。两色丁香，咸生堀沦国。"义净提到的这些药物都是进口中国的大宗货物。

唐代输入的西域药物，有很多来自阿拉伯地区和波斯，主要有珊瑚、琥珀、炉甘石、密陀僧、石硫黄、绿盐（石绿）、金钱矾、乳香、没药、安息香、芦荟、莳萝（小茴香）、胡黄连、石蜜、阿月浑子、无石子（无食子、没食子）、阿魏、匾桃（婆淡、巴淡杏）、波斯枣（窟莽）、诃梨勒等。《酉阳杂俎》《海药本草》《宋史》《岭外代答》《诸蕃志》等文献记载，其中：

矿物类药物有炉甘石、密陀僧、石硫黄、绿盐、水银、白铜、生银、硼砂、金钱矾、白矾等。

第七章 香料、胡药与珠宝的输入

植物类药物有乳香、没药、安息香、珊瑚、珑拍、芦荟、葫芦巴、押不卢、漪萝、胡黄连、砂仁、苏合香、石蜜、阿月浑子、无石子（没食子）、五味子、木香、丁香、肉豆范、阿魏、偏桃（婆淡，巴旦杏）、薰陆香、波斯枣（窟莽）、诃黎勒、阿勒勃、婆那婆（波罗蜜）、胡薄荷、齐暾（橄榄叭翻齐）、阿昪、指甲花等。

动物类药物有象牙、眼朋脐、牛黄、犀角、狗宝等。

此外，还有蔷薇水、甘露等。

从这些输入的药物名称看，它们大多出于阿拉伯语、波斯语的译音或译义。因此可以说，这时西域药物的输入，主要得益于来华的大食、波斯商贾。

传入中国的印度药物也很多，其中有胡椒、补骨脂（又作婆固脂、破故纸）、青黛（靛花）、郁金香、婆罗、天竺桂等。由于佛教戒律中以"不杀生"为五戒之首戒，所以佛经中用以治疗的药物少有"血肉有情之物"，大多是草类、木类、矿物类。龙脑、木香、豆蔻、乳香、没药、郁金、诃黎勒、返魂香等数十种药物，原产于印度和东南亚等地，传入我国后，成为中药的重要组成部分。

唐朝上层社会对印度药物尤为重视。据记载，显庆元年（656），唐高宗曾命印度高僧那提充使，"敕往昆仑诸国，采取异药"。麟德元年（664），又敕令玄照法师前往迦湿弥罗国迎取"长年婆罗门僧"卢伽溢多，为高宗合长生不老药，卢伽溢多复命玄照往西印度采药。开元四年（716），玄宗准备派遣专使往师子国，"求灵药及善医之妪，置之宫掖"。这些采药专使的具体使命是求取长生异药，反映出唐朝社会对外来药物需求的迫切性。

《孙真人备急千金要方》九十三卷，唐孙思邈撰，明嘉靖刻本

当时文献记载的通往西域的丝绸之路上常见的商品清单中，或在介绍一些国家物产的清单中，药物（特别是香药）都占有一定的份额。所以，有的学者将丝绸之路称为"香药之路"。随着海上丝绸之路的兴盛，作为舶来品，外来药物的商业利润无疑更刺激了胡商的贸易热情，与中土有着直接的药物交易。所以，唐代的外国商人在经营珠宝业、香料业的同时，也有许多从事药物贸易。在许多文献中，包括文学作品中，都有关于胡商或"商胡"的描写，这些外国商人从事的贸易活动，除了珠宝外，另一项大宗的贸易就是药物和香料，而且香料中也有许多是入药的。

胡商贩运药物入华，其去向也有多种：或是直接进贡给皇室或官府，或是由市舶司等官方机构收购，还有运输商自主经营药店，批发给胡商或华商分别经营（或联手经营）的药行与药店，或贩卖给寺院。胡商在中土卖药的地点分布较广，一般是在几个大都市或者主要的交通要津。在长安和洛阳，有专门从事药材贸易的胡商和商业组织"行"与"市"。长安有"宝货药肆"，东市有药行。洛阳龙门石窟药方洞南上方的香行佛龛题记，记载了永昌元年（689）北市香行名录，其中有胡人安僧达、史玄策、康惠登、何难迪等，更多的是汉人坐商。这说明唐初洛阳北市有由胡、汉商人共同组成的香药贸易行。

　　胡商所从事的药材贸易多是一些名贵药材。平日难见之药需要到胡商那里去买，而这种"难求"的药物必定包括了唐朝以外地区出产的药物。正是这些"难求未备"的药，使胡商占据大量的医药市场。物以稀为贵，其价格和利润自然不菲。

　　隋唐时期外来药物种类繁多，不少于数百种。唐代郑虔的《胡本草》、五代前蜀李珣的《海药本草》记载了大量的外来药物。历代医籍中，凡所述药物，冠以"胡"者，多为外来药物。日本正仓院不仅留有罕见的唐代药材实物，而且其药账单和鸟毛立女屏风裱褙文书都有来自波斯、印度、南海和西域的胡药记载，其中多是盛唐时期从西亚、印度到中国，转口至新罗的香料与生药，最终到了日本。

　　1970年，考古工作者在西安南郊出土了两瓮唐代窖藏文物计1000多件，其中有许多金银器物和金石药品。这些文物的出土地点相当于唐长安城义宁坊所在地，很可能是唐玄宗的堂兄邠王李守礼后人的遗物。据报告，出土的药物计有丹砂7081克、钟乳石2231克、紫石英2177克、白石英505克、琥珀10块、颇黎16块、金屑787克、密陀僧16斤和珊瑚等9种。这些药物多与养生有关，而且有许多属于舶来品，即通过海上贸易得到的外来药物。外来药物在唐朝上流社会的盛行，可见一斑。

　　外来药物在中国的传播，受到中国医学家的高度重视，并且积极吸收和借鉴，融入中国医药学的体系，丰富了中国医药学的内容，也大大丰富了中国医药学的药典宝库。

2. 宋元输入的阿拉伯药物

　　唐宋以后，香料与药物的进口数量更大、品种更多，来源地也更广泛。而在这个时期，由于阿拉伯和波斯商人成为中西交通贸易的主体，往来的商船多是来自阿拉伯地区。许多国家的物产是经由他们转运的，所以到中国的商品也都记到他们的名下，认为是阿拉伯的产品。这样，在宋代，输入中国的香料和药物，无论是阿拉伯本土所产的，还是阿拉伯商人转运的，都被认为是阿拉伯香药。历史学家白寿彝说："异国香药之初度入华，当然是由商人宣传它们的用法和它们品质之佳妙。它们还能入方剂，也许有一部分是中国人偶尔的发现，但大体上恐怕还是得其知识于香药商人。"[1]

宋嘉祐二年（1057），宋朝成立了校正医书局，开始校修《开宝本草》，历时3年，于嘉祐五年（1060）八月书成，命名为《嘉祐补注神农本草》，简称《嘉祐本草》，又编绘《图经本草》。其中涉及进口药物，即询问市舶药商，并取药物各一二两，或一二枚封角送至京城，以作编绘注解之凭据。这是继唐代之后又一次全国范围内所进行的规模浩大的药物普查。在宋代医方中，出现了许多以进口药材为主的药剂，如《圣济总录》中仅"诸风"一门即有"乳香丸八种，乳香散三种，乳香丹一种；木香丸五种；木香汤一种；没药丸五种，没药散两种；安息香丸两种；肉豆蔻丸一种"。

又如《太平惠民和剂局方》中，以阿拉伯香药为主并以此标名的方剂，绍兴元年（1131）以前有10种，绍兴年间（1131—1162）续添3种，宝庆年间（1225—1227）再增4种，淳祐年间（1241—1252）续增18种。《崇文总目》载有安文恢（一名安堰）所著《万全方》（一作《万金方》）3卷，有学者认为此方可能是阿拉伯人所撰的医方。[2]

到了元代，继续有阿拉伯的各种香料和药物源源不断地输入中国。元朝统治者对阿拉伯药物很感兴趣。如自波斯等地运入的橄榄油，元朝统治者"皆以重阶收买之，宝藏之，视若无上之药物"。

汪大渊《岛夷志略》记载，当时中国商船在同波斯湾地区的贸易中，运回不少药材，如甘埋里的丁香、豆蔻、苏木、麝香；挞吉那的水银、硫黄、加里那的水银、苏木；波斯离的大风子、肉桂等。《常德西使记》也记载了中亚的几种特效药物，如阿只儿，状如苦参，治马鼠疮；妇人损胎及打扑内损，用豆许咽之自消；阿息儿，状如地骨皮，治妇人产后衣不下，又治金疮脓不出，嚼碎敷疮上即出脓痊愈；奴哥撒儿，形似桔梗，治金疮；肠与筋断者，嚼碎敷之自续。周达观《真腊风土记》中记述了真腊（柬埔寨）出产的犀角、降真香、豆蔻、紫梗、大枫子油等药物。这些记载说明，当时出国的旅行者对外国生产的药物也很关注。

元代商胡药物输入的途径之一，是诸汗国的"进贡"。伊儿汗合赞、不赛因诸王先后多次遣使向元朝廷进贡。在所贡物品中，商胡药物占了很大比重，其中多有珍奇

---

[1] 白寿彝主编：《中国回回民族史》，中华书局2003年版，第300—301页。
[2] 范行准：《中国与阿拉伯医学的交流史实》，《医史杂志》1952年第4期。

之品。1320年7月，商胡太医进药"打里牙"（即塔里牙），一次酬值竟达15万贯之巨，进药数量之大足以想见。

在药物学方面，阿拉伯的医生与药物学家善于使用复方制剂，主药、佐药与替代药物巧妙搭配，首先开始将樟脑、氯化氨与番泻叶等作为药物加以使用。在他们的处方里，还出现了来自中国、东南亚、喜马拉雅山脉以及非洲的药物。他们首创了糖浆、软膏、搽剂、油剂、乳剂或脂等剂型，以及丸药的金、银箔外衣，甚至今天西方医学界使用的"Syrup"（糖浆）、"Soda"（苏打水）等词汇，都是从阿拉伯语音译过来的。

传教士白晋、张诚撰《西洋药书》

糖浆的阿拉伯语称为"sharab"，中文译为"舍儿别""舍里别"等，意译为"煎"。元代时已多使用此类制剂。元朝廷曾下令在闽浙、云南等地专门制造糖浆，并作为地方贡物而源源不断输入中原。"舍儿别"一类制剂，至清代赵学敏《本草纲目拾遗》中，尚有记载。

阿拉伯医学家伊本·西那（ibn-Sīna，980—1037）的书中有用金、银箔做药剂丸衣的记载，这在当时是比较先进的医药技术，金、锡箔不仅对药物能起到防腐等作用，对提高药剂疗效也有一定作用。这种技术在宋时传入我国，并得到进一步发展与应用，促进了我国丸衣剂型的多样化。[1] 由于这种丸剂当时在我国尚属新奇，故北宋时有中国药商经营朱砂丸而成巨富。

除药物外，当时还有大量商胡方剂输入中国。至元二十九年（1292），大都、上都始置"回回药物院，秩从五品。掌回回胡药事"。从此，"回回医药""回回药物"成了阿拉伯医药在中国的别称，阿拉伯医药在元朝廷里，有了崇高的地位。

宋元时代大量阿拉伯药物的输入，及一些阿拉伯药物在实际应用中日益广泛，促进了当时人们对阿拉伯药物的认识和研究，某些阿拉伯药物为中国本草学所吸收，逐渐华化为后世所习用的中药。

1　范行准：《中国与阿拉伯医学交流的史实》，《医史杂志》1952年第4期。

3. 清宫廷中的西药

明末清初，有许多欧洲天主教传教士来华传教。康熙曾患病由传教士用西药治愈。此后，康熙对西医药学十分重视，并请传教士医生在宫廷内治病，西药也陆续进入宫廷，得到应用。

清宫廷的药材来源大致有征收各省药材、官员进贡、外买药材和成药、外国使节馈赠、宫中自制药品五个主要途径。通过这些途径，各种药材和部分成药源源不断地进入宫廷，从而有力地保证了清宫药材供应的充盈。宫中御药房和造办处对进入宫廷的药材进行加工炮制，制备成型，最大限度地满足了宫廷用药的需求。而外国药品的流入，无疑极大地丰富了清宫医药的品种，是对中成药的补充。

外国使团或组织的代表到中国来，所携带的礼品中包括一些西药。康熙六年（1667），荷兰巴达维亚总督派遣使臣范·胡恩来华，使团以国王名义进呈的方物有丁香、鞍辔具、刀剑、哆罗呢绒等，以使臣范·胡恩个人名义进呈方物有蔷薇露20罐、枪支等。康熙九年（1670），葡萄牙印度总督以国王阿丰肃六世的名义派遣使臣玛讷撒尔达聂向清廷"奉表入贡"，馈赠给清廷的礼物中有伽南香、犀角、乳香、苏合香、丁香、金银乳香、花露等香料和药物。康熙二十五年（1686），荷兰国王耀汉连氏甘勃再一次向中国派出使团，使臣携带的礼品中有丁香30担、檀香20担、冰片32斤、肉豆蔻4瓮，丁香油、蔷薇花油、檀香油、桂皮油各1罐。

除了国王派出的外交使团外，驻澳葡人时常以感谢朝廷在贸易方面提供便利为由，通过两广总督向康熙帝转呈土物。如，康熙五十八年（1719）正月初九日，两广总督杨琳具折转呈澳门议事会理事官喺嗦哆等人之意，进献16种土物，其中有槟榔膏6罐、水安息香共20个、保心石大小共20个、珊瑚2树、鼻烟12罐。几天后，澳门议事会理事官罗萨等又转献康熙皇帝礼品，其中有欧洲最好的酒4箱，每箱12个玻璃方瓶，秘鲁金鸡纳皮1箱，极好之膏药、止痛药等1箱，吐根制剂1锡箱。

无论是在京还是散居各省的传教士，大都携有药物。这些药物一是自用，以备不时之需；二是给官员或民众作为疗疾之用；三是当作礼品进呈给皇帝。康熙四十八年（1709），江西巡抚郎廷极上奏该省属各府所驻之传教士进献的西洋物件：建昌府天主堂马若瑟（Joseph de Prémare，1666—1736）进格尔默斯1瓶、洋酒4瓶；临江府天主堂傅圣泽（Jean Francoise Foucquet，1665—1741）进洋酒8瓶；抚州府天主堂沙守信（Emeric Langlois de Chavagnac）进洋酒6瓶；九江府天主堂冯秉正（Joseph-Francois-Marie-Anne de Moyriac de Mailla，1669—1748）进洋酒6瓶；赣州府天主堂毕安进洋酒2瓶、德里鸦噶1匣；南昌府天主堂穆泰来进洋酒2瓶。此次进呈物品以洋酒居多，也包

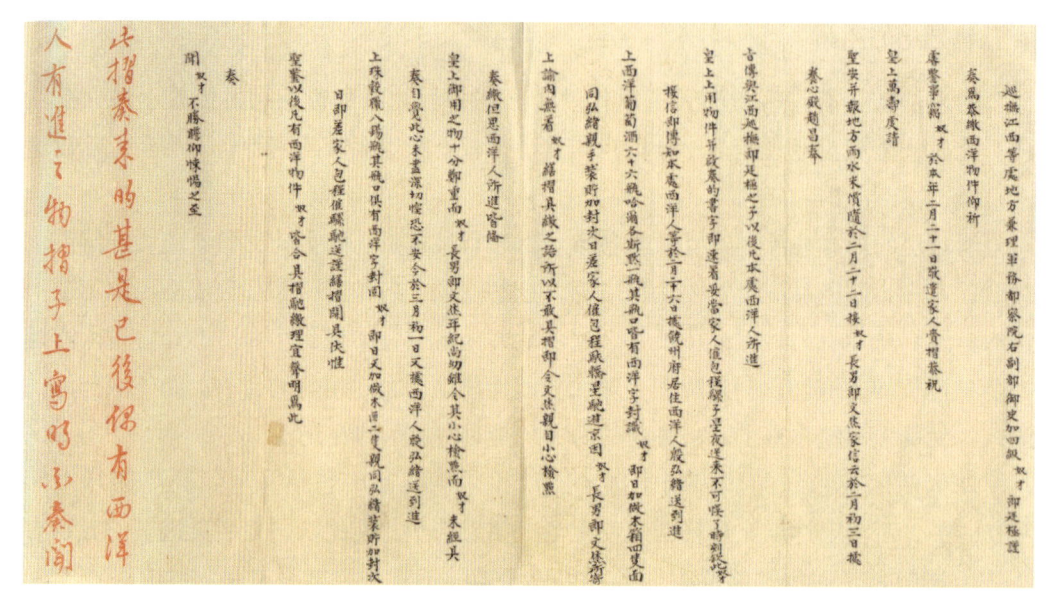

清·康熙四十八年（1709）江西巡抚郎廷极《奏报西洋人殷弘绪恭进西洋葡萄酒等物送京折》

括格尔默斯与德里鸦噶等药品。

康熙五十三年（1714），澳门圣保禄学院向康熙皇帝进献药物。根据进贡礼单，这些药物包括治疗烧伤的药片1盒，烟草2盒共12瓶，上乘欧洲酒6箱，每箱12瓶，保心石两份共12盎司，上乘弥撒用酒6箱，每箱12瓶，金鸡纳二阿拉忒尔半，德里鸦噶解毒剂二阿拉忒尔，以及各种吐根、阿魏、树脂等制剂与各种药膏、糖浆等。据当时在北京的耶稣会士纪理安（Kilian Stumf）和苏霖（Joseph Suarez，1656—1736）的说法，皇帝看了礼单后，相当满意，并当场称赞德里鸦噶、保心石、葡萄酒和烟草等的神奇效果。此后圣保禄学院曾多次向康熙皇帝进献西药。

康熙时期，由于皇帝的喜好，西洋药物成为官员争相进献的新事物，国人似乎也不再忌讳以药物做礼品。清代宫廷中许多药材都来自官员进献，其中也包括一些西药。康熙皇帝六旬大寿时，户部侍郎王鸿绪不仅贡献宋版古籍、元明两朝名人绘画、官窑瓷器等珍品，还有多种西洋药物，包括德里鸦噶2匣、流黄露1瓶、鼻烟2瓶、罗斯玛里诺露4瓶、保心石1块、巴尔撒木油2盒、古巴依巴油4瓶、巴尔撒木香珠石挂与葡萄酒6瓶。康熙六十一年（1722）十一月，一份来自广州的进贡

西洋药品（故宫博物院藏）

第七章 香料、胡药与珠宝的输入

单上便有以下西药：保心石6个、巴尔撒木香1匣、豆蔻油1匣、檀香油6罐、得利哑咖2瓶、丁香油2瓶、巴尔撒木油2瓶、鼻烟6瓶、避风巴尔撒木6罐。中国第一历史档案馆藏有一件《江西巡抚郎廷极奏呈茶叶及各类物品折》，奏折中开列了郎廷极进贡的物品，其中有西洋药物：番红花1瓶、金鸡纳1匣、安的莫牛1匣、的莫油1瓶、各巴衣巴油1瓶、葛尔敏油2瓶、避风巴尔撒木2盒、西洋避雷石1件等。康熙在奏折上有多处批答。把"安的莫牛"中的"安"用字朱笔圈出，改为"昂"字。在"葛尔敏油"的"油"字后朱笔加"的那"二字。而对于避雷石，康熙指出："非避雷石，是止血石，不甚佳，不能止血。"

西洋药品沉香油（故宫博物院藏）

紫禁城中的御药房是清宫采办与储存药品的重要机构，负责替内医院处方抓药，以及配制、烹调并供应宫廷所需的丸散药。然而，康熙年间进呈皇帝的德里鸦噶等西药，并非贮存于御药房，而是贮存在内务府武英殿的露房之中。露房位于武英殿东稍间，是受西学影响，在蒸馏法传入中国后设置的，为储存西洋药物和制露之所。露房的职责除了储存瓶装的丁香、豆蔻、肉桂油等洋药之外，亦收贮狗宝、蛇牙等动物类药材，且需承担合药蒸露、造鼻烟与西洋胰子（肥皂）等事。吴振棫的《养吉斋丛录》记载："嘉庆间以西洋贡药赐军机大臣。有所谓噶几牙油、容几拉油、郭巴益巴油、白尔噶木得油、桂皮油，贮玻璃瓶，油色备五。有所谓德里雅嘎，贮锡盒，达末利地，贮瓷盒。皆黝色如膏。有所谓色噶谋牛、蛇木、若木，贮木盒。皆康熙间贡入者，年久未详其用。"

皇帝还将西药赐给大臣，作为对大臣们的关心与奖赏。比如嘉庆十九年八月初七日，因修理武英殿的露房，皇帝将仓库中所藏的大量的药露和西洋药品，颁赏给内廷大臣。当时受赏赐的诸大臣中有户部侍郎姚文田，其子姚衡把蒙赐的药品收录在《寒秀草堂笔记》中。姚衡对各种药物的数量、盛放药物的器皿、功效都一一做了注明，有的还说明了用法。比如：

肉豆蔻油，二斤四两，一匣，治筋骨疼，怕冷，涂擦。肉豆蔻花油，二两五钱，二玻璃瓶，能补脾胃顺气，保心化痰。白豆蔻油，五钱，一玻璃瓶，能暖脾胃，去食水，去小水。蜜蜡金油，八两四钱三厘，三玻璃瓶；蜜蜡油，四两九钱七分五厘，三玻璃瓶。以上二种治头迷，痰火病。……都尔门底那油，十六斤八两二钱，三十一玻璃瓶，外又一瓶，治小水不通兼内疼痛。郭巴益巴油，三十斤九两九钱，三十二玻璃瓶，一瓷瓶，一锡盒，治刀伤。……德里雅嘎，一百六斤十五两二钱，二瓷瓶、二玻璃瓶、四十三锡盒，治恶毒冷气，腹内挣痛，脾胃虚弱。牙卜都牙，十一两六钱，一匣，治诸疮肿毒，岔气痛。色噶谋牛，十两五钱，一匣；兀思噶末牙，五两，一匣。以上二种，治泻肚，去食气，化痰。……狮子宝十五个，内破的一个，一盒，治妇人难产，经水不调，研水服。牛宝四个，一匣。野猪宝一个，一匣。马宝一个，一匣。以上三种治痫疾，研水服。……

《寒秀草堂笔记》所记西洋药物共有122种。一位大臣就获得这么多的赏赐，可见，宫中存储西药的数量之多。

通过皇帝的赏赐，宫廷中的西药也就有一部分流入民间。此外，在当时的中西贸易中，也有许多西药作为商品输入进来，在民间得以流传和使用。在朝廷和达官贵人中，有人使用西洋药物来治疗疾病，西医和西药慢慢被人们接受。

4. "药露"及其制法的传播

西药在中国的流行和制造，在明清之际最突出的事例是"药露"的流行及其制法的传播。

晚明来华的耶稣会士邓玉函（Johann Schreck，1576—1630）是一位博学多才的学者。他在万历四十八年（1620）抵达澳门后，就曾在此行医。他向中国医生介绍了西法提炼草木花果药露的方法，亦即蒸馏水的方法。这种西法制花露最早在澳门使用。

早在宋代，西方发明的蒸馏法就通过阿拉伯人传入中国，应用于制药和制造蒸馏酒，但在药用方面推广不多。所以，当邓玉函等传教士介绍西方的蒸馏水制药法的时候，对于中国人来说，仍然是很稀奇的。

传教士熊三拔（Sabbatino deUrsis，1575—1620）在《泰西水法》卷四专论"药露"，也介绍了西方炼制药水的方法。《泰西水法》被认为是"西药制造术最初传入中国"的记录。

另外，传教士庞迪我（Diego de Pantoja，1571—1618）也将"药露"炼制法传给了徐光启。万历四十一年（1613），徐光启在一封家书说："庞先生教我西国用药法，俱不用渣滓。采取诸药鲜者，如作蔷薇露法，收取露，服之神效。此法甚有理，所服者皆药之精英，能透入脏腑肌骨间也。"

药露是用新鲜的含挥发油的植物花蕊，经过加热蒸馏后所制成的液体，因无色有香而得名。药露有集泽容玉肌、薰衣防霉、饮用解渴、药用祛病等多种作用于一身的功能。当时，欧美各国的来使都将包括各种清露在内的药品等作为进贡宫廷的贡品，康熙皇帝常把这些香露药品赐给文武大臣以示恩典，足以说明当时清露的价值。清代医家王士雄在《随息居饮食谱》中，将药露列为食疗保健的佳品，进行了专门的论述。他说："凡谷菜瓜果草木花叶诸品具有水性之物，皆取其新鲜及时者，依法入甑，蒸馏得水，名之为露。用其得宜，远胜于药。"

药露制法传入以后，在一定程度上得到推广。到了清代中叶，蒸制药露的方法已经相当普遍和实用了，并被医家和患者所认同。制作药露的原料，也由单一的花卉，增加为多种药用植物或动物，如鸡露、米露、姜露等。

四、珠宝

1. 汉代时输入的"珍玉奇石"

在汉代及以后传入中国的西域物产之中，还有许多玉石珠宝以及矿物等，或如时人所说的"珍玉奇石"，这样的奢侈品成为上层社会达官显贵们追捧的对象。

当时西域的玉石及玉器制作享有极高的声誉。中国文化中一直有以玉为贵的传统，早在新石器时代就开始了中国特有的玉石文化。商周之际，开始从西域地方输入和田玉，和田玉成为最受欢迎的玉石种类。张骞通西域之后，和田玉成为于阗王觐献中原王朝的重要方物，和田玉的输入数量远远超过先秦。起先，于阗等地一直是向中原出口玉石原料。有记载说，从6世纪中叶开始，于阗向中原王朝觐献用于阗玉雕琢的工艺品。实际上，于阗的玉雕工艺品进入中原的时间可能更早。

琅玕在先秦古籍中一直被视为出产于西域的美玉。《山海经·西山经》说："（槐江之山）其上多青雄黄、多藏琅玕、玉。"张衡在《四愁诗》中写道："美人赠我琴琅玕，何以报之双玉盘。"曹植的《美女篇》诗中写道："头上金爵钗，腰佩翠琅玕。"

"璆琳"是青金石的波斯语音译。青金石是我国传统的玉石之一，因具有深艳的天蓝色，上面又点缀着黄铁矿的星点，故称青金石。在前数千年的古埃及，青金石与黄金价值相当。在古印度、伊朗等国，青金石与绿松石、珊瑚均属名贵玉石品种。在古希腊、古罗马，佩戴青金石被认为是富有的标志。世界上著名的青金石产地有阿富汗、智利、苏联和加拿大等地。阿富汗所产青金石有着均匀的深蓝至天蓝色，极细粒的隐晶结构中夹杂微量的黄铁矿，使其在阳光照射之下熠熠生辉。我国自古以来进口的青金石多数来源于阿富汗。产自今阿富汗巴达克山的青金石早在前13世纪就开始出现在古中国、古印度、古埃及。之后不久，青金石的贸易开始进入印度河流域文明的哈拉帕，后来成为佛教七宝之一。《尚书·禹贡》记载了夏代时位于西方的雍州曾向夏王朝进贡璆琳，说明青金石在我国夏代就已经得到了开发利用，并成为王朝礼法规定的神圣贡物。古代中国人把青金石称作"暗蓝星彩石"，他们把青金石研制成化妆品来描眉，把它制成镶有珍珠的屏风。

目前，中国考古发掘的最古老的青金石制品是春秋时期曾侯乙墓出土的。墓中的玉石制品大都为佩饰物或葬玉，其质地除了青金石，还有玉、宝石、水晶、紫晶、琉璃等，其中不少为稀世精品。此外，我国还出土过一把春秋时期的越王剑，其剑格镶嵌了蓝绿色宝石。宝石学家鉴定发现，这把越王剑的剑格所镶玉石一边为青金石，另一边为绿松石。

汉代青金石的雕刻工艺已经达到了相当高的水平。1969年，考古工作者在徐州东汉彭城靖王刘恭墓出土了一件镏金嵌宝兽形砚盒，高10厘米、长25厘米、重3.85千克。砚盒作怪兽伏地状，通体镏金，盒身镶嵌有红珊瑚、绿松石和青金石。到南北朝时期，阿富汗的青金石不断传入中土。1975年，河北赞皇东魏李希宗墓发掘时，出土了一枚镶青金石的金戒指，重11.75克，所镶的青金石呈蓝灰色，上刻一鹿，周边有联珠纹。同墓中还出土了3枚东罗马金币，说明这枚镶青金石金戒指极有可能来自中亚地区。1957年，在西安郊区的隋朝李静训墓中出土了一件颇具波斯风格的金项链，金项链上镶嵌有青金石。

西域出产的玛瑙工艺品是中原最受欢迎的贡物之一，一向被视为珍品。据《西京杂记》卷二载："武帝时，身毒国献连环羁，皆以白玉作之，马（玛）瑙石为勒，白光琉璃为鞍。鞍在暗室中常照十余丈，如昼日。自是长安始盛饰鞍马，竞加雕镂。"

鍮石是中国古代对黄铜的称谓。古代波斯盛产鍮石。鍮石输入中国后，其工艺品很快成为贵族追求的时髦装饰。唐元稹《估客乐》诗说："鍮石打臂钏，糯米吹项璎。"在很长一段时间里，鍮石都是波斯输往中国的主要物产之一，一再出现在中国的历史典籍中。

珍玉奇石在当时皇室贵族的生活中，备受珍视。它们被装饰在宫殿园囿，或者作为妇女身上的华丽装饰，总之，是贵族豪奢生活的象征，在汉赋和诗歌中，一再成为歌咏的对象。

例如，司马相如《上林赋》铺陈上林苑之富丽时提及："玫瑰碧琳，珊瑚丛生，珉玉旁唐，玢豳文鳞。"班固《两都赋》夸饰汉长安宫之华丽时说："碝磩彩致，琳珉青荧，珊瑚碧树，周阿而生。"

2. "商胡"与珠宝

珠宝玉石是西域来华商人贩卖的主要商品之一。唐代载籍中所见商胡，许多都与经营珠宝贸易有关。在唐代，从事珠宝生意的不仅有来自西域的粟特人，还有波斯和阿拉伯商人，以及南海的林邑、狮子国等国。在唐代的文献中，许多有关珠宝商的记载多与西域、波斯和阿拉伯商人有关。他们在与中国人的贸易中，把外国特别是西方的珠宝输入中国。英国汉学家吴芳思指出："高昌的黑色大理石，波罗的海地区的琥珀，地中海的红珊瑚和珍珠等，都经西域输入进来，增加了中国的珠宝种类。"[1]

在西域和南海诸国与唐朝的官方交往中，珠宝是一种重要的"贡献物"。外国使臣带来的宝物，主要为金银、象牙、犀角、玛瑙、琥珀、珍珠、金精、石绿，以及各种玻璃器皿和玉器，大多是非常珍贵的器物，如吐火罗国所献高三尺余的两棵"玛瑙灯树"、安国所献"宝床子"、波斯所献"玛瑙床"、大食所献"宝装玉酒池瓶"等，而安国贡献的用鸵鸟蛋雕刻成的杯子，对唐朝人而言，就更是罕见之物了。

---

[1] ［英］吴芳思：《丝绸之路2000年》，山东画报出版社2008年版，第68页。

隋唐时来中国的商胡许多从事兴贩珠宝的职业，珠宝几乎成了商胡的象征。元稹《和乐天送客游岭南二十韵》在"舶主腰藏宝"句下注称："南方呼波斯为舶主。胡人异宝，多自怀藏，以避强丐。"这里说的"波斯"就是"商胡"的代称。张籍在《送海南客归旧岛》中也称"入国自献宝，逢人多赠珠"。此所谓"海南客"，即来自南海的商胡。康国人僧道仙，初来中国以游贾为业，往来于吴蜀江海，"集积珠宝"，所获赀货满两船，直钱数十万贯。除了珠宝之外，商胡经营的宝物还有"紫襪鞊""铜碗""宝骨""冰蚕丝锦""玉清宫三宝""轻绡""消面虫""琉璃珠""象牙""碧颇黎镜""郎巾""宝剑""宝镜""流华宝爵""销鱼精""龟宝""龙食""九天液金""宝母"等等，种类繁多。

《太平广记》对胡商的活动多有记载，但其中只要记载胡商，就与巨额财富联系在一起。他们动辄以几十万，甚至几千万的金钱购买珠宝、奇货。所以，唐人将胡商称为"千金估胡""富波斯"等。

唐代流行许多关于商胡和珠宝的故事，有商胡割裂腿部肌肉，将拇指大小的青泥珠"纳腿肉中"的记载；有波斯老胡"剖股藏珠"的传说；有鬻饼胡将宝珠藏于臂中的故事；还有波斯商胡以刀破臂披藏径寸珠等记载。与"贱身贵珠"的故事类似的，还有商胡"身亡珠存"的故事。在这类故事中，商胡大多是重珠轻身，视珠宝为生命，直到临死才以珠托人；而唐朝人则重义轻宝，以珠宝为余物，将珠宝奉还给死者的后人。

3. 商胡与元代珠宝业

唐宋时期来华进行贸易的波斯和大食商人，有许多从事珠宝生意的。宋朝时，广州、明州、杭州、泉州准许大食等商人前来中国交易，以珊瑚、琥珀、珠玑、玛瑙、玳瑁、水晶等物来交易，特别是像犀珠玉宝物，每年进来很多。宋人编著的《太平广记》有好几卷中都记载了胡商从事珠宝生意及善识珠宝的故事。

到了元代，波斯和阿拉伯商人仍然主要是经营珠宝、丝绸、香料、药材等生意。他们把河北的丝绸、瓷器等特产通过京杭运河、丝绸之路和通往漠北的草原之路，销往西域和其他边疆地区；把海外的珠宝、香料、名贵药材运至大都，或献于皇家，或投放市场销售。

元代大都珠宝业十分兴盛。当时商胡人经营的珠宝有20多种，获利丰厚。元贞年间（1295—1297），有一商胡奉珍宝进售，名曰"押忽大珠"，售价高达60万锭。

陶宗仪《南村辍耕录》记载许多来自西域的不同名目的"回回石头"，说"回回石头，种类不一，其价亦不一。大德间，本土巨商中卖红剌一块于官，重一两三钱，估直中统钞一十四万，定用嵌帽顶上。自后累朝皇帝相承宝重。凡正旦及天寿节大朝贺时，则服用之，呼曰剌，亦方言也"。

成书于明嘉靖四十年（1561）的谷泰《博物要览》卷十记载宝石种类，其中记红宝石8种，即避者达、映水、昔那、伊尼剌、兀尹剌、罕赖剌、羊血、石榴；黄宝石5种，即黄亚姑、黄剌姑、黄伊思、鹅儿黄、腊洒黄；绿宝石3种，即助把、助木、撒尼；紫宝石6种，即你伊、马思艮底、尼兰助把、茄苞、披遢西、相袍；青宝石5种，即青亚姑、鸦鹘青、螺丝青、天云青、青水；白宝石2种，即白亚姑、羊眼睛；猫儿眼睛宝石2种，即猫儿眼睛、卵子。

到了明代初，珠宝业更加兴旺。由于商胡多居住在沿海各大城市和港口，善于鉴识珠宝，又善于经营珠宝，所以，在明代就获得了"识宝回回"的美称，"其人善鉴识，每于贾胡海市中，廉得奇琛，故称曰识宝回回"。

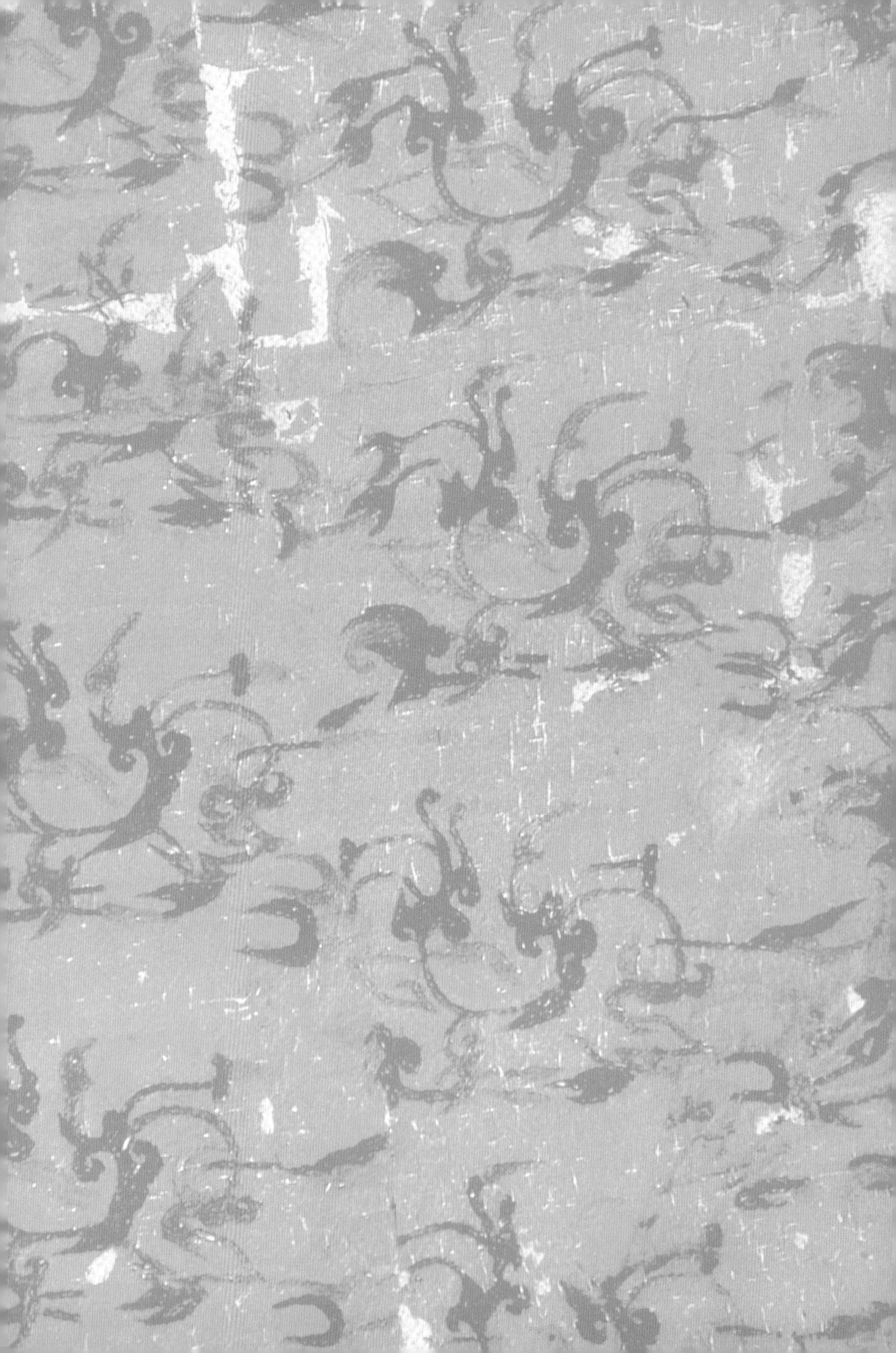

第八章 早期丝绸之路上的技术交流

一、青铜文化与中西交流

1. 中国青铜文化的起源与发展

在考古学上，继新石器时代之后的时代被称为青铜时代。大约5000年前西亚和中亚部分地区进入青铜时代，大约4000年前东亚开始进入青铜时代世界体系。夏商周三代，大体上属于青铜时代，是中国文化传统形成的关键时期。

青铜文化是世界范围的一个普遍文化现象。中国的青铜文化起源于黄河流域，始于前21世纪，止于前5世纪，大体上相当于文献记载的夏、商、西周至春秋时期，约经历了1500年的历史。在《史记·封禅书》中有"黄帝采首山之铜，铸鼎于荆山之下"的记载。其他文献中还有"蚩尤作冶"（《尸子》）、"蚩尤以金作兵器"（《世本》）等记载。这些记载说明古人认为铜器的发明是很早的。

中国步入青铜时代，经历了几个不同的发展阶段。早期以河南偃师二里头文化为代表，年代大约在前2080—前1580年，加上山西夏县东下冯文化、山东岳石文化、辽宁长城东边的夏家店下层文化、黄河上游的四坝文化等，都相继出现了品类繁杂的青铜制品。上述遗址的考古年代，正好在历史记载的夏王朝纪年范围内，说明夏代的制铜业已经有了一定的发展。

二里头文化的青铜器品种有工具、兵器、礼器、乐器和装饰品等，生产工具有刀、锛、凿、锥、鱼钩等，武器有戈、戚、镞。戈的形式为直援曲内，无阑，曲内后端有花纹。礼器有爵、斝两种，爵的数量较多，束腰、平底、椎足，较早的素面无柱，具有浓重的陶爵特征，较晚的陶器特征显著减退。铜爵制作规整，器壁厚薄均匀，已采用复合范铸造。斝为素面敞口，口沿上有两个三棱锥状矮柱，单把，束腰平底，三条腿下呈三棱锥状，上部微显四棱。乐器有单翼小铃，装饰品有兽面铜牌，其中有一件用200多块绿松石镶嵌而成，具有较高的工艺水平。

商代早期，在前16—前13世纪，以河南郑州二里冈文化为代表，青铜器数量大增，品种也有新的增加。商代早期青铜器在郑州出土很多，重要的有二里冈、白家庄、张寨南街、杨庄，南关外、铭功路、二七路等地的墓葬或窖藏。在河南北部发现了商代早期青铜器多起。在湖北黄陂盘龙城、安徽嘉山泊岗、江西清江吴城等地，也有重要的发现。各地出土的器物有鼎、大鼎、大方鼎、鬲、甗、瓿、簋、爵、管流爵、觚、斝、罍、提梁壶、瓠形提梁壶、中柱盘、盘等，包括了饪食器、酒器和水器等门类。较早的器类比较简单，但是爵、觚、斝组合的一套酒器，已普遍出现，青铜礼器的体制业已形成。

到商代晚期至西周前期，在前13—前10世纪，中国青铜时代达于鼎盛，青铜铸造工艺相当成熟，出土大量的精美青铜礼器、武器与工具。这时的青铜文化以安阳殷墟为代表，这里是商王朝的政治统治中心，也是青铜铸造业的中心。

殷墟是中国商朝晚期都城遗址。殷墟遗址出土的数以万计的青铜器，大体可以分为青铜礼器、青铜武器和工具、马车或木器上的青铜制品、纯粹为死者陪葬的明器。其中礼器和乐器是商周青铜器中最主要的器物，种类繁多，工艺精湛，代表了商代青铜器的最高水平。种类主要有鼎、尊、觚、爵、斝、方彝、盘、盂、觯、壶、簋、甗、卣等等。商代最大的传世青铜器"后母戊鼎"，重达875千克，高1.33

安阳殷墟出土的后母戊鼎（中国国家博物馆藏）

米，是现今世界上发现的最大的青铜器。另一件四羊方尊，造型雄奇，工艺高超，是商朝青铜器中的精品。大部分青铜器物上有华丽的装饰图案，动物纹是中国青铜器的纹饰主体，主要有虎、牛、象、鹿、蛇、龟、蟾蜍、鱼、蝉、凤等动物纹饰，栩栩如生，精工绝伦。象征着深刻的社会和历史意义，其中占主要位置的纹饰是一种被称作为"饕餮"的神兽纹样。

以后母戊鼎为代表的殷墟青铜器，采用独有的片范铸造法和复杂的铸铜工艺，达到了古代东方青铜铸造技术的高峰。在殷墟被发掘的区域里，还发现有大型铸铜作坊，其中有大量的铸铜范块、泥模、坩埚、鼓风嘴等，还有锡锭与孔雀石之类铸铜原料，充分证明了当时制铜业的发达。有学者推测，当时的工匠已经学会了在矿石的产地进行冶炼粗加工,然后把加工过的粗铜、粗锡、粗铅运到殷墟,进行配比熔炼。历史学家翦伯赞指出:在商代,"炼铜遗址之普遍,炼铜规模之宏大,铜器的种类之繁多,铜器的应用之广泛,铜器的生产量之庞大,铜器的制作技术(如选矿、冶炼、范铸、镂刻、锤击等)之精巧等,实足以确切地证明殷代已经是青铜器文化时代"。[1]

中国古代青铜器的生产代表了当时社会生产力的最高水平,其器物的组合、造型、装饰与当时的生活习俗、社会风尚、文化特质、民族审美心理等密切相关,种类繁多、形制瑰丽、花纹繁缛、制作精湛,充

商朝晚期青铜礼器四羊方尊
(中国国家博物馆藏)

分体现了中国青铜器特有的艺术魅力和鲜明的民族风格,构成了中国无与伦比的青铜文化。中国商周时代所创造的灿烂的青铜文化,在世界文化遗产中占有独特的地位。李约瑟曾说过,没有任何的西方人在青铜器铸造方面能超过古代中国的商、周两代人。

2. 青铜文化体现的中西交流

世界不同地区进入青铜时代的时间并不相同。从全球范围看,安列托利亚半岛是最早冶铸青铜器的地区,目前发现有前6000年的青铜器。两河流域的美索不达米亚地区前3000年进入青铜

北京琉璃河墓地出土的西周早期铜方鼎
(首都博物馆藏)

时代,已发明范铸法和失蜡法,不同比例的砷青铜、锡青铜、铅青铜或铅锡青铜也相继发明。在此之前还有一个上千年的铜石并用或红铜时代。前2000年以前,西亚已进入青铜时代的鼎盛时期,主要的青铜冶铸技术均已发明,并对周围世界产生了重大影响。在此后的数千年间,随着西亚文化的扩散,冶金术随之外传,进入东南欧的多瑙河中游、高加索和中亚的广大地区,乃至欧亚交界的乌拉尔一带,并继续东渐,进入新疆和河西走廊一带。古代中国使用铜、青铜以及进入青铜时代的时间稍晚于其他古典文明。"但我国很快就发明了铜-锡二元合金和铜-锡-铅三元合金,形成了一整套

---

[1] 翦伯赞:《中国史论集》(合编本),中华书局2008年版,第61页。

第八章 早期丝绸之路上的技术交流

从冶炼、熔炼到铸造的独特技术的路线,很快就走到了世界各国的前列"。[1]

国内外都有一些学者主张青铜冶炼铸造技术由西向东传播,认为金属冶炼技术在前2000年左右经高加索或伊朗传入中国。他们认为,冶金术这样重大而复杂的发明在人类发展史上不可能是多元起源,就像水稻起源于中国一样。他们认为,就目前的考古材料而言,中国早期铜器很可能是通过草原通道进来的。依据的理由是,在仰韶和龙山时代,西北地区的文化大大落后于中原,但其冶金术的发展却表现出超乎寻常的进步。西北,特别是新疆地区青铜时代遗址的发掘和研究填补了青铜冶铸技术由西向东传播的空白。古墓沟文化遗址的发掘和研究表明,大约前2000年前新疆部分地区已进入青铜时代,且与中亚、西亚、中原均有联系。"2013年中国考古重大发现之中,有距今四五千年的甘肃张掖西城驿遗址,它出土了冶铸青铜的炼渣、尚待加工的玉材和不少小麦遗存。考古学家认为,那时的河西走廊已经是东西贸易和文化交流的孔道。这一发现显示,二里头文化已经吸收了中亚、西亚的文化成分,引进两河古代文化培植的麦类,增加了粮食供应的多样性,尤为重要的是,二里头文化还掌握青铜的冶铸技术,这必定提升了这一文化的经济和军事实力。"[2]

这就是说,来自西方的青铜技术是通过草原民族的中介传播到中原的。考古学家李济在《殷墟铜器五种及其相关之问题》一文从殷墟中矢镞、戈、矛、刀削、斧斤五种铜器的形制探求其演进程序。其中,仅戈为中国本土发生成长之物,其他四种在欧洲皆有独立成长的历史,而在殷墟则有较成熟的形制,或与其晚期成品相当。如殷墟带刺有脊的矢镞,其脊、刺、茎三者,在欧洲则各有其独立演进的程序,而殷墟则为此三式之复合型。又如殷墟的矛有筒,筒旁有两环,与不列颠形式相同,是欧洲最普通之兵器,且为其最晚期之物。又殷墟的空头斤与不对称之刃,亦为欧洲青铜器晚期之形式。欧洲及小亚细亚有青铜器约在前3000年以上,远较殷墟时代为早。西伯利亚出土的铜器,皆有与殷墟相似或相同的形式。因此,李济认为,殷墟铜器必非自中国本土孕育而成,其冶铜技术可能由外而来。但李济还说:"青铜业在两河流域及小亚细亚一

殷墟出土的青铜圆鼎

---

[1] 廖明春主编:《中国文化发展史》(先秦卷),山东教育出版社2013年版,第454页。
[2] 许倬云:《说中国——一个不断变化的复杂共同体》,广西师范大学出版社2015年版,第35—36页。

带，开始于前3000年前后。殷商的青铜业比两河流域至少要晚1500年，但殷商的青铜器之形制与做法，大半是中国的创造。"[1]

中国的青铜器要比西亚晚1000年左右。中国大约于前2000年才进入青铜时代，商周之际中国青铜文化达到鼎盛时期，在青铜铸造方面取得了辉煌的成就，在工艺美术方面有独到之处。青

西周垂冠凤鸟纹青铜簋
（大唐西市博物馆藏）

铜鼎、鬲、爵、戈等是中国人偏爱的器物，很可能是中国的创新。商代后期青铜器的制作，其技术水平超过了在它以前进入青铜时代的埃及和巴比伦，并以中原地区为中心，向四邻地区扩散。

实际的情况可能是，北方草原文化带来青铜文化后，在中国与本土文化相结合，进一步得到改进和发展，形成具有中国特色的青铜文化。在这个过程中，很可能有法国历史学家布罗代尔说到物种交流的情况，有本地文化"技术骨干"的参与。我们在许多地方都看到相似的情况，一种新文化进入中国文化系统之后，往往又有一个继续的改进、再创造和再发明的过程。

二、造车技术的发展与中西交流

1. 中国造车技术的起源与发展

青铜时代最重要的发明之一是双轮马车。造车技术集中体现了各种古代制作，特别是机械制造的工艺水平。

关于车子在我国的发明与使用，古代文献多有记载，有黄帝、夏禹等发明车的说法，说的最多的是夏禹时的奚仲。奚仲所创造的车，结构合理，各个部件的制作均有一定标准，因而坚固耐用，驾驶起来十分灵便。奚仲是夏代掌管车服的大夫，他和他的父亲番禺、儿子吉光都是发明家。奚仲家族的功绩在于发明和改造了交通工具车与舟。

还有的文献记述夏启曾动用战车征伐有扈氏，商汤伐夏桀时也曾动用了不少战车，甚至夏代已有了管理车政的官吏车正，等等。《左传·定年》称，"薛之皇祖奚

---

[1] 李济：《中国文明的开始》，江苏教育出版社2005年版，第76页。

仲居薛，以为夏车正"，薛为今之下邳，其地邻近黄河下游大平原之丘陵地带，夏之有车，或属可能。河南省新郑望京楼夏商城址发现多条大路，其中一条属二里头文化时期，其上发现有同时期双轮车车辙。二里头遗址的车辙为探索中国早期的车提供了重要线索，证明中国在夏代确实有了双轮车。

但是，有的学者指出，目前所有考古成果一致表明，商代早、中期的中原民族并不认识马匹。大约是在商代晚期，中原才开始引进家马的。由此可见，倘若二里头已有双轮车，就不可能是马车。古代仅以牛马曳引大车，不以耕田。故《尚书·酒诰》说："肇牵车牛，远服贾用。"《诗经·大东》说："睆彼牵牛，不以服箱。"都说是以牛曳引大车。"服牛"即为牛服车役。《山海经·大荒东经》记王亥与有易之故事，称"王亥托于有易、河伯仆牛，有易杀王亥，取仆牛"，"仆牛"即服牛。

我国古代马之用于挽车，据所见考古资料，时代较早的实物遗存，是前13世纪商代的车马坑和一些地区出土的殷代车马器。20世纪50年代初，在安阳殷墟大司空村发掘的一座车马坑，坑为正方形，其中埋车一辆，马两匹，驭夫一人。随车马的饰品有青铜车軎、轭和马镳、当卢等车马器。[1] 在北方系青铜器文化区域内的山西保德林遮峪出土了一些青铜车马器。[2] 据甲骨文字及殷墟发掘所得，殷墟时代已普遍使用两轮车，独辀，驾两马或四马，为加固车体，在关键部位还采用了青铜构件。商代早期都城遗址郑州商城曾发现铸造车用青铜配件的陶范，在与此同期的偃师商城也曾发掘出车用青铜配件。这些都说明，我国在商代晚期之前，不仅有车，而且车上已使用了青铜配件。山东省滕州商代墓薛国贵族的墓穴中，也发现了随葬的车马。出土的马车，除了主体结构是木制外，其他许多配件均已采用青铜铸造。

汉画像砖车马图

2015年，陕西省考古研究院在陕北高原的延安市宜川县虫坪塬墓地考古中，首次发

---

1 马德志等：《1953年安阳大司空村发掘报告》，《考古学报》第9册（1955年上半年）。
2 吴振禄：《保德县新发现的殷代青铜器》，《文物》1972年第4期。

现了周代的车马坑。该车马坑是长方形竖穴，东西长7.1米，南北宽3.0米，深2.7米，坑内埋设两车，各有在驾的马骨两具。其中一号车规格较高，装饰华丽，车舆（车上可以载人载物的部分）与两匹驾马保存都较好。虽然车是木质的，但是车上还有青铜銮铃、青铜辖軎等青铜器物装饰，在车舆前面及左右两侧厢板外侧镶有近方形玉片。两匹马头上还戴着两副青铜马胄，马胄是由顶梁片、面侧片、鼻侧片缀合而成，铜片内壁先衬一层粗织麻布，其内再衬垫一个用竹篾状编织成的有菱形孔格的笼状物，用以保护马面。

1990年，山东临淄发现了一座春秋时代中期的大型车马坑，长30米、宽5米。被殉葬的马共32匹，战车10辆，普通乘坐车6辆。马与车自东向西整齐排列，威武壮观。可以清晰地看出每辆车由四匹马架挽（其中四辆车由两匹马架挽）。而马所架挽的车都是以木结构为主的马车。春秋战国时期，造车技术有了很大提高。《考工记》列述百工技艺，首先说到制作车轮、车舆、车辕的轮人、舆人、辀人。所谓"周人上舆，故一器而工聚焉者，车为多"，说明车辆制造技术与其他手工工艺的关系。据《墨子·鲁问》，当时的工匠已经能够制作"任五十石之重"的运输车辆。这时马车已经比较普遍了，《史记·张仪列传》说战国时期，多有"带甲百余万，车千乘，骑万匹"的军事强国。

我国学者通过对中国及西亚、埃及、希腊的车型结构进行比较，认为中国的马车在车舆、车辀乃至系驾法上都有很大的区别，所以应该是在本土独立发展起来的。在偃师商城车辙发现之后，更有学者进一步指出，中国双轮马车的出现远在商代晚

东晋·顾恺之《洛神赋图》局部

期以前，车在中国早已被广泛运用，并有其相对独立发明和发展演变的轨迹。如历史学家孙机指出："我国古代马车在系驾方面采用过轭靷式、胸带式和鞍套式3种方法，其使用时间约当商周至秦，汉至宋以及元以后这3个时期。它们都是我国独立调查发明创造，都是在不断提出问题和解决问题的过程中，当经验积累到一定程度时，才取得了突破性的进展。""西方古车以小轮车和颈带式系驾法起步，直到8世纪才出现了采用胸带式系驾法的大轮车，比我国晚了约一千年。……13世纪中期，欧洲就出现了采用鞍套式系驾法的车。东西方通过各自不同的途径，却在基本相同的时期中，分别设计完成了基本相同的、对畜力车说来也是最合理的系驾方法。"[1]

青铜马车

2. 造车技术与中西交流

但是，从20世纪90年代开始，随着对中亚、俄罗斯、高加索地区考古材料的认识，许多学者重新将中亚马车及中国马车进行结构上的比对，并将视角扩大至整个欧亚大陆，对目前发现的马车实体材料、岩画材料进行分析，从而认为中国马车应是来源于西方。

国际学术界普遍认为，车子起源于美索不达米亚。在伊拉克乌鲁克遗址发现了前4000年中叶的车子的象形文字。也有人认为车子起源于高加索地区，根据是该地区出土了年代为前5000年的牛车模型。两地区在地理位置上相比邻，从大的地理范围来说，车子的起源不出两河流域至高加索一带，不晚于前3500年。

有学者对中国马车及中西亚马车进行形制上的比对，发现它们属于同一系统，有共同的源头。商代马车的形制与前3500年美索不达米亚文书草图所绘4马或2马之车，无不相同。我国学者徐中舒说："中国古代，两轮大车其型式实与巴比伦遗物上之图绘无殊。而巴比伦之有两轮大车，则为前三千年之事，其时代较殷墟为早"。[2]所以，殷商之有两轮大车，可能自西方输入。

---

1 孙机：《中国古代物质文化》，中华书局2014年版，第188页。
2 徐中舒：《北狄在前殷文化上之贡献——论殷墟青铜器与两轮大车之由来》，《古今论衡》1999年第3期。

许多学者的相关研究似乎都将中国车子的起源地指向西方。我国学者王巍将两河流域前两千纪前半的双轮车子与商代晚期的车子相比较,认为两者之间存在着很多相似之处:①均为单辕、双轮、一衡、一舆。②舆与衡叠压相交,以革带绑缚连接。③衡两侧各有一"人"字形车轭。④辕与轴在车舆下垂直相交,舆位于轴的正中。⑤车轮为辐条式,辐条两端分别插于牙和车毂之中。⑥车轴两端各有一辖,用以固定车毂。⑦使用青铜衡、镳、轭、辖等车马器。⑧均主要用作战车。所以,其间必有某种内在联系。[1]

我国学者王海城对车子各部分的结构进行仔细比对,发现东、西方战车都使用辐式车轮,采用的技术都是煣木为轮(即用火反复烤木材,乘木材热的时候,反复对它施加外力,使木材达到人们想要的形状);马衔、马鞭、弓形器的形制相似;系驾方法类似或存在承接关系;都采用了同样的技术制造马车,对马车的维护方法也有相通之处,而且都是由上层统治阶级控制着马车的生产;马车的使用具有等级。马车在战争中所起的作用还不是太大。[2]王海城认为,从构造到功能有如此多的共同特征,说明它们属于同一系统,有共同的源头。当然,东、西方的马车也确实存在一些差异,主要体现在马车的大小,车马器的质地、装饰等方面,这种差异是由东、西方不同的地理环境、文化传统等因素造成的。而且,如果马车是从西方传入的话,必然要经过一个很长的时间和空间距离。在这种传播过程中发生一些变异,恰恰是合情合理的。

在马车这种运输工具的制造技术传到中国以后,除了文化变异的因素之外,还有中国人在此基础上的再创造、再发展。实际上这也是文化传播和接受的一个规律,在历史上曾出现多次这样的情况。一种文化因素传播到另一种文化中之后,接受方往往要根据自己的理解和需要,进行加工、改造和发展。马车传到中国的情况就是这样。中国为马车增添了许多自己的文化因素并继续发明创造。古代中国人并不是简单地引进马车,而是对它进行不断地加工改造,并且还有许多技术上的创新与发明。例如,中凹形车轮制造、龙舟形车舆与四轮马车的出现、系驾法的演进等等。这样,逐渐形成了中国的马车特色与传统。

---

[1] 王巍:《商代马车渊源蠡测》,《中国商文化国际学术讨论会论文集》,中国大百科全书出版社1998年版,第380—384页。

[2] 王海城:《中国马车的起源》,《欧亚学刊》2002年第3辑。

三、冶铁技术的发展与铁器的使用及其传播

1. 冶铁技术的起源与传播

世界上最早制造铁器的是小亚细亚的赫梯人，时间在前1400年左右。铁器发明后，因赫梯国王严禁冶铁术外传，在一段时间里，铁的产量极少，价格昂贵，铁器只被当作珍贵礼品在一些国家的宫廷里传送。直到前13世纪赫梯王国灭亡，铁的垄断被打破，人类历史上的铁器时代才真正来临。前1300—前1100年，冶铁术传入两河流域和古埃及，约在前1000年，古希腊和古罗马开始普遍使用铁制的工具和兵器，约在前500年，欧洲大陆普遍使用铁器。欧洲的部分地区于前1000年左右也进入铁器时代。

随着游牧民族频繁活动，最早出现在西方的制铁技术，沿着中亚北方的草原通道和南方的绿洲通道向东传播。在前7世纪前后，制铁技术进入中国北方，并很快普及。

铁器在新疆出现的时间在前1000年前，最初由希腊人、阿拉伯人、雅利安人、粟特人、高加索人等经西亚、中亚带入新疆。"从现在新疆早期铁器发现的情况看，铁器在新疆也存在一个传播过程。可能铁器是先被新疆东部或者中部地区的文化接受，之后才传到天山南麓中段相对封闭的地区。值得指出的是，伊犁、喀什等地区实际上很可能比较早地接触到冶铁术。从哈布其罕墓地发现的装饰品铁器、群巴克墓地发现的大量铁器看，伊犁、喀什等地区有可能也是冶铁术传入新疆的早期孔道之一。这和青铜时代域外文化在新疆的传播过程也大致相似。"[1] 考古学家王炳华在研究阿拉沟古墓出土的小铁刀、三棱形铁镞时曾指出："战国时期，塞人已经用铁，尤其是使用了消耗量很大的铁镞，对我们估计当时塞人的社会生产力发展水平，无疑是十分重要的因素。铁矿的冶炼、铁器的加工，都远较铜器金属要困难。铁被用于制造工具、兵器，使社会生产力得到极大提高，使不少新的生产领域可以得到开发。"[2]

中国北方早期铁器时代文化可以以毛庆沟文化、桃红巴拉文化、杨郎文化为代表。毛庆沟文化以凉城毛庆沟墓地的发掘而得名[3]，主要分布于内蒙古西部阴山一带，即黄河以北、蛮汗山麓的丘陵地带。该文化的年代相当于东周中晚期，其早期（前7—前5世纪）已出现铁器，但仍以青铜器为主，包括短剑、鹤嘴斧、刀、兽头形饰、鸟形饰、管状形饰、联珠形饰及蹲踞或伫立状虎、虎食羊等透雕动物纹牌饰。到

1　郭物：《新疆及中原冶铁术来源问题的探讨》，《新疆文物》2007年2期。
2　王炳华：《丝绸之路考古研究》，新疆人民出版社1993年版，第219页。
3　内蒙古文物工作队：《毛庆沟墓地》《鄂尔多斯式青铜器》，文物出版社1986年版。

晚期（前4—前3世纪）铁器明显增多，短剑、鹤嘴斧、刀、双鸟纹牌饰、虎纹牌饰等已多有铁制者。桃红巴拉文化以内蒙古自治区伊克昭盟杭锦旗桃红巴拉墓地的发掘而得名[1]，主要分布于长城以北、阴山以南的鄂尔多斯高原。该文化的年代相当于春秋中晚期至战国晚期，该文化墓葬出土的金属器包括青铜器、金银器和铁器，出现了铁短剑、衔、镳等。杨郎文化以宁夏回族自治区固原县（今固原市）杨郎乡马庄墓地的发掘而得名[2]，主要分布于宁夏中南部及相邻的甘肃部分地区。该文化的年代相当于春秋中期至战国晚期。在年代相当于战国中晚期的墓葬中，出土了很多用铁制作的器物，包括短剑、刀、锥、衔、镳、带饰等。有关研究者认为，这些北方的铁器可能与当时草原民族的铁器文化有比较密切的关系。

2. 中国的铁器时代

中国开始冶铁和使用铁器的确切时间是在春秋时期，春秋战国时期是中国的早期铁器时代。中国最早的关于使用铁制工具的文字记载，是《左传》中的晋国铸铁鼎。铁器坚硬、韧性高、锋利，胜过石器和青铜器。当人们能广泛用这种铁制造工具时，青铜工具就逐渐被取代了，冶铁业成为当时工业的一个重要门类，进入战国时期后，得到了迅速发展。所以，相对于石器时代和青铜器时代，考古学将战国至汉代前这一阶段称为"铁器时代"。

中国最早的人工冶炼的铁器——铜柄铁剑出土于甘肃灵台的一座春秋早期的虢国墓中。初期制作的铁器多是削、凹口锄（耒）、刀等小工具，但已有锻制的中碳钢剑、白口生铁铸的鼎等制品。1976年，在湖南长沙杨家山的一座春秋晚期墓（第65号墓）中发现钢剑、铁鼎形器各一件。剑长38.4厘米。随后在窑岭口一座春秋战国之际的墓（第15号墓）中发现铁鼎1件，重3250克。1978年，在河南淅川下寺一座春秋晚期墓中发现玉柄铁剑1件。

齐国是最早发明冶铁术的地区。《国语·齐语》载："美金以铸剑戟，试诸狗马；恶金以铸鉏夷、斤、斸，试诸壤土。"此处"美金"指青铜，"恶金"指铁。据《管子》载，早在春秋管桓时期，齐国"断山木，鼓山铁"就成为重要的手工业部门，故而齐国发明冶铁术当在春秋中叶。齐地铁矿资源丰富，《管子·地数篇》载：

新疆鄯善县洋海墓地出土的铁刀，前500年

1　田广金：《桃红巴拉的匈奴墓》，《考古学报》1976年第1期。
2　宁夏文物考古研究所：《宁夏固原杨郎青铜文化墓地》，《考古学报》1993年第1期。

齐地"出铁之山三千六百九山"。齐故城勘探发现6处冶铁遗址，其中两处面积达40万平方米。汉代全国设铁官49处，山东就设12处，多在齐地，其中一处就设在临淄。正因齐国较早地发明了冶铁术，铁工具广泛用于农作，才有可能使齐地多盐的荒芜之地变成膏腴之田。

战国中期以后，炼铁技术进一步提高，铁器的出土已遍及七国地区，并见于北方的东胡、匈奴和南方的百越。战国中晚期的铁器出土数量更多，重要的有河北兴隆燕国矿冶遗址中出土的锄、镰、斧等工具的铁铸范，易县燕下都44号墓出土的铁兵器50多件；河南辉县固围村魏国墓地出土的铁农具、手工具95件；湖北大冶铜绿山古矿冶遗址中出土的采掘铁工具斧形凿、锤、四棱凿、锄等。

冶铁业在中国出现的时间虽然比西亚和欧洲要晚，但一经出现，便取得飞速发展，并在以后的很长时期中一直居于世界冶金技术的前列。

春秋战国时期铁器的器类有农具、手工具、兵器和杂用器，而以农业、手工业工具为大宗。农具有"V"形铧冠、锄、耒、铲、锤等多种。同一类型的农具又有不同形式，如有长方板楔形和长条椭圆孔形，锄有六角形、梯形、凹形铁口锄和五齿锄，镰有矩镰、爪镰等。手工业工具有斧、锛、凿、锥、锤；兵器有剑、戟、矛、匕首、胄；杂用器有削、刮刀、环、钩、带钩，以及作为青铜器附属部件的鼎脚和镞铤。

由青铜时代发展到铁器时代，是人类文明史上的一个大的飞跃。冶炼技术和铁器的制造，本身就意味着社会生产力的极大提高，意味着手工业生产的巨大进步。

铁器的广泛使用，使人类的工具制造进入一个全新的领域，生产力得到极大的提高。春秋晚期到战国早期，铁器已经形成一种新的生产力，登

东汉冶铁画像石（中国国家博物馆藏），山东滕州市出土

上了历史舞台。部分农业和手工业已经开始使用铁器，但这时铁农具的数量不多，种类也不全，在农耕中还没有占据支配地位。铁制的手工业工具也未达到取代青铜工具的程度。战国中期以后，铁器已推广到社会生产和生活的各个方面。在农业、手工业部门中，已经基本上代替了木器、石器、骨器、蚌器和青铜器，初步取得支配地位。《孟子》中提到了铁耕，虽然当时的农具仍然以耒耜为主，但不同于过去的是在木制的耒上套了铁口。另外，一些较为先进的铁制耕具也相继出现。"V"形铧冠套接在木犁前端，利于破土翻地，它的出现标志着牛耕的推行。铁厚重坚实，利于垦荒挖沟；五齿锄齿条高宽，适于整地、施肥；锄、铲利于中耕；铁镰利于收割；斧锛的大量出现，利于开发山林、扩大耕地面积。这几种主要农具在出土铁器中占有很大比例，遍布中国南北各地，其基本形制一直影响着后代，在现在的农村仍然可以找到它们的踪迹。在手工业中，主要的工具基本上都是铁制的。《管子·海王篇》记载耕者必有耒、耜、铫等农具；工匠必有斤、锥、凿、锯、锤等工具；女子必有针、刀。铁器成为社会生产各部门所必需。

广州南越王墓出土的铁剑
（广州西汉南越王墓博物馆藏）

3. 中国冶铁与铁器技术的传播

中国的铁器和铁器制造技术很早就传播到朝鲜、日本。在前3世纪左右，匈奴人已经开始使用铁器。匈奴人的铁器文化受到汉族文化的很大影响，可以推测，当时的铁匠大多是来自中原的汉族匠人。

中国冶铁和制作铁兵器的技术在汉代传入西域，主要是由于战争传入西域的兵器。西汉时铁剑长度在80厘米到118厘米之间，钢剑的刃部经过淬火，坚实锋利。这些锋利有力的武器正是西域各国所缺少的。汉代有不少铁器输出，主要是由于战争传入西域的兵器。当时西域各国铸造铁器的技术不精。前36年陈汤到西域时见到"胡兵"的武器不如汉朝的军队，"兵刃朴钝，弓弩不利，今闻颇得汉巧"。这些"胡兵"的弓矢和铁兵器与汉朝军队所配备的长柄的矛、戟、弓弩和剑相比，要落后得多。《史记》说"汉使亡卒"将铸铁技术教给大宛的铁工，大宛人从中国人那里学会了铸铁技术。

安息也从中国输入许多铸铁产品，包括长把平底铁锅、一般铁锅以及各种钢铁兵器。木鹿是中国铁器的集散地，安息骑兵所用武器由这里入境，所以古罗马史学家普鲁塔克称安息骑兵的武器为"木鹿武器"，所用刀剑用中国钢铁锻铸，以犀利著称。

阿拉伯人所称的"哈尔·锡尼"，意为"中国铁""中国箭镞金"，被认为是一种产生于中国的罕见金属。他们极为重视这种金属。据称这种金属做成的箭镞具有毒性，可致人死亡，制成鱼钩不会使任何上钩的动物挣脱，制成铜镜可以辟邪，做成大小钟铃发音铿锵，回音激荡，久久不绝。阿拉伯炼丹术士哈伊延·本·扎比尔（Hayyan b. Jabir）曾为论述这种金属而写作了《中国铁之书》。有些现代学者认为这种金属是一种铜镍合金或是锌。另外，据法国学者阿里·玛扎海里（Aly Mazaheri，1914—1991）记载，"商旅们最早似乎也从中国向波斯出口非常豪华的铸铁器。如用作镜子的铸铁圆盘（中国的镜子），必须不断地擦亮。拥有这样一面铸铁镜子的人会被认为是一名熟练的理发师。他拥有一把中国剃刀以为顾客剃发，同时还拥有一把中国剪刀为顾客剪胡须，他自信这样就算武装齐备了，但最大的豪华物还是他的中国镜子。中国镜子早于铁锅传入波斯，早在萨珊王朝时代就已传入；在萨曼王朝时代，又传入马镫，被波斯人先称为'中国鞋'，然后又称为'脚套'。"[1]

中国铁器还通过安息传入罗马。古罗马博物学家普林尼（Gaius Plinius Secundus，23—79）曾称赞中国钢铁是优良卓越的产品，说"在各种铁中，赛里斯铁名列前茅"。不论他是亲见或是得自传

朝鲜的铁制农具，1—3世纪

---

[1]［法］玛扎海里：《丝绸之路——中国—波斯文化交流史》，中华书局1993年版，第296页。

闻，中国铁器在当时世界上质量最好，当是事实。英国汉学家裕尔（Henry Yule，1820—1889）认为，普林尼说的这种铁是铸铁，他说："铸铁技术像许多中国技术一样，是非常老的一种。"英国学者艾兹赫德指出："中国在汉代时期由于一开始就掌握了铸铁技术，所以能够生产大量的优质钢，其冶炼方法和后来的贝西默炼钢法（Bessemer process）大体相似，即熔化铁的同时脱掉部分碳；而西方一开始只掌握了锻铁技术，只能通过木炭熔铁生产有限的劣质钢。大马士革和托莱多（Toledo）刀片就是转化中国技术的产品，后来给十字军留下了深刻的印象。当小普林尼（Gaius Plinius Caecilius Secundus，约61—约113）不无羡慕地称赞中国铁（Seric Iron）的时候，他想到的可能是中国的钢。"[1]

四、马镫的发明与传播

1. 马镫的发明与使用

在古代，我国对马的引进、驯养以及马车的使用，是文化史上的一个重大事项，对经济社会的发展具有重大意义。特别是战国时期发展起来中国的骑兵，改变了原来的军队装备，这是军事史上一项伟大的变革。此后，各诸侯国都非常重视发展骑兵。

但是，在发明马镫之前，骑兵是坐在垫毯和鞍毯上，甚至没有马鞍而骑在马的光脊背上，从头顶来挥刺长矛的。如在亚历山大东征时，他的将士们的双腿是在马腹的两边空荡荡地悬垂着，没有任何支撑。他们靠着大腿的力量，用力夹住猛烈颠簸的马以保持自身的平衡。这种艰辛可以料想。后来，古罗马人发明了一种扶手，固定在马鞍前头，让骑士在战马狂奔时可以抓住。然而，即便如此，骑士的双腿仍然是悬在两旁的。秦始皇陵的出土陶马，马身上马具齐备，但就是没有发现马镫。

中国最初的马镫只有单独的一个，垂系马鞍的革带也很短。1955—1960年，在湖南长沙西晋永宁二年（302）墓葬中出土的3件骑马青瓷俑随葬品，发现马鞍左前侧处为三角状镫，这是最早的马镫形象。不过，马的右侧却没有装镫，乘马者的脚并没有踏在镫里，镫在足部的前上方，并且

---

[1] ［英］艾兹赫德：《世界历史中的中国》，上海人民出版社2009年版，第12—13页。

镫革很短，只有人腿部的一半长。据此猜测，可能这是供上马时踏足用的，上马后就不再踏镫了。这种小镫，应该是马镫的雏形。孙机说："严格说，单镫只能叫上马镫，它和双镫所起的作用是不一样的。"[1]

马镫的发明和使用，标志着骑乘用马具的完备，因而具有里程碑的意义。马镫可以使骑士和战马很好地结合在一起，把人和马的力量合在一起，发挥出最大的效力。有了它，骑兵可以更轻松地在马上做各种动作，人类战争史才真正迎来了骑兵无敌的年代。马镫有银、铜、铁镏银、铁等不同的材质，是马具中至关重要的一个部件。

马镫包括两大重要组成部分，一是骑者踏脚的部分，即镫环；二是将马镫悬挂在马鞍两侧的镫柄或镫穿。考古发现表明：中国东北方的草原地区，约在3世纪中叶到4世纪初的十六国时期，可能已经出现马镫。1965—1970年，南京象山发掘了东晋琅琊王氏族墓群，墓葬年代为东晋永昌元年（322）或稍后，7号墓中出土了一件装有双镫的陶马，这件陶马的双镫是已知马镫的较早实例。1983年，在河南安阳孝民屯154号墓中，发现了一只马镫。该墓约略相当于西晋末到东晋初年（约316年前后）。比此墓出土的马镫年代稍迟的另一组实物，出土于辽宁朝阳袁台子东晋墓中。1965年，考古人员在辽宁北票县（今北票市）北燕贵族冯素弗墓（415）中，出土了一对木芯长直柄包铜皮的马镫。这对马镫长24.5厘米，宽16.8厘米，形状近似三角形，角部浑圆，是现存时代最早的马镫实物。这种木芯长直柄马镫是东西方各类马镫的源头。

孝民屯154号墓、袁台子和冯素弗墓出土的马镫有共同的特点，即都是木芯外包嵌青铜片，孝民屯154号墓与冯素弗墓的铜镫片都镏金，装饰颇为华美。但它们也有明显的差异，孝民屯154号墓是单镫，而另两墓均为双镫。另外，孝民屯154号墓马镫的镫柄较长，镫体呈扁圆形，蹬脚处略向内凹，而冯素弗墓中的镫，镫柄较短，镫体呈圆角的三角形，蹬脚处较平直。孙机认为，冯素弗墓中的镫"表明这是我国马镫的形制已经成熟。"[2]

从晋代开始，成熟的马镫的使用标志着骑乘用的马具的完备，使得骑兵的发展进入一个新的时期。有了完善的马具，骑兵就更容易控制和驯服

---

[1] 孙机：《中国古代物质文化》，中华书局2014年版，第191页。

[2] 孙机：《中国古代物质文化》，中华书局2014年版，第192页。

马匹，并且使人骑在马上较为舒适、稳固、省力。同时，骑兵和战马很好地结合在一起，使复杂的战术动作和列阵的训练变得更容易了，能够充分发挥甲胄和兵器的效能，为东晋、十六国和南北朝时期骑战和重装甲骑兵的大规模发展，提供了条件。南北朝以后，马镫的形制逐渐变化，最后形成更便于蹬踏的马镫。这时的马镫，镫柄减短，镫体上部呈圆弧状，踏脚形成微有弧曲的宽平沿。

2. 马镫的传播

北燕的木芯长直柄包铜皮的挂式马镫发明不久，就通过高句丽向东传播，扩散到朝鲜半岛和日本，高句丽人用木芯包铁镫代替了北燕的木芯包铜镫。从4世纪到5世纪，朝鲜半岛南部的新罗遗物可以看到其明显受到中原地区马镫的影响。

如在庆州市皇南洞发掘的5世纪末的墓葬"天马冢"，出土的镫为扁圆状的长柄木芯铜和铁镫。

同样的影响，也波及古代日本。在日本古坟时代中期（约5世纪中叶）的古墓中，出土的镫是木芯外包铁包片的扁圆形镫，显示出和孝民屯晋墓出土品相同的特点，表现出其间的渊源关系。

大约6世纪中叶，阿瓦尔人（Avars）从东向西，穿过俄罗斯南部最终到达多瑙河与蒂萨河之间的地带定居，到560年时对拜占庭帝国构成了严重的威胁。然而，其之所以锐不可当，就是因为使用当时独一无二的铸铁制的马镫。为了消除这种威胁，拜占庭国王提比略二世对骑兵进行了大改组，580年又亲自训练骑兵，特别强调必须使用铁制马镫。这是欧洲文献资料中第一次提到马镫。

"6世纪时，马镫才传到匈牙利。匈牙利地处东欧，与自黑海向东延伸的欧亚大草原接壤。我国发明的马镫，就是随着活跃在这片草原上的各族骑手的蹄迹，逐步西传到欧洲的。"[1] 几乎到中世纪早期，欧洲各国的常规军队才开始普遍使用马镫。中世纪时欧洲的军队，有了牢牢地联结在马鞍上的马镫，马背上的骑士就坐得更稳当了，可以举起宝剑向下猛砍，可以抵挡刺来的长矛，也可以在马鞍上移动躲闪。在中世纪步兵到骑兵的主要兵种的演变过程中，马镫无疑起到了重要作用。

---

[1] 孙机：《中国古代物质文化》，中华书局2014年版，第192页。

李约瑟说："只有极少的发明像脚镫这样简单，但却在历史上产生了如此巨大的催化影响。就像中国的火药在封建主义的最后阶段帮助摧毁了欧洲封建主义一样，中国的脚镫在最初帮助了欧洲封建制度的建立。"

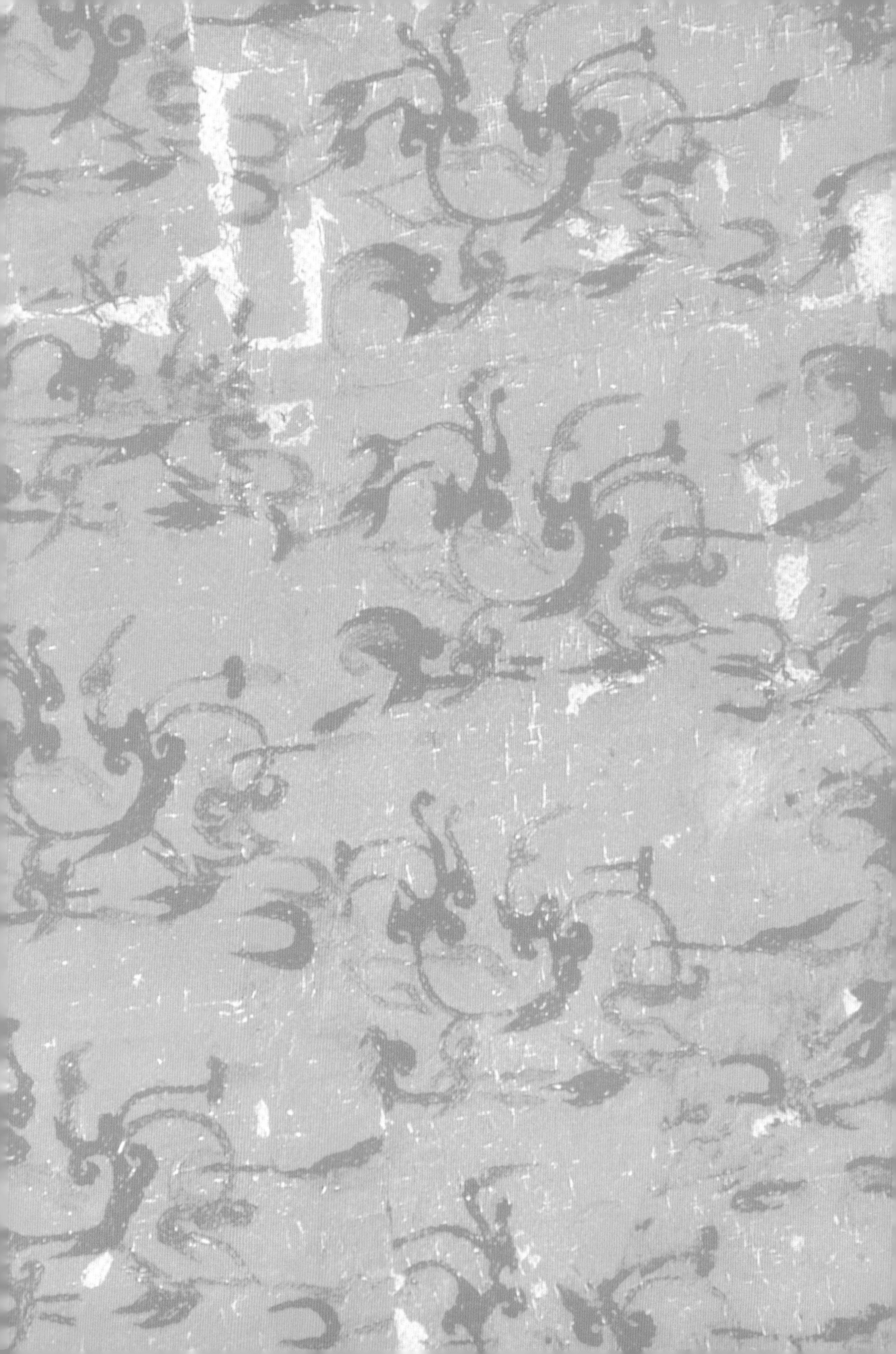

第九章 汉唐输入中国的三大技术

一、玻璃制造技术

1. 西方玻璃的传入

在古代，有三项西方科技发明被引入中国，对中国人的日常生活产生了极为重要和深远的影响。这三项技术即玻璃制造技术、制糖技术和葡萄酒酿造技术。玻璃制造技术是在南北朝时期引进的，后两项都是在唐代唐太宗时期被引进中国的，而且都是在唐太宗亲自过问和关注下，引进并推广和发展的。

从战国以后，西方的玻璃制品已经在中国有所传播。到了魏晋南北朝时期，仍有大量的西方玻璃器输入中国，屡有西域僧人和使臣进贡玻璃的记载。玻璃制品成为贵族珍爱的藏品，以及他们斗富的器物。

辽宁省北票市发现十六国北燕贵族冯素弗墓出土了五件玻璃器，有淡绿与湖蓝色的碗、杯、鸭形水注等，美观精致。其中，鸭形水注为淡绿色玻璃质，质光亮，半透明，微见银绿色锈浸。体横长，鸭形，口如鸭嘴状，长颈鼓腹，拖一细长尾，尾尖微残。背上以玻璃条粘出一对雏鸭式的三角形翅膀，腹下两侧各粘一段波状折线纹以拟双足，腹底贴一平正的饼状圆玻璃。此器重心在前，只有腹部充水至半时，因后身加重，才得放稳。此器造型生动别致，在早期玻璃器中十分罕见。考古学家宿白认为，这件鸭形水注"应是典型的罗马吹制的玻璃器"，"罗马玻璃器的传来，可能是从中亚经中原转手过来的，也可能是从当时与北燕有亲戚关系的北方游牧民族柔然运入。总之，两地路途遥远，

西汉时期的罗马琉璃碗

可能是罗马的玻璃器在东北发现较晚的原因"。[1]

南朝宋刘义庆《世说新语》说："满奋畏风，在晋武帝坐，北窗作琉璃屏，实密似疏，奋有难色。"这里提到的琉璃屏，应是由无色透明的玻璃制成的，因此实有而似无，令人仍觉室外的寒风好像可以直接刮进屋内，而生寒意。

唐代仍有大量西方的玻璃制品输入中国。进口玻璃器已发现的有陕西临潼庆山寺舍利塔下精室出土的一件玻璃瓶（颈部缠贴一道阳弦纹，腹部两条折纹互错，形成菱纹，可能是西亚的产品），陕西西安何家村窖藏出土的一件玻璃杯（无色透明，稍泛黄绿色，口沿下有一阳弦纹，腹部有八组纵三环纹）和陕西扶风县法门寺地宫出土的20多件玻璃器，多数具有鲜明的中亚和西亚色彩，可能为中亚和西亚的制品。

壮燕鸭形玻璃注（辽宁博物馆藏），为输入中国的罗马玻璃器

玻璃器从西方传到中国，并进一步传入朝鲜半岛和日本。朝鲜半岛和日本也发现大量玻璃器，这些玻璃器中有中国的，但多数来自西方，且大部分是经中国传入的。这些玻璃器多发现于高级墓葬、寺院塔基中，情况与中国类似，许多器物都可以在中国，甚至伊朗高原找到原型。

2. 玻璃制造技术的引进

随着西方玻璃制品的输入，其先进的工艺为我国南方玻璃制造业所吸收。最早借鉴西方玻璃工艺水平的是广州的玻璃制造业。他们按照西方玻璃生产的配方，制造出国内早期的单色或多色透明玻璃碗。葛洪《抱朴子》就曾讲，当时进口的中东玻璃碗及其在国内仿制的情况："作水晶碗，实是合五种灰以作之，今交、广多有得其法而铸作之者。"

水晶碗，即透明的玻璃碗。合五种灰，就是要以五种原料成分配制。这时，交、广和中东地区通过印度有贸易往来，故此可能掌握了当时中东玻璃制造的一些技术。现代专家对埃及古代玻璃的化学分析与鉴定结果表明，硅土、苏打、石灰、镁和氧化铝是玻璃制造的主要原料。葛洪记述中虽没有明确说明是哪"五种灰"，但其指出主要由五种原料配制而成是正确的。由此也说明，葛洪所谓水晶碗"合五种灰以作之"

---

[1] 宿白：《考古发现与中西文化交流》，文物出版社2012年版，第49页。

的工艺是有根据的,而这一工艺也的确为交、广两地的玻璃工匠所掌握。

埃及玻璃碗由于它的耐高温性能比中国琉璃碗更能适应骤冷骤热的要求,因而具有更多的实用价值。广州的玻璃工业吸取了先进的埃及工艺,按照埃及玻璃配方制造出本国生产的单色或多色透明玻璃碗,以及其他日用器皿。考古发现表明,这时广州的玻璃工业除生产透明玻璃碗外,也制造其他生活器物。这些器物的形制、种类、装饰图样,都突破了以往国内生产的传统模式,具有一定的创新,从而使南方地区的玻璃制造业超过了北方地区,走在国内前列。但遗憾的是,不知何故,南方玻璃的制造工艺大约在4世纪以后逐渐失传。

在我国出土的汉代玻璃器中,有一部分是钾玻璃,它既不同于西方的钠钙玻璃,也不同于中国特有的铅玻璃。在这些钾玻璃中,有一部分可能是从印度等地输入的。因为,一方面,这些钾玻璃与印度等地发现的玻璃在成分上相似;另一方面,我国出土的钾玻璃基本上分布在广东、广西等南方沿海地区,具有与印度等地进行海上往来的条件。当然,其中也有一些钾玻璃可能是中国自制或在外来影响下自己生产的。

所以,玻璃制造技术还有待于再一次传入中国。一般认为,西方的玻璃制造技术是在魏晋南北朝时期传入中国并得以流传的。

《魏书》及《北史》记载,北魏太武帝时(424—452),"有大月氏商贩在京城烧铸琉璃……乃召为行殿,容百余人,光色映彻,以为神明所作"。《魏书·大月氏传》中的一条记载:"世祖时,其国人(指月氏)商贩京师,自云能铸石为五色琉璃,于是采矿山中,于京师铸之。既成,光泽乃美于西方来者。乃诏为行殿,容百余人,光色映彻。观者见之,莫不惊骇,以为神明所作。自此,中国琉璃遂贱,人不复珍之。"

宿白说:"这段记录很重要,是西方玻璃技术传入我国的最早的明确的记录。《北史》记载的大月氏商人,应是指大月氏地区的商人,大约是粟特人。粟特人的玻璃技术是从萨珊学来的。4世纪中叶,萨珊战胜东罗马时,从东罗马俘虏了不少工匠,其中应包括玻璃匠师。近年,在伊朗吉兰一带的4世纪以后的遗迹中,发现了不少萨珊烧制的玻璃器。"[1]

这段史料说明,此时我国在继续输入西方玻璃的同时,还输入了西方的玻璃制作工艺技术。大月氏商人将琉璃的采矿、制作等全套技术传到中国,中国有了自己的玻璃生产作坊,开始成批生产。由于这种透明亮丽的多彩玻璃的成功制作,使得原来被中国人视为珍品宝贝的域外玻璃不再是稀奇之物了。这段史料长期以来也被中外学者

---

[1] 宿白:《考古发现与中西文化交流》,文物出版社2012年版,第57—58页。

视为西域玻璃制造技术，即钠钙玻璃制作技术传入中国的证明。

我国学者沈福伟特别强调大月氏人传入玻璃制造技术的埃及渊源。他指出："这个精通玻璃制造法并贩运玻璃制品的大月氏人，大约正好来自亚洲南部的玻璃制造中心塔克西拉，那里由于素来和亚历山大里亚玻璃业交流技术，一直在玻璃制造方面处于先进地位。"[1]

另外，《北史·何稠传》还记载："时中国久绝琉璃之作，匠人无敢厝意，稠以绿瓷为之，与真不异。"何稠是隋朝人，隋开皇年间（581—600）官至太府丞。他博览典籍，多识旧物，制作绝巧，在织造和机械方面都有发明。何稠是西域昭武九姓中何国人，他也有可能将西域玻璃制作技术传入中国。当时他所烧造的"绿瓷"，就是玻璃。

中国古代玻璃的基本成分在西周至魏晋南北朝时主要以铅钡为主。进入南北朝后西方钠钙玻璃传入我国，这种玻璃质地比铅钡玻璃强度大，耐热性好，加之西方吹制法的传入，使中国玻璃工艺有了较前期更快的发展。最迟在北魏时期，中国已掌握玻璃吹制技术，可以吹制器形较大的薄壁玻璃容器。这时期的玻璃器比较常见的是玻璃珠、环等小型装饰品。河北定县（今定州市）北魏塔基石函出土的一批中国器形薄胎玻璃器就是例证。用来盛装舍利子的透明玻璃瓶成为佛家供物，大量的玻璃珠被制成璎珞装点佛像与佛堂。这在一定程度上刺激了当时玻璃工艺的发展。

隋唐时期，中国的玻璃制作技术已经比较成熟。隋唐玻璃器的突出成就表现在陈设品、生活用具玻璃器皿的制作上，主要是玻璃瓶、玻璃茶具、玻璃杯等。隋代玻璃器的出土数量较多，制作精致。最突出的是西安郊

隋绿色琉璃瓶
（陕西历史博物馆藏）

唐盘口细首淡黄色琉璃瓶
（法门寺博物馆藏）

---

[1] 沈福伟：《中国与非洲——中非关系二千年》，中华书局1990年版，第173页。

区隋李静训墓出土的玻璃器皿,其中有高铅玻璃,也有钠钙玻璃,造型与当时的瓷器相似。唐代玻璃器继承隋代传统,高铅玻璃与钠钙玻璃并存。湖北郧阳区李泰墓出土的玻璃瓶是唐代玻璃的代表作,出土有两件黄色矮颈瓶、一件绿玻璃瓶和一件绿玻璃杯。这四件容器的器型较大,都是典型的中国器型,但玻璃的成分却不相同。黄色矮颈瓶含氧化铅高达64%,是高铅玻璃;而绿色玻璃是钠钙玻璃,含较多的钾和镁。唐代寺院塔基还出土了一些薄壁小型玻璃舍利瓶。甘肃泾川舍利塔基下出土的玻璃舍利瓶,高三厘米,无色透明,长颈,球形腹,底微上凸,瓶内装舍利子,位于一套舍利容器的最内层,外有金棺、银函、铜函和石函。陕西临潼庆山寺舍利塔下精室出土了两件玻璃舍利瓶,放在金棺、银、石宝帐内的铜质莲花座上,绿色透明,细颈鼓腹,壁薄如纸,瓶内盛放舍利。陕西西安东部的一座舍利塔基下,也出土了类似的玻璃舍利瓶,置于镏金铜棺中。临潼庆山寺舍利塔精室中出土的六件玻璃空心球,球径2~3.5厘米,绿色透明或褐色透明。玻璃球位于宝帐前的三彩盘中,可能是作为供佛果品使用的。1987年,陕西省扶风县法门寺地宫出土的20余件精美玻璃容器,其中一件玻璃茶碗和一件玻璃茶托子属于同一套茶具,与唐代流行的白瓷茶具在形制上完全一致,应是中国制造的玻璃精品。唐代墓葬也零星出土了一些玻璃珠饰、小型玻璃佛像和玻璃容器。

二、制糖术的引进与发展

1. 蔗糖的传入

我国上古时代没有蔗糖。《礼记·内则》提到甜食时,举出的是"枣、栗、饴、蜜"。"饴"一般说来就是现在说的麦芽糖。《齐民要术》中记载"白饧""黑饧""琥珀饧"等品种的制作方法,说明熬饴的技术在这时已经成熟。"相较于西方,饴糖在中国人的饮食中占有更重要的地位。"[1]季羡林说:"我们中国古代没有'糖'这个字,只有一个'餳'字,指的是麦芽糖一类的东西。比如,《楚辞·招魂》中说:'胹鳖炮羔,有柘浆些。''柘浆'就是后来的蔗浆。……古代的蔗浆只供饮用,而不用来熬糖。熬糖则使用麦芽。……大概到了南北朝时期才出现了'糖'字,利用蔗浆熬糖可能也始于此时。"[2]

---

[1] [美]柯嘉豪:《佛教对中国物质文化的影响》,中西书局2015年版,第245页。
[2] 季羡林:《季羡林论中印文化交流》,新世界出版社2006年版,第19页。

另外,"中国人很早就已采集和食用野生蜂蜜,从2世纪末起就有养蜂和采集蜂蜜的记载。至少自4世纪起,中国南方的市场已有蜂蜜出售。到唐朝,史书记载有19个不同的地区向朝廷进贡蜂蜜,这表明那时蜂蜜的生产和消费已经相当普及。"[1]

印度自古就生产甘蔗,并发展起用甘蔗制糖的技术,是世界甘蔗糖的发源地。古代印度制蔗糖的方法,是将甘蔗榨出甘蔗汁,晒成糖浆,再用火煎煮,成为蔗糖块(sakara)。梵文"sakara"又有"石"的含义。印度的"石"糖在汉代传入中国,汉代文献中的"石蜜""西极石蜜""西国石蜜",指由西域进口的"石"糖。其中,"西国""西极"正是梵文"sakara"的音译,而"石蜜"是梵文"sakara"的意译。后来印度的炼糖术进一步提高,将甘蔗榨出甘蔗汁,用火熬炼,并不断加入牛乳或石灰一同搅拌,牛乳或石灰和糖浆中的杂质凝结成渣,原来褐色的糖浆颜色变淡,经过反复的除杂工序,最后得到淡黄色的砂糖。印度的佛经中,有许多关于糖的记载。"佛典中的各种技术都表明,糖在古代印度非常普遍,既是可食的美味,又能入药治病,还可用于宗教仪式。从甘蔗汁中能提炼各种糖类食品,在古时已是众所周知的常识,故佛教典籍的编撰者能够利用制糖术来阐释佛教义理的概念。"[2]

也许是从印度传入技术的,越南很早就开始从甘蔗中提炼蔗糖。《汉书·南中八郡志》就已经说到交趾地区生产蔗糖。西汉时南越人杨孚的《异物志》谈到了用甘蔗榨糖,就是将煮沸的甘蔗汁提炼、晒干制成一种凝固的糖的过程。这是我国最早关于制造蔗糖的记载。这种蔗糖当时是贡品,民间并不多见。张衡《七辩》中说:"沙饧石蜜,远国储珍。"

《越南历史》说:"我国人民已懂得榨蔗熬糖,制出了砂糖和冰糖。交趾的蔗糖成为向吴朝进贡的一种贵重贡品。"[3]三国时期,交趾地区出产的蔗糖输入内地。《三国志·吴志》中记载:吴主孙亮曾使黄门(宦者)取交州所献"甘蔗饧"食用。所谓甘蔗饧,也就是蔗糖。"甘蔗饧"的形态是一种特意为之的黏稠状,其软柔的特性更能适应人们的食用。

陶弘景说,他那个时代广州有用甘蔗制成的"沙糖"。他在《名医别录》中说:"蔗出江东为胜,卢陵也有好者,广州一种数年生,皆大如竹,长丈余,取汁为沙(砂)糖,甚益人。"佛教典籍《善见律毗婆娑》也提到"沙糖"盛产于广州。但有学者认为,南北朝时期虽有砂糖之名,但所能生产的只能是蔗糖的雏形,是一种

---

[1] [美]柯嘉豪:《佛教对中国物质文化的影响》,中西书局2015年版,第244页。
[2] [美]柯嘉豪:《佛教对中国物质文化的影响》,中西书局2015年版,第243页。
[3] 越南社会科学院委员会:《越南通史》,中国人民大学出版社2001年版,第153页。

质量较低、晒干的糖。[1]

2. 制糖技术的引进

两晋南北朝时期，从当时翻译过来的一些佛经（如《摩诃僧祇律》《五分律》《四分律》等）可知，印度用甘蔗汁制糖的信息已经传到中国。唐代义净所译《根本萨婆多部律摄》和《根本说一切有部百一羯磨》中，也对印度的制糖法有所介绍。

从印度引进的甘蔗制糖的工艺对唐代的经济影响较大。这件事与王玄策出使印度有直接的关系。唐太宗和高宗时期，王玄策曾4次出使印度。我国学者孙修身研究认为，可能是王玄策在第二次出使印度时，打败阿罗那顺后，俘虏了大量能工巧匠，便从中挑选专业制糖人员，带回国内传授制糖之法。[2]

《新唐书》卷二二一《西域传》记载：贞观二十一年（647），摩揭陀国"献波萝树，树类白杨；太宗遣使取熬糖法，即诏扬州上诸蔗，榨沉如其剂，色味愈西域甚远"。这条记载是说，唐太宗曾派人到印度学习制糖技术，回来后推广该技术。孙修身概括说："我们可以将制糖法东来的经过，作如下的总结：在唐太宗贞观二十一年（647）前，已知印度有制石蜜（蔗糖）法。唐太宗时，令敕使王玄策至其国摩诃菩提寺取制糖法。贞观二十二年（648）唐使至其国，遭到吐蕃的剽掠。五月敕使王玄策以吐蕃、泥婆罗诸国军队击败叛王阿罗那顺，并俘其王、妃及子以献。贞观二十三年（649）王玄策请得摩揭陀国摩诃菩提寺石蜜匠及僧八人入唐。此后，制糖法在我国广传开来。"[3]

印度制糖法的传入对我国糖业的发展起了重要的作用。当时，印度制糖法中至少有三项先进经验：

（1）蔗浆结晶前用石灰或草木灰处理。根据现代的科学制糖原理可知，这项措施对蔗糖的结晶和产出率至关重要，因为蔗汁中除蔗糖和水分外，还有一些含量不算很大但对蔗糖结晶极不利的有机酸成分，它们会促使蔗糖水解生成还原糖（如葡萄糖、果糖等）。这类糖在蔗汁搁置过程中不但自身不能结晶，还会生成糖蜜（我国古代叫"糖油"）阻碍蔗糖结晶，所以用"灰"去中和或沉淀那些游离酸，很有必要。而且"灰"还可使某些有机的非糖分、无机盐、泥沙悬浮物沉淀下来，既可改善蔗汁的味道，又可使蔗汁黏度减小，色泽变清亮，也都有利于蔗糖的析出和质量的提升。

---

1 李治寰：《中国食糖史稿》，中国农业出版社1990年版，第111页。
2 孙修身：《敦煌与中西交通研究》，甘肃教育出版社2002年版，第186页。
3 孙修身：《敦煌与中西交通研究》，甘肃教育出版社2002年版，第186页。

清·《砂糖图》局部

（2）印度制糖技师很懂得注意对甘蔗品种的选择，据他们的经验，苗长过八尺者不适于熬糖，而矮秆六七尺者是造糖的良种。后来，我国就参考学习了印度的此项经验。

（3）印度制糖采取了分出糖蜜的措施，极有利于糖的结晶。

唐代的制糖技术有了较大的进步，主要是因为传入了印度先进的制糖技术。据上述记载，唐太宗派人到中天竺摩揭陀国去学习熬糖法，不仅学会了印度的制糖技术，而且在此基础上有所提高，制出了比印度蔗糖质量还好的产品。所以说"榨沉如其剂，色味愈西域甚远"。根据季羡林的论述，扬州人对糖进行了改进和精加工，实现了制糖技术的飞跃。他强调，最早的白糖不可能洁净如雪，而是呈淡黄色。后来，优质的中国糖又传到印度，令印度人惊叹，称其为"中国雪"。除扬州外，唐宋时期四川遂宁也是蔗糖的著名产地。

还有的学者认为，唐太宗时期只引进了印度饼块糖石蜜制法。唐高宗龙朔元年（661）请来印度制糖专家，这才引进印度制糖法。所以，唐朝遣使去印度求取制糖术有两次，而每次带回的制糖术是不同的。

在敦煌的残卷中，有一篇残经写卷背面写着制造"煞割令"的方法。季羡林认为"煞割令"就是梵文"sarkara"的对音。这个残卷记载了印度甘蔗的种类、造"沙糖"法、造石蜜法、甘蔗栽培法。"这份暂可追溯到9至10世纪的文献，是目前最早的有关中国制糖工艺的详细记载，或也可能是世界上有关制糖的最早的记载。文献中罗列了可用于制糖的最佳甘蔗品种，并详细描述砍伐甘蔗，且在一个牛拉的大碾盘中碾磨压碎的规程，以及榨出的甘蔗汁该如何处理。""这份有关糖的敦煌文献，不但向我们描述反复煮沸甘蔗汁、不断搅动、再冷却以得到干燥的细砂糖的过程，它还介绍了在此基础上，如何进一步处理提炼出的糖，以制作出质地更为细腻的糖的工艺。"[1]

季羡林在分析这一残卷后指出："我们眼前的这张只有几百字的残卷告诉我们的却是另外一条道路，一条老百姓的道路。造糖看起来不能算是一件了不起的大事，但是它也关系到国计民生，在中印文化关系史上，在科技交流方面自有其重要意义。"[2]

3. 制糖技术的发展

唐代掌握了先进的制糖技术，蔗糖生产也有了较大的发展，如陆龟蒙《江南秋怀寄华阳山人》诗，有"野馈夸菰饭，江商贾蔗饧"句。在药物学著作《千金要方》和《外台秘要》中，砂糖是常用的药物，敦煌残卷孟诜《食疗本草》也著录了砂糖等。这都表明，作为食品或药用的砂糖已经成为市场上常见的货物。

唐代的砂糖似乎以四川生产的质量最好，如《元和郡县图志》载蜀州贡砂糖，《千金翼方》所载诸药出处，也仅载益州砂糖。直到元、明两代，福建、广东才在改进制糖技术的基础上成为我国蔗糖的主要产地，明末宋应星《天工开物》则对闽广的制糖法做了相当详细的介绍。

唐玄宗天宝十二载（753），鉴真和尚东渡日本传法，带有各种方物。其中，有蔗糖两斤多，献给奈良东大寺，并把制糖法传给日本。此后，日本才知道了砂糖。

甘蔗种植和制糖业在宋代已有大的发展。宋代学者王灼所著《糖霜谱》是我国最早的蔗糖专著，也是世界第一部甘蔗炼糖术专著。《糖霜谱》全书共七篇，分别记述了中国制糖发展的历史、甘蔗的种植方法、制糖的设备（包括压榨及煮炼设备）、工艺过程、糖霜性味、用途、糖业经济等。

《糖霜谱》提到遂宁当地"为蔗田者十之四，糖霜户十之三"。可见有相当多的人在从事种蔗和制糖业，而制糖方法则据说是唐代宗大历年间

---

[1] [美]柯嘉豪：《佛教对中国物质文化的影响》，中西书局2015年版，第249—150页。
[2] 引自薛克翘：《中印文化交流史话》，商务印书馆1998年版，第97页。

（766—779）邹和尚传授的。邹和尚生平不详，他所传授的制糖法可能就是比较先进的印度制糖技术。此时遂宁还开始用甘蔗制取冰糖。冰糖的制作，为制糖业增添了独特的产品。

唐宋生产的蔗糖都是红糖，白糖至明代才有。明宋应星《天工开物·甘嗜·蔗品》详细叙述了造白糖和冰糖的方法。除《天工开物》外，何乔远著《闽书南产志》、方以智著《物理小识》、刘献廷著《广阳杂记》《兴化府志》，都有关于熬炼白糖的黄泥水淋脱色法的叙述。孙机认为，"这是利用泥土的吸附性使糖浆脱色的方法"。"这种方法早已在地中海地区的制糖业中广泛应用。所以我国之制白糖的技术，亦应来自西方。"[1]但季羡林在所著《中华蔗糖史》说：中国明代熬炼白糖的"黄泥水淋脱色法是中国的伟大发明"。

明嘉靖时的《惠安县志》也有制糖的记载。惠安的糖分黑砂糖、白砂糖、响糖、糖霜四种。黑砂糖由蔗液烹煮而成，白砂糖由黑砂糖去杂质而成，响糖和糖霜则由白砂糖烹煮而成。

明·陈洪绶《蕉林酌酒图》局部（天津博物馆藏）

唐墓壁画《宴饮图》

---

[1] 孙机：《中国古代物质文化》，中华书局2014年版，第70页。

三、葡萄酒酿造技术的引进

1. 葡萄酒的传入

在西汉的时候，葡萄及其栽培技术传入中国，同时葡萄酒也传入了。

葡萄酒的酿造，由波斯、埃及经中亚传入西域，不会迟于西汉。张骞通西域，就向朝廷带回了西域酿造葡萄酒的信息。《史记》和《汉书》里都有关于大宛国出产葡萄酒的记载。到南北朝时，龟兹、高昌、焉耆、车师等都有葡萄出产。

葡萄酒在汉代就已经传入内地。《三国志·魏志·明帝纪》中，裴松子注引汉赵岐《三辅决录》说：东汉时，"（孟）佗又以蒲桃酒一斛遗让，即拜凉州刺史"。孟佗是三国时期新城太守孟达的父亲，张让是汉灵帝时权重一时的大宦官。孟佗仕途不通，就倾其家财结交张让的家奴和张让身边的人，并直接送给张让一斛葡萄酒。以酒贿官，得凉州刺史之职。可见，当时葡萄酒身价之高。

清·《升仙传·喝酒图》

孟佗以葡萄酒买官这件事令许多文人学士愤愤不平，苏轼就曾感慨地写道："将军百战竟不侯，伯郎一斗得凉州。"

到了魏晋及稍后的南北朝时期，葡萄酒的消费有了一定的发展。朝廷还用以"赐馈"。魏文帝曹丕喜欢喝酒，尤其喜欢喝葡萄酒。他不仅自己喜欢葡萄酒，还把自己对葡萄和葡萄酒的喜爱和见解，写进诏书，告之于群臣。魏文帝的提倡和身体力行，使得魏时以及后来的晋朝及南北朝时期，葡萄酒成为王公大臣、社会名流筵席上常饮的美酒，文人名士常有歌咏葡萄酒的诗作。

但是，这时人们品尝的葡萄酒主要是从西域进口的，国内葡萄酒制作技术的获得和普及，还是唐代的事情。

2. 葡萄酒酿造技术的引进

中国人自己酿造葡萄酒是从唐朝开始的。

明·仇英《春夜宴桃李园图》（故宫博物院藏）

唐军在640年破高昌，这也是葡萄酒酿造技术引进中国的年份。唐太宗从高昌国获得马乳葡萄种子和葡萄酒的制法后，不仅在皇宫御苑里大种葡萄，还亲自参与葡萄酒的酿制。酿成的葡萄酒不仅色泽很好，味道也很好，并兼有清酒与红酒的风味。

唐代"葡萄酒"的产地，有今属新疆吐鲁番市的"西州"、甘肃武威市的"凉州"和山西太原市的"并州"。"西州"由原来的"高昌国"改设。

唐朝是我国葡萄酒酿造史上十分辉煌的时期，宫廷里盛行品评葡萄酒。皇帝向臣下赐酒，以示优宠。与此同时，葡萄酒的酿造已经从宫廷走向民间，民间酿造和饮用葡萄酒十分普遍。长安城有许多酒肆，其中有许多是胡人开的，出售西域进口的葡萄酒，也有许多是本地产的。

第十章 改变世界的中国「四大发明」

一、从世界文明的角度认识"四大发明"

造纸术、印刷术、火药和指南针这"四大发明",是中国人伟大的技术发明、伟大的文化创造,它们建万古功业于中华古国,播永久芳馨于人类文苑,其光芒直贯史册,其功勋永世不灭。"四大发明"在不同的历史时期被聪明的中国人发明创造出来,又在不同的历史时期先后被有心的中国人和有心的外国人"传出去"和"拿过来"。"四大发明"的意义是这样的重大,而且,它们在中国的使用和向海外传播以及所造成的海外文化效应,乃至对人类文化发展的作用,都值得一一叙述。

本章所讲的中国古代的"四大发明",重点不是讲"四大发明"在中国的具体发现、发明的过程,以及在中国的应用,而是着重说明这"四大发明"是如何传播到世界各地的,在所传播到的地方,又是如何被当地的人们所接受、使用,发挥作用,以及在此基础上又如何进一步改进创造的。还要说明,当世界各地接收了、使用了这"四大发明"之后所产生的社会影响,对当地的社会生活、对其历史文化、对人们的思想观念,都产生了什么样的作用,引起了什么样的变化。最后,要说明的是,这"四大发明"是如何改变世界的。

世界的历史是由多种因素的合力所谱写的。但是,在一些关键时刻,有一些关键性的因素参加进来,就会在特定的时空点上发挥火药的引信作用,引爆了历史本身所蕴含的巨大的能量,从而开创了一个新的历史时代。我们将看到,在近代欧洲文化发展的进程中,中国的"四大发明"就是文化火药的"引信"。

我们所讲的,就是从一个侧面来看,中华文化是如何参与和影响世界的历史及进程的。

对于"四大发明"在世界各地的传播和影响,中外专家进行过许多深入的研究和论述。但是,当我们把这些伟大的文化成果汇集到一起作为一个整体,把它们放在中华文化在海外传播的历史长河中来考察的时候,就会看到一幅波澜壮阔的宏伟画卷,就会更能体会到它们更为宏大的和更为深远的文化意义。

而在记叙这一切时,我们深深感到,这的确是中国史乃至世界史上的光辉篇章。能够将这伟大的、能引起如此巨大恒久的文化效应、对全人类文化做出巨大贡献的"四大发明",与丝绸、瓷器和茶叶等物产,贡献给全人类,同样是伟大的,是自豪的。

二、造纸技术的发明及其传播

1. 造纸技术的发明与发展

人类文化的创造和发展得益于积累、传播和交流。没有积累、传播和交流,也就无所谓文化和文明的进化、发展和进步,也就无所谓文化和文明本身。在各民族文化的发展史上,文字的出现是具有重大历史意义的事件。文字记载是文化积累和传承、传播经验和知识的主要媒体。

文字总是要写刻在一定的材料上。文化积累和传承,首先就是保存这些记录文字的书写材料。在纸未发明以前,人们使用过各种各样的书写材料。我国古代曾先后使用过龟甲、兽骨、金石、竹简、木牍、缣帛等材料书写纪事。在国外,古印度人曾用桦皮和棕榈树叶做书写材料,埃及人用纸草,欧洲人用羊皮,等等。造纸术的发明,是人类书写纪事材料的一次伟大革命,使人类在此之前使用过的各种书写记事材料都退出了文明活动的舞台。

在世界科技史上,一般都把东汉元兴元年(105),即蔡伦正式向汉和帝刘肇奏明发明了纸的那一年,作为纸发明的年代。但是,纸的发明也和历史上的大部分发明一样,有一个逐渐发展的过程。任何发明的出现,一方面,取决于社会对这种发明的需要程度,另一方面,社会生产力和科学技术的发展水平,已经为这种发明的出现准备了充足的条件。纸的发明也是这样。在蔡伦造纸以前,纸的发明大概已经走过了它的胚胎和萌芽阶段,而在蔡伦那个时代才发展成熟起来。

蔡伦是汉和帝时的太监,在宫中任职40余年,曾长期负责监制御用器物。105年,蔡伦将其发明制造的成本低廉、质地良好、便于书写的纸献于汉和帝，受到皇帝的赞赏。蔡伦为人们提供了价廉质优、适合书写的纸张，从而使纸张的应用得到普及和推广，并引起了书写材料的历史性变革。

明·宋应星《天工开物》中的《制纸图》

造纸术是影响人类文明历史进程的一项伟大发明。蔡伦首倡其意，发明造纸，创造了不可磨灭的历史功绩，并因此受到世人的尊敬和纪念。正如美国学者卡特（Thmoas Francis Carter，1882—1925）所说的那样："无论如何，在中国人的心目中，他（蔡伦）和造纸不可分割。后来他甚至被奉为造纸之神。"[1] 1990年8月，国际纸史协会（IPH）在比利时马尔梅迪召开第二十届代表大会，"与会专家一致认定蔡伦是造纸术的伟大发明家，中国是造纸的发明国"。[2]

蔡伦以后，中国造纸业和造纸技术持续发展。人们一方面不断地开辟新的造纸原料，另一方面，在工艺技术上不断进行改进，使纸的品质越来越高，品种越来越多样。到了魏晋南北朝时期，造纸业在产量、质量和加工等方面都比东汉时有所提高。造纸原料不断扩大，造纸设备也得到革新，出现了新的工艺技术，产纸区域和纸的传播也越来越广，造纸名工辈出。正是在这一时期，纸作为新型的书写纪事材料，才正式取代了简、牍、缣帛，人们则逐渐习惯于用纸来书写，纸成为占支配地位的书写材料。东晋末年的豪族桓玄一度废晋称帝，他曾下令说："古无纸，故用简，非主于敬也。今诸用简者，皆以黄纸代之。"统治者的大力提倡，为纸的普及起到了推波助澜的作用。而纸的推广使用，则有力地促进了书籍等文献资料的大幅度增加和科学文化的进步与传播。

任何伟大的发明都是属于全人类的，都是人类共享的。中国在造纸术发明之后，并没有垄断专用，而是与全人类共享，成为人类共同的文明成果。美籍华裔学者钱存训指出：自纸发明以后，"纸的使用日益普及。正如《后汉书》所说，'自是莫不从用焉'。纸不仅盛行于中国本土，且更流传广被于全世界。在东方，纸在4世纪前传至朝鲜，5世纪初传至日本。在南方，大约3世纪前传至越南，7世纪前传至印度。在西方，3世纪时传至中亚，10世纪时传至非洲，12世纪时传至欧洲，在16世纪时传至

---

[1] ［美］卡特：《中国印刷术的发明和它的西传》，商务印书馆1957年版，第19页。
[2] 马永春、钟逵：《蔡伦造纸争议的评说》，《光明日报》1992年11月22日。

美洲，并在19世纪时传至澳洲。从前纸在中国发明，经过了两千多年的悠长时间，至此造纸术乃广被于全世界。"[1]

2. 纸与造纸术在朝鲜半岛和日本的传播

纸和造纸术很早就传到朝鲜半岛。据《日本书纪》记载，日本应神天皇十六年（晋武帝太康六年，285），百济博士王仁曾将《论语》等书卷的纸写本带到日本。百济得到并使用这种纸本，自然还要比这更早一些时候。

据说，在610年，高句丽僧人画家昙徵（579—631）到日本传授造纸术和制墨技术。那么，朝鲜的造纸业不会晚于这一时期。所以，一般认为，高句丽在4—5世纪已就地造纸，当时生产的主要是麻纸，从事这种生产的是从中国北方移居来的汉人工匠。百济和新罗造纸可能晚于高句丽，但也不会晚于5世纪。在朝鲜三国时期，已经造出了优质的纸。新罗的金城（今庆州）一向以造纸闻名，新罗纳祇王四年（420）时造纸已经相当兴盛。新罗古墓发掘时发现在髹漆棺木涂层下使用了纸。到统一新罗时期，麻纸和楮皮纸都发展得很快。

朝鲜制纸用的原料、工具和技术都与中国相似。朝鲜三国时，已经用楮、麻为原料造纸。到高丽时，造纸技术有了更大的发展，造纸原料也进一步扩大，造纸业十分发达。除楮、麻以外，还用藤蔓、桑树皮、竹叶、松叶、稻草、棉、茧蒿节、蒲节等做原料造纸，其中尤以桑皮最为著名。宋朝使臣徐兢《宣和奉使高丽图经》说：高丽"纸不全用楮，间以藤造，捶捣皆滑腻，高下不等"。原料扩大推动了纸的大量生产和质量的提高，尤其是皮纸的产量和质量有很大的提高。

高丽时期生产的纸的种类很多，包括白纸、白硾纸、黄纸、青纸、雅（鹅）青纸、翠纸、金粉纸、油纸等，质地都十分精良。高丽纸还经常向中国出口。宋人尤喜欢用这种纸作为书卷的衬纸。宋代文人之间还常以高丽纸相赠，视为贵重之物。

如前所述，3世纪百济博士王仁曾将《论语》等书卷的纸写本带到日本。科技史专家潘吉星研究认为，最早把造纸技术传到日本的正是这位王仁博士。"王仁是在日本的最初造纸者"。[2]

日本的造纸业在圣德太子时代有了真正的发展。前文提到，610年，高丽僧人画家昙徵到日本传授造纸和制墨技术。大概从此日本开始以本地原料造纸。圣德太子令

---

[1] ［美］钱存训：《书于竹帛——中国古代的文字记录》，上海书店出版社2004年版，第117—118页。
[2] 潘吉星：《中国古代四大发明——源流、外传及世界影响》，中国科学技术大学出版社2002年版，第369页。

昙徵指导全国遍种楮树，推广生产楮纸。在正仓院保存有飞鸟时代的纸本文物，这些纸都是楮皮纸，是完全按照中国的方法抄造的。

日本早期历史文献《古事记》（721）、《日本书纪》（720）、《延喜式》等，都记载了纸传入日本的经过、专司造纸的衙署、楮树的移植、各种纸张的制造，以及纸的书写、包装、衣着、屏风制作和裱糊墙壁房屋等用途。飞鸟和奈良两朝颁布律令，对中央所属图书寮下造纸机构有明文规定。710年，日本律令规定设立专门机构以事造纸。平安时代日本造纸生产有了进一步发展。在伊势、尾张、三河等40余地已能造出穀纸、裴纸（雁皮）、麻纸、檀纸。806—810年，日本在京都设立了官办的"纸屋院"，即造纸作坊，专供朝廷用纸。《源氏物语》中说，当时日本还造出了蜡染纸、青折纸、紫纸、赤纸、胡桃色纸、交纸等加工纸。

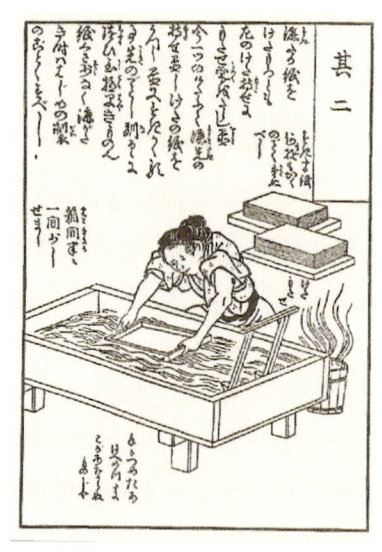

日本《纸漉重宝记》（1798）中的《抄纸图》

与朝鲜的情况一样，日本的造纸原料、造纸技术和工具与中国十分相似。据日本学者对法隆寺、东大寺所藏日本大宝年（701—703）的户籍残卷、天平年（729—748）前后的古纸的分析，认为其多以破麻布和楮皮为原料，制浆技术和我国一样，采用植物灰水碱液蒸煮，并在纸浆中添加淀粉糊剂。日本早期造纸原料主要是麻类，其次是楮皮和其他木本韧皮纤维原料，造纸方法和设备都与我国隋唐时代一样。

日本生产的"和纸"品质很高，是十分著名的手工艺产品。就是在机制纸占支配地位的今天，手工"和纸"仍是日本书画家喜爱使用的书写绘画材料。[1]"和纸"也曾传入中国，并受到中国文人的赞誉和好评。

3. 怛逻斯战役与造纸术的西传

汉代以降，随着"丝绸之路"的开通，西域居于中国与西方交通的要冲，与中原地区的联系十分密切。所以当纸发明不久，就迅速传到西域，被各族人民所使用。新疆境内发掘的比较古老的遗址，都曾发现作为书写材料的纸张，包括东汉末年至魏晋南北朝至隋唐五代的大量古纸，以官私文书、契约和典籍写本为多，也有少量佛经写本。出土文书有用汉文书写的，也有古回鹘文、突厥文、藏文、西夏文，还有中

---

[1] 潘吉星：《中国造纸技术史稿》，文物出版社1979年版，第149—151页。

亚、西亚通行的粟特文、吐火罗文、叙利亚文、希腊文和梵文。[1] 纸张由于价格低廉、携带轻便、书写容易，因而由中外商人和边吏、戍卒广为传播，4世纪起便完全代替木简，成为普遍使用的书写材料，由公文书信推广到典籍的抄写。

纸在西域地区流传之后，造纸技术也传播到那里，西域出现了自己的造纸业。研究者研究发现，西域地区造纸的历史向上至少要追溯到5世纪初。[2] 也有的研究认为可能更早一些。7世纪时高昌确已有了造纸的"纸师"和"纸坊"。

在魏晋南北朝时期，中亚和西亚的波斯人、粟特人、大夏人就已见到并使用过中国的纸。当时，波斯和粟特商人的足迹遍布中亚和西亚地区，来往于中国与西域之间，成为中华文化西传的重要媒介。他们在客居中国时，必定使用过作为书写材料的纸。当时在地中海沿岸通行的是埃及纸草和羊皮纸，波斯和康居等中亚各国都以羊皮纸作为官方和商业文书，或抄写典籍，叙利亚则用树皮作为书写材料。和埃及纸草、波斯羊皮纸相比，中国发明的植物纤维纸成本低廉、质地轻软，而且比纸草细腻，更洁白耐磨，因而引起了亚洲各国的注意，成为足迹既广、见闻亦多的波斯和粟特商人经销的一种新产品。[3]

到7世纪中叶，大食与唐朝正式建立外交关系，因此，至迟在650—707年，中国纸就已到达大食境内。[4] 阿拉伯人在伊斯兰教初创前后，将文字写在牛犊皮上、薄薄的石片上、剥光了树叶的枣椰树枝上或者骆驼、羊的肩胛骨上。阿拉伯文的"纸"叫作"waraq"，是"叶子"的意思。这说明，以前阿拉伯人大概也用过树叶一类的东西做书写材料。中国纸输入后，这个字就用来表示这种新东西了。

现在的一般研究者都把751年作为中国造纸术西传的正式年份。这一年，唐朝与大食在中亚地区发生战事，即著名的怛罗斯之战。

怛罗斯战役是当时世界上的两大帝国唐朝和阿拉伯阿拔斯王朝之间的一场大战，是一场在世界史上有着重要影响的重大战役。在这场战役中，

1　沈福伟：《中西文化交流史》，上海人民出版社1985年版，第321页。
2　潘吉星：《中国造纸技术史稿》，文物出版社1979年版，第137—138页。
3　沈福伟：《中西文化交流史》，上海人民出版社1985年版，第323页。
4　潘吉星：《中国造纸技术史稿》，文物出版社1975年版，第153页。

唐军打了败仗。被阿拉伯人所俘的唐军兵士中，有一些是造纸工匠，这些工匠把造纸法传入撒马尔罕，在那里建立了一座造纸工场，成为阿拉伯帝国造纸业的开山始祖。

撒马尔罕在唐时称为康国，700年为大食将军屈底波（Kutaiba ibn Muslim）率兵占领，成为阿拉伯帝国的东方重镇。撒马尔罕有丰富的大麻和亚麻植物，加上灌渠充足的水源，为造纸业提供了自然资源。撒马尔罕的造纸业一经建立，因为有技术熟练的中国工匠操作，所造纸张十分精良，成为远近闻名的商品。直到11世纪初，"撒马尔罕纸"仍在阿拉伯中保持很高的地位。历史学家白寿彝指出：怛逻斯战役造成的造纸术的西传，"这不只是引起了大食和欧洲的造纸术发生空前的改革，并且对于大食和欧洲的文明也发生了很大的影响。因为用这种新方法所造的纸，比他们旧用的纸方便太多了，对于文明的传播和进步，起了非常大的作用。据说，欧洲人之所以能从黑暗时代转入启蒙时代，中国造纸术的输入实占一个重要原因。这真是当初双方参与怛逻斯战争的人所梦想不到的结果"。[1]

撒马尔罕的造纸业发展起来后不久，阿拉伯又涌现出几处造纸业基地。794年，在呼罗珊总督巴尔马基特（Bārmakid al-Fadlibn yahya）的赞助下，在哈里发的首都巴格达建立了新的造纸厂。当时的巴格达是伊斯兰教的宗教和文化中心，是当时世界上最富庶繁荣的城市之一。巴格达纸厂的主要技术力量都是由撒马尔罕纸厂提供的。据说，其中就有中国工匠。纸厂投产后，哈里发哈仑·拉希德（Harun al-Rashid，764—809）的宰相贾法尔便明令政府公文正式采用纸张，以代替耗资巨大的羊皮纸。由于纸的需要急剧上升，9世纪时在西亚地区又陆续出现了两个新的造纸厂。一个是在阿拉伯半岛东南的蒂哈玛（Tihmah）建立的纸厂，不久又在大马士革（Damascus）设立了一座规模宏大的纸厂。在几百年间，大马士革是向欧洲供应纸张的主要产地。所以，欧洲一般称纸为"大马士革纸"（Charta Damascena）。叙利亚的另一城镇班毕城（Bambyn）也以制纸著称。所以，欧洲人也曾把纸称为"班毕纸"（Charta Bambycina）。

当时，非洲北部也在阿拉伯帝国的统治之下，所以，纸和造纸术在中亚和西亚地区传播的同时，自然也很快传播到埃及。大约在900年前后，在今埃及的开罗已经建立了造纸厂。埃及自古以来一向以生产纸草闻名于世，并长期向地中海地区输出这种纸草。但是，当中国发明的纸和造纸术传到这里以后，纸草便遇到了强有力的竞争对手，此后逐渐被淘汰。10世纪中叶以后，纸草文书便已告绝迹，纸最终代替纸草而成

---

[1] 白寿彝主编：《中国回回民族史》，中华书局2003年版，第243页。

为最重要、最常用的书写记事材料。[1]

造纸业的发展、纸的推广和普遍应用,推动了阿拉伯科学和文化事业的进一步昌盛和繁荣。830年,阿拔斯王朝首都巴格达建立了"智慧宫",由科学院、图书馆和译学馆联合组成,系统地、大规模地开展翻译事业。撒马尔罕和巴格达造纸厂生产的轻便的纸,为翻译事业的发展提供了最方便的条件。译学馆网罗了各科学者和翻译家,包括伊斯兰教、景教、犹太教的学者,翻译希腊文、叙利亚文、波斯文、梵文的各种专门著作,广泛地吸收世界各国科学文化遗产。而古希腊的许多科学著作得以保存下来,几乎全赖阿拉伯文的译本。10世纪时纸在波斯湾和两河流域已经如此普遍,使得在短时期内便可抄录多卷本的科学巨著。"由于纸的应用,使8—9世纪时的翻译事业有了发展的可能,并为10世纪以后阿拉伯科学的创造性发展铺平了道路。"[2] 纸张用于书写,使各种抄本得以广为流传,在巴格达、大马士革和开罗都有专门销售抄本的书商。法蒂玛王朝(绿衣大食)也在开罗创建了"科学馆",从事科学研究和翻译事业。依靠新式纸张的传抄,开罗皇家图书馆的藏书达到了20万册,使得在前1世纪和389年两次被罗马人焚毁殆尽的亚历山大里亚图书馆昔日的盛业重现光辉。[3]

中国的造纸术是通过阿拉伯人传入欧洲的。大约在9世纪,阿拉伯人造的纸就传到了欧洲。大宗的纸从阿拉伯传入欧洲,是在大马士革造纸厂建立以后。在几百年的时间里,大马士革一直是向欧洲输出纸张的中心。

西班牙是欧洲最早发展造纸业的国家。纸的传播和广泛应用,促进了阿卜杜勒·拉曼三世('Abd al-Rahman Ⅲ,891—961)统治下的科尔多瓦文化的繁荣。当时的科尔多瓦也是可与巴格达、君士坦丁堡相媲美的文化中心。阿卜杜勒·拉曼三世的继承者哈坎二世(Hakan Ⅱ)十

约1391年德国纽伦堡开办的造纸厂示意图

---

1 [美]卡特:《中国造纸术的发明和它的西传》,商务印书馆1957年版,第114—115页;沈福伟:《中西文化交流史》(第2版),上海人民出版社2006年版,第297—298页;何芳川:《源远流长、前途似锦的中非文化交流》;周一良主编:《中外文化交流史》,河南人民出版社1987年版,第821—822页。

2 沈福伟:《中西文化交流史》(第2版),上海人民出版社2006年版,第298—299页。

3 沈福伟:《中国与非洲——中非关系二千年》,中华书局1990年版,第516—517页。

分注重搜求图书，派人在亚历山大里亚、大马士革、巴格达等地搜集各种书籍和手稿，收藏总数达40万册，其中包括许多纸抄本。科尔多瓦拥有70所图书馆，其中尤以土伦多的图书馆规模最大，搜罗宏富。1058年，西班牙基督教徒占领土伦多后，这里就成为欧洲人前往游学、吸收先进的阿拉伯科学文化知识的地方。纸的大量生产更推动了西班牙翻译古典遗产的热潮，许多重要的阿拉伯学术著作，以及古犹太和古希腊的重要著作在11—12世纪被译成西欧知识界通行的拉丁文。这项翻译事业规模宏大，意义深远。它在希腊古典文化和欧洲近代科学之间建起了一座桥梁，[1] 对近代欧洲文化的发展发挥了积极的作用，为日后的文艺复兴运动奠定了基础。

14世纪是纸和造纸术在欧洲的传播取得显著进展的一个世纪。到14世纪末，意大利、法国、西班牙和德国南部都有了纸的生产，除了少数贵族外，纸大致已经代替羊皮纸成为通行的书写材料。

纸的广泛传播和普遍使用，对欧洲科学文化的发展起到了相当大的作用。特别是对近代欧洲科学的繁荣和文化的进步，对知识的传播和理性主义的兴起，乃至对于欧洲走出中世纪的蒙昧主义迷雾，开辟近代文明的新的历史纪元，都发挥了直接或间接的影响。

4. 纸与造纸术对世界文明的意义及影响

造纸术使纸作为一种新型的书写材料被广泛应用，这对于整个人类文明的发展历史来说，都是具有特别重大意义的事件。

造纸术在根本上改变了人们的书写材料。如果我们放眼人类历史的长河，在人类文明形成和发展的历史上，首先经过了一个漫长的史前文明阶段。这个史前文明阶段要比我们现在所说的文明史要长得多。在那些漫长的岁月里，人类走过了他的童年，同时也从无到有，创造了许多灿烂辉煌的文化成果。比如，我们常说到的仰韶文化、河姆渡文化、红山文化等等。但是，由于没有文字或其他媒体的记载，我们对远古文明的了解非常少。许多事情只有通过考古和神话来重新拼图。而所谓史前文明和我们所说的文明史，其界限就在于是否有文字记载，有"文字记载的历史"就是我们所说的文明史。所以，"文字"是文明发展的至关重要的一环。恩格斯说，人类社会正是"由于文字的发明及其应用于文献记录而过渡到文明时代"。

这样，我们就说到了和纸的发明有关的话题。因为发明了文字，总是要有一个书写文字的物质载体。各民族的先人为此做过许许多多的尝试，创制了多种多样的书写

---

[1] 沈福伟：《中西文化交流史》，上海人民出版社1985年版，第334—335页。

第十章 改变世界的中国"四大发明"

材料。比如，在中国，就先后应用过甲骨、石刻、竹简、锦帛等等。墨子说"书于竹帛，镂于金石，琢于盘盂"，就是先人尝试过的书写材料和书写方式。其他民族也陆续发明了他们的书写材料。比如，最有名的埃及纸草、欧洲的羊皮纸、印度的贝叶，等等。这些书写材料在各种民族的文明发展过程中发挥了很重要的作用。但是，这些书写材料都有一些先天性的缺陷，主要表现为原材料不易获取，不易保存或流传，书写的容量小，价格昂贵不易普及，笨重而不便于携带，不便于大规模地复制。在纸发明以前，这些书写材料限制了文化的普及，读书写字是少数人的事情，因而也就限制了文明发展的步伐。

所以，当纸出现的时候，各民族其他的书写材料就陆续退出了文明的历史舞台，而作为考古学意义上的文物来保留了。人们开始普遍用纸来作为书写的材料，人类文明的历史开始写在纸本上了。所以，纸的出现是文字载体发展史上的革命。大约在4世纪时，中国已经彻底淘汰了简牍，纸成为主要的书写材料了。"纸的出现是人类文字载体发展史中划时代的革命。二千多年来作为世界各国通用的书写材料，在推动人类文明发展中起了重大作用。"[1]

纸具备了适合书写的一切优点。比如，原材料广泛，价格低廉，轻便，宜长期保存，纸面光滑书写容易，阅读方便，如此等等。因此，更多的人有更多的条件来使用纸写字。这样，读书和写作的人就多了。同时，也就改变了人们的书写方式和阅读方式。大而言之，就是促进了文化的普及，因而推动了文化的大发展和广泛的繁荣。所以说，"纸写本是传播人类文明的圣火"。书写材料是文化传播和文明传承的重要载体，这个载体由于变得方便和平民化，所以使文化的普及和在普及基础上的大发展成为可能。法国学者布尔努瓦在其著名的《丝绸之路》一书中指出："纸张是从中国为我们传来的另一种重大发明，……其文化意义是无法计算的，纸张引起了拓印术和印刷术的发明。由此而开始了书籍的传播。佛教经典的经书、儒教经典的书、断代史书、科学书、医学书，所欲可以传播的人类知识都能被大量印刷，并使人以相对低廉的价格获得，这就是此种发明的最早效益。"[2]

值得注意的一个现象是，在欧洲，造纸术和印刷术几乎是同时传播过去的。实际上，造纸术和印刷术是一个相互关联的发明。没有纸，印刷术几乎没有可能谈起。因为说到印刷，就是指在纸上的印刷。在纸上的印刷，就出现了现代意义上的"书

---

[1] 潘吉星：《中国古代四大发明——源流、外传及其世界影响》，中国科学技术大学出版社2002年版，第507页。

[2] [法]布尔努瓦：《丝绸之路》，山东画报出版社2001年版，第265页。

籍"。在此之前，书籍的概念至少是手抄本。手抄本的繁重劳动和高昂价格使其推广十分困难。但是，中国在纸发明以后，仍然在纸上手抄了好几百年，然后才出现了印刷术，有了印本书。有人说，造纸术传播到欧洲延后了几百年，是因为中国人技术保密。其实不是这样。最主要的原因是地理的阻隔。还有一个需要的迫切程度的问题。当时，欧洲文化的发展水平还没有产生改变书写材料的迫切要求。而到了13世纪以后，这种需要出现了，于是造纸术和印刷术就前后跟着进来了。在此基础上，大量印本书的出现大大促进了欧洲人读写生活的变化，促进了宗教改革和新思想、新科学的传播，因而出现了文艺复兴。

18世纪法国纸厂内部示意图

三、印刷术的发明及其传播

1. 印刷术的发明与发展

印刷术是中国古代最伟大的发明之一，是中华民族贡献给人类文明的最珍贵的礼物。在中国历史上，雕版印刷术和活字印刷术的发明与发展，使人类科学文化知识的传播获得了崭新的形式，即印刷读物的形式。印刷术的发明，大大提高了书籍的复制速度，有力地推动了科学文化知识的广泛传播和普及，对人类生活的各个领域的进步和发展都产生了重大影响。因此，印刷术被誉为"文明之母"，印刷术的发明被视为"人类文明史上的一个里程碑"。印刷术在中国发明不久，就传播到海外各地，获得了广泛的推广和应用，在世界各国的文化发展史上，在整个世界文明的发展历程中，都发挥了巨大的推动作用。

中国印刷技术的发展，主要包括两个不同又互相联系的阶段：一个是雕版印刷技术的阶段，另一个是活字印刷技术的阶段。这是两项同样具有重大意义的发明。而这两项伟大的发明，都是中华民族的伟大创举。

雕版印刷术又称整版印刷术，即将文字反刻在一块整的木板上，再着墨印刷。

推动这一技术问世的是石刻传拓技术和印章的使用，它们为雕版印刷术提供了必要的技术基础。

关于雕版印刷术发明的年代，根据比较可靠的文献记载和实物证据，学术界一般公认为发明于唐代。唐初即有雕版刊刻图书之事。据唐末冯贽的《云仙散录》引《僧园逸录》说："玄奘以回锋纸印普贤像，施于四众，每岁五驮无余。"玄奘印普贤像，当在贞观十九年（645）之后，并且印制和发行的数量也很大，"每岁五驮"。另有记载说，武则天时期也曾刊过《妙法莲华经》。1966年，在韩国佛国寺释迦塔内发现了一部汉字木刻本《无垢净光大陀罗尼经咒》，据有关学者研究，认为它是在长安翻译和刻印的，大约于唐武后长安四年（704）至玄宗天宝十年（751）间，为目前发现的最早的印刷品。

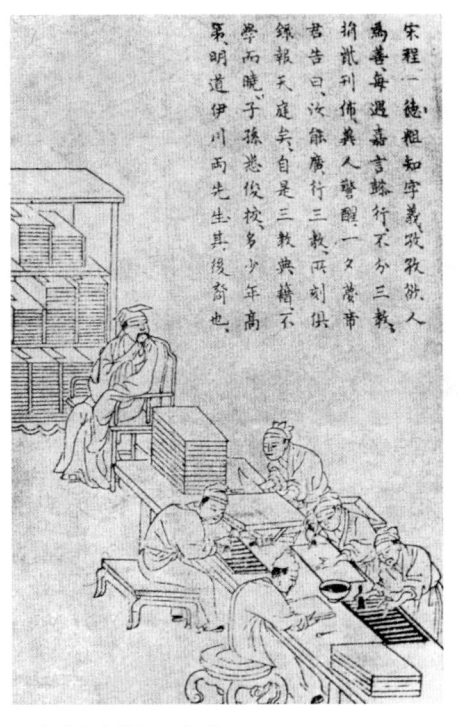

宋代的印书作坊示意图

现已发现的唐代印刷品，大都是中晚唐时期的。现存世上第一部标有年代的木版印刷品是唐咸通九年（868）刻印的《金刚般若波罗蜜经》，是1907年斯坦因在敦煌莫高窟中发现的。这部经卷为7张纸粘连而成，长16尺。卷首画释迦牟尼在孤独园向长老须菩提说法的故事，卷末镌"咸通九年四月十五日王玠为二亲敬造普施"。这部经卷佛像和经文雕刻刀法纯熟，线条清晰鲜明，印刷的墨色均匀，是唐代印刷物中的精品。任何发明都要经历一个由简单到复杂、由幼稚到成熟的演进过程。在中唐时代出现《金刚经》这样具有娴熟的雕印技术的印刷品，说明雕版印刷术已经经过一段较长的发展过程，到这时已经相当成熟了。

雕版印刷术自发明以来，经不断改善和发展，至中晚唐时已经得到较为普遍的推广和应用，成为一种新兴的重要手工业部门。雕版印刷术的发明和应用，改变了书籍的制作生产形式，为科学文化知识的广泛传播开辟了广阔的道路，对人类文明的进步和发展产生了极为重要的影响。

雕版印刷远远比手工抄写方便。正是雕版印刷术的发明，使书籍的大量生产和广泛传播成为可能。但是，虽然雕版印刷一版能印制几百甚至几千部书，但印一页必须

北齐·杨子华《校书图》局部（美国波士顿美术馆藏）　　毕昇活字版（中国国家博物馆藏）

雕一版，刻一部大书往往要许多年。另外，存放版片又要占用很大的空间。印量少又不重印的书，版片用后便成了没用的废物。因此，在雕版印刷发展到一定程度的时候，又有了一种新的发明来克服雕版印刷的这些弱点。这种新发明就是活字印刷术。

活字印刷术发明在雕版印刷趋于鼎盛的北宋时期。它的发明者是一位叫毕昇的平民。毕昇发明活字印刷术，大约是在宋仁宗庆历年间（1041—1048）。这项发明克服了雕版印刷的弱点，非常经济和方便。它在中国乃至世界印刷史上是一项伟大的创举，具有十分深远的影响。

根据著名科学家沈括在《梦溪笔谈》的记载，毕昇发明的活字印刷术已是一套完整的印刷技术，几乎具备了现代排字印刷的基本原理。

元代，王祯成功试用木活字。大德二年（1298）用这套活字试印他自己纂修的《大德旌德县志》，全书6万多字，不到一个月，就百部齐成。这本《旌德县志》是有记录的第一部木活字印本。

王祯不仅创制了木活字印书，而且还发明了一种新的印字机械——"活字板韵轮"（即转轮排字架）。这也是印刷技术史上的一项重大发明。"活字板韵轮"由大木轮、轮轴和轮架构成，大木轮可在轮轴上转动。大木轮的轮盘上"以圆竹笆铺之，上置活字板面，各依号数上下相次铺摆"。一般用两个"活字板韵轮"，一个置按字韵排列的木活字，一个置杂字板面，字都编成号，并另造一册。排版时，人坐于两个"活字板韵轮"之间，由另一人按册中的号码唱字，即可转动轮盘按号取出所需的字来，进行排版。如遇缺字，则随时刻补。"活字板韵轮"的应用，既提高了排版效率，又减轻了排字工的劳动强度，把活字印刷术提高到一个新的水平。

中国人发明的印刷术，从雕版印刷到活字印刷，逐步完善和发展，技术日臻成熟精致。和中国的许多伟大发明一样，印刷术发明以后，陆续传播到海外，对世界文明的进步和发展产生了重大影响。

2. 印刷术在朝鲜半岛的传播

从中国求赐、购买经籍图书，是朝鲜历代摄取中华文化的主要形式之一。或者说，中国古代典籍在朝鲜半岛的流布，是中华文化传播到朝鲜半岛的一个重要内容，也是一个重要的渠道和形式。中国印刷术发明后，有大量的印本书，甚至还有雕版，被作为礼品或商品流入朝鲜。在两国的贸易关系中，中国书籍在很长的时间内是朝鲜需求的大宗商品。

与此同时，中国发明的印刷术也传到朝鲜。朝鲜人仿照中国技术，利用本国产的优质纸墨，开始雕版印书。并且在借鉴中国活字印刷术的基础上，有所发展和创新，大规模地制造和使用铜活字，同时首先使用铅活字，在世界印刷史上具有特殊的地位和影响。钱存训认为，在世界印刷史上属于朝鲜的大事至少有三项：①朝鲜保存着目前所知世界最早的印刷品；②朝鲜还保存着也许是目前世界上最大和最古老的一整套木雕印版；③朝鲜是首先使用金属活字的国家，早于欧洲200年。关于钱存训所论第三点，学术界尚有不同的意见，如我国著名科学技术史专家潘吉星等认为，是中国首先发明和使用金属活字，然后传到朝鲜的。但无论如何，朝鲜是首先普遍使用金属活字印书的，这与中国在活字发明后仍主要以雕版印书是不同的。这一点是没有疑义的。

朝鲜的金属活字和木活字

朝鲜半岛的刻书事业大约起源于10世纪末。到11世纪初，朝鲜半岛的雕版印刷已经有了较大的发展。高丽王朝建立以后，在中央设置了担任缮写、出版书籍的秘书省，雕版印刷了大量的儒学经典、历史和医学等各种书籍。现存朝鲜刊行的最早印本，是1007年总持寺刊印的《宝箧印陀罗尼经》一卷。这是以五代吴越国王钱俶显德二年（955）杭州刊本为底本的，刊本上有刊记（5行43字）："高丽国总持寺主真念/广济大师释弘哲敬造/宝箧印经板印施普安/佛塔中供养时/统和二十五年丁未岁记。"此经置入佛塔中，小卷轴装。由五张纸连成，每纸直高7.8厘米，全长240厘米。卷首有一佛变相图，图后是经文。

韩国海印寺藏经板殿内景

北宋朝廷于983年完成了《开宝藏》的刊刻。高丽成宗王治（981—997在位）于989年派遣韩彦恭（940—1004）出使宋朝，向宋太宗表示想在高丽也刻印藏经，请赠宋刊藏经一套，以为底本。后来又派遣高僧如可，再次表达了这个愿望。宋太宗在接见高丽使者时，当即表示完全满足高丽国王的请求，遂于989年和991年将两套《开宝藏》印本赠送给高丽。"因此，990—993年，高丽已从北宋引进木版印刷技术和佛教、儒学方面最好的刊本为蓝本。"[1]

朝鲜半岛印刷史上最重大的事件是11世纪刊刻工程浩大的《大藏经》。显宗元年（1010）时，契丹大举进攻高丽，夺走义州、宣川，包围了平壤。显宗南行避难，无力打退强敌。于是，显宗与群臣发无上大愿，誓刻成《大藏经》版，以借佛力的神通退敌兵。自显宗二年（1011）始，历德宗、靖宗以至文宗（1082），历经71年始告完成。全藏6000卷，主要依据《宋开宝藏》及《契丹藏》（《辽藏》）。这就是高丽旧藏经或称初雕藏经。刻成以后，版藏岭南八公山符仁寺，称为高丽之"大宝"。以镇护国家，集中国民信仰。

然而，100多年后，这件高丽"大宝"却毁于战火。1232年，蒙古兵入侵高丽，符仁寺所藏的《大藏经》版全部被烧掉。蒙古兵力强盛，高宗王皞与群臣束手无策，于是又效法显宗，立愿重刻《大藏经》，希望借"诸佛圣贤三十三天"的力量，使敌人远遁。从高丽高宗二十四年（1237）发愿，在避难的首都江华岛设立大藏都监，于晋州设分司，开始雕造，到高丽高宗三十八年（1251）刻成，历15年而功毕。全藏共

---

[1] 潘吉星：《中国古代四大发明——源流、外传及世界影响》，中国科学技术大学出版社2002年版，第410页。

6791卷，刻版81258块，因此称"八万《大藏经》"。"八万《大藏经》"每块经版宽69.5厘米，长23.9厘米，每版22行，每行14个字，总字数有5200万之多。30余人校对各种不同的经版，精密地进行校正，据称无一错漏。在平整而有光泽的版面上雕刻的成千上万的字，均以欧阳询体刻成，8万多块经版如出一人之手，其高超的木版雕版印刷技术水平在世界文化出版史上占有重要的地位，具有很高的艺术价值和文献价值。

"八万《大藏经》"的全部经版在高丽王朝时代曾收藏于江华岛传灯寺内，到李氏王朝太祖七年（1398），为安全起见，被保存在所谓"三灾不到"之福地海印寺中。这部高丽"八万《大藏经》"版，至今仍完好地保存在庆尚南道海印寺里，因此海印寺有"海东敦煌"之称。1995年，海印寺的大藏经版和藏经殿被列入世界遗产名录。

高丽刻印"八万《大藏经》"，是世界佛教文化史上的一件盛事，也是世界印刷史上的一件盛事。

3. 印刷术在日本的传播

在唐代中日文化交流的高潮中，唐朝的印本书籍已经由来华的日本遣唐使、留学生或学问僧带回日本，使日本人很早就知道有这样一种中国人发明的书籍的存在形式。

目前可以断定的古代日本最早的版刻印刷实物，是8世纪中期的"百万塔陀罗尼经"。日本奈良时代的女皇称德天皇命高僧道镜为太政大臣，主持造塔刻经，用6年时间制造了100万个高13.5厘米的小木塔，塔基中钻凿有手指般粗细的小洞穴，印制了《无垢净光经根本陀罗尼》等四种"陀罗尼经"，置于其中，共100万份，称为"百万塔陀罗尼经"。陀罗尼经的刻板版材用樱木，印以麻纸及楮纸，均染以黄柏。分置于京畿地区法隆寺、东大寺、药师寺、大安寺、元兴寺、福兴寺、西大寺、弘福寺、崇福寺、四天王寺共10寺中，每寺10万塔10万经。[1] 国际学术界普遍认为，"百万塔陀罗尼经"是目前所知的仅次于朝鲜庆州佛国寺《无垢净光大陀罗尼经咒》的世界上最早的印刷品之一。据此也可以认为，日本是中国之外最早发展木版印刷的国家。

8世纪时日本竟以6年时间印刷100万份佛经，同时制成一百万座佛塔，实在是一项宏大的工程。美国学者卡特说，这是世界史上的实质性事件之一和最美好的事件之一。那么，奈良这次大规模的印刷活动，技术是从哪里来的呢？木宫泰彦指出："从当时的日唐交通、文化交流等来推测，我认为是从唐朝输入的。"[2] 日本学者秃氏祐祥也指出："从奈良时代到平安时代与中国交通的盛行和中国给予我国显著影响的

---

1 严绍璗：《汉籍在日本的流布研究》，江苏古籍出版社1992年版，第124页。
2 ［日］木宫泰彦：《日本古印刷文化史》，引自潘吉星：《中国古代四大发明——源流、外传及世界影响》，中国科学技术大学出版社2002年版，第405页。

事实来看,此陀罗尼的印刷绝非我国独创的事业,不过是模仿中国早已实行的做法而已。"他还进一步指出,是754年东渡日本的鉴真和尚一行向日本人传授了这种技术。[1]

中国的印刷术再次东传大约是在10世纪后半期。北宋雍熙元年（日永观二年,984）,日本僧人奝然与其徒五六人入宋,参拜各地佛迹,并受到宋朝皇帝的接见与封号。987年奝然回国时,将摹刻的旃檀释迦瑞像、十六罗汉画像和宋朝皇帝诏赐的一部蜀刻《大藏经》带回日本。为记载这件事,日本文献上第一次采用"摺本"（印刷书）一词。此后,还有一些日本入宋僧将中国印本佛经带回国。由于中国印本佛经传入日本,大概日本人也了解了中国的雕版印刷技术,于是在日本出现了刻书印书事业。

日本初期刻印的几乎全部是佛经,多为和尚、尼姑,以及善男信女舍财刊板。他们同认为刻经印施是大功德,可以消灾延寿,普度众生,超度亡魂,往生极乐。所以,在12世纪后,刻经事业接踵而起。当时在日本最享盛誉的是"春日版"和"高野版"。所谓"春日版",即是京都春日社僧侣的刻书;所谓"高野版",则是在高野山上的金刚寺梓行。这两种版本的刻书都是佛典与僧传,尤以密教方面的典籍居多。

日本刻书事业的高潮出现在镰仓时代。在禅宗佛教传入日本并日趋兴盛之际,中国的印本佛典和儒家典籍也大量传入日本,宋学也在日本获得了广泛的传播。这些都促进了日本刻书事业的兴盛和繁荣。这时日本刻书大多是中国宋元版的复刻本。最早模仿唐样版本的是京都泉涌寺版。俊芿及其弟子陆续从宋地带回大批律部经卷,为了谋求律宗的振兴,就在泉涌寺复刻宋版律部,名为"泉涌寺版"。主持"泉涌寺版"开版的,都是入宋僧或其弟子。

这一时期规模较大、影响深远的则是"五山"刻书事业。在当时禅宗勃兴、宋学东传的文化背景下,为了适应五山学僧钻研禅学与汉文化的需要,在五山中盛行起复刻中国文献典籍的事业,出现了竞相刊刻中国书籍的隆盛局面。所谓"五山版",就是指从13世纪中后期镰仓时代起,至16世纪室町时代后期,以镰仓五山和京都五山为中心的刻版印本。"五山版"的出现,是日本印刷史上的一个重要成就。

在日本的刻书事业中,有很多来自中国的刻工参与其间,带去了中国先进的雕版印刷技术与工艺,为日本的刻书印刷事业发展作出了重要的贡献。

---

[1] ［日］秃氏祐祥:《东洋印刷史研究》,引自潘吉星:《中国古代四大发明——源流、外传及世界影响》,中国科学技术大学出版社2002年版,第405页。

4. 纸币与纸牌：雕版印刷术在欧洲的传播

纸币是欧洲人所接触的最早的印刷形式。欧洲人通过纸币，不仅了解到作为新型书写材料的植物纤维纸，而且得知了雕版印刷术这一中国的伟大发明。欧洲人了解纸币，主要是在蒙元帝国中西交通大开之际，许多东来的使节、商人和教士直接接触到中国发行的纸币及纸币在经济商业活动中的作用。

南宋的货币会子及印制的铜板

中国是世界上使用纸币最早的国家。中国最早的纸币，是北宋初年的"交子"。元代是纸币最盛行的时期，市场上除银元宝外，几乎都是纸币。元世祖中统元年（1260）发行"中统元宝交钞"，以白银为本位，面额则同铜钱单位，不限地区和年月流通使用。到至元二十二年（1285），通过一系列措施，"中统元宝交钞"成为全国唯一法定的货币。至元二十四年（1287）又发行"至元通行宝钞"，作为主要纸币流通。元朝中央政府还设立诸路宝钞都提举司，完善管理制度，使元代成为纸币发展的高峰时期。[1]

纸币的神奇，不仅因为它体现了造纸与印刷术的完美结合，更体现了符号与物质之间隐秘的对应关系。元代来华的许多西方人士都对纸币发生很大兴趣，并做过报道和介绍。其中最早向欧洲介绍纸币的是元代来华传教士鲁布鲁克（Rubrouc）。他在回到法国后，于1255年提到中国人用纸币进行商业贸易。他说："中国普通的钱币是用棉纸做成，像手掌一样大小，上面印有一些线条和记号，像蒙哥汗印章的样子……至于在俄罗斯人中通用的钱币，是用上有彩色记号的小片皮块做成的。"[2] 在此之前，欧洲人可能根本没有听说过用纸作为交易媒介的事。英国著名科学家和哲学家罗杰·培根（Roger Bacon，约1214—1293）很快就读到了卢布鲁克的报道，他在约1266年写作的《大著作》中形容这种纸币为"一张桑叶制成的片子，上面印着一些线条"。马可·波罗对纸币的作用做了更详细和直接的观察。他简要地介绍了桑树皮制纸的情况，并极详尽地叙述了造纸币的过程、流通系统、在交易中的使用及破旧纸币的更换等情况。[3]

---

1 阴法鲁、许树安主编：《中国古代文化史》第3册，北京大学出版社1991年版，第38—42页。
2 [美]卡特：《中国印刷的发明和它的西传》，商务印书馆1957年版，第97页。
3 [法]沙海昂注，冯承钧译：《马可·波罗行记》，中华书局2004年版，第89页。

现存最早的欧洲木版画1423年《圣-克里斯朵夫》（英国曼彻斯特图书馆藏）

14—15世纪初，文艺复兴以前的著作家中，还有一些人对中国使用纸币的情况做了类似介绍。

除了纸币，纸牌也是欧洲所知道的最早的雕版印刷品之一。纸牌也是由中国发明的，据传说最早是汉将军韩信发明了纸牌游戏，起初叫"金叶子格""叶格""叶子戏"，后来又称为"马吊"。实际上，纸牌也是中国最早的雕版印刷品之一。纸牌在宋以后普遍流行，在南宋的杭州已有专门出售纸牌的铺子。

许多西方学者认为，扑克牌最早起源于东方。李约瑟在《中国科学技术史》中，将桥牌的发明归功于中国人。法国著名东方学家雷慕沙（Jean Pierre Abel Rémusat，1788—1832）明确指出："欧洲人最初所玩的纸牌，其形狀、圖式、大小及數目，皆与中國人所用者相同，或亦為蒙古人輸入欧洲。"[1] 很可能是在元代中西交通大开之际，纸牌传到了欧洲。比较多的说法是，1292年马可·波罗离开中国时，把包括纸牌在内的许多中国物品带回威尼斯，并立刻引起了人们的兴趣，很快在民间流传开来。纸牌传入欧洲后，逐步被改造成为扑克牌。此后又经过数百年的演变，逐渐变成了今天国际公认的扑克牌样式。

纸牌在14世纪末叶已经开始在欧洲流行。在欧洲流行纸牌不久，就出现了印刷纸牌的行业。15世纪初，印刷纸牌已经成为一项重要的工业产业。

纸牌是欧洲最早出现的雕版印刷品。它对欧洲雕版印刷业的发展起到了重要的推动作用。几乎在纸牌大量流行的同时，也出现了其他雕版印刷品。现存最早的欧洲雕版印刷品是印制于1423年的圣克利斯道夫（St. Christopher）像。那个时候留存到现在的图像印刷品有几百幅，但绝大多数都没有注明年代。所以这幅圣克利斯道夫像并不一定是最早的，只是因为它在注明年代的少数作品中是最早的。很可

---

[1] 张秀民：《中国印刷术的发明及其影响》，人民出版社1958年版，第182页。

能在此之前，雕版印刷已经流行了一个时期。这些雕版最初印于德国南部和威尼斯，1400—1450年逐步普及于中欧大部分地区。它们都以宗教为主题，都是些圣徒画像和《圣经》故事。后来则由印制宗教画像发展到印刷书籍。15世纪中叶，威尼斯就已经成为欧洲印刷业的中心。后来，意大利、德国、荷兰也先后成为欧洲雕版印刷的早期基地。

欧洲早期的雕版书籍与中国的雕版书籍很相似，在版面形制、刻版、上墨、刷印及装订等各工序操作上，完全是按照中国的技术方法进行的，因而具有元代线装书的面孔，只是文字横行，而不是直行。[1] 由此可以看出，中国与欧洲在印刷技术上前后相承的关系。19世纪英国学者罗伯特·柯松（Robert Curzon, 1810—1873）曾经指出，欧洲雕版书籍几乎在一切方面都和中国的模式完全相像，"我们只能认为，欧洲雕版书的印刷方法也一定是严格按照中国的样品复制的。把这些样品书带到欧洲来的是早期去过中国的人，只是他们的名字没有能够流传到今天而已"。[2]

5. 欧洲活字印刷技术与中国的渊源

中国发明的雕版印刷术大约在14世纪末、15世纪初传到欧洲，并在意大利、德国、荷兰等国得到推广和应用，印制了纸牌、雕版画、印本书籍等雕版印刷品。但是，由于欧洲各国使用的都是拼音文字，与雕版印刷并不适合，所以欧洲的雕版印刷事业并没有像在中国和东亚各国那样获得充分的发展，构成印刷史上一个有独立意义的阶段。相反，欧洲人一般只把活字印刷的发明，算作印刷术的开始时期，而把雕版印刷作为准备期间的一个重要步骤而已。在他们看来，活字印刷的发明才是印刷术的发明。这种看法是片面的，不仅不符合雕版印刷曾在世界文明史上发挥了巨大作用的历史事实，也不符合欧洲印刷技术发展史的基本史实。但是，换一个角度来看，这种看法也说明了（尽管是片面地说明）活字印刷对于西方文明发展的影响，更具有特别重要的意义。另外，产生这种看法还有一个原因，就是雕版印刷在欧洲历史上独立存在的时间并不长。在雕版印刷术传入欧洲半个多世纪以后，欧洲人就开始应用活字印刷了。

欧洲早期的活字印刷大约出现于15世纪上半期。有一位生于威尼斯西北费尔特雷镇的意大利雕刻家叫帕姆菲洛·卡斯塔尔迪（Pamfilio Castaldi of Fel-

---

[1] 潘吉星：《中国古代四大发明——源流、外传及世界影响》，中国科学技术大学出版社2002年版，第434—435页。

[2] [英]柯松：《中国和欧洲印刷史》。引自[英]李约瑟：《中国科学技术史》第5卷第1分册：《纸和印刷》（[美]钱存训著），科学出版社、上海古籍出版社1990年版，第279页。

tre,1398—1490），据说，他在看过马可·波罗带回的中国书籍（一说是几块印刷汉文书籍的木板）后，曾经从事过活字印刷。他于1426年在威尼斯印过一些折页，据说还保存在费尔特雷镇的档案中。伦巴第地区在1868年塑造了一座雕像，纪念卡斯塔尔迪把活字印刷术介绍引入欧洲。有人认为，卡斯塔尔迪所见到的书籍或木板，不是马可·波罗自己带回的，而是在马可·波罗回国半个世纪以后，回到意大利的许多无名旅行者之一从中国带回来的。

荷兰人劳伦斯·柯斯特·封·哈尔兰姆（Laurens Coster von Haarlem，约1370—1443）于1430年用活字印刷过一本宗教手册，但字迹不很清晰。当时，可能还有一些人进行过活字印刷的试验。因而，荷兰也自称是欧洲最早发展活字印刷的国家。

德国出生的银匠普罗科普·瓦尔德福格尔（Prokop Waldfoghel，1367—1444），也曾在活字印刷方面进行过尝试。他在布拉格居住期间，已经获得了有关东方铸字印书的技术信息。因为布拉格是中国丝绸运到欧洲的一个主要终点站，有许多去过东方的商人行旅在此逗留，东方的印书技术的消息在这里已有传播。后来有关金属活字的技术信息又从布拉格传到纽伦堡、斯特拉斯堡和美因茨等地。瓦尔德福格尔后来迁居阿维尼翁，他在1441—1444年发展了一种生产书籍的"假写技术"（art for writing artificially）。所谓"假写技术"，就是指不用手写，而以字块拼合，印出像手写的文字。他用的材料有铁字、钢字、锡字和木字，亦即是进行金属活字印刷。

对于欧洲印刷史有重大意义的是德国人古腾堡的活字印刷技术。古腾堡（Johannes Gutenberg，1397—1468），早年从事过雕版印刷工作。他的活字印刷是在1450年发明的。1448年，他以铅、锑、锡合金制成欧洲拼音文字的活字，并制造了活字印刷机。1450年，他铸出大号金属活字，印刷了《三十六行圣经》（36Line Bible）。1455年，印刷了小号字拉丁文《四十二行圣经》（42Line Bible），即著名的"古腾堡圣经"。这部《四十二行圣经》的版面为30.5厘米×40.6厘米，每版面两页，双面印刷，共1289页，分两册装订。每版四边有木版刻成的花草图案，木版版框内植字，为集木版与活字版为一体的珍本。这是古腾堡技术生涯的最大成就。

在古腾堡活字印刷术及其印刷机在欧洲问世后不久，15世纪中期直至15世纪末，意大利、法国、荷兰、匈牙利、西班牙、英国、丹麦、瑞典等国先后出现了德国的印刷者按照古腾堡技术创建的印刷所，共有250家之多。有的印刷所在古腾堡印刷技术的基础上进行了创新和改进。[1] 这种新的印刷技术受到了广泛的欢迎，出版书籍很快成为每一个大城市的光荣和有利的生意。

---

1 杜美：《德国文化史》，北京大学出版社1990年版，第51—52页。

16世纪初,一位有名的富裕学者阿尔都斯·马努提乌斯(Aldus Manutius)在威尼斯经营了一个有名的阿尔丁印刷所(Aldine Press),其印刷的希腊和拉丁古典文学名著的精美版本,到现在还被认为是印刷艺术上的杰作。[1] 文艺复兴时代那些很有影响的古希腊哲学和科学著作,包括亚里士多德等人的作品,都是在阿尔都斯·马努提乌斯的印刷所里首先印制的。当时许多著名的人文主义者都是马努提乌斯的朋友,经常在他的印刷所聚会,提出印刷出版哪些古典著作的建议。在那个时代,"印刷术使人文主义欧洲化"。"印刷工厂和书店也是人文主义运动的中心,这既因为那里是图书(包括他们的知识产品)出版和发行的地方,也因为那里是交流的场所。"[2] 意大利著名人文主义思想家埃拉斯谟(Erasmus,1466—1536)把活字印刷术说成是世界上一切伟大发明中最伟大的发明。

那么,古腾堡发明的活字印刷术与中国的印刷术之间有什么联系呢?

西方学者一般对欧洲的雕版印刷术来源于中国都持肯定的态度,但对活字印刷术与中国的关系,却有不同的说法。有的人认为,欧洲的活字印刷术是一种独立的发明,与中国没有必然的联系。还有的人主张,现在还没有发现充足的证据来证实,中国的活字印刷与欧洲的活字印刷有直接的关系,但也不能就此断然否定两者的关系,最好的办法是暂时不下结论。但是也有一些人曾肯定地认为,中国活字印刷对古腾堡发明的直接影响。例如,奥斯丁会修士门多萨(Mendoza,1545—1618)的《大中华帝国志》就指出,古腾堡曾受到过从阿拉伯来的商人带来的中国书籍的影响,并以此作为他发明的最初基础。另有一则传说,说古腾堡的妻子出身于威尼斯的孔塔里尼(Contarini)家族,因此,古腾堡也和卡斯塔尔迪一样,见到过某些旅行者带回威尼斯的中国印刷雕版,这使他受到启发,才发明了活字印刷。

20世纪初的法国学者格斯曼(Pierre Gusman)对中国活字印刷的向外传播,又提出了两种可能性。一是活字印刷通过俄罗斯传入欧洲。据说,古腾堡在留住布拉格期间学会了这种方法;二是由一群亚美尼亚人传入欧洲。据说,他们以前曾和维吾尔族人有过接触,之后曾住在荷兰,当时正是哈尔兰姆进行活字印刷的尝试的时候。传播这种木活字的或者是那些往来于欧亚之间的传教士、商人和旅行家。他们将这些木活字带到欧洲,从而启发了欧洲人对活字印刷的实验。

至于间接的影响,中国的作用则是确凿的和显而易见的。任何新的发明都需要一定的技术前提和条件。那么,中国发明的纸,是印刷发明的基础;而由中国传入欧洲

---

1 [美]海斯等:《世界史》中册,三联书店1975年版,第608页。

2 [法]费雷德里克·巴比耶:《书籍的历史》,广西师范大学出版社2005年版,第141页。

的纸牌、雕版画，以及大量的中国印本书，还有当时关于中国印刷方法的各种报道，无疑都对欧洲人使用活字印刷术起到推动、刺激的作用。

总之，中国发明的印刷术，包括雕版印刷和活字印刷，通过艰苦的努力，完成了西传的漫长历程。它的西传，直接启发和促进了欧洲印刷业的产生及发展。而印刷技术在欧洲的推广和应用，则在近代文明的进程中发挥了巨大的作用。

6. 印刷术对近代西方文明的影响

印刷术在欧洲出现不久，便受到社会各界的普遍欢迎和高度重视。由于最初的印刷品都是宗教宣传品，所以宗教界对印刷术的推广和应用十分欢迎，因为他们感觉到这种发明对于宗教信仰的传播是十分有益的。特别是在那些不识字的群众中布教，那些表现圣徒和《圣经》故事的雕版画起了很大的作用。1476年，共生会修士们在罗斯托克（Rostock）城发表宣言，称印刷术是"一切学识共同之母""教会之辅佐人"。他们自称是"天主的司铎"，说教时"不用口说之语言，而用手写之语言"。

印刷术的应用价值为宗教界人士所称道。但是与此同时，它也是促进宗教改革，甚至激发起与宗教精神相对立的科学和理性主义精神的重要力量。实际上，欧洲印刷事业的发轫与宗教改革有密切的联系。著名宗教改革领袖马丁·路德（Martin Luther，1483—1546）在提到印刷术时说："它是上帝无上而终极的恩典，使福音得以遐迩传播。"在近代欧洲的宗教改革运动中，印刷术确实起到了相当重要的作用。正是印刷技术的发展和推广应用，使新教运动的观点能够以小册子、传单和宣言的形式广泛流传。在宗教改革中发挥了巨大作用的纲领性文件、马丁·路德的《九十五条论纲》（Ninety-five Theses）经印刷厂赶印，两周内就传遍德国，4周内传遍全欧洲。当时人们形容《九十五条论纲》的传播犹如天使传达基督福音那样快。

印刷术在欧洲的迅速发展和广泛应用，也反映了时代对这种新发明的需要。在经过中世纪的黑暗时代之后，欧洲正处在文艺复兴那个理性主义精神觉醒的新时期。"这个时期也显然是传播知识、发展贸易和强调用白话而不是用古文进行新文学创作的时期。在那种复杂的情况下，在传播公开的、可接受的、地方的经验和知识方面，印刷术是一种主要的媒介。……印刷术具有人文主义和公开性，在商业上颇有活力，能够开阔人们的眼界，帮助人们认识世界和改造世界，因而得到了广泛的应用。"[1]

印刷术的发明从根本上改变了图书的流通方式和人们的阅读方式，使阅读不再是

---

[1]［英］德博诺编：《发明的故事》上册，三联书店1986年版，第133页。

少数人的特权，而变成了一种大众可以共享的文化形态。对于文明的发展史来说，这是一个具有重大意义的变化。由于"活字印刷术从根本上改变了图书生产的条件及图书的物质形态，同样也改变了其适应环境"，"印刷术发明最基本的影响在于它带来了书价的降低和书的相对平凡化。"[1]我们在世界各国文化的发展史上都看到，印刷术的推广和使用彻底改变了书籍的存在形态。同时，也就出现了一个书籍大发展的时期，因而也就出现了一个文化大繁荣、大进步的时期。

法国学者费雷德里克·巴比耶（Frédéric Barbier）指出："在15世纪80年代，由于印刷书的出现，手写书大多被弃之一旁。随后，在16世纪初，印刷书最终摆脱了手写书的具体形式的束缚，公众的增加导致了图书种类越来越丰富、文本的新的分布方式和此后可能进入的另一个层次的阅读。"[2]

印刷术发展了，书籍的成本低廉了，使用方便了，读书的人迅速增加起来。有许多统计数字表明，在印刷术推广之后不久，欧洲各国出版的各类书籍，不仅仅是宗教方面的书籍，还包括科学技术、文学艺术的书籍，都成倍成倍地迅速增长，印刷、出版以及书籍的销售成为一个新兴的有利可图的大产业。据统计，1450—1500年，欧洲大约有2.7万余部作品印刷刊行。这表明出版与阅读的数量均急剧增长并趋于多样化，在两代人的时间内达到了空前的规模。

"印刷术释放了书写文字的力量，成为现代文明发展的动力，加快了人类获取知识的步伐。"[3]印刷术的应用，把学术、教育从基督教修道院中解放出来，使学术中心由修道院转移到了各地的大学。恩格斯曾经指出：印刷业的发明以及商业发展的迫切需要，不仅改变了只有僧侣才能读书写字的状况，而且改变了只有僧侣才能接受较高级教育的状况。学术文化不再是修道院所垄断的了，促进了教育的大发展和知识的世俗化，由此出现了中世纪后期文化科技艺术发展的高潮，迎来了文艺复兴的新时代。

到了18世纪启蒙运动时代，文艺复兴时期人文主义著作印本再次广泛引起人们的兴趣，使得法国大革命将古腾堡褒奖为第一位在欧洲传播"启蒙之光"的匠人，而将印刷术当作各民族的"自由火炬"。许多研究者都注意到印刷品文化在启蒙时代的重要性。"通过普及当时发行量仍不大的活版印刷，18世纪迎来了各种形式书籍统治的时代：从几大卷的百科全书到低级趣味不入流的书籍，从几十卷的大型丛书到批评宣传小册子，从小说到带插图的科学著作，'印刷自由'意义上的出版自由是18世纪的

---

[1] ［法］费雷德里克·巴比耶：《书籍的历史》，广西师范大学出版社2005年版，第132页。
[2] ［法］费雷德里克·巴比耶：《书籍的历史》，广西师范大学出版社2005年版，第118页。
[3] ［新西兰］史蒂文·罗杰·费希尔：《阅读的历史》，商务印书馆2009年版，第191页。

斗争之一，……在大革命热潮中，孔多塞（Condorcet, Marie-Jean-Antoine-Nicolas-Caritat, Marquis de, 1743—1794）欢呼印刷品是'不可驯服的力量'，这股力量把出版自由强加到了一切权力之上，它把启蒙思想传播开来了。"[1]

印刷术的发明和广泛应用，对于近代西方历史文化的影响，是多方面的。甚至可以视为近代西方历史的一个重要的转折点。印刷术的广泛应用，促进了欧洲的现代化，在政治、社会和文化等方面产生了激烈而深远的影响，使它成为了一种社会变革的媒体和力量。

7. 造纸、印刷术：献给世界的古代"文化工业"系列

造纸术的发明、印刷术的发明，是中国献给全世界的古代"文化工业"系列。造纸，从收集、梳理造纸原料，到后来的栽种、培育竹木、芦苇等造纸原料，到粉碎、浸泡、腐化原料，到全部造纸过程，这是一个系列性、连锁性的工艺生产过程，是一种工业生产，虽然还是手工业的，但已经使用了部分机械，已经是集群性生产，有了生产作坊，先是宫廷生产，后变成民间生产。印刷术亦如此。从选木、炮制和处理木材，到截材、制材，再到写字、刻字、拣字、排版，直到印刷，是一个更复杂、更多方面的系列性、连锁性工艺生产过程，也是一个更复杂的工业生产。它需要更具有技术性和文化性的劳动者和印刷作坊。当然，也在手工业生产中，使用了更多的机械。而且，与印刷伴行的，还有制墨工业、制笔工业，以及为印刷的特殊需要而产生的造纸工业。这样，在"印刷"这一作业的营运中，就产生了很广泛的工业生产过程。

如果把造纸和印刷两个生产流程连接起来，那就是更复杂、更多面、更具有技术性的工业生产过程了。

因此，我们可以将之称为"造纸—印刷工业"生产。

这种工业生产，不同于其他工业生产。比如，不同于缫丝、织绸、制陶瓷等的生产的地方在于，它不是一般地体现为一种人类的文化，而是：①它本身就是文化生产；②它原本就是为文化生产服务的，生产文化的；③它印制佛经、典籍、图像，而且生产量很大、质量很高。因此，可以大大推动整体文化的发展，它自身便成为一种广义的"文化生成机"。

因此，我们可以称之为"人类古代文化工业生产系列"。这一文化工业生产系列的产生，是中国献给世界、献给人类的。

---

[1] ［法］让-皮埃尔·里乌、让·弗朗索瓦·西里内利主编：《法国文化史》第3卷，华东师范大学出版社2006年版，第34页。

因为是这样一种性质的文化生产系列，所以，它在中国和从中国传到全世界，对人类文化、社会的发展所起到的作用和具有的意义，就大大不同于其他任何发明创造。它不是局部的，不是片面的，不是一时的，而是整体的、全面的、永恒的。它使人类的文化水准大大提高了，使文化发展速度大大提高了，也使文化在人类社会的发展中的作用大大提高了。它使文化走出宫廷和贵族的樊笼，而进入寻常百姓家，这又更进一步掀起了文化发展的浪潮。因此，这一文化工业生产系列使人类文化发展发生重大转折，进入一个新的时代。实际上，纸和印刷在西方的出现，引起了整个社会、政治和文化上的激烈变动。正如英国著名文学家和史学家韦尔斯所指出的，由于纸和印刷术的发明与应用，欧洲（其实也是全人类）好像"打开了一扇门"，"放进了一线光明"，而且，"知识倏然地燃烧起来"。而知识一旦燃烧起来，"就不再是少数者的特权"，于是，"这扇门开得更大了，门后的光更明亮了"。[1]

如果我们从工业生产的角度来看纸和印刷事业的发展，那么，我们就还要注意到这个生产背后的商业动机和市场需求。所有的科学发明，真正能够广泛普及并且深入到人们的日常生活之中，主要得益于商业行为的推动。在中国历史上，正是从唐后期雕版印刷的推广，才开始形成了早期的图书市场，宋代是雕版印刷业的黄金时代，也是图书贸易的黄金时代。以后历代，图书贸易蓬勃发展，许多雕版印刷中心城市也就是图书贸易中心，甚至还发展成为国际贸易。比如，大量中国典籍的印本书流传到朝鲜和日本，都是以商业为载体，作为商品贩售到那里的。法国学者马尔坦（Henri-Jean Martin，1924—2007）和费夫贺（Lucien Febvre，1878—1956），在《书籍的诞生》中指出："从一开始，印刷就是一种工业，与其他工业遵循同样的原则；而书籍就是一种商品，人们制造它们的首要目的就是为了谋生。""书籍的市场一直就像其他的市场一样。对于制造书的工业家来说，对于卖书的商人（书店和出版者）来说，都有着价格和资金来源的问题。"[2]

另外，也可以说，造纸术和印刷术是人类文明发展到一定阶段的结果，是应运而生的。钱存训说，纸和印刷术是人类文明发展进程达到一定成熟水平的产物。这个进程创造了纸和印刷术这种工业系列产生的历史条件，其中就包括资本主义生产和商业的因素。当然还包括其他因素。比如，另一位法国学者伯罗斯特（Jean-François Belhoste）就从冶金业的发展与活字印刷术的关联来研究。这种研究说明其他领域的技术发展对活字印刷术的推广，同样是很重要的。他指出，事实上，活字印刷术"这项发

---

[1]［英］韦尔斯：《世界史纲——生物和人类的简明史》，人民出版社1982年版，218页。
[2] 韩琦和［意］米盖拉编：《中国和欧洲——印刷术与书籍史》，商务印书馆2008年版，第129页。

明是由四处旅行的专业技术人员传播的"。"活字印刷术的成功显然有赖于当时欧洲经济与文化的有利背景,尤其是像人们立刻指出的那样,存在着对文本的成批生产的需求。……同时,技术方面的总体发展也为这项发明提供了有利的框架。"[1]

同样地,纸和印刷术的推广,又在很大程度上参与着、推动着人类文明的历史进程,也参与和推动了其他产业或工业的发展。

自从纸和印刷术在全世界的基本普及,人类文化和整个文明就走进了一个新的阶段。英国科学史家李约瑟指出了这一意义的本质,这就是人类文明进入到一个成熟阶段。所谓成熟,意味着这样双重的意义:①人类文明成功地总结了以前的一切成就;②人类在这一总结的基础上,更自觉、更有成效地发展自己的文明。

我们还要特别指出的是,纸和印刷术传入欧洲的时期和时机。这个时期正是欧洲走出中世纪、进入文艺复兴时期的当口。这是欧洲人消除中世纪黑暗、呼唤和发动人的觉醒的时期,是呼唤理性、呼唤文化、运用文化、创造文化的时期,时逢际会,继造纸术之后,又传入了印刷术。也许,不是这个时机,印刷术不会这么受欢迎地被迅速接受;也许,接受之后不会这么迅速地普及;也许,普及了,也不会发挥这么大的作用。这就是"时机"所起的巨大作用。恩格斯在《自然辩证法》中论及文艺复兴的兴起,提到它的历史条件时,指出其中重要的项目就是"东方发明的输入",这里就包含"印刷、活字"。恩格斯在《历史的东西——发明》一节中列出:"棉纸在7世纪从中国传到阿拉伯人那里,在9世纪输入意大利。""木刻和印刷——同时。"正是这些东方发明以及其他诸多条件,"它们不仅使希腊文学的输入和传播、海上探险以及资产阶级宗教改革真正成为可能,并且使它们的活动范围大大扩展、进展大为迅速。"[2]

恩格斯在论述欧洲"在中世纪的黑夜之后,科学以意想不到的力量一下子重新兴起,并且以神奇的速度发展起来"的原因时,"再次把这个奇迹归功于生产",而"生产"之所以发展起来,他指出了四个原因,其中之一是"印刷机出现了"。并且,他还写道:"以前人们夸说的只是生产应归功于科学的那些事,但科学应归功于生产的事却多得无限。"[3]

这里,恩格斯一方面将印刷术中的印刷机的出现列为生产,另一方面,肯定了生

---

[1] [法]伯罗斯特:《印刷术和冶金业:两种关联的历史(15-16世纪)》,韩琦和[意]米盖拉编:《中国和欧洲——印刷术与书籍史》,商务印书馆2008年版,第144页。
[2] 《马克思恩格斯全集》第20卷,人民出版社1971年版,第532、530页。
[3] 《马克思恩格斯全集》第20卷,人民出版社1971年版,第524页。

产对科学发展的"功劳"。而印刷机作为"文化工业",对科学发展的作用则更直接、更有效,更带"原创性"。按照恩格斯的论证,正是生产的发展,带来了文艺复兴那个科学的时代,"这是地球从来没有经历过的最伟大的一次革命。自然科学也就是在这一场革命中诞生和形成起来的。"而印刷机正是这场地球上从未有过的革命的发动机之一。

我们知道,这个"发动机"是中国奉献给欧洲、奉献给人类的。它的原动力就来自人们所说的印刷术是"一切学识共同之母"。

因此,可以说,因为有了古代的文化工业系列,才有人类近代文明的产生,并引发了人类现代文明、现代文化工业的产生和发展。

四、火药火器的发明、应用与发展

1. 火药的发明

火药和火器制造技术,是中国古代科学技术发展的一项重要成果,李约瑟甚至把火药和火器的发明说成是"中古时期中国社会最伟大的成就之一"。中国的火药和火器制造技术发明之后,陆续传播到海外各国,对各国的文明和历史发展,乃至对世界历史的演变和发展,都产生了重大影响。即使在现代社会生活中,它也仍然发挥着十分重要的作用。现代战争中的常规武器,建筑工程中开山辟路的爆炸物,把各种飞行器乃至人类送上太空的运载火箭,都是以中国古代发明的火药和火器技术原理为基础的。火药和火器制造技术的发明,是中华民族的勇敢精神、创造精神和文化智慧的结晶,是中国人对世界文明的伟大贡献之一。

中国古代发明的火药,是一种由硝石、硫黄和含碳物质按一定比例配制而成的混合物,它能在没有外界助燃剂参与的情况下迅速燃烧,结果产生大量气体和化学能。[1]发明火药的前提条件,首先在于对硝石、硫黄等物质特性的了解和认识。特别是对硝石的了解和认识,是发明火药的关键。没有对硝石特性的认识,就不可能有火药的发明。

恩格斯指出:"在中国和印度,土壤中含有大量的硝石,因此很自然地,当地居民早就了解了它的特性。"[2]硝石即现代化学上所说的硝酸钾,是一种钾盐。早在

---

[1] 潘吉星:《中国火箭技术史稿》,科学出版社1987年版,第11页;王兆春:《中国火器史》,军事科学出版社1991年版,第1页;贝尔纳:《历史上的科学》,科学出版社1959年版,第194页。

[2] 《马克思恩格斯全集》第14卷,人民出版社1971年版,第193页。

明·《明宪宗元宵行乐图》（中国国家博物馆藏）

2000多年前，中国人就首先开始从药物学的角度认识和利用硝石。天然硝石是一种矿物质，存在于含有钾、钠、钙、镁的土壤中，当有足够的空气和水分时，由含氮的有机物分解而成。人们可以从含有天然硝石的土壤中，用水沥滤、蒸发和结晶等方法提炼质地较纯的硝。在世界科学发展史上，中国是最早发现硝石提纯技术的国家。《史记》卷一五零《扁鹊仓公列传》详细记载了淳于氏用硝石给人治病的情况：淄川王美人怀子而不乳，淳于氏"复诊其脉，而脉躁。躁者有余病，即饮以硝石一齐（剂），出血，血如豆比五六枚而安"。1972年，考古工作者在甘肃武威旱滩坡发现了一批东汉早期的医学简牍。这批简牍共92片，所载各种方剂30多个，所列药物名称100多味，有植物类、动物类和矿石类等，矿石类药物共16种，其中就有硝石。大约成书于西汉末，东汉初的《神农本草经》，同时记载了硝石和朴硝："硝石，味苦寒，主五脏积热，胃胀闭，涤去蓄结饮食，推陈致新，除邪气。炼之如膏，久服轻身。""朴硝，味苦寒，主百病，除寒热邪气，逐六腑积聚，结固留癖。能化七十二种石。炼饵服之，轻身神仙。"

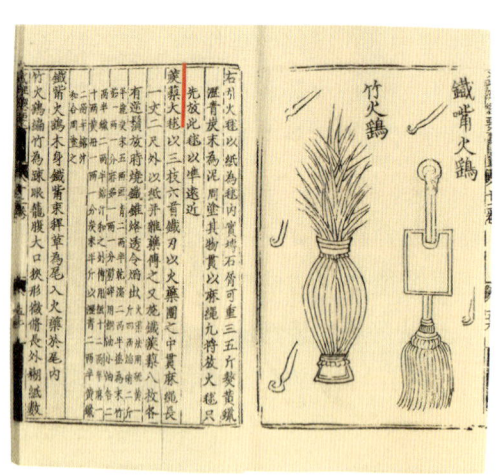

东晋·葛洪《抱朴子·仙药》记述的两种火药配方

中国人对硫黄特性的认识，也是从药物学的角度开始的。在《神农本草经》中，硫黄被列为"中品药"，位于雄黄和雌黄之后，为中品药的第三位，称为"能化金银铜铁"的奇物。火药首先是被作为药物来使用的，硝石和硫黄都可当作药物。"火药"一词的"药"字，本意就在于此，把硝石、硫黄和炭构成的能起火爆炸的混合物叫作"火药"，而火药治病的传统一直延续下来。李时珍《本草纲目》中还有火药治病的明确记载。

中国火药出现的最早年代，尚不可考。但可以肯定的是，至迟在唐代中期（9世纪）已经有了关于原始火药的明确记载。成书于当时的《真元妙道要略》提到硝石、硫黄、雄黄与蜜烧之，引起着火现象，以致烧毁房舍，是一种弱性火药燃烧后引起的后果。蜜经燃烧后化为炭，起到木炭的作用。[1] 李约瑟把《真元妙道要略》视为中国最先发明火药的"久已称著的证据"。在五代末、北宋初（10世纪60年代），中国已经有了真正的军用火药。军事家把硝、硫、炭按一定的组配比率配制成火药，制成火器用于作战，从而在兵器发展史上开创了一个新的时代。

火药的发明，是古代中国科学技术的重要成就，是中华民族对世界文明的伟大贡献。恩格斯指出："现在几乎所有的人都承认，发明火药并用它朝一定方向发射重物的是东方国家。……在中国，还在很早的时期就用硝石和其他引火剂混合制成了烟火剂，并把它使用在军事上和盛大典礼中。"[2]

2. 火器的创制、应用与发展

火药的发明和它的实际应用大体上是同步的。火药最初的和主要的实际应用，是在军事方面。火药技术的应用，导致火药武器的创制和应用，并引起了兵器史上的重大变革。科学史家潘吉星指出："中国所发明的火药和以火药制造的武器——火器，是与所有先前各民族使用的武器根本不同的新型武器。""由黑火药制成的火器，较前此所用的冷武器具有无比的技术优越性。""火器的出现和使用是人类武器发展史中划时代的革命。……逐渐将中外其他旧式武器取而代之，成为近千年间人类在战场上通用的作战武器……火药和火器的历史作用在于，它掀起了人类武器技术史中的一场革命。"[3] 火药和火器的扩大使用，是武器技术的重大变革，它大大提高了军队的

---

[1] 潘吉星：《中国火箭技术史稿》，科学出版社1987年版，第7页。
[2] 《马克思恩格斯全集》第47卷，人民出版社1971年版，第427页。
[3] 潘吉星：《中国古代四大发明——源流、外传及世界影响》，中国科学技术大学出版社2002年版，第547、548页。

战斗力和作战质量，进而改变了作战方式和战场上的面貌。而火器的应用和发展，又促进了火药技术的进一步提高和完善。

中国在火药发明的初期，便把它应用于军事领域。史籍记载，唐昭宗天祐元年（904），郑璠攻打豫章时就曾使用了"飞火"攻城。"飞火"就是在箭杆上绑一个火药团，点着引信，用弓发射出去，去烧敌军。这是我国最早的火药武器。到宋代时，人们对火药的制造和使用又有了很大的提高。宋开宝二年（969），兵部令使冯继升等首次发明了火药箭，开宝八年（975），宋军就利用这种火药箭和火炮等作为攻打南唐的重要武器。宋真宗咸平三年（1000），神卫水军队长唐福献制作了火毬（球）、火蒺藜。两年后，又有冀州团练使石普献制作了火毬、火箭，并在朝廷演示。宋敏求《东京记》中说，北宋汴梁有规模庞大的兵工厂，内分十一目，其中有一目叫"火药窑子作"，专门制造火药，品种有毒药烟球、蒺藜火球和火炮。这些都是属于燃烧性的火器，也是宋代使用最广泛的火器。

元代火铳。刻有"至顺三年（1332）二月四日绥边讨寇军"，是已发现的最早的管状火器实物

12—13世纪，即宋、金、元交替之际，是中国历史上战事频繁的时代。宋、金、蒙古三个政权经常互相交战，战事不断。在当时的一些主要战场上，各方都大量使用火器，战场总是硝烟弥漫、火光冲天、响声震耳。火器在战争中的广泛应用，又进一步促进了火器的发展。

在这一时期，还出现了原始管形火器的萌芽。1132年，南宋将领陈规在守德安时，制作了一种长竹竿火枪。长竹竿火枪也就是一种喷火枪，它以竹筒喷射，在形制上已与火药纵火箭有很大的不同。100年后，金军创制了另一种"飞火枪"。这种飞火枪，枪小而轻，便于单兵携带，能独立作战，可以喷射火焰烧灼一丈多远的敌军。飞火枪是我国火器发展史上，第一次在装备集群士兵作战时，可供单兵使用的火枪。[1]1232年，在蒙古军攻打开封府时，金军守将赤盏合喜率部使用这种飞火枪，成为金军的得力火器。有学者认为，金军在1232年开封府战役中使用的飞火枪，在形制和构造原理上都属于火箭武器，是已知最早的火箭。

当时，出现的另一种管形火器是南宋寿春府地方于1259年创制的突火枪。这种突火枪已经具备管形射击火器的三个基本要素，即身管、火药和弹丸（子窠）。突火枪

---

1 王兆春：《中国火器史》，军事科学出版社1991年版，第32页。

以巨竹为筒，在筒内装填火药和弹丸，火药燃烧后产生的气体推力能使弹丸沿着枪的轴线方向射出，产生击杀作用。有人认为，这里所说的弹丸即是子弹的雏形。因此，南宋人创制和使用的突火枪，被公认为世界上最早自发运用射击原理的管形射击火器。而管形射击火器的出现，则是火器发展史上一个具有重大意义的创新和突破。元代创制和使用了金属管形射击火器。这种以金属铸造的管形射击火器，则是现代枪炮的前身。

元代使用火药武器场景图

元代的金属管形射击火器叫作"火铳"。大约在元代晚期，至少在14世纪初已将火铳用于实战。

元代火铳是自发运用发射原理的较为先进的管形射击火器。这种火铳在创制成功后，使用于装备军队作战。《元史·达礼麻识理传》记载，元至正二十四年（1364），达礼麻识理为了对抗孛罗帖木儿的军队，在铁幡竿山下布列的队伍中，已是"火铳什伍相联"。可见，其装备的火铳数量已很可观。这说明到了元朝末年，我国已经有了专习火器的火器部队，这应该是我国最早的火器部队。火铳还被元末农民起义军广泛使用。例如，在朱元璋的军队中就装备有较多的火铳。

明代不仅在铳类火器的制作和应用上有很大提高，而且发展出利用火药燃气反冲力推进的火箭类火器。这里所说的"火箭"，已不同于宋代使用的"火药纵火箭"。这种火箭以固体黑火药为发射剂，借直接反作用力发射出去。按照流体力学原理，当定量流体以高速从压力较高的地方向低压区喷射时，它就会产生相当的反作用力。如果这种反作用力作用在一个能发生运动的物体上，这个物体就会沿着反作用力的方向发生运动。这就是中国传统火箭的工作原理。这同近代火箭发动机原理是一致的。[1]中国传统火箭可以看作近代火箭的祖先。

明代火箭技术的一大成就是创制了二级火箭。它是将两个单飞火箭首尾相连，以达到增加火箭射程的目的。"火龙出水"是这种二级火箭的代表性制品。其制造原理是，在龙腹内放置火箭数枚，由一总药线相连。龙头、龙尾下部再放置内含重1.5斤发射药的火箭筒各二枚，火门向下，亦用总药线相连。再将龙腹内的火箭总药线与龙头、龙尾下火箭筒药线相连。点燃龙头、龙尾火箭筒的总药线后，整个火龙便迅速飞

---

1 潘吉星：《中国火箭技术史稿》，科学出版社1987年版，第1页。

出，这是第一级火箭。当第一级火箭发射药燃尽后，又引燃龙腹内的火箭，于是从龙口内喷射而出，继续前进。这是第二级火箭。因为第一级火箭内含6斤发射药，所以推力相当大。如果在水面上发射，可飞行两三里之远。这可能是当时世界上最先进的重型远射程二级火箭。

二级火箭的创制，表明明代火箭技术发展到了历史上前所未有的高峰。李约瑟把明代的二级火箭称为"原始的阿波罗火箭"（proto-Apollo rocket）。

总之，经过几百年的发展，中国的火器制造已经达到了很高的水平。"从12世纪起到15世纪，中国已在世界上最先用火药制成炸弹、手榴弹、金属火铳、喷火筒（火焰喷射器）、反作用火箭、集束火箭、多级火箭、火箭弹、火炮、地雷、水雷、定时炸弹、信号弹、烟幕弹等火器家族中的一系列成员，品种齐全，用途各异。这些火器投入生产后，与冷武器并用于战场上。"[1]

3. 火药与火器技术在朝鲜半岛的传播

中国火药和火器技术的大规模外传，主要是从元代开始的。当时，蒙元军队东征西战，大规模对外用兵，大量使用火药和各种火器。因此，也就把火药和火器，以及相关的制作技术传到了他们征战过的地方。火药和火器技术的外传说明，对人类文明造成破坏的战争，同时也可能成为文化传播的一个渠道，从而对人类文明的发展和进步起到不同程度的促进或影响。

火药和火器技术在中国发明不久，就传播到朝鲜境内，并且得到推广和应用。在中国失传的火器，有时可以在朝鲜的传世遗物中看到。如南宋时的爆炸火器震天雷，就可以在朝鲜古物中见到其遗制和详细构造。

火药和火器技术传入朝鲜半岛的具体年代尚不清楚。但12世纪以来，在《高丽史》中可发现有关"发火"军及"火攻""炮击""放铳筒"等记载。12世纪初，高丽军"始立别武班……凡有马者为神骑，无马者为神步，跳荡、梗弓、精弩、发火等军"。12世纪30年代，高丽军征伐妙清叛乱军，攻击西京（平壤）时采用"火攻"战术。由此可见，12世纪前期，朝鲜已掌握了火药和火器制作技术并应用于军事活动。《李朝实录》载，15世纪的梁诚之曾说："火炮之制，自新罗而始，至高丽而备，及本朝而尽善。"概括了火器在朝鲜的历史发展线索。[2]

---

1 潘吉星：《中国古代四大发明——源流、外传及世界影响》，中国科学技术大学出版社2002年版，第550页。

2 朴真奭：《中朝经济文化交流史研究》，辽宁人民出版社1984年版，第121—122页。

13世纪前期，蒙古军队曾侵入朝鲜，使用各种火器于战事。1231年9月—1232年1月，在龟州战役中，蒙古军队使用火炮攻城，锐不可当。另外，朝鲜人也在抗击蒙古军队侵略时使用火器作战。1254—1259年，高丽押海人曾用"炮"击退车罗大率领的蒙古水军的进攻。

13世纪60年代以后，元朝政府与高丽关系十分密切，曾调拨大批火药和火器装备高丽军队，为高丽士兵广泛掌握火药、火器技术创造了有利条件。

明代元兴后，高丽与明朝保持着密切的往来。当时，为了清剿倭寇，高丽曾向明朝请求军事援助，要求赠给合用的器械、火药、硫黄、焰硝等物。明初朝廷对火药、火器控制极为严格，但这次却向高丽调拨焰硝50万斤、硫黄10万斤以及各种火器。

从明初一直到万历年间，明朝军器局和兵仗局制造的各种火器不断运往朝鲜。日本学者有马成甫在《火炮的起源及其流传·向朝鲜的流传》中，共收录了4件碗口炮、2件威远炮、1件虎蹲炮，以及4件大型天字号、4件地字号、8件玄字号、4件黄字号等大、中、小各型火炮的实物资料。此外，还有15件胜字号手铳和一些火箭、喷筒等实物资料。这些实物现都分别收藏在日本或韩国的博物馆里。

在中国火药和火器大量流传到朝鲜的同时，朝鲜人也积极开展火药和火器的研制。在朝鲜火药和火器技术发展史上，崔茂宣起到了相当重要的作用。1373年，崔茂宣（1325—1395）于礼成江口找到了"粗知"焰硝采取法的中国商人李元，崔茂宣对他"遇之深厚"，特意请他到自己的家里教授火药制作技术。其后，崔茂宣向高丽政府建议，要求进行试验，但高丽政府"皆不信，至有欺诋"。崔茂宣不得不在私下进行研究，"使家僮数人，私习其效"。经过艰苦努力，崔茂宣终于试验成功，并向政府多次建议制造火药和火器。1377年，祸王牟尼奴采纳崔茂宣的建议，在中央政府设火㷁（即火铳）都监，崔茂宣任提调官（或称"判事"），主持制造火药和火㷁等。这是朝鲜有明确记载的火药生产的开始。

崔茂宣在火㷁都监主事期间，不仅生产火药，而且还在研究过去"炮机""铳筒"等武器的基础上制造了不少新"火器"。据《高丽史》和《李朝实录》等记载，高丽在1373—1395年制造的"火器"有火箭、火筒、火㷁、火炮、大将军、二将军、三将军、六花石炮、信炮、铁翎箭、皮翎箭、蒺藜炮、铁弹子、穿山五龙箭、流火、走火、触天火等，共计17种。它们的威力都很大，使"观者莫不惊叹"。其中，"火炮把炮弹能发射到远距离，而且是最有威力的武器"。[1]

崔茂宣还亲自把火药和火器用于实战。1380年，全罗道安抚使郑地、名将罗世和

---

[1] 朴真奭：《中朝经济文化交流史研究》，辽宁人民出版社1984年版，第122—124页。

崔茂宣指挥配有火器的高丽舰队，在全罗道与几百艘来犯倭船展开激战。罗世任舰队元帅，崔茂宣任副帅。他们在镇浦港口的水战中一举燃毁全部敌船，取得大捷。事后，郑地慨叹道："予生平遇敌众矣，未若今日之快也。"

崔茂宣为朝鲜火药和火器的发展作出了重大贡献。他总结自己从事火药和火器研制的经验，编写了《火药修炼法》一书，委托其夫人留给后世，这是朝鲜历史上第一部有关火药和火器技术的专著。

李氏朝鲜时期，政府也十分重视火药和火器的制造，并将火药和火器广泛运用于军队装备。1419年5月，世宗李祹曾率文武百官亲临江面观看火炮演示。1430年，有的地方虎狼为害，李祹亲自下令给"发火"50柄，以除民患。"发火"是一种由纸质火药筒制成的爆炸或纵火武器，其中包括火箭装置。1433年，李祹又至京城东郊观看火炮演示，其中有新制作的"火炮箭"，一发二箭或四箭。可见，当时朝鲜的火器技术已经达到一定水平。

4. 火药与火器技术在日本的传播

元代初年，忽必烈曾两次派兵跨海东征日本。元军不习水战，又遇海上飓风，所以两次东征都以失败告终。但在这两次东征中，元军都大量使用火药、火器，使日本人受到很大震动，看到了火器在战争中的巨大威力。日本有许多史籍都记载了元军用火器同日军作战的情况。

虽然元军两次东征日本都没有成功，但却使日本人了解到火器在战争中的巨大威力。所以，日本人多方设法从朝鲜那里了解制造火药和火器制作的技术秘密。但是，朝鲜政府对此十分警惕，下令沿海各道严防将火药秘密传给日本人。所以，在很长一段时期内，日本人并不了解火药和火器技术，直到16世纪时才开始仿制从中国传入的火器。

据日本人南浦玄昌在《南浦文集》中的《铁炮记》一文中记载，天文十二年（1543）八月二十五日，"大明儒生五峰"，即当时活跃在中日之间的著名海商汪直，与西南蛮种贾胡（即葡萄牙商人）及其他100多人，乘一艘大海船遭遇风暴，被迫在九州南部的种子岛靠岸。船上携有火器。他们将所

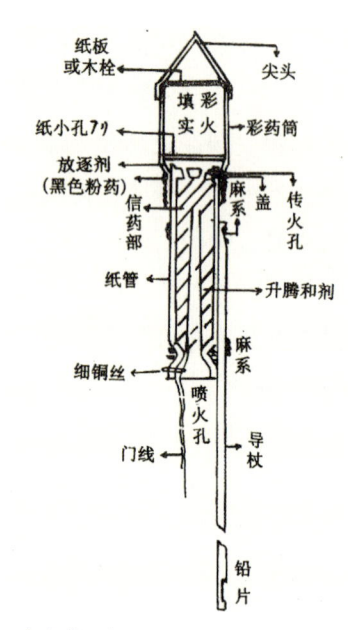

日本火箭烟火

带"铁炮"即鸟铳卖给了岛上领主时尧西梃，并传习火药和火器之法。这就是著名的"铁炮传来"事件。日本史家认为这一偶然事件，是火药和火器技术传入日本的最初交流活动，"开启了日本的火枪时代"。从此以后，火药和火器才在日本逐渐发展起来。另据欧洲的史料记载，这艘商船是从宁波开往葡萄牙，而葡萄牙著名的旅行家平托就是乘这艘船回国的。所以所谓日本的"铁炮传来"事件，平托是亲历者之一。

与火药、火器有关的烟火技术，在日本发展得也比较晚。烟火在日语中叫"花火"。较早的记载是织田信长（1543—1582）的《信长公记》卷十四。其中提到天正九年辛巳（即明万历九年，1581）在幕府放爆竹的事。稍后，三浦净心（1635—1716）在《北条五代记》卷八提到，天正十三年（即明万历三十六年，1608）八月，北条氏与佐竹作战后，于夜间点花火慰问将士。德川幕府时期，中日交通和贸易往来比较频繁。庆长十八年（即明万历四十一年，1613）有中国南方善造烟火者随商船到达日本，受到德川家康的接见。他们向德川家康献上中国铁炮二门和望远镜、烟火等，并一起观看中国人燃放烟火。

5. 火药与火器技术在阿拉伯的传播

阿拉伯在中国火药和火器技术的西传过程中起到了桥梁作用。阿拉伯是火药和火器西传的第一站，经过这一站而后才传到欧洲。

火药和火器传入阿拉伯主要有两条路线。一条路线是在南宋时期，从中国东南沿海经过海路直接传入埃及。另一条路线是在蒙元时期，蒙古军队西征时经过陆路传入阿拉伯国家。

南宋时，中国与阿拉伯的海路交通十分发达，来往商船不断。当时，通往阿拉伯的中国商船都备有自卫武器，船上有弓箭手、盾手和发射火箭的射手多人。阿拉伯人很有可能通过海上贸易渠道得知中国火药和火器的知识。另外，当时也有许多阿拉伯人到中国经商旅行或侨居，他们也可能在中国看到过节日焰火，接触过火药和火器，并把这些见闻传播回去。例如，有许多埃及人和摩洛哥人就在中国亲眼看到过杭州城里风行的"流星"或"花火"。再如，1161年宋金采石战役中，宋军使用"霹雳炮"时，据说在场的就有阿拉伯水手。

13世纪时，蒙古军队发动了几次大规模西征，直接在阿拉伯境内战场上使用各种火器。波斯史学家拉施特（Rashīd al-Dīn Faḍl Allāh, 1247—1318）记载，1258年2月，蒙古军在郭侃率领下攻占阿拔斯王朝首都巴格达时，曾使用"将火药筒绑在枪头上的武器"，即火箭。1234年蒙古灭金后，开封府等地库存火药、火器及守军中的火箭手、工匠等，尽为蒙古军所有，并立即编入蒙古军之中。后来历次西征时，这些火箭手也随大军西进，并曾在阿拉伯地区驻扎。

阿拉伯文献中最早提到中国火药知识的是药物学家伊本·贝塔尔著于1240年的《医方汇编》。在这部书的"巴鲁得"条目下说："这是埃及老医生所称的中国雪（talga-s-Sīn，talj al-sīnī），西方（马格里布和安达卢西）普通人和医生都叫'巴鲁得'，称作'焰硝花'。"[1]这里的"巴鲁得"一词的含义在当时就是指硝。阿拉伯人把硝称作"巴鲁得""中国雪"或"焰硝花"。硝石是宋元时中国对外贸易的出口商品之一。阿拉伯人因为硝石来自中国，所以又称为"中国雪"，而"焰硝"（asīyùs）则是汉语"焰硝"的音译。当时侨居在中国的阿拉伯人对中国的烟火感到十分新奇，他们将中国这一发明称为"焰硝花"。

阿拉伯火箭（左）、炸弹（中）及其他火器

另一位生于伊拉克的阿拉伯学者库图比（Yūsuf ibn Isma'il al-Kutubi，约生于1311）将贝塔尔的《医方汇编》加以缩编，改称《行医须知》，在其中对硝石有更详细的记述。

在13世纪下半叶，阿拉伯有一部著名的兵书，是阿拉伯军事家哈桑（Al-Hassan al-Ramah Najm al-Dīnal-Ahdab，1265—1295）所著的《马术和军械》。这部著作详述了各种火器、烟火、火药配方和硝石提纯技术等方面的问题，书中广泛引用了中国资料。哈桑在书中叙述了火箭、火毯、烟火等，药料成分中包括硝石、硫黄和木炭，还有树脂、亚麻籽油及某些金属装填物。哈桑还在书中提到了一种火罐（fire-pots），为陶质，或以玻璃、纸或金属制成，内实以火药，外覆以硫黄、沥青、蜡、焦油、石脑油等。将火罐抛出，能起到炸弹的作用，类似中国宋金时使用的震天雷。

从以上介绍的古代阿拉伯文献的有关记载可以得知，早在12世纪下半叶，阿拉伯人就已经接触到中国的烟火、火药和火器的有关知识或信息。13世纪，随着蒙古大军的西进，阿拉伯人已经掌握了制造火药和火器的相关技术。

硝石是宋元时期的中国出口商品。其中包括对阿拉伯国家的出口。硝在阿拉伯国家起初用于医药和炼丹术，以后也被应用于玻璃制造业。大约在13世纪初，硝开始用

1　沈福伟：《中国与非洲——中非关系二千年》，中华书局1900年版，第534页。

来制造火药。阿拉伯人在研制火药之后不久,便将其应用于作战。在第七次十字军战争期间(1248—1254),阿拉伯人使用了含硝的"烟火剂",用带长尾羽翼的箭,射向敌阵。只见飞行的箭如火龙经空,似闪电疾飞,火光照耀,变黑夜为白昼,欧洲十字军终于被击退。[1]

哈桑的《马术和军械》一书中,介绍了一种"契丹火枪",枪头叫"契丹火箭"(Sahm xatai)。这是采用金人的飞火枪,用火箭作为燃烧体。14世纪初的另一部佚名阿拉伯兵书《为阿拉而战》,也载有陆战时用的火枪和水战时用的火箭,都叫"契丹火箭"。这是在一根长形的火箭上,"安上长而尖的头,以备水战"。在交战中,箭发敌船,"箭头嵌入船板,便延烧以致无法扑救"。这两种"契丹火箭",前一种是陆战时交手中的火枪,后一种是水战时由管形火器中发射的火箭,由于是从管形火器中发射,所以,这种火箭已类似突火枪中的子窠。[2]

大约在13世纪末至14世纪初,统治中东地区的马木鲁克人将蒙古人传去的火筒和突火枪加以改制,发展成为一种叫作"马达法"的管形射击火器。"马达法"一词在现代阿拉伯语通称"火器"。"马达法"的形制主要有两种:一种是用一个木制短筒装置火药,在筒口安上石球,点燃火药就冲击石球。另一种筒身较长,先装火药,然后安上铁栓,再在筒口装箭,火药点燃后,由铁栓推动铁箭射击。日本火器史研究者有马成甫指出:阿拉伯人的火器"马达法",同中国金军所用的飞火枪、南宋创制的突火枪,同属管形火器系列。"马达法"是二者的发展:飞火枪用纸筒做枪筒,突火枪用竹筒做枪筒,"马达法"用木筒做枪筒。[3]

6. 火药与火器知识在欧洲的传播及应用

火药和火器及其有关的技术和知识,最初是通过阿拉伯传到欧洲的。

古代欧洲文献中最早的火药知识全都来自阿拉伯国家。13世纪下半叶,欧洲人将一种有关火攻战术的书《制敌燃烧火攻书》译成拉丁文。原著是13世纪中叶的一名阿拉伯人所作。这是流传到欧洲最早的一本讲火攻法的书。据说,在1804年,拿破仑曾下令将这本书付印,发给法国的部队将领。这本书收集了历来用于火攻的35种方法。其中,有五种涉及火药和火器。

---

[1] 王兆春:《中国兵器史》,军事科学出版社1991年版,第44页。
[2] 沈福伟:《中西文化交流史》,上海人民出版社1985年版,第356页。
[3] [日]有马成甫:《火炮的起源及其流传》,引自王兆春:《中国火器史》,军事科学出版社1991年版,第42页。

《制敌燃烧火攻书》所记载的有关火药和火器的配方及制作技术，反映了当时阿拉伯人的知识水平，而这些知识和技术都直接与中国有关，是从中国传过去的。不仅如此，这部著作的意义还在于，它大概是欧洲人最早接触到的有关火药和火器的技术资料。

　　欧洲人不仅从阿拉伯的文献中获得有关火药和火器的知识，而且在与阿拉伯人的战争冲突中认识到火药、火器的威力和在战争中的重要性。14世纪时，火药和各种火器，包括管形射击火器，已广泛用于阿拉伯军事装备，并在同欧洲人的战事中多次使用。欧洲与阿拉伯的军事冲突促进了欧洲人学习、掌握、制造和使用火药与火器。

　　火药和火器的知识及技术经阿拉伯人传入欧洲后，迅速得到推广和应用。大约在14世纪上半期，欧洲就已经开始制造并在实战中应用火器了。现存欧洲最早的火器图形，是在牛津礼拜堂发现的一张1326年的瓶形火炮图画，瓶口插一支箭，后有武士正在点燃引线。这份档案是1326年伦敦主教为英国国王爱德华三世加冕时的加冕词，关于火炮的图画就画在加冕辞的下方。在霍开姆（Holkham）发现的一份1326年的档案中，也有一幅类似的瓶形火炮的图画。这类瓶形火炮与中国宋金时期铁火炮的形状十分相似。意大利一处中古时期的教堂有1345年和1364年的壁画，1345年画的是水战中用手铳射击，1364年画的是堡垒内外的战士都用手铳，堡垒外有一尊竹节形火铳，尾部无竹节，火门在尾部，铳口安有石球；有人正在点燃药线。形制和英国的"提拉尔"（telar）一样，尾部没有竹节，说明它出于和手铳同源的"马达法"。

　　意大利是欧洲最早制造和使用火器的国家。1326年，意大利人便掌握了火器的技术秘密，佛罗伦萨制造铁炮和炮弹，欧洲开始造出第一批金属管形火器。1379—1380年，热那亚人和威尼斯人为争夺海上贸易而发生战争，他们在基奥贾（Chioggia）岛上的要塞附近发生了一场激烈的争夺战，在这次战役中发射了火箭。西方火器史家都认为，基奥贾战役中使用的火箭是西方制造火箭的可靠的早期记载。

　　与火器相关的烟火制造技术，在欧洲也是首先出现于意大利。佛罗伦萨人和锡纳亚人都善于制造烟火。意大利许多地方都定期举办大型烟火表演。

　　英国也是比较早地使用和制造火炮的欧洲国家。1342年，英国的德比伯爵和索尔兹伯里伯爵参加了阿耳黑西拉斯战役，向摩洛哥学习使用大炮。1345年，英法克莱西之战中，英国使用了铁炮24尊，火药60磅，炮手雷尔门·拉西埃（Rarmond Larchier）曾接到土劳斯国王送来的两尊铁炮、8磅火药、200枚铅弹。1345年，英国又制造100件莱巴杜（ribaldos）火器，已初具三眼铳或四眼铳的雏形。两年之后的1347年，英国又仿造"马达法"，制造出一种提拉尔火炮。

16世纪后半期，由火药制成的烟火在英国盛行起来。1572年，英国女王伊丽莎白一世（Queen Elizabeth Ⅰ，1535—1603）巡视沃里克附近的坦普尔场（Temple Field），沃里克伯爵（Earl of Warwick）兼炮兵总监用烟火、爆仗欢迎女王。从这以后，英国文献多次提到用烟花庆祝重要事件。

法国和德国大约也是在14世纪时开始使用火器。约在1405年，德国军事工程师康拉德·凯泽尔（Conrad Kyeser von Eystädt，1366—1405）在《战争防御》一书中，谈到了火箭、枪炮和一些奇异的火药配方，反映了当时德国人的火药、火器知识和技术水平。这本书谈到纵火箭、烟火、火箭、炸弹、火枪等。书中的火药配方引自《制敌燃烧火攻书》，火药成分除硝、硫、炭外，还有砒霜、雄黄和石灰，与中国的火药方相同。他提到的"飞龙"（flying dragon）是用绳子绑在火药筒上，"飞龙"药料成分中也含有油质物。书中介绍的"飞鸟"则类似中国的"神火飞鸦"。

7. 火药与火器对西方历史进程的影响

大约在14世纪上半期，中国发明的火药和火器技术已经在欧洲广泛传播，并很快得到推广，应用于军队装备和各种战事。当时，欧洲正处于历史大变革的前夜。火药和火器的传入，对这场历史大变革起到了重要的促进作用，从而对世界历史进程起到了重要的推动作用。

18世纪，法国启蒙思想家孔多塞指出，火药和火器的发明与应用，改变了作战方式，使战争这种"艺术"发生了一场革命。他说："铁盔铁甲，几乎是无懈可击的骑术，使用长矛、长枪或刀剑，这些贵族对平民所具有的优势终于全都消逝了；而摧毁对人类的自由的和对他们的真正平等的最后障碍的，却是最初一眼看去似乎是在威胁着要消灭整个人类的这样一种发明。"[1]

火药和火器西传的重大历史意义，恩格斯给出更为精湛的概括："在14世纪初，火药从阿拉伯人那里传入西欧，它使整个作战方法发生了变革。……火器一开始就是城市和以城市为依靠的新兴君主政体反对封建贵族的武器。以前一直攻不破的贵族城堡的石墙抵不住市民的大炮；市民的枪弹射穿了骑士的盔甲，贵族的统治跟身披铠甲的贵族骑兵队同归于尽了。"[2]

恩格斯还指出："但是，火药和火器的采用绝对不是一种暴力行为，而是一种工业的，也就是经济的进步。不管工业是以生产什么东西或破坏什么东西为目的，工业

---

[1] ［法］孔多塞：《人类精神进步史表纲要》，三联书店1998年版，第97—98页。
[2] 《马克思恩格斯选集》第3卷，人民出版社1972年版，第207页。

总是工业。火器的采用不仅对作战方法本身，而且对统治和奴役的政治关系起了变革的作用。"[1] 恩格斯在这里指出的火药和火器的意义，不仅仅是在军事装备上的改进和作战方式的改变，还深入到社会文化的层面，着重指出了它对经济进步的意义，推动了社会生产力的发展，同时也成为引起社会变革的一个契机。军事的变化，经济的发展，以及社会政治关系的变革，都是这一时代的欧洲具有重大历史意义的事变。从中国传去的火药和火器，对摧毁欧洲封建制度起到了重要作用，从而给欧洲历史和文明的发展进程以极大的推动。

另外，在资本原始积累过程中，西欧殖民势力向各地进行殖民侵略，也把火器带到非洲沿海地区和三大洋其他地区。15世纪起，葡萄牙的管形射击火器有了很快的发展，并且广泛用于军队装备。在资本主义殖民扩张过程中，火器也成了一种得力的工具。正如英国科学史家贝尔纳（Claude Bernard，1901—1971）所说的："在海上，火药的效用也并非不重要。火药用在海军大炮里，大炮装在船上，船又由新天文学和新罗盘来操纵。这样，从那时起到本世纪（20世纪）中叶，火药就让西欧人在世界海道上称雄。火药又使欧洲人能拿他们的文化型加在其他的文化型上，后者在文化和武功两方面，都并不低于前者。火药更直接地使他们把世界上可以罗致的资财都集中在他们手里，如此他们就有了累积的资本，来资助工业革命。"[2]

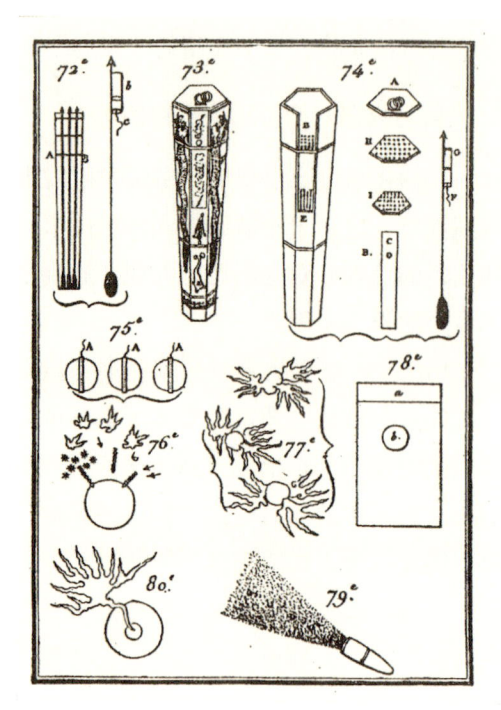

法国传教士钱德明所著《中国兵法论》中转载的《武备志》中的火器图

但是，火药的用途并不局限于火器的制造和战场上的应用。火药的发明和应用，对近代科学的进步与发展，也有着重要的意义。正如李约瑟所说的：火药的发明不仅仅应用于战场上，更加激动人心的是，"除了在开矿、采石及人类交通运输线路建设——所有民用工程项目——

---

1 《马克思恩格斯选集》第3卷，人民出版社1972年版，第207页。
2 [英]贝尔纳：《历史上的科学》，科学出版社1959年版，第159、195页。

中应用爆破外，火药作为人类所知的最早的化学爆炸物，还在各种热机发展中起着必不可少的作用。"比如，对火药爆炸现象的分析和研究，使人类发现了氧，并由此为现代化学奠定了一个新的起点。炮弹在空中的运动（弹道学）促进了动力学的新研究。爆炸本身所具有的力，和炮弹从炮膛里的排出，证明了有一些天然力，特别是火，其力量是可供使用的，而这一点激励了蒸汽发动机的发展。关于火药对近代科学的意义，贝尔纳指出："归根到底，是火药对科学的影响而不是它对战事的影响，将产生最大的影响，使机器时代得以出发。火药和大炮不只爆破了中古时代的经济世界和政治世界，它们更是毁灭中古世界的思想体系的两股主力。""首先，火药和大炮对世界来说，是新东西——希腊人就没有一个称呼它们的名词。其次，制造火药、火药的爆炸、炮弹从炮筒放射出去，以及出膛后的飞行，都提出了一些问题，其实际解决引导人们去研求一些属于一个新种类的原因，并创立几门新科学。"

五、指南针的发明与航海罗盘的应用

1. 磁石的发现与指南针的发明

指南针是中国古代"四大发明"之一。指南针是依据磁铁的指极性原理制作的辨别方向的工具。指南针的发明为人类的实践活动提供了极大的便利。特别是磁针罗盘在航海事业上的应用，提高了航路的准确性，为远洋航行提供了很大的便利，从而推动了世界航海事业的巨大变革和发展。在15世纪前后的欧洲大航海时代，罗盘发挥了重要的作用。正是罗盘的使用，才使达·伽马发现印度新航路、哥伦布发现美洲大陆、麦哲伦的环球航行成为可能，并由此促进了欧洲商业贸易的扩大和工场手工业的发展，为资本主义的产生和发展提供了必不可少的前提。

指南针发明所依据的是磁力作用原理。中国是世界上最早发现磁力作用的国家。大约在战国时代，中国人就发现了磁石可以吸铁的特性和它的指极性，并利用磁石的指极性，发明了一种正方向定南北的仪器，叫作"司南"。这种司南由"司南勺"和"地盘"两部分组成。"司南勺"是一块天然磁石，按照它的极性，把它磨成圆底的勺子，它指

宋水浮法指南针（中国国家博物馆藏）

南的一端称为"勺柢"；"地盘"用铜制成，中央有个光滑的圆槽，四周刻着八卦、天干、地支，以表示方位。使用时，把勺放在光滑的地盘中央，推动勺转动，当它静止时，勺柢（柄）所指的方向就是南。由于它在使用时必须配有地盘，所以后人把指南针也称为"罗盘针"。司南就是"罗盘"的前身，或者也可以说，是世界上最早的"指南针"。

从司南到指南针，经历了一个漫长的演进过程。关于指南针发明的确切时间，至今尚无从确认。但在大约11世纪初的文献中，已经有了关于指南针的早期文字记载。成书于1040年的《武经总要》曾提到一种"指南鱼"，是一片经过磁化的叶子状铁片。《武经总要》前集卷一五中载有制"指南鱼"的方法。从现代的知识看，这是一种利用强大地磁场的作用使铁片磁化的方法。把铁片烧红，令"正对子位"，可使铁鱼内部处于较活动状态的磁畴顺着地球磁场方向排列，达到磁化的目的。蘸入水中，可把磁畴的规则排列较快地固定下来。而鱼尾略微向下倾斜，可起增大磁化程度的作用。[1]《武经总要》所记载的这种人工磁化方法的发明，在磁学和地磁学的发展史上，是一项具有重要意义的大事。

缕悬法指南针模型

1041年，宋代天文学家、星占学家和堪舆学家杨维德在其所著相墓书《茔原总录》中明确记载了指南针："客主的取，宜匡四正以无差，当取丙午针。于其正处，中而格之，取方直之正也。"这段话的意思是，要定东、南、西、北四正的方向，必须取丙午向的针，然后在丙、午的位置，"中而格之"，找出正南的方向。亦即让针指丙、午中间的方向，则午向就是正南方向。这条记载中所说的针，虽没有明确地指出是什么针，但从字里行间可以断定是磁针无疑，说明当时已把磁针与罗经盘配套，作为定向的仪器，并且已发现了地球的磁偏角，定为正南偏东7.5度。[2]

宋代科学家沈括在《梦溪笔谈》中，对指南针有更详细的记载。沈括明确指出，

---

1 杜石然等：《中国科学技术史稿》下册，科学出版社1982年版，第11页。
2 阴法鲁、许树安主编：《中国古代文化史》第3册，北京大学出版社1991年版，第208页。

指南针是方家（堪舆家）首先发明和使用的，用的是"磁石磨针锋"的人工磁化方法制成。从现代科学的观点看，这是一种利用天然磁石的磁场作用，使钢针内部磁畴的排列规则化，而让钢针显示出磁性的方法。这种方法既简便又有效，为具有实用价值的磁体指向仪器的出现，创造了重要的技术条件。

11世纪时，指南针在中国已是常用的定向仪器，有多种装置方法，并已由指南针发现了地球的磁偏角。由此可以推断，指南针至迟发明于11世纪初。

2. 罗盘在中国航海事业上的应用

从应用的角度看，指南针发明的最重要的意义在于它在航海事业上的应用。在指南针未发明以前，中国古代航海主要是凭地文定位技术和天文定向技术来导航的。具有相当水平的地文和天文航海术，使海船得以在晴空下越洋远航。但是，在漫长的航程中，不可能总是晴空万里，视野清晰。因此，随着航海事业的发展，亟须一种全天候的恒向导航仪器。正是由于指南针的应用，人们才获得了全天候航行的能力，人类才第一次得到了在茫茫大海上航行的自由。从此，陆续开辟了许多新航线，缩短了航程，加速了航运，促进了各国之间的文化交流与贸易往来。

指南针一经发明，很快就被应用于航海事业。在这方面，中国也是领世界之先的。北宋时期，中国在世界上最早使用指南针导航。明确记载相关史事的，有四种宋代载籍，即朱彧的《萍洲可谈》、徐兢的《宣和奉使高丽图经》、赵汝适的《诸蕃志》和吴自牧的《梦粱录》。

罗盘

罗盘是一种固定指南针，以便在航行中定向的装置。罗盘最初叫地螺。南宋淳熙年间（1174—1189）曾三因的《因话录》中所称的地螺，是古代堪舆家用的由方形栻占地盘向圆形的罗经盘过渡的名称。"针盘"是早期罗盘的一种形式，它由水浮针与圆形方位盘结合而成。方位盘上依十二地支（子、丑、寅、卯、辰、巳、午、未、申、酉、戌、亥）将整个圆周分为十二等份；在十二地支之间再等而分之，填以天干八字（甲、乙、丙、丁、庚、辛、壬、癸）与八卦四字（乾、艮、巽、坤），构成每字相差15°的二十四方位罗盘图。如

果再以每两字间夹缝为一方位,则可构成每向差7°30′的四十八方位罗盘图。在使用时先以子、午定北、南,再观察航向与其方位字的关系,如果正好吻合,则为"丹针",称"某针"或"丹某针";如果航向在某两个方位字之间,则为"缝针",称"某某针"。[1]

使用罗盘导航大大提高了航路的正确性,使船只在固定的航线上安全航行,为船只在启航港和目的港之间定期往返提供了保证。不仅如此,航海罗盘的使用,还促使针路和航海地图出现,使海上航行进一步完善。

明代郑和下西洋是一次大规模的航海活动。如此大规模的远航,说明当时中国的造船和航海技术已经十分先进,罗盘已经广泛使用。

罗盘在航海事业上的普遍应用,一方面,是当时远洋航海事业发展的需要。另一方面,正是因为罗盘为人们提供了可靠的导航仪器,帮助人们获得了全天候远洋航行的能力,大大促进了远洋航海事业的发展。宋元时期,中国商船远洋航行空前活跃,这与指南针的发明和罗盘的应用,有很大的关系。

3. 罗盘在阿拉伯的传播

宋元时期,我国的航海事业十分发达。中国的商船不但往来于中国沿海商埠与朝鲜、日本,以及南洋诸岛之间,而且远航到印度洋和波斯湾沿岸诸国。中国发明的指南针,也随着中国航海家的踪迹传播出去,成为各国航海家使用的导航仪器。

大约在12世纪后期和13世纪初,指南针就传到了阿拉伯人手中。因为当时中国商船是波斯湾和南海之间海上贸易最活跃的参加者,与阿拉伯航海家多有接触。有一些中国船舶还雇用波斯的船员和船长。因此,中国商船使用的先进装备很容易被阿拉伯船舶采用。宋代开始使用的平衡舵,在10世纪左右已被用于红海的阿拉伯船舶。使用航海罗盘这样先进的航海技术导航,也很快被阿拉伯航海家所掌握。据法国学者雷诺(J. T. Reinaud)和莫里(A. Maury)的研究,阿拉伯海员确切地使用罗盘的时间是在13世纪初。在阿拉伯和红海地区,海员使用的罗盘被称为"针圆"(dā'ira al-ibrah)或"针房"(Bayt al-ibrah);海湾地区的伊朗人则称之为"吉卜赖·

---

[1] 孙光圻:《中国古代航海史》,海洋出版社1989年版,第440页。

纳玛"（qibla al-ibrah）。[1] 阿拉伯和波斯船上的罗盘都按中国罗盘形式采用四十八分向法。波斯语、阿拉伯语中表示罗经方位的"khann"，就是闽南话中罗针的"针"字。[2]

在1230年编纂的波斯逸闻集《故事大全》中，有类似中国的指南鱼寻求航路的故事。其中有一则故事说，一位乘客乘船在海上航行时，看到船长将一块凹形的鱼状铁片放在水盆中，此浮鱼头部便指向南方。船长解释说，以磁石摩擦铁片，铁片就自然具有磁性。阿拉伯船长所使用的这种海上导航仪器，与《武经总要》中记载的陆上行军时使用的指南鱼是一样的。阿拉伯人显然是用中国技术制造了水浮式指南针。

1281年，阿拉伯矿物学家贝伊拉克·卡巴扎吉（Bailak al-Qabajaqī）在《商人辨识珍宝手鉴》一书中说，当他乘船航行于叙利亚海上，从特里波利前往亚历山大里亚城的时候，海员使用借助木片或苇箔托浮在水面上的磁针辨别方向。"海员们说，航行在印度洋上的船长们不用木片托浮的指南针，而用中空的磁铁制作一种磁鱼，磁鱼投入水中之后浮在水面，头尾分别指示北方和南方。"[3]

阿拉伯航海所使用的指南针基本上是水浮式磁针，这与中国的传统是一致的。大部分阿拉伯文献都强调这种仪器指南（qibla）比指北更重要。波斯文称"磁罗盘"为"指南"（southpointer or qiblanāma），与中国名有相同的意思。中国人和阿拉伯人都以南的方位为尊，这与欧洲人是不同的。

欧洲罗盘

4. 罗盘的应用与大航海时代

大约在12世纪末，欧洲的文献中就有了关于指南针的记载。大概首次提到磁罗盘

---

1 张广达：《海舶来天方，丝路通大食——中国与阿拉伯的历史联系的回顾》，载周一良主编：《中外文化交流史》，河南人民出版社1987年版，第771页。
2 沈福伟：《中西文化交流史》，上海人民出版社1985年版，第347页。
3 张广达：《海舶来天方，丝路通大食——中国与阿拉伯的历史联系的回顾》，载周一良主编：《中外文化交流史》，河南人民出版社1987年版，第772页。

的是英国人尼坎姆（Alexander Neckam，1157—1217）。他在12世纪末所写的《论自然的性质》中说，这是一根放在支轴上的针，当让它自行停息的时候，它就给航海者指出航行的方向。[1] 在尼坎姆的记载之后，还有各种关于磁针帮助航行的文献记载。

13世纪时，欧洲的航海者似乎已经普遍地知道了指南针。意大利商船首先采用了罗盘，并很快推广到印度洋、地中海航运界，引起了各国航运界的变革和发展。欧洲在使用中国罗盘以后，加以改进，采用支轴装置罗经，用一个支轴的尖端顶在磁针中部，使磁针水平旋转，与水针相比，在航海上使用更为方便，称为"旱针"。14世纪初，意大利人阿马尔费塔尼（Amalfitani）发明了一种"罗盘卡"，即字盘装在磁针上，盘随针转的旱罗盘。

13世纪下半叶，欧洲的航海家得到中国航海家绘制的印度洋航海图。这种航海图进一步为远洋航行提供了便利。据记载，法国国王路易九世（Saint Louis Ⅸ，1214—1270）在1270年乘意大利热那亚船舶从法国南部港口艾格莫特（Aigues-Mortes）启程，跨地中海赴北非的突尼斯。船舶沿意大利西海岸南行6天后，乘客们仍没有看到撒丁海岸。国王有些担心，这时船上的官员向他出示地图，指出船现在所处的位置，并说明他们正在靠近意大利南部的卡利亚里港（Cagliari）。这是欧洲第一次提到在海上航行时使用海图。因为图上标有各地针位和观星数据，因而又被称为"针图"（Compass Charts）。[2]

16世纪荷兰商船示意图

航海图绘制源于我国晋代地图学家裴秀用经纬线表示地理方位的"分

---

[1] ［美］海斯等：《世界史》中册，三联书店1975年版，第613页。
[2] 潘吉星：《中国古代四大发明——源流、外传及世界影响》，中国科学技术大学出版社2002年版，第498—499页。

16世纪葡萄牙大帆船示意图

率制图法"。裴秀作《禹贡地域图》，开创了中国古代地图绘制学。李约瑟称他为"中国科学制图学之父"，是与欧洲古希腊托勒密齐名的世界古代地图学史上东西辉映的两颗灿烂明星。后来，裴秀的"分率制图法"传到波斯和阿拉伯。14世纪初意大利人受阿拉伯人这种绘制航海图方法的启发，开始结合罗盘的方位线用分率制图法绘制航海图。无论是商船还是军舰远航都需要备有线路图、航海图和指南针，这三项成果被称为中世纪航海业的"三项技术革命"。

1300年前后，实用航海图如雨后春笋般在欧洲问世，打破了欧洲制图界传统的T—O寰宇图的体系。意大利和西班牙的航海家，不仅认识到罗盘在航海上的作用，而且将已经中断了1000多年的希腊人的定量制图学再度引入航海图的绘制中。罗盘的实际使用，促使欧洲的航海家重新注意到托勒密的坐标系统。这种使用罗盘方位线的航海地图，使得航海家能够精确地探索海岸的走向，绘制精密的地图。15世纪的欧洲航海图已经重新确立了托勒密的制图原则，到了杰拉尔德·麦卡托（Geradus Mercator，1512—1594）使用圆柱正形投影法绘制世界大地图时，便奠定了现代地图科学的基础。麦卡托于1569年发表了长202厘米、宽124厘米的世界地图。他在以投影法绘制的地图上，经纬线于任何位置皆垂直相交，使世界地图可以绘制在一个长方形上。由于可显示任意两点间的正确方位，航海用途的海图、航路图大多以此方式绘制。而这些成就，正是由于受到中国航海家们传到欧洲的罗盘和航海图的启发而实现的。[1]

指南针传入欧洲，在欧洲的大航海时代起到了重要作用。由于指南针表明方向的结果，地图精确起来，并且地图的绘制也有了普遍性。

---

[1] 沈福伟：《中西文化交流史》，上海人民出版社1985年版，第348—349页。

这使得达·伽马（Vasco da Gama，1460—1524）发现印度新航路、哥伦布（Cristoforo Colombo，1451—1506）发现美洲大陆和麦哲伦（Fernando de Magallanes，1480—1521）实现了环球航行，并由此促进了欧洲商业贸易的扩大和工场手工业的发展，为资本主义的产生和发展提供了必不可少的前提。美国学者伯恩斯（Edward McNall Burns）等人所著《世界文明史》指出，西班牙人和葡萄牙人能进行大航海活动的原因之一，"即地理知识的进步和指南针，以及星盘的传入，使得航海家们有勇气出海去冒险"。在早期葡萄牙亨利王子培训航海家队伍时，帮助舵手掌舵的有"星相家"。这是一些精通领航业务的专家，他们会看罗盘，能算出罗盘偏差并在地图上标出子午线。麦哲伦环球航海时所使用的船只上必备的航海仪器有大量储备，包括罗盘、罗盘针、沙漏计时器、星盘、比重秤和星座一览表等。德国学者雅克布（Georg Jacob）在《论东方文化对于西方文化之影响》中说："罗盘针是中国人最重要的发明，它开放了我们的眼界。""我们近代的世界观的形成全靠深入异邦文化的精神，只有罗盘针的发明才能够帮助我们到这种境界。"[1] 英国科学史家贝尔纳也曾说过，罗盘的使用，"破天荒开放了大洋，供人探险、战争和贸易，引起了巨大而迅速的经济的和政治的效果。"[2]

六、"四大发明"与文艺复兴

在西方文化由中世纪走向近代，在人们迎接近代文明曙光的伟大时刻，从远方中国传来的奇妙无比的"四大发明"，对西方文化起到了激励、开发和推动的重要作用。或者说，"四大发明"是从外部刺激西方文化系统内部发生蜕变和更新的重要文化要素。"四大发明"对西方乃至整个世界的历史进程都起到了革命性的作用，推动和促进了整个人类文明的结构性改变。

"四大发明"通过各自的渠道和路线陆续传播到欧洲。它们的传播和被接受，本来是各自独立进行的，互相之间并没有必然的联系。但是，它们传播到欧洲的时间却大致发生在同一时期，即在蒙古人通过三次西征而

1　朱谦之：《中国哲学对于欧洲的影响》，上海人民出版社2006年版，第32页。
2　贝尔纳：《历史上的科学》，科学出版社1959年版，第193页。

建立起横跨欧亚大陆的超级大帝国的时代，是中西文化大流动、大交流的时代，也即欧洲发生文艺复兴运动的前夜。正是在这样一个文化接触的汇合点上，"四大发明"发挥的作用和影响远远超出了其本身的技术范畴，成为刺激文艺复兴运动并成为其推波助澜的外来力量。这是一种不可低估、不可替代、更不可否定的来自东方的文化力量。

文艺复兴是一次人类从来没有经历过的伟大的、进步的变革。这种变革不是在个别领域、个别层面上，而是全方位的、涉及文化的各个层面，渗透社会生活各个领域的变革。正是经过这次历史性变革，西方的历史，以及整个世界史走出了中世纪，进入以理性和科学为旗帜的近代文明。文艺复兴时期思想文化领域表现出一个明显的特点：先进思想家们在从事新的文化的研究和创作中，广泛地利用古代希腊罗马的思想资料。中世纪时，古代的这些文化成果遭到了严重的摧残。12世纪以后，古代典籍陆续从阿拉伯国家重新传入欧洲。在反对中世纪神学世界观的斗争中，先进思想家对非基督教的古代世俗文化发生了兴趣，怀着极大的热情搜集、整理古代文化书籍，发掘古代文化遗产，研究古代语言、历史、文艺、科学和哲学，仿照古典作品进行创作，对古典文化的研究蔚然成风。这也就是"文艺复兴"一词的最初含义。而在古典文化复兴的过程中，造纸术和印刷术的传入，提供了强有力的武器和推动力量，刺激并推动了欧洲自由讨论风气的形成，和文化知识的广泛普及。书籍带来的文化知识的广泛传播，使欧洲人的精神进入了一个新的境界，学术中心由修道院转到各地的大学，而大学聚集了各种新的思想，进行着科学的研究与探索，孕育了崭新的近代文明。英国历史学家韦尔斯说，对人类社会各种事物的自由探讨和坦白陈述的精神，即思想自由和良心自由的精神，在这一时期逐渐形成，并发扬光大。这种精神在书籍印成以前虽已开始萌生，"但把它们从朦胧状态中解放出来的却是印刷术。"[1]

造纸术和印刷术加速了欧洲近代文明的到来，而火药和火器的传入，则为打破旧有的统治秩序提供了强有力的物质力量，改变了欧洲的政治格局，宣告了欧洲中世纪的结束。至于指南针，它的直接影响在于，开辟了欧洲大航海的时代，而"美洲和环绕非洲的航路的发现，给新兴的资产阶级开辟了新的活动场所。东印度和中国的市场，美洲的殖民化，对殖

---

[1] ［英］韦尔斯：《世界史纲》，人民出版社1982年版，第816页。

民地的贸易，交换资料和一般商品的增加，给予了商业、航海业和工业空前未有的刺激，因而也就促进了封建社会内部所产生的革命因素的迅速发展。"[1]

总而言之，作为在西方文化发展史上具有划时代意义的文艺复兴运动，从一开始就受到"四大发明"，以及与此相关的其他中国文化因素的刺激和推动，并以此为物质前提。"四大发明"的传入，激励和开发了西方文化系统内部的活跃因素，从而使西方文化的历史大变革成为可能。恩格斯曾经指出："大量的发明以及东方发明的输入，它们不仅使希腊文学的输入和传播、海上探险以及资产阶级宗教改革真正成为可能，并且使它们的活动范围大大扩展，进展大为迅速。"[2]

中国的"四大发明"不仅为文艺复兴提供了物质基础，而且成为促进资本主义产生和现代人类精神解放、科学文化昌明的强大的力量。正如马克思说的："火药、指南针、印刷术——这是预告资产阶级社会到来的三大发明。火药把骑士阶层炸得粉碎，指南针打开世界市场并建立殖民地，而印刷术变成新教的工具。总的来说，变成科学复兴的手段，变成对精神发展创造必要前提的最强大的杠杆。"[3]

因此，"四大发明"的伟大历史意义和文化意义，受到人们的普遍承认和高度评价。早在17世纪初，英国哲学家、被马克思称为"英国唯物主义和整个现代实验科学的真正始祖"的弗兰西斯·培根（Fransic Bacon，1561—1626）就曾充分肯定印刷术、火药和指南针等发明的重大意义。虽然他和当时的人们一样，还不知道这些伟大的技术成果来源于中国。他说："我们还该注意到发明的力量、效能和后果。这几点是再明显不过地表现在古人所不知、较近才发现、而起源却还暧昧不彰的三种发明上，那就是印刷、火药和磁石。这三种发明已经在世界范围内把事物的全部面貌和情况都改变了：第一种是在学术方面，第二种是在战事方面，第三种是在航海方面。并由此又引起难以数计的变化来，竟至任何帝国、任何教派、任何星辰对人类事务的力量和影响都仿佛无过于这些机械性的发

---

[1]《马克思恩格斯全集》第4卷，人民出版社2006年版，第467页。
[2]《马克思恩格斯全集》第20卷，人民出版社2006年版，第530页。
[3]《马克思恩格斯全集》第47卷，人民出版社2006年版，第427页。

现了。"[1]

培根还写道，在发现新大陆，发明印刷术、火药、罗盘以后，继续在旧知识和旧发现基础上前进是可耻的。世界已经发生变化，生活的许多领域已完成了巨大的变革：印刷术已变成科学，火药已变成军事艺术，人借助于罗盘可以横渡海洋。虽然这些发明是偶然的，但它们却在人类发展史上起了重大的作用。如果说，偶然的发明在人类发展中起了如此巨大的作用，那么，不难推测：如果在发明的基础上建立起科学，社会的进步将会多么巨大。要为系统的发现指明道路，必须建立新科学。新发现形成新知识，而新知识乃是人类用来驾驭自然的工具。

在培根以后的几百年中，整个世界都发生了巨大的变化。"四大发明"不仅被公认为中华民族对人类文明作出的重大贡献，而且它们的文化价值和历史影响，也越来越充分地显示出来。

---

[1] ［英］培根：《新工具》，商务印书馆1984年版，第103页。

第十一章
望远镜、自鸣钟与『红夷大炮』

一、望远镜及其制造技术的传播

1. 望远镜的传入

在晚明和清初之际，随着大航海的开辟，中西交通大开，欧洲各国东印度公司的商船直通中国海岸，开始了中欧之间的直接贸易。同时，西欧各国传教士也纷纷来华。他们在传播天主教的同时，也大力传播西方文化，形成了中西文化交流的一次高潮。在科学技术方面，最主要的成果是望远镜、自鸣钟和火炮技术的传播。

最早来华的传教士利玛窦（Matteo Ricci，1552—1610）来华时带来了西方的三棱镜，作为进贡给皇帝的礼品。同时，也赠送给中国的一些重要官员，并向他们演示三棱镜的色散现象，这是西方光学在中国的首次传播。

1609年，伽利略（Galileo Galilei，1564—1642）造出了世界上第一架望远镜。约此后不久，尼德兰独立战争的统帅莫里斯（Maurice of Nassau，1567—1625）、瑞典国王古斯塔夫二世（Gustav II Adolf，1594—1632）已在战争中使用轻便的望远镜。1610年来华的意大利籍耶稣会传教士毕方济（P.Francois Sambiasi，1582—1649），在给明万历皇帝的奏疏中就提到了"千里眼"的用法和原理。葡萄牙籍耶稣会传教士阳玛诺（Emmanuel Diaz）在1615年写了《天问略》一书，其中介绍了望远镜的发明和功用，并描述了对几大行星和银河观察的结果。书中接着介绍了伽利略用望远镜观天取得的一系列成果，但对于望远镜的具体制法和用法没有加以说明。

万历四十六年（1618），耶稣会士邓玉函来华时随身携来一架新式望远镜，这是目前所知传

绿漆描金花望远镜（故宫博物院藏）

入中国的第一架新式望远镜。邓玉函在欧洲时曾与伽利略同为灵采学院院士,这一因缘使得邓玉函在欧洲出现新式望远镜不到十年时间内,就将之携至中国。另外,崇祯七年(1634)正月,传教士汤若望(Johann Adam Schall von Bell,1592—1666)与罗雅谷(Giacomo Rho,1593—1638)向崇祯皇帝"进呈由欧洲带来之望远镜一架,以黄绸封裹,连带镀金镜架与铜制之附件"。

明清时的中国天主教教堂,亦置有"西洋千里镜"。《帝京景物略》(1635)记载,北京天主堂内展有"远镜,状如尺许竹笋,抽而出,出五尺许,节节玻璃,眼光过此,则视小大,视远近"。这件展出的望远镜很可能是邓玉函、汤若望和罗雅谷等人带入中国的。

从西方传入中国的各式望远镜,称谓繁多。西洋望远镜被在华的耶稣会士称为"西洋巧器""远镜""窥筒远镜""望远之镜"。中国人则称西洋望远镜为"窥天窥日之器""千里镜""西洋千里镜""窥天筒""观星镜""千里眼""窥筒"等。

一些来华进行贸易的外国商人,亦配备有望远镜。清乾隆、嘉庆年间姚元之《竹叶亭杂记》卷三的记载,在中国北方重要通商口岸恰克图的俄罗斯商人已使用望远镜。南方的通商口岸,亦见葡萄牙等国商人使用望远镜。王士禛《池门偶谈》卷二十一说,当时的澳门,"有千里镜,番人持之登高以望舶,械仗帆樯,可瞩三十里外"。广州口岸被称为"十三夷馆"的西洋商行,其中,老字号的荷兰馆"有千里镜,可以登高望远镜,二三里能鉴人眉目"。

2. 望远镜的仿制

随着西洋望远镜的传入,耶稣会士及中国工匠也开始了仿制。徐光启在明崇祯二年(1629)七月二十六日的奏疏中提到"急用仪象十事"的第十件事就是"装修测候七政交食远镜三架","每架约工料银六两,镜不在数"。但是,没有材料能说明,望远镜制造的起始时间和具体进展情况,估计历局一时还顾不上制造望远镜。崇祯四年(1631)十月有历局用望远镜观测日食的记载,观测者所用的两架望远镜应当是传教士从欧洲带来的成品。崇祯五年(1632)十一月二十二日,徐光启在奏疏中称,要为皇帝装一架望远镜。这个计划在徐光启去世后仍在实施之中。崇

米色漆描金花望远镜(故宫博物院藏)

祯七年（1634），汤若望指导下的第一架望远镜在中国出现，并正式安装。同年十一月三日，望远镜"鸠工已毕，旦暮进呈"。

十二月二十二日，李天经奏报，要向皇帝进献刚制成的日晷、星晷。同月二十八日又进献望远镜及其所附镀金镜架和黄铜附件。两位传教士奉命入宫安装仪器，皇帝后来用这架望远镜观测过日食、月食。由此可以断定，这架最先完成并进呈的望远镜，是对欧洲产品加以改造"茸饰"而成的，在中国造的零件属于辅件。它原来也许只是一架较大的折射式望远镜，经汤若望等人改造后，成了适合做天文观测的工具。

崇祯八年（1635）八月二十四日，历局奉旨制造两架望远镜。汤若望、罗雅谷等利用从欧洲带来的玻璃，星夜赶制。九月十九日，李天经奏报已经造完望远镜，准备连同镜架等附件进呈。

望远镜传入中国后，首先被用于天文观察，也被作为新奇之物进贡给皇帝，后来也传入民间。与此同时，民间亦开始有人仿制望远镜，最早是薄珏。崇祯八年（1635），张献忠进犯安庆，薄珏受应天巡抚张国维之礼聘，制造铜炮及望远镜，在战争中发挥了较大的作用。

之后不久，孙云球也开始磨制各种光学器具，其中便有望远镜。

3.《远镜说》

李约瑟指出，近代科学随着耶稣会士传入中国，而"望远镜的传入是这方面的最高峰"。

望远镜传入中国后，引起人们极大的兴趣。李之藻对望远镜赞不绝口："其所制窥天、窥日之器，种种精绝。"汤若望与李祖白合作撰成《远镜说》一卷，为明清之际最为系统地介绍望远镜及原理、制作和使用方法的书，从原理、结构功能和使用方法方面详细介绍了伽利略式望远镜，通篇条理清楚、浅显易懂、图文并茂。该书有可能是参考1618年出版的吉罗拉莫·西尔图里（Girolamo Sirturi）所著《望远镜，新的方法，伽利略观察星际的仪器》编译的。《远镜说》著成于1626年，刊印于1629年，有《艺海珠尘》等本传世，入清以后被收入《西洋新法历书》。

汤若望《远镜说》局部

《远镜说》是第一部系统地向中国介绍望远镜制作及相关光学原理的著作，对西方光学知识在中国的传播及中国的光学仪器制作产生了深远的影响。

《远镜说》前面有汤若望的自序，正文分四个部分。

第一部分，是望远镜的利用，列举了用望远镜仰观太阴、金星、太阳、木星、土星和宿天诸星，及直视远处山川江河、树林村落、海上行舟和室中诸远物的情形，并介绍了透镜的"分利之用"，指出远视眼"不耐三角形射线（指发散光束）而耐平行射线"，使用"中高镜"（即凸透镜）则可使发散光束"从镜平行入目，巧合其习性"。对于"中洼镜"（即凹透镜），该书也通过类似讨论，指出其"利于苦远视者用之"。

第二部分，为缘由，主要讲望远镜的光学原理。先描述了折射现象，然后说明一凸一凹两透镜组合使用，"则彼此相济，视物至大而且明也"。

第三部分，为造法、用法，讲望远镜的制作和使用方法。指出，以凸透镜为"筒口镜"（即物镜），凹透镜为"靠眼镜"（即目镜），镜筒则由数筒套合，用时伸缩调节。"镜只两面，但筒可随意增加，筒筒相套，可以伸缩。又以螺丝钉拧住，即可上下左右"。

第四部分，介绍望远镜的制造方法、使用说明和保养说明。书中附有一幅整架望远镜的外形图。

《远镜说》还涉及观察太阳及金星时对眼睛的防护问题："视太阳及金星时，则加青绿镜，或置白纸于眼镜下观太阳。"望远镜最初问世时，并未虑及强光时对眼睛的防护，等到有了惨痛教训之后，人们才开始注意这一问题。所采取的防护眼睛的方法有两条。一是加置色片，使光线减弱，另一是在目镜下放置像屏，观察太阳光通过望远镜后在像屏上成的像。

此后，罗雅谷的《五纬历指》、邓玉函的《测天约说》等书，均提到伽利略所制作的望远镜。

二、自鸣钟及其制造技术的传入

1. 自鸣钟的传入

"在物质史上，钟表是技术发展的缩影。"[1]在中国，宋元祐三年（1088），苏颂

---

1 ［美］孟德卫：《1500—1800：中西方的伟大际遇》，新星出版社2007年版，第51页。

（1020—1101）主持制造了天文观察仪器"水运仪象台"，被认为是世界上的第一座天文钟，有人称它为"开封天文钟塔"。苏颂发明的这台天文钟是用水车驱动的。

"时钟是欧洲中世纪机械发明中最伟大的成就。"[1] 欧洲的机械钟表始于14世纪，大约1335年，意大利的米兰首先制造出世界上最早的机械打点钟。之后，英国伦敦、法国巴黎、德国纽伦堡陆续在高大的建筑上出现了机械报时钟。原始机械钟的动力，来源于用绳子系着巨大重物的重力作用，只能报时，还没有表盘。

机械钟表出现后，又经过几个世纪能人智者的发明创造，不断加以完善，才成为使用方便、科学、准确的计时工具。1396年，法国制造出冠状擒纵机构；15世纪末、16世纪初，意大利、法国、德国相继试制出蛋形表；1535年，一位德国锁匠制出世界上最早的铁制发条；1583年，意大利科学家伽利略提出了有名的摆的等时性学说，继而发明了动摆，被用作钟的调节器；1656年，荷兰物理学家惠更斯（Christiaan Huyghens，1629—1695），成功地制作了第一个有摆的钟。摆钟的出现，促进了制钟业的发展，瑞士日内瓦、法国、德国，还有英国伦敦，都是长箱形摆钟的重要产地。

18世纪英国铜镀金转水法走人马驮座钟（故宫博物院藏）

当传教士来中国传教时，自鸣钟还是欧洲刚出现不久，并且是在不断完善的先进仪器。在传教士带到中国的礼品中，自鸣钟是最受欢迎的。罗明坚（Michele Ruggieri，1543—1607）1582年送给两广总督陈端的一只自鸣钟，大概是传入中国的第一只西洋钟表。利玛窦也带来了西洋自鸣钟，作为给中国皇帝的贡品和赠送给中国官员的礼品。

西洋钟表在中国人看来是一种精巧的"奇器"，深受欢迎。"明清

---

[1] ［英］约翰·霍布森：《西方文明的东方起源》，山东画报出版社2009年版，第117页。

第十一章 望远镜、自鸣钟与"红夷大炮"

时的大多数中国人并没有把欧洲的机械钟视为报时工具，而是当成装饰品和地位象征。"[1] 明谢肇淛《五杂俎·天部二》记载："西僧利玛窦有自鸣钟，中设机关，每遇一时辄鸣。"冯时可《篷窗续录》说自鸣钟："西人利玛窦有自鸣钟，仅如小香盒，精金为之。一日十二时，凡十二次鸣。"顾起元在《客座赘语》卷六《利玛窦》中记载："所制器有自鸣钟，以铁为之，丝绳交络，悬于簌轮转上下，戛戛不停，应时击钟有声。器亦工甚，它具多此类。"

在利玛窦到北京进献给万历皇帝的礼品中，有两座自鸣钟。其中，较大的一座自鸣钟是用铁制成的，放在一个大钟盒内，上面雕刻着金龙，这是花费了上千金精心制作的。另一座较小的自鸣钟，是纯金制作，出自欧洲宫廷杰出的匠人之手。指针是鹰嘴状的，每一刻钟便要鸣叫一次。这两座自鸣钟都用汉字标明时间、撰写铭文。万历皇帝把那只较小的西洋钟放在内宫，又命人按照利玛窦绘制的图样，在御花园兴建一座大型的钟楼，将那座较大的自鸣钟安置其间，并让4名太监向利玛窦学习如何开关和修理这些自鸣钟。

利玛窦献给万历皇帝的自鸣钟是皇宫中拥有的最早的现代机械钟

18世纪英国铜镀金转人亭式钟（故宫博物院藏）

表。从那个时候起，把玩、品味造型各异的自鸣钟表成为中国帝王的新时尚。入清以后，传入中国的自鸣钟更多。凡来华进京的传教士，大都携有西洋钟表，将其作为见面礼进呈给清帝。清顺治九年（1652），汤若望进呈了一只"天球自鸣钟"给顺治皇帝，这只钟既能显示天体的运行，又能报时。传教士利类思（Ludovic Bugli 1606—1682）、安文思（Magalhaes）向顺治皇帝进献的一批西洋器物中也包括"西洋大自鸣钟一架"。康熙

---

1 [美]孟德卫：《1500—1800：中西方的伟大际遇》，新星出版社2007年版，第51页。

时，安文思又"献一钟，每小时报时后，即奏乐一曲，各时不同，最后则如万炮齐鸣，声亦渐降，若向远处退却，终于不闻"。

通过传教士、使团的外交礼品和地方贡品，以及外贸采办等几种途径，大量精美的钟表源源不断地进入皇宫，使皇宫及皇家园囿成为钟表最集中的典藏地，皇帝也成为拥有钟表最多的收藏者。故宫收藏有英国18世纪著名钟表匠詹姆斯·考克斯（James Cox，1723—1788）制作的几十件钟表，这在国内外都是罕见的，这些钟表有的完全是西方风格，有的则融合了东方文化的因素，反映出当时西方钟表业对中国需求和审美的迎合。

除了宫廷以外，自鸣钟在上层社会中也很流行。通过贸易进口的洋钟屡见市面，富豪大户可以花重金买到洋钟。达官显贵家里陈设的自鸣钟，成为地位和财富的象征。当时，一些达官显贵的寓所已普遍使用了钟表，有些官员在腰带上佩戴怀表，以钟表计时上朝、退朝，一时成为时尚。

2. 自鸣钟技术的传入与钟表制造业

在利玛窦将西洋钟表带入北京后，北京人很快就掌握了自鸣钟的生产技术。钱希言《狯园》卷四载："玛窦所制自鸣鼓吹，未上进者尤奇，一拨关捩，众乐皆鸣。今京师市中有制成出卖者。"这种"自鸣鼓吹"当是自鸣钟一类的机械器物。

最早向利玛窦学习自鸣钟技术的是李之藻。据利玛窦给他老师的信中说："李之藻已回到北京，准备印刷克拉威奥恩师的《同文指算》及《论钟表》两书，后者也是恩师的著作，已译为中文，他手制许多钟表，美观而又精确。"

明朝天启六年（1626），王徵著《诸器图说》中有"轮壶图说"篇，并绘有图。轮壶分上下两层，上层有十二时辰小牌，有小木人，下层有轮，有钟，有鼓。轮是铁制的，"甲轮齿十六，乙轮齿四十

铜镀金珐琅转鸭荷花缸钟（故宫博物院藏）

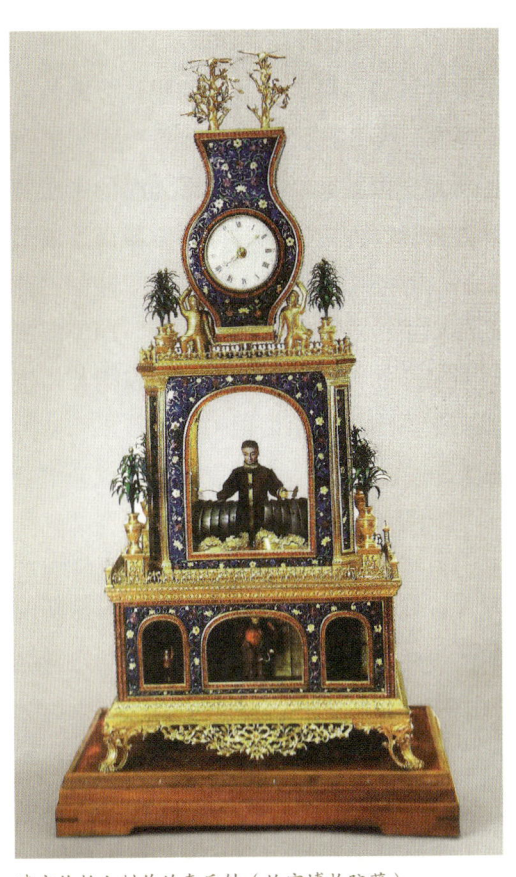

八，丙轮齿三十六"，"轮则转动木人，木人因而自行击鼓报时，又能带动诸机，时至则摇鼓撞钟，又能按更按点……自报分明"。该轮壶虽然没有时盘，但已是运用齿轮系转动的计时钟，制作齿轮已用铁代替木头。崇祯二年（1629），徐光启修改历法，请造诸仪中有"候时钟"，虽然当时候时钟未能制造，但反映了已有制造候时钟的设想。

在顺治十年（1653）以后，清宫就开始仿制自鸣钟。康熙皇帝对西洋器物很感兴趣，他命令宫廷中原本只负责绘画的如意馆，同时也负责钟表的制造，选用了一些西方传教士和中国工匠共同制作钟表。当时仿制生产的量就相当大，每一个皇孙都可以分得"自鸣钟十数以为玩器"。康熙年间（1662—1722）皇宫里专门为皇帝制作御用器物的养心殿造办处内，增加了制作修理自鸣钟的作坊，到雍正时称为"做钟处"。自从欧洲钟表进入皇宫，为了日常使用和维修管理钟表，皇宫任用熟悉钟表的欧洲传教士在内廷供职。清初顺治、康熙时，有利类思和安文思二位传教士，他们各有专长，能制作时钟和自行玩具，在宫廷管理钟表，颇得皇帝的宠渥。

康熙四十六年（1707），康熙皇帝令两广总督在新近来华的欧洲人中选送有技艺巧思之人来京。著名瑞士钟表大师帕特·施塔德林（Pater Stedlin）被送进京时，已年届50岁，起中国名为林济各，被安排在造办处的做钟处，领导制造自鸣钟。他工作了33年，卒于乾隆五年（1740），享年83岁。他在做钟处不只领导、制作了各式钟表，而且培养了不少制钟工匠，使清宫的自鸣钟制造水准大大提高。以后陆续有擅长制作钟表的欧洲人在做钟处工作。做钟处还有从广东招募来的工匠，也有太

清宫传教士制作的奏乐钟（故宫博物院藏）

监学做钟表的。

乾隆时期是做钟处最兴盛的时期，制造了大量钟表。现在，故宫博物院收藏的大型自鸣钟、更钟、时乐座钟、座钟、问钟、闹钟等，大多数是乾隆时期的产品。

西方传教士带入的钟表制造技术，后来逐渐为中国工匠所掌握，在当时的中欧贸易中也有一些欧洲的钟表商人和工匠在中国开办分店，促进广州、苏州等城市逐渐形成了钟表制造行业。清代有三大钟表生产基地，分别制造"宫廷钟""广钟""苏钟"，经过仿制学习，积累了自己的经验，都形成了地方特点。"宫廷钟"即上面所说的清宫做钟处生产的钟表。"广钟"是指广州生产的钟表。"苏钟"不仅指苏州生产的，还泛指包括上海、南京、杭州等江南地区所生产的仿制西洋钟表。

3. 中国第一部钟表著作

清嘉庆十四年（1809），徐朝俊编写了中国第一部钟表保养维修的著作《自鸣钟表图说》。这是现在见到的清代唯一的钟表专著。徐朝俊是徐光启的五世孙，徐朝俊在自序中说："余自幼喜作自鸣钟表，举业余暇，辄借以自娱，近者精力渐颓，爰举平日所知，能授徒而悉告之。"

当时，松江有一文士吴稷堂，曾向徐朝俊约稿，刊于《艺海珠尘梓》。后来，徐朝俊将平日积累的经验写成《自鸣钟表图说》，授徒以教之。徐朝俊还撰写其他科技论著多种，包括《天学入门》《海域大观》《中星表》《天地图仪》等，汇成《高厚蒙求》，取义于"天高地厚"，所谓"蒙求"，意为通俗化，世人易读易晓之作。

《自鸣钟表图说》"集钟表之大成"，图文并茂，详细总结了明末至清代中晚期有关钟表的品种、结构、特点和修造方法，将自鸣钟的一切机关诀窍，择其要点用图画标明，对待钟表就像医生给人看病，可以说是洞见脏腑，一看就知病在何处。《自鸣钟表图法》，共分为10个方面，附图51幅，包括钟表名目、钟表事件、事件图、配轮齿法、做法、修钟表停摆法、修打钟不准法、装拆钟表法、用钟表法、钟表琐略等。从"钟表名目"一章可以知道，当时已有挂钟、摆钟、问钟、闹钟、报刻钟、乐钟，能报时、报半小时、报刻和问时打乐，表有单针、双针、三针、四针和报时、问表。

此书是积聚了徐朝俊制作自鸣钟的毕生经验，并总结了其他工匠的技术而完成的国人第一部关于自鸣钟的著作，全面地反映了当时钟表制造的科学技术水平和成就，被李约瑟列为清代中晚期五大重要科技著作之一。

三、西方火炮及其制作技术的引进

1. "佛郎机铳"的引进与仿制

火器最早由中国发明并用于战场。这种利用火药的燃烧和爆炸性能的武器西传后,经阿拉伯工艺师的改造,又回传中国。16至17世纪在中国军事史上一度出现过"火器热"。明成祖征交趾,得神机枪炮法,专门设立神机营来掌握枪炮技术,并加以仿制,标志着传统的军事制度开始发生变化。

明末中国与西方文明的初步接触,最先受到中国人注意的就是经欧洲人改造过的火器。欧亚新航路开辟以后,葡萄牙人的海船带着西方的火炮来到中国广州和澳门。葡萄牙人到中国不久,铁炮便经福建走私商人传入。明正德五年(1510),福建汀漳盗匪攻击仙游县,当地义民魏升协助官府"以佛郎机炮百余攻之",将盗匪击溃,确保了县城安全。正德十四年(1519),宁王朱宸濠在南昌起兵反叛。王守仁在平宸濠之乱时,使用过佛郎机铳作战,结果"震惊百里贼胆破",大获全胜。据王守仁说,这些威猛的武器是福建莆田致仕官员林见素提供的。林见素与福建的海外走私商人关系十分密切,可能是商人在南洋学会造炮技术,引进福建,然后林见素又向王守仁推荐。

明朝正式引入葡萄牙火炮是在1517年。明人郑若曾写的《筹海图编》中记录了当时负责广东海道事务的官员顾应祥的一段话:

正德丁丑(1517)予任广东佥事,蓦海道事。蓦有大海船二只,直至广城怀远驿,称系佛郎国进贡⋯⋯其铳以铁为之,长五六尺,巨腹长颈,腹有小孔,以小铳五个轮流贮药,安入腹中放之。他船相近,经其一弹,则船板打碎,水进船漏。以此横行海上,他国无敌。⋯⋯时因征海寇,通事献铳一个并药方。此器曾于教场中试之,止可百步⋯⋯

据考证,这两艘海船是马六甲的葡萄牙商人皮列士(Tomé Pires)率领的,那位献火铳给广东海道的通事是马六甲华人火者亚三。这是中国第一次获得葡萄牙人造的火炮。当时顾应祥任广东佥事,署海道事,正在着手征剿海寇雷振。葡萄牙人"献铳一个,并火药方",经顾应祥在教场中演习,证明它是"海船中之利器也"。《广州通志·夷情上》说:"佛郎机素不通中国,正德十二年,驾大舶突至广州澳口,铳声如雷,以进贡请封为名。"

明正德十六年（1521）八月底，广东海道副使汪鋐奉命驱逐佛朗机人。此时葡萄牙人由西蒙·安德拉德（Simao d'Andarde）率领，已占据屯门岛附近若干年。葡萄牙人凭借手中武器据险逆战，使明军在交战初期没能获胜。后来汪鋐仿造了西洋火炮去攻打葡萄牙人，赢得了战争。明军捕获其炮，称为"佛郎机"。

屯门之战结束后，汪鋐将佛郎机铳送到北京朝廷，并上了一道奏章，说明这种火器的威力，建议朝廷加以推广。当时，甘肃、延绥、宁夏、大同、宣府等边关重镇，都有墩台城堡。汪鋐建议，每个墩台配备一门重量20千克以下、射程为600步的鸟铳，每个城堡配备一门重量70千克以上、射程为2.5~3千米的火炮。朝廷采纳了他的建议，将火炮"铸造千余，发与三边"。

佛郎机铳即15—16世纪盛行于欧洲的后膛炮，通常以铜或铁制成，初期主要装备在船只上。相较于中国传统的前膛火炮而言，佛郎机铳在设计上最大的特点是后膛填装。其主体结构分为子铳和母铳两部分，火药和炮弹在子铳前膛填装完毕后塞入母铳中间的开口。通常一个母铳配备多个子铳，发射完毕后退出子铳，即可迅速填入准备好的下一个子铳。这种设计不仅节省了前膛火炮发射前复杂的填装及发射后的清理时间，提高了射击速率，也解决了前膛火炮炮管容易炸裂的问题。因此传入20余年间，佛郎机铳就成为明军的制式装备，被迅速应用在野战、守城、海战等各个领域，并根据用途的不同对其做出各种改进，堪称明朝中后期最大的军事技术革新之一。

在汪鋐等人的努力下，佛郎机铳由最初的船炮，迅速改进出守城的流星炮，能够机动使用的架驼佛郎机铳，结合明代技术的手把佛郎机铳，铜体铁心的合金炮中样佛郎机铳，装备于战车的熟铁小佛郎机铳，还开发出将两门甚至三门佛郎机铳合到一起以便连续射击的连二佛郎机铳和连三佛郎机铳。到了嘉靖中期，北方的北京、宣府、延绥、宁夏、甘肃、太原等镇都大量配备佛郎机铳，构筑出成体系的防御工事，以应对蒙古骑兵南下。1544年，仅太原镇所配备的佛郎机铳就多达1091门。此外，在福建、浙江等省份的城防和战船上都配备了佛郎机铳，有效地遏止了南方边患。后来南京守备徐鹏举等人上奏章，请求把广东佛郎机炮的工匠调来南京铸炮，也得到批准。

万历年间，赵士祯根据子母铳原理，结合西洋番鸟铳开发出后膛设计的大型鸟铳鹰扬炮和掣电铳。此后一直到明末的崇祯年间（1628—1644），国人对佛郎机铳的技术革新还在进行。随着传教士系统介绍西方的炮学知识，佛郎机铳的技术也得到进一步的更新。此时，明帝国的边患问题已经转移到东北，孙承宗及袁崇焕针对东北局势构筑的蓟辽防御体系，最重要的武器依然是佛郎机铳。天启元年（1621）工部援辽火器中，佛郎机铳就有4090架，接近总量的6%，在多人操作火器中位居首位。

2. "红夷大炮"的引进

传教士对近代西方火炮技术输入中国有相当大的贡献。由于明末清初战争的需要,在当时传入的西学中,火炮制作技术占有十分突出的位置。梁启超说:"其时所谓西学者,除测算天文、测绘地图外,最重要者便是制造大炮。阳玛诺、毕方济等之见重于明末,南怀仁、徐日昇等之见重于清初,大半为此。"[1]

红夷大炮

明晚期,东北的后金对明朝形成巨大的威胁,徐光启等人主张引进比佛郎机铳更先进的红夷大炮。"红夷大炮"原本只是欧洲人海外贸易浪潮下所带来的一些火器实物,这些火器就成了鼎革之际各个政权加强军备的重点项目,而炮学的相关知识与技术,也变成了向西方文明学习的第一课。该火器的技术性能远胜于中国的传统火炮,在此时的国内外战争中得到了大规模的运用,其装备的数量、在攻坚中的被重视程度,以及火器的操纵理论与技术,越来越成为影响战争胜负的重要因素。

这种红夷大炮,无论在形制还是在冶铸工艺上,都远比传统火器和佛郎机铳先进。红夷大炮的炮管长,管壁很厚,从炮口到炮尾逐渐加粗,符合火药燃烧时膛压由高到低的原理;在炮身的重心处两侧有圆柱形的炮耳,火炮以此为轴可以调节射角,配合火药用量改变射程;设有准星和照门,依照抛物线来计算弹道,精度很高。多数红夷大炮长3米左右,口径110~130毫米,重量在2吨以上。

中国火药、火器理论的形成在明后期,大抵是"阴阳五行化生"和"君臣佐使"学说。这种朴素的火器理论,同欧洲新兴的火器理论相比,表现出较多的神秘性与不彻底性。红夷火炮的输入,使得以徐光启为代表的中国科技界视野大开,迫使他们开始转向重视科学实验,强调定性定量研究的新轨道。

---

[1] 梁启超:《中国近三百年学术史》,商务印书馆2011年版,第32页。

在澳门的葡萄牙人最早是在俘虏进犯澳门的荷兰战船上起获红夷大炮的。葡萄牙人在澳门的军事工业也比较发达，为了防止西班牙、荷兰等殖民对手的侵夺，葡萄牙在澳门各处建有大小9座炮台，还建有被葡萄牙人称为"世界上最好的铸炮工厂"——卜加劳铸炮厂。该炮厂制造了大量的各式铜铁大炮，不仅能满足澳门自身的防御需要，还可以向中国和东南亚各国出售，使澳门成为远东最著名的铸炮基地。这就为中国引进红夷大炮提供了技术上的便利。[1]

徐光启得知澳门葡萄牙人虏获红夷大炮并开始仿制的消息后，和李之藻等人商议，于1620年派张焘、孙学诗到澳门购买了4门葡萄牙火炮，这是明朝四次向澳门购买大炮之举的第一次，其资金实际是徐光启个人出的。据说，这4门大炮是在澳门海边的一艘荷兰破船上找到的。但这4门炮买来后，因徐光启的去职，就一直停在江西广信。

天启元年（1621）三月，辽东战局急剧恶化，后金军占领了辽阳、沈阳。四月，徐光启上《谨申一得保万全疏》，提出将引进西洋大炮作为应对危局"且战且守"的首位。天启元年五月兵部尚书崔景荣上疏称："少詹事徐光启疏请速立敌台，其法亦自西洋传来。一台之设，可挡数万之兵。"为此，继续购买西式火器的话题重又提上了议事日程。徐光启使朝廷出面取回滞留于江西广信的4门大炮，并要求朝廷查访擅长铸炮的传教士毕方济、阳玛诺的下落，聘请来京"依其图说，酌量制造"，以优厚待遇从澳门及闽广招募技师工匠来京设厂铸炮。他还根据后金作战特点和敌我力量对比，提出建"铳城"以佐防御。凡此奏议，均得到皇帝的允许。

天启元年底，4门大炮运抵北京，经过试射，威力巨大，远远超出明军原有的佛郎机铳及其他旧式火炮。于是，同年七月，以张焘和孙学诗为钦差，持兵部檄文往澳门聘请炮师、购买火炮，澳门葡萄牙人将不久前缴获的30门英制红夷炮中的一部分卖给明朝钦差。天启三年（1623）四月，新购置的22门大炮，连同被招募来京帮助造炮练兵的23名葡籍炮手和一名翻译，由张焘解送到京。这23名葡籍炮手应该是中国战争史上第一批正式被中国政府雇佣的西方军事技术人员。但不久发生了膛炸伤人事件，明官员认为是不吉之兆，将他们全部遣返澳门。不过，兵部尚书董汉儒随即奏

---

[1] 李巨澜：《澳门与明末引进西洋火器技术之关系述论》，《淮阴师范学院学报》，1999年第5期。

请派人学习制炮技艺，后来明政府又购买了4门大炮。

到了天启末年（1627），明政府已经先后从澳门引进了30门大炮，大大增强了明军的作战能力，其中有11门大炮被调往山海关，防守京城的有18门，还有1门在试炮时炸毁。运往山海关的大炮后来又转运至宁远前线，随后出任辽东经略的孙承宗还将经过葡萄牙炮师训练的明管炮官彭簪古调至宁远，训练炮手，并在袁崇焕指挥的宁远战役中发挥了重大作用。此战是后金发动侵明战争以来遭到的第一次重大挫折，红夷大炮从此威名远扬。此后，明朝陆续引进红夷大炮，机缘巧合地在明清鼎革战争中带动了一场重大的战术革命。

3. "红夷大炮"的仿制

徐光启还曾计划让耶稣会传教士在北京为明朝军队制造火炮，把耶稣会传教士龙华民（Niccolo Longobardi，1559—1654）、阳玛诺、罗如望（Jean de Rocha，1566—1623）招到北京，让他们参与训练炮兵。而耶稣会士出于宣扬天主教的目的，也有意将火炮技术传入中国。于是，这种迫于现实需要与西人弘教愿望的结合，促成了红夷大炮在明末中国的广泛流传。[1]

西方的红夷大炮传华后不久，中国工匠就已能仿制。如万历末年担任协理京营戎政的黄克缵，即曾招募能铸"吕宋大铜炮"的工匠至京，铸成各式大炮28门。其中，有重逾1500千克的。在徐光启的军事改革计划中，希望能成立15支精锐火器营，每营的配置如下："用双轮车百二十辆、炮车百二十辆、粮车六十辆，共三百辆。西洋大炮十六位、中炮八十位、鹰铳一百门、鸟铳一千二百门、战士二千人、队兵二千人。甲胄及执把器械，凡军中所需，一一备具。"徐光启认为，若成就4~5营，则关内安危就不必担心；若成就10营，则不必害怕关外势力；若15营均成就，则不必担心收复失土的问题了。受徐光启的影响，当时政府官员中，如兵部尚书崔景荣、两广总督王尊德、福建巡抚熊文灿等，都曾积极主张仿制红夷大炮，仿制地点多集中于东南沿海，此与闽粤地区冠于全国的冶铁业密不可分。至崇祯三年（1630）八月间，仿制的大、中、小型红夷大炮有400余门，至1644年明朝灭亡时，已造出各类红夷大炮1000余门。

---

[1] 顾卫民：《明末耶稣会士与西洋火炮流入中国》，《历史教学问题》1992年第5期。

崇祯元年（1628），在徐光启的主持下，两广军门李奉节、王尊德奉命向澳门的葡萄牙人购买10门火炮。葡萄牙籍耶稣会传教士陆若汉（Jean Rodriguez）和葡萄牙军官公沙的西劳（Gonçalo Teixeira Correa）所率领的31名铳师、工匠和傔伴，共携大铁铳7门、大铜铳3门，以及鹰嘴铳30门，从广州运往北京。

到崇祯元年（1628）十月，他们行到山东济宁，忽闻后金已破直隶、遵化等城入关了，刚好遇到兵部奉旨前来催促的差官，由于漕河水涸，公沙的西劳等乃舍舟从陆，昼夜兼程。十一月二十三日至涿州，队伍在此遭遇了后金军。公沙的西劳、陆若汉、孙学诗乃会同知州陆燧及乡宦冯铨等商议，急将运送的大炮入药装弹，推车登城拒守，并在四门点放试演，声似轰雷。后金军在辽东吃过红夷大炮的苦头，闻声因而不敢南下，随后即北退。后来，这些西洋大炮被安置在都城各要冲，赐炮名为"神威大将军"，并在京营内精选将士习西洋点放法。很快，葡萄牙炮手就训练出了200多名明军炮手。

此时，关外军情又急，徐光启授意公沙的西劳和陆若汉向明政府表示"奉旨留用，方图报答"，"天未远臣，愿效愚忠"，主动提出愿意为明朝提供操作火器的军队助战。徐光启又不失时机地上疏请求留下葡萄牙人"教演制造，保护神京"，努力促成此事。同时派人前往澳门招募炮手200人、随从200人，自带兵器，以做先锋。他认为若能得此协助，再加上广东将要运达的一批西式铳炮，则"不过数月，可以廓清畿甸；不过二年，可以恢复全辽"。

在徐光启等人的全力保举下，朝廷议准此事并派中书姜云龙随陆若汉、公沙的西劳赴澳门经办。陆若汉一行抵澳后，澳门的葡萄牙人认为这是"千载难逢之机，亟愿立功报效"，以保持"澳门以往所得之特典"。葡萄牙人效率很高，很快招满了400人，其中200士兵，大多是葡萄牙人，据称都是优秀士兵，善于使枪射击。由于当时澳门的总人口不过1万人左右，其中葡萄牙公民约1000人，故从这一远征军的人数即可窥知，葡萄牙对援明之事的积极态度，他们深盼能借此良机与明政府建立较密切的关系。

但是，此举遭到礼部给事中卢兆龙等人的强烈反对。崇祯接受了卢兆龙的意见，于是正当陆若汉带领澳门雇佣军队伍行至江西南昌时，接到了明政府的命令，只准陆若汉等少数人运解器械进京，其余人员一律返回澳门。

崇祯四年（1631）三月，徐光启将陆若汉和公沙的西劳等人安排到山东登州，协助孙元化造炮练兵。五月，孙元化部属张焘和公沙的西劳等，使用西洋火器，在皮岛战役中大败后金。六月，又有一批葡萄牙人炮手和工匠护送大炮来此，这使得山东登州成为当时中国引进西洋火器技术的中心。此时，我国一批懂西学炮术的专家云集登州，其中有《远西奇器图说》作者王徵，任山东按察司金事，监辽海军务。还有《西洋火攻图说》作者张涛，任中军副将，登莱副总兵。方豪《中西交通史》记，葡萄牙人"陆若汉、公沙的西劳诸人参孙元化幕"，"中国士大夫之信西学者，亦多投孙元化"。因此，登莱巡抚孙元化的驻节地登州成为"东陲之西学堡垒"。[1]

随着西洋火器，火炮的引进，当时不少中国文人也开始对西洋火器进行研究。张焘和孙学诗合著有《西洋火攻图》，孙元化著有《西法神机》，赵士桢著有《神器谱》等，其中以孙元化《西法神机》最为重要。

4. 汤若望铸炮与《火攻挈要》

崇祯十二年（1639），清军的进逼使得明朝的形势十分危急，明朝廷命令汤若望铸炮。汤若望在皇宫旁特地设立了一个铸炮厂，两年时间就铸造了20门大炮，最大的可容40磅的炮弹。大的重1200斤，小的重300斤，试放时命中精确，验收效果甚佳。于是又受命加铸500门60磅重的小炮，便于携带。崇祯十五年（1642），周廷儒奉命督师边塞，动用所制火器，汤若望在随征途中教授火炮使用法。

汤若望还与焦勖合作，集中了明代火器的技术成就，吸收了西方造炮技术的先进成果，编译了《火攻挈要》一书，又称为《则克录》。

《则克录》经河北涿鹿人赵仲修订后于1643年刊行，分上下两卷，另附《火攻秘要》一卷。清道光年间（1821—1850），军事技术家潘仕成在编辑《海山仙馆丛书》时，收两书于其中，并合称为《火攻挈要》，改为上、中、下3卷，共4万余字。

《火攻挈要》是一部关于欧洲火炮的制造方法与火攻策略的汇集。该书前有火攻挈要诸器图40幅，上卷介绍各种火器制造方法，列述了造铳、造弹、造铳车、狼机、鸟枪、火箭、喷筒、火罐、地雷等，并述及制造尺量、比例、起重、运重、引重的机器、配料、造料、化铜的方法。中卷讲述制造火药的配方和各铳的使用方法、装置和运铳技术、运铳上台上山下山及火攻的基本原理。下卷是说火攻秘要、铸炮应防止的诸种弊端，守城、海战、炮战的种种注意事项。

---

[1] 方豪：《中西交通史》下卷，上海人民出版社2008年版，第544页。

《火攻挈要》还涉及不少西方冶铸、机械、化学、力学、数学等方面的知识。书中把火炮划分战铳（野战炮）、攻铳（攻城炮）、守铳（守城炮）三类。这三类火炮，由于用途不同，口径、长度、重量、壁厚之间的比例也不相同。还在火炮加工（包括检验工艺、补缺、修缮、美化）、维修、保养、附件的研制、炮车的制造、火药的配制，以及火炮的使用等方面，介绍了许多先进的方法。[1]

《火攻挈要》这部著作传播了欧洲16世纪的火炮制造知识，是明末有关西洋大炮的一本十分权威的著作，对西方新式火器在中国的进一步传播产生了重大影响。

四、机械技术的传播

1.《泰西水法》与水利机械技术的传播

明末清初的西方传教士还引进了西方的水利机械技术。意大利籍传教士熊三拔编写了一本《泰西水法》，于万历四十年（1612）印行。这是第一部用中文写就的介绍西方农业水利技术和提水机械的书。

《泰西水法》共6卷。卷一，谈龙尾车，用挈江河之水。卷二，首先谈玉衡车，附以专篇车；其次谈恒升车，附以双升车，用挈井泉之水。卷三，谈水库，记述如何用蓄雨雪之水。卷四，谈水法，附录皆寻泉眼打作井之法，谈及温泉治病作用，而附以瘠病之水，述及制取药露法及其功能。其中还涉及西方关于水料（即液剂）的管理问题。卷五，谈水法或问，备言水性。卷六，为诸器的图式，即各类汲水取水机械的图解说明。

该书所介绍的西方水利机械有三种。龙尾车是一种螺旋式抽水机，玉衡车和恒升车是两种利用大气压从井中提水的唧筒（即水泵）。书中详细介绍了这三种机械的原理和制造方法。但由于它们的制造工艺比较复杂，这三种提水机械并没有能在中国得到推广使用。

徐光启对此书非常重视，译成之后还亲自依法试用。他在编著《农政全书》的水利部分时，全录此书。《泰西水法》还先后被编入《天学初函·器编》和《四库全书·子部农家类》。我国学者张维华所著《明清之

---

[1] 王兆春：《中国古代军事三百题》，上海古籍出版社1989年版，第416—418页。

际中西关系简史》一书称"西学言制作之术者,此书为第一部"。[1]

2. 南怀仁介绍的机械技术

传教士南怀仁（Ferdinand Verbiest，1623—1688）博闻多能，深精西方科学知识。他的《欧洲天文学》一书几乎涵盖了当时在中国介绍的西方所有科技知识。南怀仁在《仪象志》和《穷理学》两部著作中,介绍了力学基础知识,包括重力、重量、重心、比重、浮力、材料强度、单摆、自由落体运动等知识。同时,还介绍了光的折射和色散方面的知识。在《穷理学》的第七卷《轻重之理推》中,有82节内容是关于简单机械的知识。详细叙述了天平、等子、杠杆、滑车、圆轮和藤线等6种简单机械的性质、原理、计算和应用。

明·邓玉函《远西奇器图说》，王徵译，清乾隆文渊阁四库全书写本

南怀仁不仅在其著作中传播机械及机械工程方面的知识,而且实际参与机械工程方面的实践活动。南怀仁奉召到北京后不久,便协助汤若望完成了一件相当困难的事情,这就是要设法把一口重达6万千克的大钟悬挂在钟楼里。汤若望和南怀仁经过实地察看后,商定了移动和吊起大钟的方案——使用定滑轮、动滑轮和滑轮组。1661年4月的一天,在他们的指挥下,200名工匠齐心协力操作,终于将大钟移到了预定位置。

康熙九年（1670）夏,为修筑顺治帝陵墓所需,需要将4块巨石（两块为碑石,每块重3.5万千克,另两块为基石,每块重6万千克）运过卢沟桥。卢沟桥年久失修,能不能承受如此重压,成了工部官员和技术人员关注的首要问题。康熙命工部向南怀仁等传教士征求良策。南怀仁亲赴现场考察,查看桥体、河两岸土质、河水质量、河水深浅等情况,建议用绞盘牵引,使巨石缓慢平稳地在桥上移动。在他的指导下,工部制作了足够多的绞盘和滑轮。事先用300匹马将巨石牵引至桥边,桥这边设12个绞盘,对边设8个,每个绞盘用人力推动。桥两端的绞盘用粗大的绳索相连并和载巨石的十轮车连接。起动绞盘,绳索就将石车缓缓拉上桥

---

[1] 张维华：《明清之际中西关系简史》,齐鲁书社1987年版,第225页。

面，最后安全通过了卢沟桥。

南怀仁的方法获得了成功，在于他采用了滑轮组。使用滑轮组不仅能省力，还可以改变力的方向，这样做牵引动力的人或牲畜就不必站在桥面，从而避免了人或牲畜的有规则震动对桥体的破坏。另外，使用滑轮组，牵动重物所用的力与连通滑轮的绳索段数成反比。南怀仁设计的牵引系统用了12个动滑轮，总重量就由24段绳索承担，因而起动绞盘时，只要用巨石、牵引车、滑轮总重的1/24的力就可把巨石拉过桥面。

在机械制造方面，南怀仁还在中国进行了汽轮机的最早实验，就是利用一定温度和压力的蒸汽的喷射作用，推动叶轮旋转，从而带动轴转动以获得动力。这个实验在他的《欧洲天文学》的"气体力学"一章中有过详细的描述。南怀仁还为这辆蒸汽车设计了闸和方向盘，使之能跑、能停、能转弯，基本上具备了现代汽车的主要功能。

虽然南怀仁的自动车（汽轮机）主要是供康熙皇帝玩赏，并未对现代汽车的发展产生过影响，但在我国的蒸汽车历史上，具有非常重要的地位。

3. 《远西奇器图说》

方豪说，《远西奇器图说》是"我国第一部介绍西洋物理学和机械工程学的书。"[1]

《远西奇器图说》是传教士邓玉函和中国学者王徵合作翻译的。邓玉函是17世纪来华传教士中非常博学的人物，王徵是和徐光启同时代的科学家。李约瑟将王徵誉为"中国第一个'近代'意义上的工程师，类似文艺复兴时之第一人"。

《远西奇器图说》全名《远西奇器图说录最》，是中国历史上第一部介绍西洋物理学和机械工程学的书。全书共分三卷。第一卷，有61款，论重心、比重等各种力学原理。第二卷，92款，论述杠杆、滑车、轮轴、斜面等各种力学器械。第三卷，绘有54幅机械样图并附有解说，其中起重11图（由下向上运送重物）、引重4图（平面牵引重物）、转重2图（利用辘轳原理提取重物）、解木4图（将巨木截断）、解石1图（将巨石截断）、转锥1图（舂米机）、水日晷1图（水力计时器3）、代耕1图（耕田用机械）、水铳4图（救火用高压水枪）。另外，还有取水9图、转磨15图。这些机械以农业用具居多，"皆裨益民生"，并且制作精巧。

《远西奇器图说》比较详细地介绍了当时西方力学的一些基本知识、各种定律和原理，还介绍了西方一些先进、复杂的实用机械的构造、制作和使用方法，并附有准确、精细的图解。尤其可贵的是，王徵不只从工艺技巧方面推崇西方技术，而且能进

---

[1] 方豪：《中国天主教史人物传》，宗教文化出版社2007年版，第160页。

一步深究其理论基础，认识到数学、几何、力学等"皆相资而成"才能有此进步。这在当时实为精辟之论。因此，《远西奇器图说》一书，不仅仅是一本经验汇编，还是系统性的力学—机械学专著。

王徵除翻译西方科学知识以外，还通过自己的勤奋和对知识较强的理解力，发明创造出许多新颖、实用的机械，并将这些机械绘制成《新制诸器图说》一卷附于《远西奇器图说》，流传于世。

据方豪统计和考证，王徵自制器具凡55种，即自行车、自转磨、轮壶（即自鸣钟）、代耕、连弩、活动兵轮、活动檑木、活揭竿、活舂竿、活闸、运重机器（举重器）、活动地平、龙尾、鹤饮、虹吸、恒升、活杓、弩机、火机、天球自旋、地堑自收、日晷自移、月规自转、水轮自汲、水轮自升、火船自去、火雷自轰、风雷转重、风车行远、云梯直上、云梯斜飞、气足发矢、机浅汲深、机小起沉、自转常磨、自行兵车、活台架炮、活钳擒钟、灵窍生风、妙轮奏乐、通流如海、神威惊敌、拒马刀、西洋神器测量定表、榨油活机、螺丝转梯、折叠藏梯、千步弩、十矢连发弩、袖弩、袖箭、断弦箭、弩弹弓、水铳等。以上诸器或已试验成功，或已制成模型。

王徵另外有一部手稿，是对他的《新制诸器图说》的补充，新增加了24种机器，"天球自转、地堑自收""水轮自汲、水漏自升、火船自去、火雷自轰、风轮转重、风车行远、云梯直上、云梯斜飞、气足发矢""自转常磨、自行兵车、活台架炮、活钳擒钟""神威惊敌。"

《远西奇器图说》编译大约是在1626年底至1627年初。1628年，南京人武位中在扬州首次刊刻了该书。刻本刊出不久，徽州府书商汪应魁在扬州见到了王徵，从他那里得到了《远西奇器图说》，并予以翻刻，刊刻时间应在1628年10月至1631年间。1631年，徽州西爽堂主人吴氏再次刊刻《远西奇器图说》。该书在明末短短4年间被刊刻3次，且其中两个刻本出自当时著名的书商，可见该书在当时引起了学者和社会的广泛重视。

入清以后，这一系统介绍西方力学知识和机械的中文著作，也受到天算学家、朝廷和坊间的重视。除了坊刻本外，还出现了朝廷的选刻本和抄本。

第十二章 近代工业的建立与技术引进

一、"借法于外洋"

19世纪中期以后，由于西方殖民主义的长驱直入，中国和西方之间的交涉、商贸和人员往来都更加频繁，西方新发展起来的科学技术也大规模地传入中国，实现了中西之间一次大规模的技术转移。

明清之际的西学东渐与晚清时期的最大区别在于，明清之际传入中国的西方科技文化基本上是各门新兴学科初创时期的理论。一方面，还不尽完善，另一方面，还没有进入试验和应用领域，少有实用技术的传播。18世纪中期以后发展起来的工业革命，使许多科学理论转变为实用技术，因而在19世纪后期的西学东渐中，西方的各种工业生产技术和科学实验用的机器、仪器陆续传入中国。另外，清政府和许多知识分子也十分看重西方先进的科学技术，特别是军事技术和工业技术。19世纪60年代兴起的洋务运动，就是一次大规模引进和学习西方先进的工业技术的运动。30年的洋务运动引进了大量西方先进的生产和科学技术，为中国走向工业化和现代化迈出了第一步。

这次技术转移具有直接的现实需要和迫切性。鸦片战争的失败，给中国人以很大的刺激，很多人都提出英国人之所以取胜，就在于"船坚炮利"，就是在军事装备上、军事技术上占有优势地位。

当时，英军已进入初步发展的火器时代，而清军仍是冷、热兵器混用。清军使用的冷兵器主要有刀、矛、弓箭等，火器是仿造明代从西方引进的"鸟铳""佛郎机铳""红夷炮"等，其形制功能比英军落后了200多年。英军则配备了在当时世界上相当先进的伯克式前装滑膛燧发枪和布伦士威克式前装滑膛击发枪。清军火炮与英军火炮在式样和机制原理上大体相同，但制造工艺和质量远比英军落后。当时英国已掌握了火药爆炸的化学原理，也掌握了火药的最佳配方，并且英国的火药生产已进入近代工厂的机械化生产阶段。相比之下，清军的火药配方则是根据经验来进行的，含硝量高，容易发潮，难以久贮，爆炸效力低，且处于手工业作坊或手工工场生产阶段。

舰船是双方武器装备差距最大的地方。英国海军居当时世界之最，其主要作战军舰仍为木制风帆动力，但使用坚实木料制作，船体结实；船上有两桅或三桅，悬挂十余面帆，能利用各种风向航行。工业革命后期出现的蒸气动力铁壳轮船，也已开始装备海军。它们航速快、机动性强，大大加强了英国海军的实力。清军水师的主要任务并非出洋作战，而是近海巡缉，守卫海岸，作战对象仅限于海盗。清军水师的舰船最大的缺陷就是船小，最大的战舰，其吨位尚不及英军的等外级军舰。清军水师安炮最多的战舰，其火炮数量也只相当于英军安炮最少的军舰。

总之，无论在兵器、火炮、火药，还是在舰船方面，清军都远远落后于英军。在鸦片战争中，以蒸汽为动力的军舰、爆炸性的炸弹，以及英国其他先进的军械，给负责防卫的中国官员留下了深刻的印象。

因此，面对英军先进的军事装备技术，许多人都将以"坚船利炮"为表征的西方军事技术视为富国强兵、御外靖内的利器，主张学习、引进西方军事技术，以此推动中国军事技术的进步。林则徐、魏源等人最早主张"师夷长技以制夷"。林则徐号召采用西式军械和战舰作为中国长期防御计划的组成部分。魏源主张在广东地区建立造船厂和兵工厂，生产西式战舰及军械，雇用法国和美国技师指导武器生产、枪炮射击及轮船驾驶。1843年和1844年，法国使臣提出了更进一步的建议。为了抵消大不列颠在中国占优势的影响，法国邀请中国派留学生去法国学习造船和

清朝廷主持洋务的总理衙门

军械生产，保证中国人能很快在这些领域超过英国。在这种环境下，国内出现了一些研制新式武器的活动。在广东，丁恭诚成功地铸造了铁炮并生产了炸药。道台潘仕成还发明了水雷并著有一卷有关海军用水雷的书。户部侍郎丁寿忠则发展了制造水雷的方法。龚振麟撰写了有关军械生产的文章。龚振麟曾任地方行政官，他研制出第一个铁模型以取代通常用于铸造军械的沙模型。

但这些研究都是个人的活动，在当时并没有引起朝廷的重视，也没有得到鼓励和推广。到了20世纪60年代兴起洋务运动的时期，这种主张则成为普遍的共识，魏源等

人的"师夷"思想，从议论层次转向实践层面。从此以后，积极引进西方先进的军事技术、工业技术，就成为国家的一项决策。洋务运动的核心内容就是引进西方的科学技术，发展本国的近代化军事和民用工业。

徐寿、李善兰、华蘅芳在江南制造局翻译馆

江南制造局翻译馆主导的译书事业，也主要是为引进技术服务的。译书的目的在于致用，尤注重工艺、矿冶、兵政，以及医药、农业。制造局于1868年首先由徐寿、伟烈亚力译出《汽机发轫》《汽机问答》，徐建寅、傅兰雅译出《运规约指》，又译《汽机必以》《汽机新制》。徐寿亦与傅兰雅合译《机动图说》《西艺须知》《铁船针向》，华备钰与傅兰雅合译《兵船汽机》，傅兰雅并自撰《新式汽机图说》《火车铁路论略》，另有《泰西工艺》，并与钟天纬合译《工程致富》《考工纪要》。

再比如，与工矿有密切关系的，第一部矿学书，即徐寿、傅兰雅的《泰西采煤图说》，于1868年译成，又四年有华衡芳、玛高温的《金石识别》。此后，徐寿、王德钧、赵元益、钟天纬等人均有译述，主要有《宝藏兴焉》《开煤要法》《井矿工程》《矿石图说》《矿石辑要编》《银矿指南》《试验铁煤法》。冶炼之书，则有《冶金录》《炼石法》《炼钢要言》《西国炼钢说》《铸铜书》《铸钱工艺》等，大都为与傅兰雅合作，而由制造局刊行。

总之，在19世纪后半期，我国不仅大规模地引进、学习西方的先进科学理论，同时，也引进了在工业革命以后逐渐发展起来的新技术，并且立即应用到发展工业生产的实践中，实现了现代工业技术从西方向中国的转移。洋务运动及以后引进西方先进的工业科学技术，最重要的特点是，与发展国内的工业企业密切结合。

洋务运动因"借法于外洋"而得名。"洋务本来是指清政府与外国打交道的一切事务。鸦片战争以后，逐渐变为以学习和利用西方先进的科学技术为中心的包括外交、贸易的一切事务，通称为'洋务'"。[1] "'洋务'的含义与时俱变。" "1860年以后，它仍然常常被用来表示处理对西方。" "关系方面的事务。渐渐地，它开始指包括对西洋人的关系，以及有关西方的方法和机器在内的政府事务。但是在狭义上，

---

[1] 夏东元：《洋务运动史》，华东师范大学出版社2010年版，第2页。

这个名词是指采用西洋技术知识。换言之，图强的具体计划中通常包括一个模仿西洋方法的阶段。这可以称为'洋务运动'，或西化运动。自强是士大夫的目标，而狭义的西化便是达到这个目标的具体计划。虽然自强在理论上包括内政的改革，但它主要的着重点实际上是模仿西方技术。"[1]

从19世纪60年代开始，办"洋务"成为一时的热潮。无论是当朝的洋务派官僚，还是积极主张西学的知识分子，他们积极倡导洋务的目标，都是要借助西方的先进技术发展工商业，以实现中国的"自救"与"自强"。因而。洋务运动又被称为"自强运动"。

洋务运动初期的"自强"是以军事为主的自强，力求提高军事方面的能力。当时的主要内容是以获得外国新式武器装备和练洋操等，在大量购买洋枪、洋炮的同时，还开始从外国购买机器等设备。在19世纪60年代初，曾国藩、左宗棠、李鸿章等人开始从国外购买新式枪炮，李鸿章等人先后在天津、上海、广州、福州、武昌等地聘请外国军官训练清军。为了满足清军对新式火器的需求，洋务派官僚还在这一时期从外国聘请技术人员，购买机器设备和必要的原材料，在国内创办了一些兵工厂。1861年，曾国藩在安庆设立军械所，生产子弹、火药和炸药，后来又曾试制小型火轮船。接着，李鸿章在上海、苏州等地设立"炸炮三局"，雇请外国技师指导生产军火。1864年，左宗棠在杭州试制轮船。1865年，李鸿章主持在上海创设江南机器制造总局，后几经扩充，拥有10多个工厂、数千工人，能生产火药、枪炮，制造轮船，成为洋务派所兴办的规模较大的综合性兵工厂。同年，李鸿章将苏州洋炮局迁至南京，在雨花台附近扩建成金陵机器局，主要生产火药和大炮。1866年，左宗棠在福州马尾创设福州船政局，专门制造舰船，成为清朝后期国内最大的军用造船厂。此外，其他各省也陆续设立了一些兵工厂，如兰州机器局、山东机器局、四川机器局、吉林机器局、山西机器局等，总共有10多家。到了19世纪90年代，湖广总督张之洞在汉阳设立湖北枪炮厂，又称汉阳兵工厂，规模大，设备新，成为洋务派兴办的兵工厂中的后起之秀。据统计，1865—1895年，清政府曾先后设立了24个规模不同的军用工业企业，投资的资金合计约51万两。这些兵工厂引进西方近代武器生产设备和技术，对促进中国军事科技的发展，改善清军的武器装备，发挥了一定的作用。

中国洋务军事工业的创办是中国近代化的开端。"这些近代兵工厂以蒸汽机为动力，配备了全套机器设备，采用'二班制'的大机器生产方式，是对传统手工军械生产方式

---

[1] ［美］费正清、刘广京编：《剑桥中国晚清史》下卷，中国社会科学出版社1985年版，第165页。

的彻底变革。"[1]它的生产与以往的生产有质的区别，即由手工变成了机器。而在江南制造总局，"华匠学徒，按日点工给价"，"内地工匠，小工则人无定数，视公务之缓急为衡；价有差等，较技艺之优劣为准"，则在一定程度上表明近代军事工业存在较为普遍的雇佣劳动关系，这也说明在军事工业内部存在一定程度的资本主义生产方式。

随着军事工业的运行，"非铁不成，非煤不济"成为洋务派官员的共识，由此引发了洋务派创办民用工业的高潮。从19世纪70年代开始，洋务运动的重心逐渐由军事转向工商，除了维持已建立的军用工业企业外，开始把工业发展的重点转移到民用工业上，发展工商业成为其中心内容。他们改变工业化的方向和方式，一方面，是为了适应和满足军事工业对原材料的需要，另一方面，是为了达到求富的目的。洋务派在筹办军事工业的过程中，认识到"必先富而后能强，尤必富在民生，而国本乃可益固"，认为"富"乃是一国强盛的基础，"强"系于"富"之上。企图通过"求富"，达到"兴商务，浚饷源，图自强"的目的。在洋务运动中，清政府创办的民用企业共有27个，经费约3000万元，工人25500～29000人。这些民用企业包括采矿、冶炼、纺织等工矿业，以及航运、铁路、电信等交通运输事业。其中，最重要的四大企业是：1872年，李鸿章在上海创办的轮船招商局，拥有轮船数十艘，主要经营国内货运和客运；1878年，李鸿章在天津创办的开平矿务局，开采煤炭，到1889年时年产量达到24.7万余吨；1879年，李鸿章在天津创办的天津电报局，经营国内各大城市间的电报业务；1880年，创办的上海机器织布局，后更名为华盛机器总厂。此外，1880年，左宗棠创设的兰州机器织呢局，1887年，李其镛主办开采的黑龙江漠河金矿，1880年，张之洞创设的汉阳铁厂和1892年创办的湖北织布局，也都是具有一定规模、比较重要的厂矿企业。在铁路建设方面，1880年由开平矿务局修建唐山至胥各庄的运煤铁路，创建了中国第一条铁路，后两端延伸，连通天津至山海关。1887年后，台湾修筑了从基隆至台北的铁路，后又延伸到新竹。到甲午战争前，中国的铁路总长为300多千米。

洋务运动的另一个重要方面是"兴学堂、遣留学"，从19世纪60年代开始创设新式学堂。这些学堂大体可以分为两类。一类是专门培养外交人才和翻译人才的"西文"学堂，如京师同文馆、上海广方言馆、广州同文馆等；另一类是培养各种专门技术人才的"西艺"学堂。其中，又有民用学堂和军用学堂之分。民用学堂有天津电报学堂、上海电报学堂等；军用学堂的数量多，规模也比较大，是这一时期新式学堂的主体，比较重要的有福州船政学堂、天津水师学堂、天津武备学堂、广东水

---

[1] 卢伯炜：《洋务运动与中国现代化》，《苏州大学学报》，2002年第4期。

陆师学堂等。

洋务派的留学教育起步于19世纪70年代。1872—1875年，容闳先后共率120名幼童赴美留学，学习军政、船政、制造等。在此前后，福州船政学堂还曾派遣专门的军事留学生，赴英、法等国学习，对清军的海军建设发挥了一定的作用。

二、"坚船利炮"技术的引进

1. 军用工业的建立与技术引进

洋务运动的发动，首先是认识到中国在军事技术和装备上的落后，"师夷长技"。首先是学习西方先进的军事技术和武器制造技术。自1861年始，洋枪、洋炮和轮船的使用与购求成为清政府的方针。是年，奕䜣明确奏请购买外国船炮，以期早平内患。清廷复谕说："东南贼势蔓延，果能购买外洋船炮，剿贼必能得力。内患既除，则外国不敢轻视中国，实于大局有益。"并着英国人赫德（Robert Hart，1835—1911）代为购办。在东南前线镇压太平军的曾国藩根据切身体会，也说，"购买外洋船炮为今日救时第一要务"。于是购买外洋船炮全面展开。

洋务派用力最多的，是建立军用工业。洋务运动引进和学习西方先进科学技术的中心内容，是从坚船利炮引发出来的。所以，有学者认为，1861年，清政府开始把购求坚船利炮作为既定政策，这是洋务运动的实际起点。

在此之前，已有国人购买西方国家武器。太平军队伍已经有西式武器。两江总督怡良说："据吴健彰（苏松太道）禀称：盘获宁波钓船一只，内有夷人三名，洋剑一把，洋枪六千杆，洋刀四十把，洋硝一包、火药一罐，并在夷人身上搜出夷书一封，上有真命太平天国等字样，当即拆阅，查系英吉利奸商勒呐吐致镇江逆酋罗大纲一书，又附带上海逆首刘丽川逆书一件。讯据船户王阿莫等供称：系夷人雇装兵器至镇江卖给贼匪者。"这段话说明，太平军于1853年已与洋人有联系并购求新式武器了。此后，不断有太平军使用洋武器的记载。例如1856年，曾国藩攻陷安福县时，"夺获洋枪、炮械、藤牌四百余件"；1859年，曾国藩说，太平右军主将韦志俊向湘军投降时所带"器械甚精，洋枪甚多"；同年，胡林翼奏称太平军杨辅清攻池州城"施放洋枪，子落如雨"；1860年后，李秀成经营江浙时，洋枪、洋炮就更多了。李鸿章说，李秀成部"洋枪最多"。这些洋枪炮均为洋人所供给无疑。萧一山《清代通史》记载：1862年4月，上海一家洋行供给太平军步枪3046支，野炮795尊，火药484桶万余磅,子弹18000发[1]。曾国荃向郭嵩焘叙述太平军洋武器的情况说:"贼之火器精利于我百倍之多,又无日不以开花大炮打垒内,洋枪队多至两万杆。"

太平军使用新式武器已相当普遍。与之对垒的清军也追求武器装备近代化,购求和使用新式武器。曾国藩于1853年在湖南湘乡办团练时,即派员赴广州购买洋式武器,1854年湘军水师已有"夷炮"600余尊,并说"湘潭、岳州两次大胜,实赖洋炮之力"。此后,胡林翼、彭玉麟等军将领均不时购求洋炮,其中多数用于水军。迅速而全面使用洋式武器是李鸿章的淮军。李鸿章于1862年4月率淮军从安徽来到上海,一与外国军队接触,即惊叹洋枪、洋炮的"神技",他致书曾国藩说:"其大炮之精纯,子药之细巧,器械之鲜明,队伍之雄整,实非中国所能及。"并推崇洋人的"战守攻具,天下无敌"。李鸿章"深以中国军器远逊外洋为耻,日戒谕将士虚心忍辱",以学习西人"秘法"。据统计,淮军1864年使用洋枪占全军80%以上,到1865年,据李鸿章记载:5万人中"约有洋枪三四万杆",基本上做到"尽弃中国习用之抬鸟枪,而变为洋枪队"。

对曾国藩而言,购买不是目的,最终的目的是学习制造。咸丰十年(1860)十一月二十五日,曾国藩在《议覆俄法助战及代运南漕折》中,首次向清廷表达了其"制洋器"的思想主张:

此次款议虽成,中国岂可一日而忘备?……无论目前资夷力以助剿济运,得纾一时之忧,将来师夷智以造炮制船,尤可期永远之利。

曾国藩在筹议购买船炮的同时,也开始筹备"制洋器"。咸丰十一年(1861)

清·《点石斋画报》上的图"边防巨炮"

八月,他攻下安庆后,便着手建立"内军械所"。同治元年、二年(1862、1863)间,"试造洋器",还造过一艘小轮船,名为"黄鹄号"。这可以说是曾国藩"制洋器"思想的初次实践,但由于"全用汉人,未雇洋将",所造之轮船"行使迟钝,不甚得法"。总理衙门购船未成,曾国藩决意扩充规模,开设铁厂,派容闳到美国购买"制器之器","另求造船之方"。这即是后来江南制造局的组成部分。

第一个近代军工企业是曾国藩创建的安庆内军械所。咸丰十一年(1861)九月,曾

---

[1] 萧一山:《清代通史》第3卷,中华书局1986年版,第393页。

国藩在安庆"设内军械所,制造洋轮洋炮,广储军实"。他派人寻觅到了徐寿、华蘅芳等科技人员,筹建机器局。安庆内军械所是"清朝模仿西洋技术"的开始,[1]"安庆内军械所被视为中国近代第一个科技研究所,同时也是中国近代第一个军事技术研究所,第一个科技实验工场。"[2]它既是中国近代工业的开端,也是洋务工业起始的标志。

安庆内军械所成立后,徐寿、华蘅芳等人即进入实际科学研究制造阶段。安庆内军械所的第一个成就是制造蒸汽机。约在咸丰七年(1857),华蘅芳和徐寿在上海研读了传教士合信(Benjamin Hobson,1816—1873)于咸丰五年(1855)写的《博物新编》,对蒸汽机有了初步的了解。同治元年(1862),华蘅芳、徐寿、吴嘉廉、龚芸棠、徐建寅等人在安庆内军械所试制轮船。他们以《博物新编》中的图文等为主要参考资料,由华蘅芳负责"推求动理,测算汽机",徐寿负责"造器置机"、制造小样。开始时,他们还曾到外国轮船上观察,"心中已得梗概"。经过3个月的努力,终于制成一台缸径1.7英寸(43毫米)、每分钟240转的小蒸汽机,"甚为得法"。这是中国第一台实用的蒸汽机。于是,他们继续着手设计制造轮船。1863年制出螺旋桨推进的轮船,但在试航时,因供气不足,仅航行一里便停止了。然而,蒸汽机的制造毕竟为造兵轮开辟了道路,也为后来江南制造局制造军工设备奠定了基础。

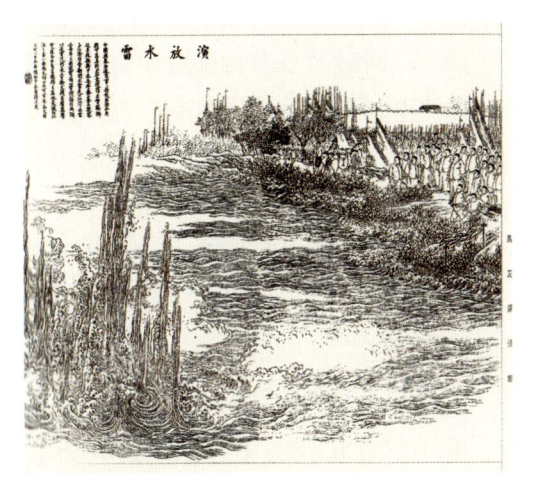

清·《点石斋画报》上的图"演放水雷"

他们还制造了中国第一艘蒸汽机轮船。该船长约9.5米,并于同治三年(1864)初正式在安庆江面试航,曾国藩亲自登船试航,"坐至江中,行八九里,约计一个时辰可行二十五六里。试造此船,将以此放大,续造多只。"随后两年,徐寿等在此基础上进行放大试制蒸汽机轮船的工作。经过全体技术员工的共同努力,蒸汽机船于同治四年(1865)放大试制成功,曾国藩赐名"黄鹄"。蒸汽轮船长17米,航速6节,自重25吨,机舱设在前部,蒸汽机为单缸,缸长二尺,缸径一尺;锅炉长十一尺,炉径二尺三寸许,炉管四十九条,长七尺二寸,管径一寸五;转轴长一丈二尺八寸,直径一寸八。

---

1 [美]费正清、刘广京编:《剑桥中国晚清史》上卷,中国社会科学出版社1985年版,第505页。
2 朱亚宗:《中国科技批评史》,国防科技大学出版社1995年版,第217页。

安庆军械所的规模很小，但用中国自己的科技人员设计制造火器弹药，特别是制造了第一台蒸汽机和第一艘木壳轮船，虽"不甚得法"，却标志了中国进入制造机器的历史时期，为手工造机器向机器造机器的转变创造了条件。

在安庆内军械所创办一年之后，李鸿章在上海也办起了制造军火的洋炮局。李鸿章委派英国退役军医马格里（Ma.Cartney Samuel，1833—1906）和其他几名洋人在松江一个庙宇里筹建上海洋炮局。该局军火制造的成功，对李鸿章创办其他军工企业产生了积极影响。

开始时洋炮局的工具极其简陋，除在上海购买一些和用田间黏土自造一个熔化炉等之外，又募外国匠人"由香港购办造炮器具"。同时"令参将韩殿甲督率中国工匠尽心学习"制造开花炮弹、自来火等件。为"得其密传，推广尽利"，李鸿章又把"学识深醇，留心西人秘巧"的同知衔丁日昌从广东特聘来上海专办军火制造。丁日昌与韩殿甲一起主持洋炮局事务，"颇渐能窥西洋人奥窔"。上海洋炮局主要生产开花炮弹和自来火，每月生产炮弹六七千枚，交淮军各营使用。据薛福成记载：淮军所用自产的"开花炮，大者可攻城，小者以击贼阵、破贼垒，遂能下姑苏，拔常州，连克嘉湖诸郡。设非借助利器，殆不能若是就且捷也"。[1]

同治二年（1863）十二月，清军攻占苏州，马格里等也把松江的上海洋炮局迁至苏州，改称苏州洋炮局。这时，"阿斯本舰队"被清政府遣回英国，该舰队来华时，向舰队供应军火武器等各项机器设备。苏州洋炮局将此设备买了下来，机械化水平大有提高，初步完成从手工操作阶段向机器制作阶段的过渡。李鸿章在描述洋机器运转情况时说：

敝处顷购有西人汽炉，镟木、打眼、铰螺旋、铸弹诸机器，皆绾于汽炉，中盛水而下炽炭，水沸气满，开窍由铜喉达入气筒。筒中络一铁柱，随气升降俯仰，拨动铁轮，轮绾皮带，系绕轴心，彼此连缀，轮旋则带旋，带旋则机动，仅资人力之发纵，不靠人力之运动。

到同治三年（1864），苏州洋炮局能制造"大小炸炮，每月千余个。"同年《北华捷报》也记载了苏州洋炮局"除了炮弹、药引及自来火外，还造了几种迫击炮弹，不久的将来就要有毛瑟枪和铜帽加在产品单子上了"。

2. 江南制造局

李鸿章通过苏州洋炮局的制造实践，认识到发展机器枪炮局非进一步提高其机

---

[1] 丁凤麟、王欣夫编：《薛福成选集》，上海人民出版社1987年版，第261页。

械化程度不可。例如,长炸炮的制造,"非用外国全副机器,延请外国巧匠,不能入手"。他说:

> 鸿章以为中国欲自强,则莫如学习外国利器。欲学习外国利器,则莫如觅制器之器,师其法而不必尽用其人。欲觅制器之器与制器之人,则或专设一科取士,士终身悬以为富贵功名之鹄,则业可成,艺可精,而才亦可集。

同治二年(1863)容闳在安庆面见曾国藩时建议说:"中国今日欲建设机器厂,必以先立普通基础为主,不宜专以供特别之应用。所谓立普通基础者,无他,即由此厂可造出种种分厂,更由分厂以专造各种特别之机械。简言之,即此厂当有制造机器之机器,以立一切制造厂之基础也。"容闳的主张得到曾国藩的赞同,曾国藩拨款68000两,派容闳赴美购买先进的机器设备。容闳于当年十月出发,翌年春抵美。经多方洽谈,终于与朴得南公司订约,由该公司按"制造机器之机器"的标准承造,于同治四年(1865)运抵上海。

在曾国藩派容闳到美国订购"制器之器"的同时,李鸿章正在为苏州洋炮局"所购机器未齐"以致未能制造轮船长炸炮等物而发愁,委派人员到上海觅购机器。丁日昌找到了设在虹口的美商旗记铁工厂。该厂为洋人在上海的一座机器厂,规模较大,设备也较先进齐全。李鸿章说:"此项外国铁厂机器,觅购甚难,机会尤不可失。"饬丁日昌迅速定议。丁日昌联络了游历外国多年、熟习洋匠、因案革究而赎罪心切的海关通事唐国华,与同案已革之扦手张灿、秦吉等人,集资4万两,买下了旗记铁厂。另有其他物件如铜、铁、木料等作价两万两。故实际是花了6万两银子。

李鸿章买定旗记铁工厂之际,正是容闳在美采购机器运抵上海之时,两者合并一起,加上苏州洋炮局丁日昌、韩殿甲经营的两车间,就成了当时规模最大的机器厂了。此厂名为"江南机器制造总局",简称"江南制造局",又称"上海机器制造局"。厂址选在城南高昌庙濒临黄浦江的地方,江南制造局于同治六年(1867)迁往该处。

由于江南制造局的创建,有旗记铁工厂的全套设备和容闳从美国买来的"制器之器"两部分较为先进的机器合在一起,"机器不齐全"的缺陷基本得到弥补,很多不能制造的炮械等物都能造了。整个生产过程基本配套,机械化程度也较高,加之不断

江南制造局总局大门

补充扩建，到19世纪90年代，江南制造局已成为中国乃至东亚，最先进最齐全的机器工厂了。

江南制造局是依靠引进西方先进技术发展起来的。"江南制造局不但靠了向国外引进先进的机器设备起家，同时也雇用外国技师，请英国人彭也、柯尼施、梅因兰、史蒂芬生等负责技术处理问题，从设备到技术都借助于英国，形成生产能力。但江南制造局之所以能在全国机器工业中得以领先，还在于成立伊始，便抓了技术人才的培训和国外科技新知识的吸纳、积累这两件大事，在制造新式船炮和使用之外，注意到机械、军工产品的进一步开发和研究。为此，在同治七年（1868）五月根据徐寿等人的建议成立了翻译学馆，同治九年（1870）十月又设立江南轮船操练局，同治十三年（1874）成立操炮学堂。翻译馆和操练局从此成为江南制造局的左膀右臂，一则用以学习、研制，一则用以操作、运行。前者培育了一批中国最早的现代工程技术研制、开发人才，后者训练了一批中国最早的新式陆海军和航运人员。"[1]

总计，江南制造局包括16个分厂，即机器局、木工厂、轮船厂、锅炉厂、枪厂、炮厂、枪子厂、炮弹厂、炼钢厂、熟铁厂、栗药厂、铜引厂、无烟药厂、铸铜铁厂和两个黑药厂，两个学堂，即工艺学堂、广方言馆（兼翻译馆），一个药库，一个炮队营。从各分厂的机器设备看，江南制造局不仅是当时设备最齐全、规模最大的综合性近代军用工厂，而且确实是一个如容闳所说的"机器母厂"。从机械结构情况看，专用于军用生产的车间设备占的比例很小，绝大多数车间设备是既可以为军用生产服务，也可以为广泛地制造机械设备以及工业、农业等各种民用器皿服务。此厂生产产品的主要情况如下。

第一，制造了大量的机器。据《江南制造局记》1867—1904年粗略统计，计有制造车床138台，刨床、钻床、开齿机、卷铁板机、汽锤、大锤机、砂轮机、绞螺丝机、锯床、翻砂机等母机性的机器117台，起重机84台，汽炉机32台，汽炉15座，抽水机77台，轧钢机5台，其他各种机器135台。另外，机器零件及工具110余万件。

制造的机器有的自用，有的卖给或调给其他机器局，或售给一般民用工业厂家。这在中国机器制造完全是一张白纸的情况下，对技术发展起到相当重要的作用。

第二，轮船制造。同治七年（1868）八月，第一艘木壳轮船下水，曾国藩命名为"恬吉"，后又改名"惠吉"。该轮长18丈5尺（1丈≈3.33米，1尺≈0.33米），宽2丈7尺余，每小时行37里。船较小，且是木壳，但它是中国自造的机器轮船，在黄浦江试航时，轰动了上海滩。"惠吉"之后，又续造了"操江""测海"等轮船。

---

1 沈福伟：《西方文化与中国（1793-2000）》，上海教育出版社2003年版，第67页。

第三，江南制造局以生产枪炮子弹为主。江南制造局开始造洋枪是仿照英国的兵枪、马枪，也就是旧式的前膛枪。湘、淮各军曾拥有这种枪支10余万支，除部分向外国购买外，多为江南制造局所供给。同治四年（1865）开始，江南制造局仿制德式武器，同治六年（1867）仿制出德国毛瑟11毫米前膛步枪，这是中国自己生产的第一种步枪，该枪使用黑火药和铅弹头，威力惊人。在1867年时，每天平均可以生产毛瑟枪15支和各式弹药。此外，还有林明敦式后装线膛枪、强装线膛炮、后装线膛阿姆斯特朗炮等，都在仿制的基础上很快追赶上世界先进水平。

江南制造局制炮始于同治九年（1870），所造的炮称作"开花子轻铜炮"，共造成254尊，专供陆军行营所用。嗣后又仿美国式样造成4斤重铜炮40尊。同治十三年（1874），该局在制炮上取得进展，制成了一尊可装12磅炮弹的前膛来福炮，此炮"由倍理（A.Bayly）监制，倍理现在准备制造十六尊四十磅子的类似的炮"。光绪四年（1878）十二月，"江南制造局在制炮方面又进了一步。本月（十二月）二十日，在麦根泽（J.Mackenzie）监督下制造的四十磅子阿姆斯特朗炮两尊业已试炮，效果良好"。光绪七年（1881）三月，该局制造七寸口径大炮一尊，其弹重达150磅；光绪十五年（1889）正月，该局"洋匠柯礼斯造成阿姆斯特朗大炮一尊，约长二丈余。炮门径八寸。每放一出，须用子药一百八十磅"。[1]直至光绪十九年（1893），又"仿英国阿模士庄厂制成新式八百磅子之后膛大炮一尊，四十磅子之全钢快炮一尊，已在局南隙地演试，中西观者啧啧称叹"。[2]

从光绪二十一年（1895）开始，江南制造局"试造无烟火药，停造水旱雷，专制各种铜引。光绪二十四年（1898）造七密里九口径新毛瑟枪，并将所有各式旧枪一律停造"。其生产状况，据光绪二十二年（1896）统计，"炼钢厂每年可出快炮管、快枪筒及枪炮机件、炮架器具等钢料二千余吨；栗色火药厂每年可出栗色火药二十余万磅；无烟药厂每年可出无烟火药六万余磅"，其快炮、快枪、枪子、炮弹均已一律改造新式。其中，"加利新枪

天津机器局后改名为北洋机器制造总局

---

[1] 沈云龙主编：《近代中国史料丛刊续编》，台湾文海出版社印行1974年版，第299—301页。
[2] 沈云龙主编：《近代中国史料丛刊续编》，台湾文海出版社印行1974年版，第303页。

每年可成一千五百杆；一百磅子快炮每年可成六尊，四十磅子快炮每年可成十二尊，快利枪子每年可出一百二三十万颗，快炮钢弹每年可成一千五百余颗，大小铁弹每年可成一万余颗"。

江南制造局在炮弹、枪弹、火药等物的制造方面数量也较大，到19世纪90年代，大约每日能造各种子弹9万颗，每月能造地雷200枚，每年造无烟火药6万余磅。江南制造局的龙华火药厂，为配制火药每年需花费大量白银进口"镪水"（即硝酸）。华蘅芳自制"镪水"，经多次试验，终于主持制成了合格的产品，成本仅为进口价的三分之一。

光绪二十六年（1900），江南制造局建立的中国第一个洋式炼钢炉，筹建炼钢厂，向英国购买15吨炼钢炉一副，次年即炼出了第一炉钢。翌年炼出10吨钢，到光绪三十年（1904），最多的一年曾炼出2059吨钢，一般年产均在500吨上下。

从同治四年（1865）江南制造总局设立，到光绪二十一年（1895）中日甲午战争结束，30年间，洋务派设立的规模大小不等的军用工业共21个。其中，由清廷中枢直接拨款、规模较大的有4个，即江南制造总局、金陵机器局、福州船政局和天津机器局，号称"晚清四大军工厂"。

3. 新造船技术的引进

造船技术是19世纪最为高端的技术之一，是各种先进技术的汇合。清朝在大力引进和发展军事技术的同时，也积极引进西方先进的造船技术，发展自己的造船工业。

人们对西方的"坚船利炮"早有认识，因此早已考虑购买西方国家的轮船。清政府购买轮船之议始于咸丰十一年（1861），其原因是太平军于同年早些时候攻占了宁波海口，特别担心太平军从宁波海口北上天津。为此，清政府下令"江苏巡抚迅速筹款，雇觅外国火轮船只，选派将弁，驶出外洋，堵截宁波口外，以防贼匪窜逸，并令广东、福建各督抚一体购觅轮船，会同堵剿，勿令该逆一名窜出，致滋扰害"。并花费巨款140万两银子，从英国买来7艘军舰。

清·《点石斋画报》上的图"铁甲船"

舰队由英国海军上校舍纳德·阿思本（Sherard Osborne）为司令，故史称"阿思本舰队"，船上600名军官及水手俱在英国招募。1863年，舰队开到天津，但由于舰队的司令和清政府在指挥权、用人及花费等各方面皆出现严重分歧，最终双方解除合约，舰队解散，各军舰由阿思本带回伦敦拍卖。

"阿斯本舰队"事件后，曾国藩感到一支由外国人指挥和操纵的舰队长期停留在中国的海洋和江河上，将会成尾大不掉之势，恐非国家和民族之福。曾国藩更主张"师夷智以造炮制船"，左宗棠也主张"仿造轮船以夺彼族之所恃"。借鉴西方的造船技术，发展自己的造船工业。

前面提到，安庆内军械所曾有过造船的试验。到江南制造局时，则把造船作为一项重要工程。从同治七年（1868）到光绪十年（1884），徐寿在江南制造局主持了10余艘兵轮的设计建造，从明轮到暗轮，从木壳到铁甲，从600吨位到2800吨位，为建造轮船作出了巨大贡献。

同治五年（1866），时任闽浙总督的左宗棠创办了中国近代史上第一个制造轮船的专业工厂——马尾船政局，即福州船政局。

同治三年（1864），左宗棠在浙江任职时，试造成一艘小火轮，驶行于西湖之上，但行驶不速。这比曾国藩安庆内军械所制造的小火轮晚了三年。同治五年（1866）六月，左宗棠上奏清廷，提出大规模设厂自造轮船的主张。左宗棠设造船厂的意见，于同年七月得到清廷的"所陈各条，均着照议办理"的批准上谕。左宗棠随即派按察使福建补用道胡光塘（雪岩）主持择地、购器、雇匠等建厂工作。左宗棠认为，造船厂不是买西洋的轮机等件来装配成船，而是要用自制的轮机造成轮船；不仅要能自造轮机，而且要系统地学习萃于一船之中的"奇秘"，即期以五年"求其精求其备，而尽其所长归之中土"；办造船厂不是为了单纯造船，而是通过造船学习科学技术，以"兴别项之利"，"相衍于无穷"，即提高整个国家民族的科学技术水平，以发展工农业生产。

当年十月，左宗棠调任陕甘总督，他推荐"熟悉洋务"并能"久于其事"的沈葆桢为船政大臣。沈葆桢在接办前，左宗棠已基本做好了筹备工作。船政局筹建工程于十二月破土动工，进展颇快，到沈葆桢上任时，基建工作大体完成了框架。到同治十三年（1874）建成了一座以造船为中心的大型机器工厂，它规模宏大，机器设备也很齐全。船厂拥有4座船台，能够建造龙骨长100米、排水量2500吨的船舶。局内各处以窄轨铁路相通。全局员工多达3000余人。

福州船政局建成之时，是整个远东规模最大、设备最齐全的近代机器造船企业。

一位英国人在参观船厂后说："这个造船厂和外国任何其他造船厂并没有多少区别。"[1] 船政局不但能与西方一些造船厂媲美，而且大大超过了当时正拼命向西方学习的日本造船工业的水平。

19世纪70年代福州船政局

福州船政局同治七年（1868）正月开工造第一艘轮船，次年六月下水，名为"万年清号"。此船系木质暗轮，排水量为1370吨，比之日本于1862年仿造的蒸汽船"千代田号"138吨的排水量要大10倍。福州船政局从同治八年到十三年（1869—1874），按计划共制成炮舰10艘，运输船5艘。［值得一提的是，同治十一年（1872）下水的"扬武"舰，排水量1560吨，1130马力。该舰是福州船政局早年所建军舰中耗工、费料最多，成本最高的一艘，也是公认的中国乃至亚洲第一艘近代巡洋舰。］到光绪三十一年（1905）止，福州船政局所造兵商各轮40艘，据说，"欧美各国士大夫到中国来游历的，都要绕道闽省，一观我国船政的成绩"。[2]

在沈葆桢的领导下，船政局的制造水平和中国的制造能力不断提高。"万年清号""湄云号""福星号""伏波号"四船的轮机均购自外洋，从第五艘船"安澜号"开始，轮机即由船厂自己制造。它虽然仍是仿造，虽然从绘图到制成成品仍是在洋技术人员指导下进行，但都是通过中国自己工匠操作制成的，且质量不亚于外国同类产品，表明中国的技术工艺水平大有提高，对船厂的发展有着奠定基础的意义。

自制轮船始于光绪元年（1875）"艺新号"。此前虽然亦有自制者，但那均为仿造，独"艺新号"跳出了仿造的局限。"该船船身图式，为学生吴德章等所测算，而测算船内轮机、水缸等图则出自汪乔年一人之手。""艺新号"于光绪十二年（1886）三月造成，虽仍是木质兵船，却标志着中国造船技术的一次飞跃。

然而，西方所造之船已是铁胁，乃至发展到钢胁钢壳。为赶上先进水平，沈葆桢去任前即做出建造铁胁船的决定。他先是向法国、英国定造铁胁船所用机件，在洋匠指导下，中国技术人员具体制作，名为"威远号"。并开工制造"超武号"铁胁兵

---

[1] 孙毓棠、汪敬虞：《中国近代工业史资料》第1辑上册，科学出版社1957年版，第395—397页。

[2] 孙毓棠、汪敬虞：《中国近代工业史资料》第1辑上册，科学出版社1957年版，第400页。

船，由于中国工程人员通过制造"艺新号"掌握了技术，制造"超武号"时，就全靠自己人了。而且"胁骨轮机及船上所需各件，均系华工仿照外洋新式放手自造，与购自外洋者一辙"。

光绪十年（1884），鉴于英国已制造出先进的钢甲舰，福州船政局派造船专家魏瀚等出洋采购钢甲舰料件，兼探查钢甲制造情况。根据了解到的情况：英法已能制造时速为18~19海里的钢甲快舰，日本已在购买和仿制最新式的钢甲船。而清政府还在购买西洋的时速为15海里的钢甲船。船政局于是下决心自己制造这种钢甲船。经过三年精心设计制造，"平远号"于光绪十三年（1887）底下水。这条钢甲船虽造成，但速力机件均未达到预期的先进水平。但有了造钢甲船的开端，以后又继续造出多艘钢甲船，不断改进，虽横向比较还较落后，但纵向比较，从无到有，从木质到铁胁到钢甲，是不断在前进的。

船政局在一开始即重视洋员的雇聘。从船政局创办之初到光绪三十一年（1905），先后招用三批洋员，有名可查者达81人。这些人员包括监督、帮办、总监工、工程师、监工、厂首、匠首、工人、教师、职员、医生、翻译等。人数之多和涉及面之广，为其他军事工厂所罕有。尤其是在这81人中，教师竟达30名左右，约占雇聘洋员的40%。这表明福州船政局更注重立足于有效而迅速地培养自己的人才上。洋员处雇员的地位，起科学技术传授的作用。在第一批洋员言传身教下，到1874年，船政局有了20名负责蒸汽机制造的工程师，7名能独当一面负责船体设计、制造的工程师，14名能指挥兵船进行远程航行的轮机长；经考核成为技工者有百余人。

福州船政局作为当时远东第一大造船厂，积极"师夷长技"，增添设备，加强本国技术人员的培训和教育，聘用外国教师和技工，派遣留欧学生，引进先进管理办法，使其造船技术和相关技术走在国内及世界的前列，成为我国造船、电报、冶炼、铁路等产业的先驱，引领当时科技新潮。正是因为福州船政引领科技新潮，因此创造出许多中国第一，如：

（1）制订近代中国第一个国际标准，确定了"罗星塔水准零点"（罗零标高）。这是近代中国航海、导航、水文等技术方面的首个国际标准。

（2）最早在国内发展无线电及通信技术，创办中国第一家电报学堂，铺设中国第一条（川淡）海底电信电缆。

（3）最早在国内使用发电、配电照明，适用范围从生产、生活扩大到船上，并在船上首次使用探照灯、电风扇。

（4）自制第一台实用蒸汽机、起重机、车床、锅炉、新式抽水机，以及精密仪器（钟表、经纬仪、罗盘、气压计、望远镜、瞄准器等）、大炮、水雷和鱼雷等。

（5）1879年已自制铁胁、铁梁、铁牵、铜线、铜板、铜条，以及铁汽鼓、铁轮机座、铁冰水框、铁滑道、烟道等，并最早在船上装消摇装置。

（6）在铸造方面，船上所需钢铁、铜器都可以自铸。曾经铸出万斤大铁件，1万多斤大铜件，铸出大小铜铁炉11座，也铸造过不少非军工产品。

光绪元年（1875），清政府命李鸿章督办北洋海防，开始筹建北洋水师，先后买进英、德旧军舰25艘，依靠英国人和德国人进行训练。初期，北洋海军军舰每有损破，需要到南方修理，往往贻误军机。为了就近修理，光绪六年（1880）在大沽创办了"北洋水师大沽船坞"。大沽船坞最初有活动机床8部，马达、锅炉、汽锤各一部。光绪六年五月初，动工兴建甲坞、轮机房、马力房、抽水房，以及木厂、码头、起重架、绘图楼等，并外购机床20余部，马力机、抽水机、卧式锅炉各1台，年末工程竣工，正式投入生产。后不断购买外国的机床设备，到1885年，成立了打铁厂、锅炉厂、铸铁厂、模件厂，还建立了"甲、乙、丙、丁、戊、已"六个船坞。

从光绪九年（1883）起，大沽船坞开始造船。据记载，光绪九年到十年（1883—1884），生产有飞鹰号、飞艇号、遇顺号、利顺号等船，后还制造过拖泥轮船、接泥驳船等工程用船。到光绪十一年（1885），已初具规模，共有六座船坞，以及码头、大木、轮机、熟铁、铸铁、模件、锅炉、枪炮检查等厂，可同时装配和修理六艘船舶。光绪十七年（1891）起，除修造舰船外，开始制造枪、炮、水雷等军械，大沽船坞实际上又成了一座军火工厂。光绪十七年（1891），大沽船坞仿造了德国后膛快炮90余尊。光绪十八年（1892），大沽船坞添置机器，在船坞兴建炮场，从事大炮生产。大沽船坞除了承担北洋水师舰船的维修外，还制造了轮船"飞龙号""快顺号""捷顺号"等轮船以及军火。

江南制造局早年曾有过造船业务，后来造船业陷入停顿。光绪三十一年（1905）划出江南船坞，使荒废近30年的造船业务复兴。宣统二年（1910）造联鲸炮舰是用三膨胀双机，1000匹马力；同年为亚细亚火油公司所造"开焕号"首用110匹马力柴油机。同年所造江华客货轮，用3000匹马力双机，连同锅炉都是自造；吃水浅，煤耗低，行驶灵活，曾引起工程学界赞誉。江南船坞从光绪三十一年（1905）到宣统三年（1911）共造船舰136只，21040吨。修船业务也有发展，从光绪三十三年（1907）到宣统三年（1911）进坞修理轮船524艘，平均每年百余艘，船坞之设备相应扩增，首先改建原有泥坞为木质干坞，并拓长加宽，供5000吨级船舶入坞。1911年扩建船台，能同时制造几艘350英尺（1英尺=30.48厘米）新船舶。

三、民用工业技术的引进

1. 采矿技术的引进

中国对煤炭的开采和利用，有着悠久的历史。早在东汉末年，已用煤做燃料，以供炊爨。北宋汴京，一般家庭以煤代薪。明清时的北京城，更多的家庭用煤做饭和取暖。但有清一代鉴于明朝中后期因开矿引起社会动乱，故对各种矿藏的开采持审慎态度。因此，清朝前、中期各地矿业虽时断时续地进行开挖，但无较大规模的开采与发展。鸦片战争后的20年间，只有台湾基隆煤矿由于外国侵略者轮船燃料等需求的刺激开采兴旺，尽管清地方官屡申禁令，但实际处于禁者自禁、挖者自挖的状况，产量有所增加。但由于地质知识缺乏，开采工艺技术落后，运输条件困难，因而煤炭生产效率十分低下。

清政府真正把采煤提上日程始于19世纪60年代。总理衙门于60年代初筹建海军舰队，为解决燃料供应问题，曾聘美籍矿师庞伯里勘察京西煤矿，后因"阿斯本舰队"流产而中止。同治五年（1866）左宗棠在请设船厂时，提出就附近兼产煤铁处所，开炉提炼，以省费用，清廷全予批准。于是马尾船政局的设立，连带也决定了开采附近煤铁矿的原则。台湾基隆煤矿很自然地成了实施这个"原则"的重点地区。随后船政局即派员常驻台湾采购煤炭及木料等。

同治六年（1867），清政府就中英《天津条约》的修约问题，包括英使以前所要求的请觐、遣使、铜线、铁路、挖煤、传教等项，饬谕督抚等大臣疆吏，筹议对策。曾国藩说："挖煤一事，借外国开挖之器，兴中国永远之利，似尚可以试办。"李鸿章说："用洋匠购造机器，自行开挖，准洋商贩用。……推之产铁产铜；未经开办之处，彼若固请开挖，并可酌雇彼之精于是术者，由官督令试办，以裕军需而收利权。"沈葆桢说："挖煤之法，彼有机器，能激水出窑，……可否官为设厂，招彼国之精于是术者，优予廪给，购置机器，于湖广之大军山先行试办，所得之煤，许中国（外）均熙平价交易，利则他处仿照办理，斯权操诸我，足以杜其首先饶舌之一端矣。"

清朝廷于光绪元年（1875）四月二十六日宣谕大力筹办海防，其中对开矿做出如下决定："开采煤铁事宜，着照李鸿章、沈葆桢所请，先在磁州、台湾试办，派贝妥为经理。即有需用外国人之处，亦当权自我操，勿任彼族挽越。"磁州和台湾，都是洋人采煤活动频繁的地区。还有一个被洋人觊觎的长江中下游地区，清廷虽未明降谕旨进行开采，实际上，李鸿章也已命令盛宣怀到湖北广济等处勘察，准备试办。从

光绪元年（1875）李鸿章筹办"直隶磁州煤铁矿"开始，到光绪二十年（1894）止，共兴办大小煤矿8座，其中官办的6座。

自光绪二十二年至宣统三年（1896—1911），新增设的资本在万元以上的采煤企业达17家。许多煤矿的技术设备比较新，主要设备均从外国购入，有的设备为当时国外最新产品。例如，开滦林西矿立井在1908年安装了1台1000匹马力的蒸汽绞车，这种蒸汽绞车是英国1906年出产的最新产品。萍乡煤矿在1907年投产时，即在总平巷使用架线式电机车，共有36台。当时西方在煤矿井下使用电机车也刚刚开始不久。1902年，焦作煤矿先后开凿5个立井，涌水量都很大，小时涌水量共计1818吨，该矿共安装36台蒸汽做动力的抽水机进行排水，抽水能力之大，当时在世界上也很罕见。抚顺煤矿地面运输在1914年前使用蒸汽机车运输，1914年后改用电机车运输。这些新技术都接近当时世界的先进水平。

在开办近代企业的同时，还开办一些专科学校，聘请外国人讲授现代自然科学知识，翻译西方科技著作，以更好地引入西方的科学技术。与开采煤矿有密切关系的引进措施有两项。一是江南制造局翻译馆和开平矿务局翻译处翻译自然科学和技术工艺书籍；二是开办中西大学堂，培养人才。仅江南制造局翻译馆在20余年间，就翻译了近代地质、采矿科学书籍十几种。这些著作介绍了各种矿藏形成的原因，矿藏与地层的关系，寻找矿藏的方法，开采矿藏所用的机器设备，以及各种金属的冶炼方法等。西方地质采矿科学论著的翻译出版，无疑对巩固和发展新兴的采矿业起到理论指导的作用。地质采矿学作为一门学科也被列入新兴学堂的专业之一，并且还出现了一些地质采矿的专科学校。1892年，建立的湖北铁路局附属矿学堂是中国近代最早的初等矿业专门学校。1895年，创建的天津中西学堂（北洋大学）设有矿务学专业。1896年，创办的南京矿务铁路学堂和南京储才学堂，也都设有矿务专业。1906年，唐山路矿学堂创办。1909年，焦作路矿学堂创办。这些学堂的创办，为中国培养专门的矿冶技术人才发挥了很大的作用。

2. 冶炼技术的引进

钢铁是工业、国防、交通诸方面须臾不可离的重要材料。19世纪下半叶，清政府发展近代军事工业，制枪炮、造战舰，需要大量钢材，大量进口西方国家生产的钢铁。1867年进口钢11万担（约8250吨），1885年达120万担（约9万吨），1891年增加到173万担（约13万吨），进口钢逐渐占据了中国的市场。向国外进口又要耗费巨额资金，所以洋务派所办的金陵制造局、江南机器制造总局、福州船政局、天津机器局、湖北枪炮厂等兵工厂都附设有新式冶金设备，但没有形成生产规模。如1871年，福州船政局所属铁厂首先采用新的钢铁加工技术：安装吊车，铸造大型汽缸；购置3吨汽锤，锻造大车轴；建立拉铁（轧钢）厂，轧制15毫米以下的造船钢板和6～120毫米圆钢、方铁。1890年，上海江南机器制造局建成中国第一座3吨炼钢平炉，后又建成了一座15吨炼钢平炉。

在19世纪90年代钢材需求量大增的情况下，发展冶金乃成为第一要务。为此，1890年海军衙门在奏折中写道："设立炼铁，乃开办铁路、铸造枪炮之第一要义。"张之洞说："枪炮、路轨各厂皆以铁厂为根。船板、锅炉及各机器皆需要精钢，炮钢尤精，今日炼钢尤为自强要务，必宜速为讲求。"李鸿章也说："船炮机器之用，非铁不济、非煤不济。"在此形势下，我国近代新法冶金事业逐步发展起来。

1886年，贵州巡抚潘霨靠其胞弟潘露在青溪开采铁矿的基础上建成官督商办的青溪铁厂。1886年2月，潘霨将青溪县城土炉炼的铁，送"南北洋"检验，"经沪津局试验，均称绵软而韧"，与洋铁相同，如果用近代技术方法冶炼，"其质地之良，比洋铁有过之而无不及也"。遂派员赴英国游历各厂，观其所用之具，择要购买，于1887年购回日产25吨高炉1座、1吨贝塞麦酸性转炉2座、炼熟铁炉8座、轧条机3座，共花费12610英镑。1890年正式投产，用西法冶炼，一昼夜出生铁约25吨，成为我国第一座近代钢铁企业。不幸潘霨在投产当年病故，青谿铁厂因承办无人而停产。但青谿铁厂的创办是中国新法冶金的一次重要的尝试。

1890年，湖广总督张之洞主持兴建湖北汉阳铁厂和大冶铁矿，这是中国也是远东第一座近代钢铁联合企业，它的建成标志着中国近代钢铁工业的兴起。

汉阳铁厂从1891年底开始动工，到1893年11月建成。它主要包括炼生铁、炼熟铁、炼贝色麻钢、炼西门子钢、造钢轨、造铁货六大厂，机器、铸铁、打铁、造鱼片钩钉四小厂，以及铁路运道、轮船码头、运矿铁桥、起矿机器房等。有248立方米（日产生铁100吨左右）高炉2座、8吨酸性转炉2座、10吨平炉1座。雇用外国技师约40人，工人约3000人。该厂是一座规模宏大、设备先进、远东第一流的钢铁联合企业。张之洞称它为"东亚第一"。

1894年2月，汉阳铁厂正式生火开炉炼铁，6月先开一座大炉，日出铁50余吨，间有60～70吨者，钢年生产能力可达3万吨。汉阳铁厂初期资金不足，经营不善。开工后即遇到原料和燃料供应不足的困难，所炼的钢又因含磷过多，不宜用于制造钢轨。1896年招股200万两白银，由官办改为官督商办，1898年投资建设萍乡煤矿。1902年进行拆转炉建平炉等技术改造后，产品质量有较大提高，曾远销美国、日本，并为国内修建铁路提供了钢轨和零件近6万吨。

为了提高钢铁产品质量，1904年，盛宣怀派李维格出国考察。李维格认为："铁厂命根，全在铁矿、焦炭。应将所有生料带往外国考验（化验）。倘生料不合化炼，则旧厂必须停止，断无扩充之理；如果合用，承炼成钢铁，本轻质佳，可期与欧美争胜，然后放手去做。"李维格等人带着矿石、焦炭、生铁、钢材等样品，自1904年3月赴日本、美国、欧洲考察，与国外同行切磋，听取他们的建议，并请英国化学家梭德对样品进行化验。化验结果表明：铁矿石含铁60%～65%，是好矿石，但含磷高（＞0.1%）；焦炭质量上佳；贝塞麦炉所产钢含磷0.20%。由于钢中含磷过高，使钢轨易脆裂。归国后，李维格向盛宣怀提出："炼钢有酸性、碱性之别，酸法不能去铁中之磷，惟碱法能之。"因此必须废弃贝塞麦而改用马丁碱法，同时建议购置新机、改造炉座、聘请外国工程师等。盛宣怀接受建议，并委任李维格为汉阳铁厂总办，负责该厂的改造扩建任务，从此拉开了汉阳铁厂的大规模技术改造的序幕。李维格从欧美诸国择优购机，新建250吨炼铁高炉1座；拆除原有的贝塞麦炉和10吨小马丁炉，改建为30吨马丁炉4座；新建150吨混铁炉1座，辊径为1016毫米的初轧机1座，辊径为760毫米的钢板轧机1座，以及其他辅助设备。聘请德国汉堡工厂工程师吕柏担任汉阳铁厂总工程师，还有4名德国工程师，在技术上把关，并制订了严格的产品质量标准和化验、力学等检验制度。

在兴建汉阳铁厂的同时，张之洞还从德国购买采矿设备，建设大冶铁矿，铺设了30多千米轻便铁路，使之成为中国第一个用近代技术开采的露天铁矿。该矿于1891年开始生产铁矿石，年产4万吨；1896—1934年共采铁矿石1200万吨。其中，340万吨供汉阳铁厂，860万吨运往日本。萍乡煤矿在唐、宋、清时曾用土法开采。1898年，设"萍乡煤矿局"，购置机器开采，主要矿区在江西萍乡安源。该矿拥有采煤机械、洗煤机、焦炭炉、电灯、电车、铸造厂等设备，日产量介于1000～3000吨，年生产能力达90万吨。1908年产煤40万吨、焦炭18万吨。宣统三年（1911），前三季日产量平均达2240吨，日产焦炭达551吨。煤炭主要供应汉阳铁厂。

1908年，汉阳铁厂、大冶铁矿、萍乡煤矿联合组成汉冶萍煤铁厂矿公司，改由商办，并新建150吨混铁炉，生产有了进一步发展。1910年，新建477立方米（日产生铁

250吨左右）的第3高炉出铁。1909—1911年，建成30吨平炉4座。辛亥革命后，在大冶石灰窑新建铁厂，有高炉（每炉日产铁450吨左右）2座；汉阳铁厂又建477立方米的第4号高炉和30吨的7号平炉，并相应扩大了萍乡煤矿和大冶铁矿的生产。

汉阳铁厂是甲午战前我国成功创办的第一座大型钢铁联合企业。它与其他钢铁厂共同为我国钢铁工业的发展奠定了基础。

3. 纺织工业的发展与技术引进

洋务纺织工业与轮船航运、电线电报、煤铁矿务的开采与冶炼，被并列为洋务派举办的四大洋务民用工业企业。

纺织业是中国有着悠久历史传统的最为普遍的手工业，绝大部分产品是与农业结合的家庭手工业生产的。鸦片战争以后，西方的洋布大量倾销中国市场，特别是第二次鸦片战争以后，西方列强凭借《天津条约》《北京条约》，不仅继续在通商口岸大量销售洋布、洋纱，而且不断向中国渗透，行销日广，洋纱以其质优价廉很快挫败土纱，成为中国手工织布者的首选之物，给传统的手工纺织业以沉重的打击，从事纺织的手工业者纷纷破产。

针对这种情况，郑观应指出："中国用人工，故工笨而价费，且成功亦难。华民生计皆为所夺矣！"郑观应认为："方今之时，坐视土布失业，固有所不同，欲禁洋布不至，亦有所不能，于无可如何之中，筹一暗收利权之策，则莫如加洋布税，设洋布厂。"李鸿章指出："英国洋布入中土，每年售银三千数百万，实为耗财之大端。""亟宜购机器纺织，期渐收回利源。"又说："自非逐渐设法仿造，自为运销，不足以分其利权，盖土货多销一分，即洋货少销一分，庶漏卮可期渐塞。"

张之洞在给光绪皇帝的《拟设织布局折》中说：

窃自中外通商以来，中国之财溢于外洋者，洋药而外，莫如洋布、洋纱。……考之通商贸易册，布毛纱三项，年盛一年，不惟衣土布者渐稀，即织土布者亦买洋纱充用，光绪十四年（1888）销银及将五千万两。……棉布为中国自有之利，反为外洋独擅之利。耕织交病，民生日蹙，再过十年，何堪设想！

因此，张之洞提出："今既不能禁其不来，惟有购备机器，纺花织布，自扩其工商之利，以保权利。"[1]他们并非要恢复土布生产，而是要购备机器用先进的生产方法，提高劳动生产率，以与洋布、洋纱角逐于市场，从而达到挽回利权的目的。1888年，张之洞决定在广东创办纺织厂。不久，他由两广总督调任湖广总督，遂将纺织厂

---

[1] 孙毓棠、汪敬虞：《中国近代工业史资料》第1辑下册，科学出版社1957年版，第907—908页。

移到湖北筹创，先后建立了"湖北纺织四局"。

洋务运动中的纺织工业企业主要有兰州织呢局、上海机器织布局和焚于火后重建的华盛纺织总厂，以及湖北织布局、纺纱局等。

兰州织呢局是创办和投产最早的一家纺织工厂，其最初动议于1877年兰州制造局总办赖长"试制洋绒"的尝试。赖长打算购办外洋织呢机器到兰州仿制绒呢，以"为边方开此一利"。这个打算得到了左宗棠的支持。左宗棠请长驻上海的胡光墉（雪岩）访购全套织呢织布机器。胡光墉向德国购买了全套织呢机器，包括蒸汽机2台、毛织机及其配套设备56台，并聘请德国技师13人。1880年9月，兰州织呢局建成开工，日产呢绒145米左右。1881年，全年共生产呢绒1.8万米左右，但销路不佳。然而，兰州织呢局开工后生产经营的情况并不如预期的那么理想。厂中安设织机20具，开始只开6具，若各机均开，预计年可织6000～7000匹呢布。每匹长5丈，宽5尺。但开工后一般每天只生产8匹，只有计划的三分之一还不到。总的原因是缺乏市场，产品卖不出去，只能以失败告终。1883年新任总督谭钟麟下令停办，次年完全废弃。

上海机器织布局

上海机器织布局是一家官督商办、规模较大的棉纺织企业。1878年10月5日，具有道员衔的彭汝琮（器之）分别呈禀帖给南洋大臣沈葆桢、北洋大臣李鸿章，请在上海筹建机器织布局。李鸿章很快于10月21日批准了彭汝琮的办厂请求和计划，但彭妆琮最后归于失败。李鸿章委派郑观应负责此事。经过3年筹建，上海机器织布局于1889年12月24日试机，同月28日正式开工。历时10年，几经波折，终于成功了。上海机器织布局的机器设备来自英、美两国，包括络纱、整经、卷纬、浆纱、穿经和大量棉织机。当时的织机还是人工换梭，没有断经自停的"力织机"，利用蒸汽机的动力，通过天轴（或地轴）集体传动各机。该厂共有纱锭3.5万枚，织机530台，工人约4000人，是中国第一家机器棉纺织工厂。织布局开工后，营业甚盛，纺纱利润尤厚。1893年达到日产布600匹的水平。所产布匹主要在上海销售。此外，还远销牛庄、福州、重庆等地，营业兴旺，纺纱利润尤为丰厚。据翁同龢《翁文恭公日记》1893年5月10日记：织布局每月获利1.2万两。李鸿章为大利所诱，决定大规模扩充纺纱，令出使英国大臣速购纱机百部。然而，正当织布局建成投产并大力扩充之际，1893年10月19日，织布局被大火焚毁，损失极为严重。

上海机器织布局被焚后，李鸿章决心重建纺织局。委派盛宣怀规复织布局。新建的华盛纺织总厂于1894年10月开工时，布机750架，纱锭6.5万枚，改称"华盛纺织总厂"。同时在上海招股购机筹设华新、裕源、裕晋、大纯4个分厂。同年，裕源纱厂开车，纱锭2.5万枚；翌年华新、大纯和裕晋先后开车。

在武昌，张之洞创办的湖北织布局是当时规模较大的官办棉纺织企业。先是张之洞在两广总督任内筹建，光绪十五年（1889）张之洞调任湖广总督，纺织机器全部随之运往湖北。该厂于1892年底正式开车，设备有布机1000台，纱锭3万余枚，工人约2500人，全厂用电灯照明，月产布2000匹。该厂纺织的棉纱、棉布"甚合华人之用，通行各省"，因而"利源日广"。此外，张之洞在甲午战争后还相继建成纺纱局、缫丝局、制麻局，与织布局合称"湖北纺织四局"。四局动用经费近400万两，利用本地原料，采用机器生产，生产规模空前扩大，在我国近代轻工业发展史上占有重要地位。

在上海，由官商合办的棉纺织企业有华新纺织新局，成立于1891年，有纺锭7000余枚，1892年增加2000余枚，1894年增设布机50台。据统计，至1895年，上海共有棉纺织厂7家（包括被毁的上海机器织布局），纱锭约21万枚，布机2300台。[1] 到1894年甲午战争，中国已有纺织厂79家，纺织产业工人总数达5万人。

上述近代纺织企业都是引进西欧动力纺织机器。如甘肃织呢局引进德国全套粗梳毛纺纺纱、织造和染整设备，上海机器织布局和湖北织布局引进英国和部分美国的全套棉纺和棉织机器。当时棉纺的工艺流程是：原棉要经过松包、给棉、开棉，再经3道清棉；头道清棉成卷后，在第二、三道都是4个棉卷并合；第三道棉卷经梳棉成生条，再经3道并条，每道都以6根并合，最后成为熟条；再通过3道粗纱机纺成粗纱，最后上细纱机纺成细纱。本厂自用的纱送去络筒或卷纬，销售的纱则经摇绞打包出厂。粗梳毛纺工艺流程，则几乎和现代一样。这些引进机器的技术水平，在当时世界上是先进的。但当时中国还没有自己的纺织技术人员，起初掌握不了关键技术。对于原料选配、防火措施、工艺操作、生产调度等，都一无所知，完全依赖聘请的洋技术人员。

19世纪末20世纪初，英国、日本等外资纺织厂在中国相继开办。英国、日本的技术和管理经验逐步传入中国。接着民族资本纺织厂渐多，他们聘请归国留学生，特别是曾在日资在华工厂工作过的人为技术骨干，并逐步开始自行培养不同层次的技

---

[1] 《中国近代纺织史》编委会：《中国近代纺织史》下卷，中国纺织出版社1997年版，第8页。

术人才。这样，中国人逐步掌握动力机器纺纱技术，并且进行局部的改进，使外国制造的机器能够适应中国的原料、市场和环境条件。在工艺和技术管理方面，也逐步掌握了随纱的支数、用途、季节等条件，而选配适当长度、粗细、强力、转曲、色泽的不同原棉。设备保全、保养方面，学会了平车、揩车、磨车，以及定位、吊线、求水平等技术。运转方面则推行了分段、换筒、落纱、接头、生头以及加油、清扫等合理化工作法。

近代纺织工业兴起的过程，既是一次引进西方纺织技术、开拓近代纺织生产的过程，也是一次训练和培养纺织工人和技术力量的过程。通过大规模生产实践，中国第一批近代纺织产业工人和技术力量开始出现。采用大机器生产的纺织企业，劳动生产率得到了很大提高。按照当时的生产水平，工人人均日产棉纱是手工纺纱的近50倍，人均机织布是手工织布的6倍多。劳动生产率的提高，反映了技术的进步和生产力的发展。

四、通信、交通与电力

1. 电线电报业的创办与技术引进

西方列强大举东进的时候，不仅大量地向中国倾销工业产品，同时也进行资本输出，在中国兴办工厂，发展民用工业。"他们在中国建立了第一家使用机器和机械动力的近代化工业企业，并且先于中国资本在缫丝、制茶、制革、轧花、船舶修造、食品、医药、印刷和公用事业等生产部门进行了投资。"[1]这些外国资本建立的现代工业企业，成为中国工业化最初的起步。"外国投资者传输了近代技术和创业精神，并且投资了许多近代工业；他们成功创造了一种环境。在这种环境中，从事工业获得利润是极为可能的，因此，这促使中国人仿效他们。此外，外国工厂和贸易机构雇用中国员工，对他们进行培训，产生了具有生产技术知识和管理才能的本土人才，而对他们的利用也为中国人带来好处。""很明显，外国的投资对中国人起了一个'模仿'的作用，并为中国经济现代化提供了必不可少的前提条件。"[2]

在以发展军事工业为主导的洋务运动开始之后，中国的工业化开始了实质性的进程。到了19世纪70年代，工业的重点转移到民用工业上来。政府改变了工业化的方向和方式。一方面，是为了适应和满足军事工业对原材料、燃料的需求，另一方面，是

---

[1] 许纪霖、陈达凯主编：《中国现代化史》第1卷，三联书店1995年版，第105页。

[2] 徐中约：《中国近代史：1600—2000，中国的奋斗》（第6版），世界图书出版公司北京公司2008年版，第443页。

为了达到"求富"的目的,"分洋商之利"。甲午战争前,政府投资或主持创办的近代民用工业企业、交通运输业主要集中在采煤业、金属矿和冶铁业、棉纺织业等生产部门,以及铁路、航运、电报等部门。在发展这些产业的过程中,都大量引进西方的先进生产技术,采用西方的机器生产方式,实现了第一次西方工业革命以后发展起来的生产技术向中国的转移。从这些"官办军用和民用工业的生产技术看,基本和主导的是以机器和机械动力为特征的近代工业的生产技术方式"。[1]

自从美国人莫尔斯(Samuel Finley Breese Morse,1791—1872)于1837年制成电磁式电报机以后,其在西方各国发展很快。当时,西方各国为了及时了解中国的军政商情,也要在我国装置电报线路。早在同治元年(1862)初,沙俄侵略者巴留捷克向清政府"屡次言及本国为通信便捷,欲由都城至天津造用发铜线法"。清政府以"中华未能保其永固,且不免常有损坏,以致缘此生隙"为由,而加以拒绝。但巴留捷克留有"酌定以后如有允许他国于贵国设立此法,必须先准俄国以为始"的话。接着,英国卜鲁士于1863年照会清政府,说英国电报企业家"因闻俄国飞线之设,经过俄国将及恰克图地界,该民意欲添设飞线,与俄国所设相联合",也就是要由恰克图经北京城至海口设立电线。美国公使于1864年"备具照会,请置铜线"。同年,福建税务司美理登亦"请自福州口南台河边至罗星塔一带"架设电线。清政府均毫不犹豫地予以拒绝。清政府之所以拒绝洋人在中国架设电线,原因与拒绝外国在中国筑铁路一样,主要出于政治上也即军事和外交上的考虑,认为两者都有损天朝的政治权利。

1868年,美商旗昌洋行首先在上海私设陆上专用电报线,进行通报。随之各国机关企业纷起仿效,在上海租界内私自架线通报。1871年,由丹麦、英商和俄国皇室投资的大北电报公司在沙俄怂恿下,由海参崴(今符拉迪沃斯托克)敷设水线经日本长崎而在我国上海擅自登陆,并在英租界私设电报房,收发国际电报。与此同时,大北电报公司又从香港敷设水线至上海,从而达到从北线可通日本、俄国,从南线经香港通达欧美各国。清政府虽照会其全行撤去,但它不予理睬。大北电报公司骗取专办电线的候补知府丁嘉玮与其总办蒂理也订立从福州至闽江泊船地方设立电线和福州至厦门的电线合同,并随即付之实行。沈葆桢与闽抚王凯泰商议,认为只有"购归官办,方有结局",所需费用由海防经费项下开支。丹麦公使拉斯勒福亦自愿将电线出售给中国。清廷乃于光绪元年四月十七日(1875年5月21日)订立购归合同。福厦线共价银154500元,马尾之线4000元整。"率尔"订立合同的丁嘉玮遭到"奉旨革职"的处分。

---

[1] 许纪霖、陈达凯主编:《中国现代化史》第1卷,三联书店1995年版,第121页。

清廷一方面办购归官办的手续，另一方面，随即继续向南架设电线，但遇到沿途群众的反对，尽管告谕这是中国自己架设的电线，然而"闽县地界甫经造竣，下达福清县，计程不过百里，已节节阻滞"，因恐"滋生事端，只可暂行停工"。这时，丁日昌接任闽抚，他派轮船招商局总办唐廷枢与大北电报公司另立彼此收银点物，以及教习学生各条款的合同。一面点收机器物料等件，一面办南台电报学堂，招收艺童40名，于1876年4月8日开学，聘洋教习3人，内总管1人，帮教习2人。订明为期一年。南台电报学堂是中国自己设立的第一所电报学堂。当时，丹麦大北电报公司的部分设备移于台湾，由于台湾基隆正忙于建设煤厂开采煤炭，故于1878年建成打狗至台南的电报线路，全长约47.5千米，打狗电线可说完全是由中国人架设和掌管的第一条电报线，并且还是服务于工商业的电线。

1874年，日本侵略者进犯台湾，给清政府洋务派以极大刺激，使他们意识到办电报的必要性和紧迫感。李鸿章在《筹议海防折》中说："今年台湾之役，臣与沈葆桢函商调兵，月余而始定，及调轮船分起装送，又三月而始竣。而倭事业经定议矣。"李鸿章深感吃了信息不灵通的亏，认为必须在赶快筑铁路的同时，更快地架设电线，因为"有电线通报，径达各处海边，可以一刻千里"，可遥控而不至于误事。

随着社会经济日益发展，洋务派在政治军事和商务方面，对电线电报的需要也更为迫切。1879年5月，清政府为加强军事通信，从大沽、北塘海口炮台架设电报线通达天津，这是我国第一条军用电报线。1880年，李鸿章采纳盛宣怀的建议，成立天津电报总局，并随即于1881年以津沪线为起始进行大规模设线。次年，他奏请清廷批准架设天津至上海的陆路电线。架线工程于光绪七年（1881）完成并投入使用，全长1536千米。相应在天津设置电报总局和电报学堂，在紫竹林、大沽口、临清、济宁、清江浦、镇江、苏州、上海等处设立电报分局。盛宣怀在1882年主持架设津沪电线之后，又架设江苏至广东的电线。在办电报之初，大多数人并不理解这项事业的内涵，而李鸿章、左宗棠、盛宣怀等却预见到它的远大前程。盛宣怀说："中国人众，自必信多，将来电信四通八达，所取信资，当可日增月盛。"

光绪八年（1882），电报总局由官办改为官督商办，派盛宣怀任总办。光绪十年（1884），电报总局由天津迁至上海。电报总局创办后，营业发展迅速。光绪八年（1882）即办苏、浙、闽、粤等省陆路电

20世纪初流行的手摇电话机

线，接着设长江电线；1884年，因海防吃紧而设济南至烟台电线，随又添设至威海、刘公岛、金线顶等地电线；1886年，因东三省边防需要，由奉天接展至珲春陆线；1887年，因郑州黄河决口"筹办工赈事宜"，由山东济宁设电线至开封；1888年，因广东官线业已造至南雄州，商线乃由江西九江设至赣州以达庾岭入南雄相接，使官报得以灵通；1890年，"因襄樊地方为入京数省通衢，楚北门户边境冲要"，乃由沙市设线至襄阳，1893年，又添设襄阳至老河口电线；1895年，由西安起接设电线与老河口相接，"使西北电线得有两线传递，庶无阻隔之虞"。到1899年，全国总计有45000多千米电报线路，初步构成全国干线通信网。

电报的出现，在清末社会发挥了重要作用。在加强国防方面，改进了军情的及时性和军队的机动性。在外交方面，加强了与世界的联系，促进了对外贸易的发展。此外，对航运、防汛、工商，以及民族资本主义的发展均起到推动和促进的作用，电报通信的影响是广泛而深远的。

在电线电报发展的同时，电话电信和无线电信也逐步发展起来。我国电话通信的发展情况与电报相似，同样是在外商纷纷抢占我国的电话经营中起步的。1876年，美国科学家贝尔发明电话通信后不久，1881年丹麦的大北电报公司就抢先在租界开始装设电话，并于1882年2月在上海设立第一个电话交换所，经营电话业务。同年，英商上海电话互助协会也争相设立电话交换所，开业通话。这些电话所各有用户二三十家，这是我国电话通信的开始。1883年，英商东洋德律风公司兼并上述电话交换所，进一步发展电话业务。随后，外商又要求在汉口、厦门等地开办电话交换所。1897年，德国强占胶州湾，在青岛及烟台等地安装电话。1900年，丹麦人璞尔生趁八国联军入侵之机，在天津租界开设"电铃公司"，架设电话线至塘沽、北塘，次年又延伸至北京。自此，京津间开始出现外商经营的长途电话。

清政府电政督办盛宣怀为防止电话事业继续被外商分割，于1899年奏准由电报局兼办电话。当年在天津设置少量专供衙署官邸使用的电话，八国联军侵华时均被毁。1900年，南京电报局设置市内电话，供官署专用，有16个用户。至清末，南京、苏州、武汉、广州、北京、天津、上海、奉天、太原、厦门、烟台、昆明等地，已先后开设官办、地方官办和商办的市内电话。1904年11月，我国自建的第一条长途电话线路——京津线架成通话。1905年4月，清政府以5万两白银收购璞尔生电铃公司设备，与自办电话统一经营。据统计，至1911年，我国建有电信局（所）503个，电话交换机容量达8872门，电话用户8369户。

1895年，无线电通信问世以后，其在远距离通信中具有极大的灵活性，因此在我国军事通信中很快得到应用。1900年前后，两广总督为加强军防，先后在广州督署衙门及马口、前山、威远等军事要塞，以及广海、宝壁、龙骧、江大、江巩、江固、江汉等江防舰艇设置无线电机，这是我国最早使用无线电的记载。1904年初，法国人在秦皇岛高地设立了无线电柱，并曾分别被日、俄在战争中利用。同年六月，沙俄在烟台领事馆筹建无线电台与旅顺通信。

鉴于以上情况，清政府开始考虑设立南北间的无线电通信。1905年7月，北洋大臣在天津开办无线电训练班，聘请外国教师，并购买马可尼的火花式无线电机，分别装置于南苑、保定、天津等处行营，以及海圻、海容、海筹、海琛等4艘军舰上，作为相互间的通信联系。此后无线电通信逐渐向民用领域发展。1906年，广东琼州海线中断，乃向上海礼和洋行购买无线电机两套，分装于琼州和徐闻两处以恢复两地的电报通信。在无线电通信发展过程中，日、美、法、英、俄等各国强行私设无线电台，争夺无线通信权。到清末，外国私设的无线电台有20处之多。

清代的电报、电话等通信事业的发展，所采用的技术、设备多由外商设置，或者向外国购置并聘请洋人培训人员、安装建设。当时国外的电信新技术刚刚兴起，处在初创时期，电子管、自动机械等尚未发明，因此，所用技术均为早期的简易设备。例如，电报机是人工莫尔斯电报机，用手击电键进行发报，用电磁铁推动声、光或画出字条进行收报。所用电话机均为磁石式手摇摇把电话机，由接线员人工接通双方电话。无线电机则使用火花式产生电波的马可尼发报机。

2. 铁路技术的引进与铁路筹建

兴修铁路是洋务派后期的一项重要事业。在当时所谓"工商路矿"的"新政"中，实以铁路一项投资最巨，对国民经济的长远影响，也以铁路为最大。

洋务运动时期，许多人开始提出中国自己兴办铁路。1867年，容闳通过丁日昌向总理衙门提出派学生出洋留学的条陈，其中即有在矿区至通商口岸修筑铁路的建议。王韬在19世纪60年代中期即大声疾呼中国必须兴办机械铁路火轮车等先进事业才能自强，才"足与诸西国抗"。

中国最早的铁路是英国人杜兰德于1865年在北京永宁门外建的，约有一里长。当时，人们"诧所未闻，骇为妖物，举国若狂，几致大变。旋经步军统领衙门饬令拆卸，群疑始息"。

1865年，英商组织了淞沪铁路公司，请筑上海至吴淞约15千米的铁路，被上海道应宝时所拒绝。英商并不甘心，过一段时间又向新任关道沈秉成含糊地提出修通至吴淞道路的请求。沈秉成以既非铁道而是一般修路，当即允准，但明确表示购地事由英国人自行解决。修路之请得到允准，英国人马上着手修筑铁路。1876年6月30日，英国商人在上海建的淞沪铁路通车。这是中国境内的第一条正式铁路。淞沪铁路全长5千米，从苏州河畔的河南北路通到长江口的吴淞镇码头。开始铺轨时，每天有上千人前来观看，有的甚至是乘轿、坐马车从数十里乃至数百里之外赶来。火车未通，已经很是热闹。通车典礼时，观者如云。《申报》曾发表一位记者报道淞沪铁路通车典礼的情况，说："火车为华人素未经见，不知其危险安妥，而（乘客中）妇女及小孩竟居大半。"又说："先闻摇铃之声，又继以气筒数声，而即闻哼哼作响声，车即由渐而快驶矣。坐车者面带喜色，旁观者亦皆喝彩，注目凝视。"不到一年，上海市民中就有逾16万人次乘火车游览。但是，由于火车轧死人而引起乡民纠纷，在淞沪铁路通车一年后，清政府以白银28.5万两买下铁路权，命令上海道台把铁路拆毁。20年后的1896年，淞沪铁路在原址上重新修建。

1871年1月21日，李鸿章就在其《遵议日本通商事宜片》中提到，"日本近在肘腋，永为中土之患"。日本近些年来学习引进西方机器等技术，又仿造铁路，"其志固欲自强以御侮，究之距中国近而西国远，笼络之或为我用，拒绝之则必为我仇"。李鸿章警告国人说："日本颇为西人引重，其制造铁厂铁路练兵设关，一仿西洋所为，志不在小。"我中国不能再"因循虚饰"了！在此"数千年大变局"面前，"识时务者当知所变计"，否则无能与东西洋对峙。"变计"的内容很多，在当时最主要的是建电线、铁路及与之关联的煤铁矿等，李鸿章致书丁日昌说：

　　电线由海至沪，似将盛行。中土若竟改驿递为电信，土车为铁路，庶足相持。……。吾谓百数十年后，舍是莫由。公其深思之！俄人坚拒伊犁，我军万难远役，非开铁路，则新疆、甘陇无转运之法，即无战守之方。俄窥西陲，英未必不垂涎滇、蜀，但自开煤铁矿与火车路，则万国蹐伏，三军必皆踊跃，否则日蹙之势也。

这里除有对电线、铁路将大行于中国的先见之明外，李鸿章把一般人惧怕洋人要求筑路以破坏我国国防的心理，一变而为争取自我筑路以为巩固国防的重要手段。他后来又说：中国"富强之势，远不逮各国者，察其要领，固由兵船兵器讲求未精，亦由未能兴造铁路之故。若论切实办法，必筹造铁路而后能富能强。"

中国早期机车

1876年秋，台湾基隆矿区建筑了一条轻便铁道，利用海岸坡度由矿井滑行至海岸边。虽未用机车牵引，却是中国自己的第一条铁轨道。1876年初，被授为福建巡抚的丁日昌，乘机拟订了一个发展台湾铁路的宏伟计划。具体建议先开办台湾前山自基隆至极南之恒春约近千里之铁路，将来经费足、条件成熟时再兴办后山铁路。

1880年，直隶提督刘铭传上疏请求兴建铁路，"师西人之长技建造铁路"。他建议以北京为中心，修建四条铁路。"南路宜修两条，一条由清江经山东，一条由汉口经河南，俱达京师。北路由京师东通盛京，西通甘肃。"光绪皇帝下诏征询大臣们的意见。李鸿章在其著名的《妥筹铁路事宜折》中，首先总论了他对铁路的认识：

查火轮车之制，权兴于英之煤矿，道光初年始作铁轨以约车轮，其法渐推渐精，用以运销煤铁，获利甚多，遂得扩充工商诸务，雄长欧洲。

凡占夺邻疆，垦开荒地，无不有铁路以导其先；迨户口多而贸易盛，又必增铁路以善其后。

四五十年间，各国所以日臻富强而莫与敌者，以其有轮船以通海道，复有铁路以便陆行也。

后来，李鸿章又从国计、军事、民生、转运、邮政、矿务、行旅等各个方面，列举在中国兴建铁路"大利约有九端"。李鸿章对铁路的全面论述，可以说，是当时在中国兴建铁路的论纲，是一份能够说服民心的宣传兴建铁路及其利处的纲领性文件。他在奏折中将兴建铁路的好处、优越性归纳为"利南北贯通，增加税收；利调兵快捷，有利军政；利拱卫京畿；利调剂物价，有利民生；利军民物资运输；利邮政，海运漕运之不测；利矿务煤铁；利轮船招商，轮船不达之处，火车达之，二者互为表里；利官民兵商的行旅"。并且明确阐述以上九利是"西洋诸国""勃焉兴起"，"罔不慎操此术"，为"国计、军谋两事，尤属富强切要之图"。他在从国家财政收入、国防军事、交通运输及不同运输方式之间的相互关系、商品运输贸易物资流通等诸方面，论证了兴建铁路的同时，提出了在中国兴建铁路的宏伟计划，认为兴建和发展铁路可以"广买股份，坐权子母"。

1881年，李鸿章为开滦煤矿运煤需要，经朝廷同意修建了一条从唐山到胥各庄之间的铁路，长10千米。这是中国自办的第一条铁路。先用马拉，1881年6月9日，始用机车牵引，机车名为"中国洛克号"，这个车头的锅炉、车轮和车身钢材都是从外国采购的。但是当铁路修好通车时，有些官员以"机车直驶震动东陵，且喷出黑烟有伤禾稼"为理由，不准火车头牵引机车通过。后来不得不改为用骡马拉，当时矿里养了六七十匹骡马。

1886年秋冬间，李鸿章着手先筑胥各庄至阎庄65里铁道。这条铁路是1886年8月间，由开平矿务局商董，以运河浅阻，"矿内积煤日多，欲运煤而路不畅"为由，而请求修筑的。为此，成立了开平铁路公司，招集商股资本25万两。其中一半为开平矿局股本。随即于是年秋开工，因地势平坦，进展顺利，工本费用亦较少。这就是商本商办的开平铁路。

胥各庄至阎庄铁路开工以后，1887年1月1日（光绪十二年十二月初八日）奕䜣与李鸿章筹划展筑阎庄至大沽一段铁路，并建议"由海署（指海军衙门）奏明，由贵处（指海洋公署）筹筑为调兵运军火之用，名曰试办……徐为扩充。"李鸿章当即照办，他给醇邸函云："铁路试办，拟即遵来谕，由阎庄至沽、由沽至津，令官商妥议，复到即咨请海署会奏。但招股多少、迟速，俱难逆料，凡官可以为力之处，自无不竭力助之。沽北之路，作为官商合办，调兵运械，至为灵便。"然而，工作进程迅速，过一个多月，海军衙门奕䜣、李鸿章、曾纪泽联名上奏清廷，充分说明了筑开平至大沽、大沽到天津铁路对军事国防和官商之利，说："开平铁路若接至大沽北岸，则出矿之煤，半日可上兵船；若将铁路由大沽接至天津，商人运货最便，可收取洋商运货之资，藉充养铁路之费。"建议由开平铁路公司一手经理。

1888年津沽铁路竣工通车后，李鸿章致函海署，提出由津"就势接做"到通州之议。之所以不接做到北京，恐怕是担心会遭反对者非议。海军衙门随即请办，理由是"现造铁路出息抵用养路经费则有余，抽还造路借本则不足，如接造天津至通州铁路，既可抽还造路借本，并可报效海军经费"。

与此同时，洋务派为光绪帝大婚准备的贡礼是京城一条7里长的小铁路。路轨建成，机车和车厢共为7节，用银6000两。由于太后慈禧厌恶机车的震动和声响，故列车不用机车牵引，而由太监拉着走。对此，《清宫词》描述说：

宫奴左右引黄幡，轨道平铺瀛秀园。

日午御餐传北海，飙轮直过福华门。

这个小火车是李鸿章进呈慈禧太后以供享乐之物。1903年，慈禧太后从北京南下谒西陵，乘坐经过专门改装的花车。

1891年，刘铭传在台湾主持修建了一条从台北到基隆的铁路，后来又由台北通到新竹，全长193千米。

到19世纪末20世纪初，中国迎来了第一个建路高潮。1903—1907年的4年间，就有15个省先后创设了省铁路公司，共筹集资金达9000余万元，先后修筑了一批铁路。1906—1915年，浙江修建了208.8千米，江苏修建了78.5千米，广东修建了244.2千米，福建修建了28千米，湖南修建了50.7千米，江西修建了52.7千米等。各省铁路公司在章程中，都以"保中国自主之权利""不招外股""不借外债""不准将股份售与非中国人"等为宗旨。1905年，清政府决定建京张铁路，任命詹天佑为京张铁路局会办兼总工程师。京张铁路自北京丰台到张家口，全长201.2千米，架设了125座桥梁，开挖了200多个涵洞，动用的土石方约200万立方米。其中，关沟段穿越军都山，最大坡度为33‰，最小曲线半径为182.5米，隧道4座，长计1644米，采用"之"字形线路，工程非常艰巨。经过4年奋战，1909年9月全线提前胜利完工。京张铁路是中国自己筹款、勘测、设计、施工的第一条铁路。它的建成，揭开了中国铁路建筑史上崭新的一页。

与此同时，西方列强也纷纷在中国建造铁路。1903年，俄国在东北地区修筑了长达2556千米的铁路。1905年日俄战争结束，日本夺取了南满铁路支线，并于1906年成立了南满洲铁道株式会社（简称"满铁"）。1904年，德国在山东建成440.7千米的铁路。1908—1910年，德国与英国两次给津浦路发放贷款。1910年，法国在云南建成滇越铁路中国段，达469.6千米。另外，法国还贷款参与京汉铁路的修筑。1898年，英国获得了天津至镇江、山西至长江沿岸、九龙至广州、浦口至信阳、苏州至宁波5条铁路的贷款权。

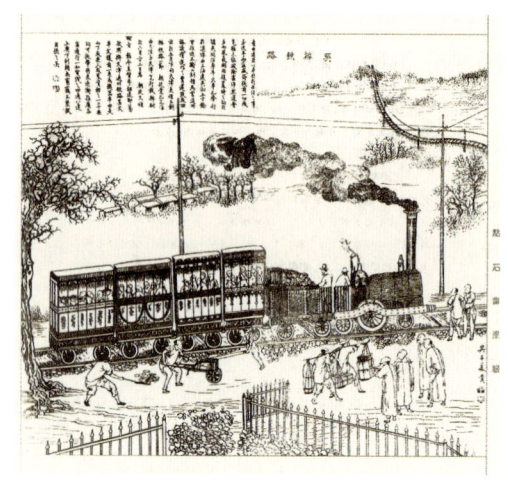

清·《点石斋画报》上的图"修建铁路"

至1911年，中国共修成铁路9618.1千米。从杭州、上海到南京，从汉口到北京，从北京到沈阳，都有铁路相通。不过，其中西方国家直接修建经营的约占41%；西方国家通过贷款控制的约占39%；国有铁路，包括中国自力更生修建的京张铁路和商办铁路及赎回的京汉、广三等铁路仅占20%左右。

3. 电力工业的创办与发展

19世纪末叶，电力工业开始传入中国。中国生产和使用电能的年代，与一些欧美国家相比较并不晚。

电力工业的发展，1882—1911年，英、法、德、日、俄等国商人，在上海、香港、广州、天津、北京、大连、青岛、汉口等20余座城市，相继兴建了约30座电灯厂（公司）。与此同时，中国官僚、民族资本工商业者，在上海、宁波、杭州、福州、汕头、苏州、镇江、芜湖、武昌、重庆、成都、昆明、开封、长沙、济南、烟台、太原、吉林、满洲里、齐齐哈尔，以及台湾台北等30余座城市也相继开办了40多座电灯厂（公司）。这一时期建成的近80座电厂的发电设备总容量约有3.7千瓦。据其中30座电厂统计，发电容量22767千瓦，外资和民族资本经营的各占50.9%和49.1%。

1919年2月出版的《电界》第39期，内有全国电灯公司统计表。其中，经清邮传部立案的电厂有11座；经民国交通部立案的电厂有62座；未经交通部核准立案的电厂有42座。全国共有115座电厂。其中，88座电厂总容量为21589千瓦（另有27座电厂统计表中未填容量，也未列入外商所建电厂）。另据《中国近代工业史资料》"1903—1947年历年华商发电容量、发电度数"记载，其中，1903年全国电厂总容量为300千瓦，到1919年增加到28615千瓦。[1]

上海斐伦路发电厂

以上资料表明，中国电业发展初期的27年（1882—1919）中，民族资本办电已有一定规模，除通商口岸城市外，各省城以及商业兴盛的城市，几乎都创办了小型电灯厂（公司）。

中国最早出现电灯，是在上海租界。清光绪五年（1879）4月11日，上海公共租界工部局电气工程师毕晓甫（J.D.Bishop），在虹口乍浦路的一幢外商仓库里，以一台10马力（7.46千瓦）蒸汽引擎带动直流发电机发出电能，点燃了炭极电弧灯。这是电能在中国的第一次应用。

中国兴办公用电业始自光绪八年（1882）。英国商人李德（R.W.Little）等招股筹集白银5万两，创办上海电气公司（Shanghai Electric Company），在南京路与江西路十字路口的西北角建设发电厂，安装一台购自美国的16马力蒸汽机以皮带拖动的发电机。同时，在南京东路、江西中路的转角围墙内竖起了第一根电杆，再沿外滩至虹口招商局码头的街道旁立杆架线，串接15盏电弧灯，于1882年7月26日下午7时正式供电。翌年，发电机组迁装到乍浦路41号，另建新厂，扩建了从英国购进的2台蒸汽发电机组，可供40盏电弧灯用电。6月，上海电气公司与公共租界工部局签约，在外滩、南京路、百老汇路三条街道旁安装电弧灯，淘汰了煤气灯。

---

[1] 孙毓棠、汪敬虞：《中国近代工业史资料》第4辑，科学出版社1957年版，第904页。

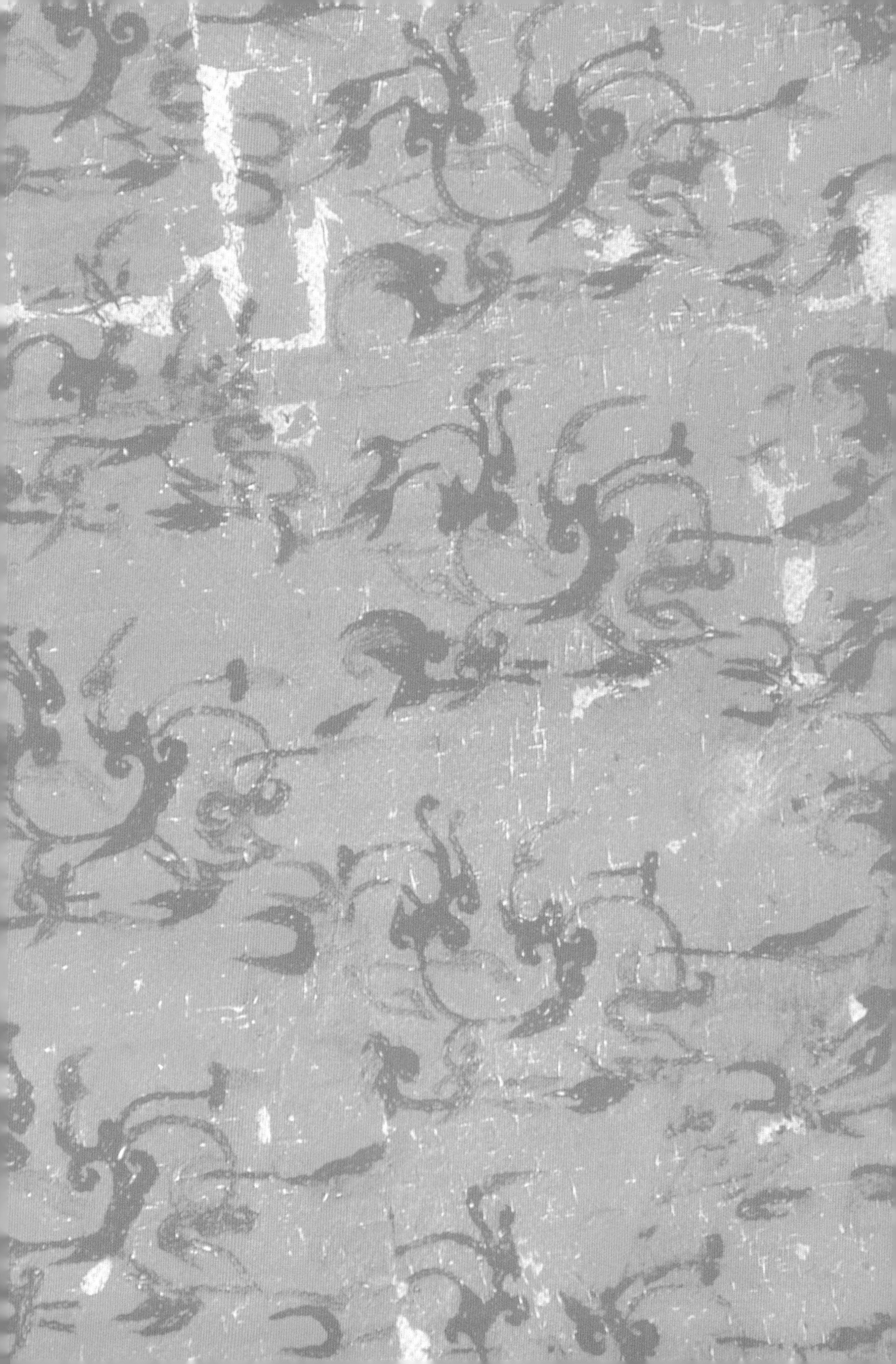

参考文献

1. 赫·乔·韦尔斯.世界史纲——生物和人类的简明史[M].北京:人民出版社,1982.
2. 费尔南·布罗代尔.文明史纲[M].桂林:广西师范大学出版社,2003.
3. 杰里·本特利、赫伯特·齐格勒.新全球史——文明的传承与交流(2卷)[M].北京:北京大学出版社,2007.
4. 麦克尼尔.西方的兴起——人类共同体史[M].北京:中信出版社,2015.
5. 贝尔纳.历史上的科学[M].北京:科学出版社,1959.
6. 约·彼·马吉多维奇.世界探险史[M].北京:世界知识出版社,1988.
7. 菲利普·D.柯丁.世界历史上的跨文化贸易[M].济南:山东画报出版社,2009.
8. 郭沫若.中国史稿[M].北京:人民出版社,1976.
9. 白寿彝.中国通史(12卷)[M].上海:上海人民出版社,1995.
10. 范文澜.中国通史简编修订本第3编第2分册[M].北京:人民出版社,1965.
11. 范文澜.中国通史简编(第2编)(修订本)[M].北京:人民出版社,1964.
12. 芮乐伟·韩森.开放的帝国——1600年前的中国历史[M].南京:江苏人民出版社,2009.
13. 龚书铎.中国文化发展史(8卷)[M].济南:山东教育出版社,2013.
14. 吴小如.中国文化史纲要[M].北京:北京大学出版社,2001.
15. 雷奈·格鲁塞.中国的文明[M].黄山:黄山书社,1991.
16. 雷纳·格鲁塞.伟大的历史——5000年中央帝国的兴盛[M].北京:新世界出版社,2008.
17. 王会昌.中国文化地理[M].上海:华中师范大学出版社,1992.
18. J.谢和耐.中国社会史[M].北京:中国藏学出版社,2006.
19. 许倬云.许倬云说历史:中西文明的对照[M].杭州:浙江人民出版社,2013.
20. 许倬云.万古江河——中国历史文化的转折与开展[M].上海:上海文艺出版社,2006.
21. 许倬云.我者与他者——中国历史上的内外分际[M].上海:三联书店,2015.
22. 郭宝均.中国青铜器时代[M].上海:三联书店,1963.
23. 张光直.中国青铜时代[M].上海:三联书店,1990.
24. 张光直.中国青铜时代二集[M].上海:三联书店,1990.
25. 张光直.商代文明[M].北京:北京工艺美术出版社,1999.
26. 许倬云.西周史(增订本)[M].上海:三联书店, 1994.

27. 崔瑞德，鲁惟一.剑桥中国秦汉史[M].北京：中国社会科学出版社，1992.
28. 王子今.秦汉交通史稿（增订版）[M].北京：中国人民大学出版社，2013.
29. 王子今.秦汉交通史新识[M].北京：中国社会科学出版社，2015.
30. 狄宇宙.古代中国与其强邻——东亚历史上游牧力量的兴起[M].北京：中国社会科学出版社，2010.
31. 陈旭经.匈奴史稿[M].北京：中国人民大学出版社，2007.
32. 王永平.从"天下"到"世界"：汉唐时期的中国与世界[M].北京：中国社会科学出版社，2015.
33. 石田干之助.长安之春[M].北京：清华大学出版社，2015.
34. 崔瑞德编.剑桥中国隋唐史[M].北京：中国社会科学出版社，1990.
35. 岑仲勉.隋唐史[M].北京：中华书局，1982.
36. 李健超.汉唐两京及丝绸之路历史地理论集[M].西安：三秦出版社，2007.
37. 莫川.南宋大航海时代[M].北京：经济管理出版社，2008.
38. 黄纯艳.宋代海外贸易[M].北京：社会科学文献出版社，2003.
39. 张锦鹏.南宋交通史[M].上海：上海世纪出版（集团）有限公司，2008.
40. 魏良弢.西辽史纲[M].北京：人民出版社，1991.
41. 杰克·威泽弗德.成吉思汗与今日世界之形成[M].重庆：重庆出版社，2009.
42. 雷纳·格鲁塞.蒙古帝国史[M].北京：商务印书馆，1989.
43. 雷纳·格鲁塞.草原帝国[M].北京：商务印书馆，1998.
44. 牟复礼，崔瑞德.剑桥中国明代史（2卷）[M].北京：中国社会科学出版社，2006.
45. 樊树志.晚明大变局[M].北京：中华书局，2015.
46. 南炳文，等.清代文化——传统的总结和中西大交流的发展[M].天津：天津古籍出版社，1991.
47. 陈景富.古都西安：西安与海东[M].西安：西安出版社，2005.
48. 周伟洲.古都西安：西安与南海诸国[M].西安：西安出版社，2003.
49. 孙机.中国圣火——中国古文物与东西文化交流中的若干问题[M].沈阳：辽宁教育出版社，1996.
50. 李约瑟.中国科学技术史（第1卷）[M].北京：科学出版社，1990.
51. 李约瑟.中国科学技术史（第2卷）[M].北京：科学出版社，1990.
52. 游修龄.中国农业通史（原始社会卷）[M].北京：中国农业出版社，2008.
53. 陈文华.中国农业通史（夏商西周春秋卷）[M].北京：中国农业出版社，2007.
54. 张波，樊志民.中国农业通史（战国秦汉卷）[M].北京：中国农业出版社，2007.
55. 潘吉星.中国古代四大发明——源流、外传及其世界影响[M].合肥：中国科学技术大学出版社，2002.
56. 李约瑟.中国科学技术史（第5卷第1分册）[M].北京：科学出版社，1990.
57. T·F·卡特.中国印刷术的发明和它的西传[M].北京：商务印书馆，1957.
58. 张秀民.中国印刷术的发明及其影响[M].北京：人民出版社，1958.
59. 钱存训.中国纸和印刷文化史[M].桂林：广西师范大学出版社，2004.
60. 李约瑟.军事技术：火药的史诗[M]//中国科学技术史（第5卷第7分册）.北京：科学出版社，2005.
61. 中国硅酸盐学会.中国陶瓷史[M].北京：文物出版社，1982.

62. 叶喆民. 中国陶瓷史[M]. 上海：三联书店，2006.
63. 陈进海. 世界陶瓷——人类不同文明和多元文化在交融中延异的土与火的艺术（6卷）[M]. 沈阳：万卷出版公司，2006.
64. 朱培初. 明清陶瓷和世界文化的交流[M]. 北京：中国轻工业出版社，1984.
65. 三上次男. 陶瓷之路[M]. 北京：文物出版社，1984.
66. 叶文程. 中国古外销陶瓷研究论文集[M]. 北京：紫禁城出版社，1988.
67. 中国古陶瓷研究会，中国古外销陶瓷研究会. 中国古代陶瓷的外销——1987年晋江年会论文集[M]. 北京：紫禁城出版社，1988.
68. 罗伯特·芬雷. 青花瓷的故事[M]. 台湾：台湾猫头鹰出版社，2011.
69. 简·迪维斯. 欧洲瓷器史[M]. 杭州：中国美术学院出版社，1991.
70. 罗伊·莫克塞姆. 茶：嗜好、开拓与帝国[M]. 上海：三联书店，2010.
71. 威廉·乌克斯. 茶叶全书（2卷）[M]. 北京：东方出版社，2011.
72. 冈天苍心，九鬼周造. 茶之书·"粹"的构造[M]. 上海：上海人民出版社，2011.
73. 林瑞萱. 中日韩英四国茶道[M]. 北京：中华书局，2008.
74. 仲伟民. 茶叶与鸦片——19世纪经济全球化中的中国[M]. 上海：三联书店，2010.
75. 赵丰. 中国丝绸通史[M]. 苏州：苏州大学出版社，2005.
76. 高千惠. 千里丝一线牵——汉唐织锦的跨域风华[M]. 台湾：台湾历史博物馆，2003.
77. 姚宝猷. 中国丝绢西传考[M]. 兰州：兰州大学出版社，1989.
78. 白寿彝. 中国交通史[M]. 北京：团结出版社，2007.
79. 孙光圻. 中国古代航海史[M]. 北京：海洋出版社，1989.
80. 张静芳. 中国古代造船与航海[M]. 天津：天津教育出版社，1991.
81. 庄景辉. 泉州港考古与海外交通史研究[M]. 长沙：岳麓出版社，2006.
82. 《泉州港与古代海外交通》编写组. 泉州港与古代海外交通[M]. 北京：文物出版社，1982.
83. 李玉昆，李秀梅. 泉州古代海外交通史[M]. 北京：中国广播电视出版社，2006.
84. 连心豪. 中国海关与对外贸易[M]. 长沙：岳麓书社，2004.
85. 长泽和俊. 丝绸之路史研究[M]. 天津：天津古籍出版社，1990.
86. 姜伯勤. 敦煌吐鲁番文书与丝绸之路[M]. 北京：文物出版社，1994.
87. 林梅村. 丝绸之路考古十五讲[M]. 北京：北京大学出版社，2006.
88. 石云涛. 3至6世纪丝绸之路的变迁[M]. 北京：文化艺术出版社，2007.
89. 沈济时. 丝绸之路[M]. 香港：香港中和出版有限公司，2011.
90. 让-诺埃尔·罗伯特. 从罗马到中国——凯撒大帝时代的丝绸之路[M]. 桂林：广西师范大学出版社，2005.
91. 赵汝清. 从亚洲腹地到欧洲——丝路西段研究[M]. 兰州：甘肃人民出版社，2005.
92. 布尔努瓦. 丝绸之路[M]. 济南：山东画报出版社，2001.
93. 吴芳思. 丝绸之路2000年[M]. 济南：山东画报出版社，2008.
94. 殷晴. 丝绸之路与西域经济——12世纪前新疆开发史稿[M]. 北京：中华书局，2007.
95. F.B.于格、E.于格. 海市蜃楼中的帝国——丝绸之路上的人、神与神话[M]. 喀什：喀什维吾尔文出版社，2004.

96. 叶莲娜·伊菲莫夫纳·库兹米娜. 丝绸之路史前史 [M]. 北京：科学出版社，2015.
97. 刘迎胜. 丝绸之路 [M]. 南京：江苏人民出版社，2014.
98. 芮乐伟·韩森. 丝绸之路新史 [M]. 北京：北京联合出版公司，2015.
99. 卞洪登. 丝绸之路考 [M]. 北京：中国经济出版社，2007.
100. 联合国教科文组织，中国社会科学院考古研究所. 十世纪前的丝绸之路和东西文化交流 [M]. 北京：新世界出版社，1996.
101. 常任侠. 海上丝路与文化交流 [M]. 北京：海洋出版社，1985.
102. 陈高华，等. 海上丝绸之路 [M]. 北京：海洋出版社，1991.
103. 陈炎. 海上丝绸之路与中外文化交流 [M]. 北京：北京大学出版社，2002.
104. 李冀平，朱学群，王连茂. 泉州文化与海上丝绸之路 [M]. 北京：社会科学文献出版社，2007.
105. 李英魁. 宁波与海上丝绸之路 [M]. 北京：科学出版社，2006.
106. 黄启臣. 广东海上丝绸之路史 [M]. 广州：广东经济出版社，2003.
107. 刘迎胜. 丝路文化草原卷 [M]. 杭州：浙江人民出版社，1995.
108. 伍加伦，江玉祥. 古代西南丝绸之路研究 [M]. 成都：四川大学出版社，1990.
109. 陈佳荣. 中外交通史 [M]. 香港：香港学津书店，1987.
110. 周一良. 中外文化交流史 [M]. 郑州：河南人民出版社，1987.
111. 李喜所. 五千年中外文化交流史（5卷）[M]. 北京：世界知识出版社，2002.
112. 许倬云. 中国文化与世界文化 [M]. 贵阳：贵州人民出版社，1991.
113. 艾兹赫德. 世界历史中的中国 [M]. 上海：上海人民出版社，2009.
114. 白寿彝. 中国交通史 [M]. 北京：商务印书馆，1937.
115. 向达. 中外交通小史 [M]. 北京：商务印书馆，1930.
116. 陈伟明，王元林. 古代中外交通史略 [M]. 北京：中国华侨出版社，2002.
117. 蔡鸿生. 中外交流史事考述 [M]. 郑州：大象出版社，2007.
118. 林梅村. 松漠之间——考古新发现所见中外文化交流 [M]. 上海：三联书店，2007.
119. 荣新江，李孝聪. 中外关系史：新史料与新问题 [M]. 上海：北京：科学出版社，2004.
120. 林英. 金钱之旅——从君士坦丁堡到长安 [M]. 北京：人民美术出版社，2004.
121. 李康华，夏秀瑞，顾若增. 中国对外贸易史简论 [M]. 北京：对外贸易出版社，1981.
122. 连心豪. 中国海关与对外贸易 [M]. 长沙：岳麓书社，2004.
123. 李金明. 明代海外贸易史 [M]. 北京：中国社会科学出版社，1990.
124. 晁中辰. 明代海禁与海外贸易 [M]. 北京：人民出版社，2005.
125. 万明. 明代中外关系史论稿 [M]. 北京：中国社会科学出版社，2011.
126. 陈国栋. 东亚海域一千年——历史上的海洋中国与对外贸易 [M]. 济南：山东画报出版社，2006.
127. 刘凤鸣. 山东半岛与东方海上丝绸之路 [M]. 北京：人民出版社，2007.
128. 木宫泰彦. 日中文化交流史 [M]. 北京：商务印书馆，1980.
129. 上垣外宪一. 日本文化交流小史 [M]. 武汉：武汉大学出版社，2007.
130. 曲玉维. 追随徐福东渡行 [M]. 青岛：中国海洋大学出版社，2007.
131. D·G·E·霍尔. 东南亚史（2册）[M]. 北京：商务印书馆，1982.

132. 安东尼·瑞德.东南亚的贸易时代：1450—1680年（2卷）[M].北京：商务印书馆，2010.
133. G·E·哈维.缅甸史[M].北京：商务印书馆，1957.
134. 波巴信.缅甸史[M].北京：商务印书馆，1965.
135. 努西·巴尼.印度尼西亚史[M].北京：中华书局，1948.
136. 余定邦，陈树森.中泰关系史[M].北京：中华书局，2009.
137. 谭中，耿引曾.印度与中国——两大文明的交往和激荡[M].北京：商务印书馆，2006.
138. 季羡林.中印文化交流史[M].北京：新华出版社，1993.
139. 季羡林.季羡林论中印文化交流[M].北京：新世界出版社，2006.
140. 中国航海史研究会.郑和下西洋论文集[M].北京：人民交通出版社，1985.
141. 郑一钧.论郑和下西洋[M].北京：海洋出版社，1985.
142. 范中义，王振华.郑和下西洋[M].北京：海洋出版社，1982.
143. 孔远志，郑一钧.东南亚考察论郑和[M].北京：北京大学出版社，2008.
144. 王天有，徐凯，万明.郑和远航与世界文明——纪念郑和下西洋600周年论文集[M].北京：北京大学出版社，2005.
145. 杨怀中.郑和与文明对话[M].银川：宁夏人民出版社，2006.
146. 希提.阿拉伯通史[M].北京：商务印书馆，1979.
147. 拉铁摩尔.中国的亚洲内陆边疆[M].南京：江苏人民出版社，2005.
148. 冯承钧译.西域南海史地考证译丛六编[M].北京：中华书局，1956.
149. 冯承钧译.西域南海史地考证译丛九编[M].北京：中华书局，1958.
150. 余太山.西域通史[M].郑州：中州古籍出版社，1996.
151. 余太山.西域文化史[M].北京：中国友谊出版公司，1995.
152. 余太山.两汉魏晋南北朝与西域关系史研究[M].北京：商务印书馆，2011.
153. 羽田亨.西域文明史概论（外一种）[M].北京：中华书局，2005.
154. 麦高文.中亚古国史[M].北京：中华书局，2004.
155. 纪宗安.9世纪前的中亚北部与中西交通[M].北京：中华书局，2008.
156. 王颋.西域南海史地研究[M].上海：上海古籍出版社，2005.
157. 郑杰文.穆天子传通解[M].济南：山东文艺出版社，1992.
158. 夏德.大秦国全录[M].郑州：大象出版社，2009.
159. 宋晓梅.高昌国——5至7世纪丝绸之路上的一个移民小社会[M].北京：中国社会科学出版社，2003.
160. 《法国汉学》丛书编委会.粟特人在中国——历史、考古、语言的新探索[M].北京：中华书局，2005.
161. 陈海涛，刘惠琴.来自文明十字路口的民族——唐代入华粟特人研究[M].北京：商务印书馆，2006.
162. 荣新江，张志清.从撒马尔罕到长安——粟特人在中国的文化遗迹[M].北京：北京图书馆出版社，2004.
163. 薛宗正.突厥史[M].北京：中国社会科学出版社，1992.
164. 马长寿.突厥人和突厥汗国[M].桂林：广西师范大学出版社，2006.
165. 威廉·巴托尔德.中亚突厥史十二讲[M].北京：中国社会科学出版社，1984.
166. 张庆捷，李书吉，李钢.4—6世纪的北中国与欧亚大陆[M].北京：科学出版社，2006.

167. 王小甫. 唐吐蕃大食政治关系史 [M]. 北京：北京大学出版社，1993.
168. 马建春. 大食、西域与古代中国 [M]. 上海：上海古籍出版社，2008.
169. 向达. 唐代长安与西域文明 [M]. 石家庄：河北教育出版社，2001.
170. 韩香. 隋唐长安与中亚文明 [M]. 北京：中国社会科学出版社，2006.
171. 周连宽. 大唐西域记史地研究丛稿 [M]. 北京：中华书局，1984.
172. 玛扎海里. 丝绸之路——中国波斯文化交流史 [M]. 北京：中华书局，1993.
173. 修晓波. 元代的色目商人 [M]. 广州：广东人民出版社，2013.
174. 陈垣. 元西域人华化考 [M]. 上海：上海古籍出版社，2000.
175. A.T. 奥姆斯特德. 波斯帝国史 [M]. 上海：三联书店，2010.
176. 沈福伟. 中西文化交流史（第2版）[M]. 上海：上海人民出版社，2006.
177. 沈福伟. 西方文化与中国（1793-2000）[M]. 上海：上海教育出版社，2003.
178. 方豪. 中西交通史（2卷）[M]. 上海：上海人民出版社，2008.
179. 阎宗临. 中西交通史 [M]. 桂林：广西师范大学出版社，2007.
180. 宿白. 考古发现与中西文化交流 [M]. 北京：文物出版社，2012.
181. 余太山. 古代地中海和中国关系史研究 [M]. 北京：商务印书馆，2012. 吴建雍. 18世纪的中国与世界（对外贸易卷）[M]. 辽宁：辽海出版社，1999.
182. 克拉克. 东方启蒙：东西方思想的遭遇 [M]. 上海：上海人民出版社，2011.
183. 弗兰克. 白银资本——重视经济全球化中的东方 [M]. 北京：中央编译出版社，2000.
184. 石云涛. 早期中西交通与交流史稿 [M]. 北京：学苑出版社，2003.
185. 戈岱司. 希腊拉丁作家远东古文献辑录 [M]. 北京：中华书局，1987.
186. 雅克·布罗斯. 发现中国 [M]. 济南：山东画报出版社，2002.
187. 丘进. 中国与罗马——汉代中西关系研究 [M]. 广州：广东人民出版社，1990.
188. 张西平. 中西文化的初识——北京与罗马 [M]. 上海：华东师范大学出版社，2012.
189. 弗雷德勒克·J. 梯加特. 罗马与中国——历史事件的关系研究 [M]. 郑州：大象出版社，2009.
190. 张铠. 中国与西班牙关系史 [M]. 郑州：大象出版社，2003.
191. 周景濂. 中葡外交史 [M]. 北京：商务印书馆，1991.
192. 黄庆华. 中葡关系史（3卷）[M]. 黄山：黄山书社，2006.
193. 白佐良，马西尼. 意大利与中国 [M]. 北京：商务印书馆，2002.
194. 伯希和. 蒙古与教廷 [M]. 北京：中华书局，1994.
195. 沙海昂注，冯承钧译. 马可波罗行纪 [M]. 北京：中华书局，2004.
196. 张维华. 明清之际中西关系简史 [M]. 济南：齐鲁书社，1987.
197. 安田朴. 中国文化西传欧洲史 [M]. 北京：商务印书馆，2000.
198. 孟德卫. 1500—1800中西方的伟大相遇 [M]. 北京：新星出版社，2007.
199. 埃里克·杰·多林. 美国和中国最初的相遇——航海时代奇异的中美关系史 [M]. 北京：社会科学文献出版社，2014.
200. 利奇温. 18世纪中国与欧洲文化的接触 [M]. 北京：商务印书馆，1962.
201. 罗伯特·贺曼逊. 伟大的中国探险：一个远东贸易的故事 [M]. 广州：广东人民出版社，2006.
202. 阿海. 雍正十年：那条瑞典船的故事 [M]. 北京：中国社会科学出版社，2006.
203. 邓恩. 从利玛窦到汤若望——晚明的耶稣会传教士 [M]. 上海：上海古籍出版社，

2003.
204. 利玛窦. 利玛窦中国札记 [M]. 北京：中华书局，1983.
205. 裴化行. 利玛窦评传（2 册）[M]. 北京：中华书局，1993.
206. 耿升. 中法文化交流史 [M]. 昆明：云南人民出版社，2013.
207. 亨利·裕尔. 东域纪程录丛 [M]. 昆明：云南人民出版社，2002.